IVP
모던 클래식스
006

그리스도와 문화

—

리처드 니버

Ivp

IVP(InterVarsity Press)는
캠퍼스와 세상 속의 하나님 나라 운동을 지향하는
IVF(InterVarsity Christian Fellowship)의 출판부로
생각하는 그리스도인을 위한 문서 운동을 실천합니다.

Christ and Culture
Copyright © 1951 by Harper & Row.
Preface copyright © 2001 by James M. Gustafson.
Foreword copyright © 2001 by Martin E. Marty.
Introduction copyright © 1996 by Richard R. Niebuhr.
Published by arrangement with HarperCollins Publishers, Inc.,
10 East 53rd Street, New York, NY 10022.
All rights reserved.

Translated and used by the permission of HarperCollins Publishers, Inc.,
through the arrangement of EYA(Eric Yang Agency), Seoul, Korea.

Korean Edition © 2007 by Korea InterVarsity Press
156-10 Donggyo-ro, Mapo-gu, Seoul 04031, Republic of Korea

Christ and Culture

H. Richard Niebuhr

IVP 모던 클래식스를 펴내며

느린 생명의 속도로 가장 먼저 진리에 가 닿다

"참다운 정신으로 참다운 책을 읽는 것은 고귀한 수련"이라고 한 헨리 D. 소로우의 말처럼, 그리스도인에게 독서는 그 어느 수련보다도 평생에 걸쳐 쌓아야 할 영성 훈련이다. 경건한 독서는 성경을 대체하거나 방해하는 것이 아니라 하나님의 말씀을 바르게 사용하도록 하며, 그리스도인의 성품을 영적으로 각성시켜 그분의 나라를 세우도록 도전하기 때문이다.

그러나 '21세기 속도에 발맞춘 생각의 속도'라는 명분으로 독서는 정보 획득의 수단으로 전락해 버리고, 눈과 귀를 자극하며 육감만을 작동시키는 이미지, 온라인 지식 정보로 대체된 읽기 습관, 영상으로 치우쳐 가는 관심은 사고의 획일화와 빈약함, 경박함을 낳고 있다. 거기에다, 새로운 것이라면 더 좋고 진실에 가까울 것이라는 근거 없는 생각이 독서 및 고전에 대한 오해와 무관심은 물론 총체적 지적(知的) 부실이라는 결과를 초래했다.

이러한 상황 가운데 출간하게 된 IVP 모던 클래식스는 복음주의라는 신학적 스펙트럼을 통해 문화, 사회, 정치, 경제, 윤리, 공동체, 세계관, 영성 그리고 신학 등 현대 교회가 직면한 광범위한 주제와 이슈를 다룰 것이다. 이에 대해 단순히 정보를 제공하거나 지적 호기심을 자극하는 데 그치지 않고 주체적이고 적극적인 사고 활동의 기초와 방향을 제시하고자 한다. 이 시리즈는 IVP 모던 클래식스 자문 위원회의 선정 작업을 거쳐 19세기 말에서 20세기까지 출판된 기독교 저작 가운데 선별된다. 고전의 본의를 온전히 담아내면서도 주제, 접근, 기술(記述) 방식 등에 유연성을 부여하여 고전의 대중성 또한 최대한 살리고자 한다. 특별히 독자의 이해를 돕고자 저자와 책 내용에 대한 국내외 전문가의 해설 및 추천 도서를 통해, 분명하고 균형 잡힌 성경적 지혜와 현실 적용 가능한 지식을 한국 교회에 제공하고자 한다.

범람하는 정보들을 무분별하게 채택하고 즉각적인 결과를 기대하는 문화적 흐름 속에서, 거듭난 기독교적 지성과 영성 형성을 위해 생명의 속도에 맞추어 고전 읽기에 헌신하는 반(反)시대적 용기가 더욱 절실하다. IVP 모던 클래식스와 함께하는 느리고 진지한 독서를 통해 오히려 가장 먼저 진리에 가 닿을 수 있게 되기를 간절히 바란다.

—IVP 모던 클래식스 기획편집팀

차례

독자에게 알리는 글	9
감사의 말씀	11
서언(마르틴 마티)	15
서문: 하나의 긍정적 해석(제임스 구스타프슨)	25
머리말: 기독교 윤리의 유형들(리처드 니버)	47
1장 늘 제기되는 문제	71
2장 문화와 대립하는 그리스도	127
3장 문화에 속한 그리스도	175
4장 문화 위에 있는 그리스도	215
5장 문화와 역설적 관계에 있는 그리스도	257
6장 문화를 변혁하는 그리스도	309
7장 "결론적인 비과학적 후기"	359
해설	395
색인	407
저자 연보	413

독자에게 알리는 글

　　　이 책은 본래 리처드 니버 교수가 1949년 1월 오스틴 장로교 신학교에서 행한 연속 강좌를 글로 옮겨 증보한 것이다. 동창회 재단이 주최한 그 강좌는 1945년에 처음 시작된 것으로, 겨울 졸업 시즌에 맞춰 저명한 기독교 사상가를 초청해 신학생과 졸업생을 대상으로 중요한 쟁점에 관해 강연할 기회를 주고 그 내용을 출판해서 더 많은 청중에게 유익을 끼쳐 왔다.

　이제까지 초빙한 강사들과 그들이 다룬 주제를 소개하면 이렇다.

　　1945년-어니스트 트라이스 톰슨(Ernest Trice Thompson), '세계 질서에 대한 기독교적 토대들'(Christian Bases of World Order)
　　1946년-조세프 루클 흐로마드카(Josef Lukl Hromadka), '기로에 선 교회'(The Church at the Crossroads)
　　1947년-폴 쉐레르(Paul Scherer), '자유의 궁지'(The Plight of

Freedom)

1948년-엘턴 트루블러드(Elton Trueblood), '무익함의 대안'(Alternative of Futility)

1949년-리처드 니버, '그리스도와 문화'

1950년-폴 미니어(Paul Minear), '하나님의 나라와 권세'(The Kingdom and the Power)

1951년-어니스트 라이트(Ernest Wright), '행동하시는 하나님'(God Who Acts)

니버 박사는 아주 명쾌하고 통찰력 있는 이 연구를 통해 기독교 윤리 분야에 크게 기여한다.

오스틴 장로교 신학교 총장
데이비드 스티트(David Stitt)

감사의 말씀

이 책은 교회가 자신의 주인과 자신이 몸담은 문화 사회 사이에서 이중으로 씨름하는 모습을 담은 글로, 여러 해에 걸친 연구와 성찰과 가르침의 산물이다. 그 자료를 정리하고 글로 표현하게 된 직접적인 계기는 오스틴 장로교 신학교가 그 주제에 대한 연속 강좌를 부탁한 것이며, 그것은 출판을 염두에 둔 강좌였다. 그때 나는 그동안 관찰하고 성찰한 내용을 다섯 강좌로 압축한 다음 그것을 더욱 손질하고 다듬었는데, 물론 그 배후에는 다른 많은 기회에 복잡한 자료를 섭렵하고 정리한 작업이 놓여 있다. 그 가운데 오스틴 강좌 직전에 있었던 강좌는 예일 대학교의 신학부에서 학생들을 대상으로 행한 기독교 윤리의 역사와 유형에 관한 강의였다.

그 준비 기간이 오래면 오랠수록 저자의 입장에서는 빚진 게 너무 많아 자신이 받은 것을 모두 헤아리고 공공연하게 감사를 표시하는 일이 거의 불가능해진다. 이 책의 내용에는, 내가 스스로 노력하여 얻은 열매라고 생각하나 실은 다른 누군가로부터 배운 아이디어도 있을 것이다. 내게 배운 어떤 학생들은 이런저런 대목을 읽고서 "아니, 이건 내가 선생님께 말씀드린 그 사실 혹은 그 해석이 아닌가?"라고 반색하며 각주를 뒤져 보지만 이름이 거론되지 않은 것을 발견할 수도 있을 것이다. 또 관련 주제에 관해 리포트를 쓴 학생 중에 이와 비슷한 경험을 하는 이들도 있을 것이다. 그럼에도 불구하고, 우리가 가진 것 중에 남으로부터 받지 않은 것이 하나도 없다는 사실과 우리가 그저 받았으니 그저 주는 게 좋다는 사실을 유념할 때, 이처럼 내가 빚진 자를 일일이 거명할 수 없음을 미안해 하기보다 오히려 빚졌음을 기쁘게 인정하게 되었다.

내가 누구보다 빚진 심정을 표명하고 싶은 인물은 일생 내내 교회와 문화의 문제에 몰두했던 그 유명한 신학자요 역사가인 에른스트 트뢸치(Ernst Troeltsch)다. 이 책은, 어떤 의미에서, 그의 명저 「기독 교회의 사회적 가르침」(*The Social Teachings of the Christian Churches*)을 보충하고 부분적으로 교정하려는 작업이라 할 수 있다. 트뢸치가 내게 가르쳐 준 바는, 기독교 역사에 등장하는 많은 인물과 운동의 다양한 형태와 개별성을 존중하라는 것, 그런 다양성을 미리 짜여진 관념의 틀 속에 끼워 맞추면 안 된다는 것, 그럼에도 **신화** 속에서 **로고스**를, 역사 속에서 이성을, 실존 속에서 본질을 각각 구하라는 것 등이다. 그는 또한 역사적 객체들뿐 아니라 그 이상으로 역사적 주체—관찰자이자 해석자인 존재—의 상대성을 수용하라고 가르쳐 주었고, 또 그로 인해 유익을 얻게 해주었다. 방금 이 글이 교회와 세상의 만남에 관한 트뢸치의 분석을 교정하려는 작업이라 했는데, 이는 이런 역사적 상대주의를 신학적 및 신(神)중심적 상대주의에 비추어 이해하기 위한 시도라는 의미다. 사실 유한한 인간과 운동의 상대적 역사는 모두 절대적 하나님의 통치 아래 있는 것이므로, 유한한 것을 절대시하는 것은 이성은 물론 믿음에도 저촉되는 일이다. 이사야 10장, 고린도전서 12장, 아우구스티누스의 「하나님의 도성」(*City of God*, 크리스챤다이제스트 역간) 등은 모두 인간 역사의 상대성이 그 의미를 갖게 되는 바로 그 절대적 맥락을 가리킨다. 나는 트뢸치가 셋으로 나눈 것을 다섯 가지 유형으로 분석했는데, 이 작업에 가장 큰 도움을 준 것은 C. J. 융(Jung)의 「심리학적 유형들」(*Psychological Types*)과 에티엔느 질송(Etienne Gilson) 교수의 「중세에서의 이성과 계시」(*Reason and Revelation in the Middle Ages*)라는 책이었다.

문자적 의사소통은 자료의 복잡성과 저자의 능력이 허락하는 범위 내에서 통일성과 정밀성을 수반해야 하기에, 나도 그런 노력을 기울이는 과정에서 많은 동료·친척·친구의 자문, 비평, 격려를 받았다. 여기서 특별히 감사를 표하고 싶은 사람은 동료 교수인 콜슈베르트와 레이몬드 모리스, 나의 누이 훌다 니버(Hulda Niebuhr) 교수와 형 라인홀드 니버(Reinhold Niebuhr) 교수, 마지막 장을 추가하도록 제안해 준 하퍼 앤 브러더스의 두들리 주버 씨, 원고 정리를 도와준 내 딸과 도로시 앤슬리 부인, 교정지를 꼼꼼히 점검하고 색인을 제공해 준 에드윈 페닉 교수 그리고 내 아내 등이다. 또 내가 오스틴에 있는 동안 나를 환대해 주고 이 작업이 현재와 같은 잠정적 결론에 도달하도록 도와준 스티트 총장과 그 동료들에게도 감사의 말을 전하고 싶다.

코네티컷 주 뉴 헤이븐에서
리처드 니버

서언

리처드 니버의 「그리스도와 문화」는 하나의 고전이다.

고전이란 일단 이 땅에 그 흔적을 남긴 만큼 후대 문화가 고려해야만 하는 탁월한 작품을 일컫는다.

서양 문화에 사는 사람은, 칼 마르크스(Karl Marx)가 자본에 관해 쓴 작품을 대면하지 않거나 그가 남긴 흔적을 인식하지 않고 그 작품 이전의 사상계로 돌아갈 수 없다.

서양 문화에 속한 시민들은, 지그문트 프로이트(Sigmund Freud)가 정신세계에 관해 실험하고 창안하고 저술한 그의 관념들을 입증하고 해명할 수가 없다.

일단 이 두 고전의 존재를 의식한 사람은, 가령 반(反)마르크스주의자나 유사마르크스주의자가 될 수 있다. 그들은 신(新)프로이트주의자나 후기프로이트주의자가 되는 길을 택할 수 있다. 하지만 그 고전들을 자주 의식하면서 그리고 때로는 의식하지 않는 가운데 자기 나름대로 정의를 내리고 고안하는 일을 어느 정도 수행할 것이다.

서양의 종교와 철학 분야는 아우구스티누스, 파스칼, 키르케고르를 비롯한 여러 사람으로부터 이런 고전을 물려받았다. 일단 아우구스티누스가 "두 도시"의 개념을 사람들에게 심어준 이상, 파스칼이 "철학자들의 하나님이 아닌 아브라함과 이삭과 야곱의 하나님"을 역설하고 그 하나님께 '내기'를 건 이상, 키르케고르가 양자택일(Either/Or)로 우리의 의식과 안목에 영향을 준 이상, 그들의 저술은 그 영역 가까이에 가는 모든 자에게 주형(鑄型), 원형 혹은 비유적 의미에서 펀칭백의 역할을 한다.

바로 지난 세기를 보면 종교 분야에서 여러 사상가가 이런 흔적을 남겼음을 알 수 있다. 마르틴 부버(Martin Buber)의 「나와 너」(*I and Thou*, 대한기독교서회 역간)를 고찰한 사람 가운데는 대화와 만남에 관한 그의 입장에 동의하지 않는 경우도 있겠지만, '나와 너'(I/Thou)와 '나와 그것'(I/It)의 차이를 거의 본능적으로 생각하지 않으면서 살 가능성은 별로 없을 것이다. 폴 틸리히의 "존재에의 용기"라는 주제에 일단 반응한 자들 혹은 그들과 함께 스스로를 '용납할 만한' 존재가 아니지만 '용납된' 존재로 여기는 법을 배운 자들은 그 주제들이 가리키는 실재에 대해 참신한 견해를 품게 되었을 것이다.

북미에서는 20세기 중반과 후반에 실시된 종교에 관한 설문 조사에서 다섯 명 중 네 명이 기독교라고 응답했으며, 그 동안 신앙과 신학에 관한 수백만 권의 도서가 출판되었다. 그 가운데 많은 책이 물론 저자들의 사명을 실현했고 주목을 받은 게 사실이다. 그러나 대다수는 일부 전문가를 제외하면 거의 읽지 않는 상태다. 수십 년에 걸쳐 고전으로 꼽힌 책은 두세 권에 불과한데, 당신이 손에 든

이 책이 그 가운데 하나다.

20세기 초에 철학자요 심리학자인 윌리엄 제임스(William James)가 「종교적 경험의 다양성」(*Varieties of Religious Experience*, 한길사 역간)이란 책을 출판했다. 나는 그 책의 새로운 판을 편집하고 그 서문을 쓰면서 1902년에 나왔던 첫 서평들을 살펴보게 되었다. 물론 첫 날부터 신랄한 비판이 있었지만, 이튿날부터는 대다수가 제임스에게 호의를 표하면서 그 책이 장차 미국의 종교 분야에서 금세기 최고의 저서가 될 것이라고 한 목소리로 칭찬했다. 사실 "건강한 정신"의 종교와 "죄로 병든 영혼"의 종교와 같은 일부 고전적 분류는 그 후 독자들의 의식에서 떠나지 않고 있다.

20세기 중반에 이르면 두 명의 개신교 저자가 친구들과 적들의 사상에 큰 영향을 미친 고전들을 저술했다. 그런데 공교롭게도 이 두 신학자는 서로 형제였다. 라인홀드 니버는 「인간의 본질과 운명」(*The Nature and Destiny of Man*)에 관해 고전적 진술을 했다. 그리고 리처드 니버는, 조직신학자들에 의해 많이 논의되는 여러 비중 있는 책을 썼지만 특히 「그리스도와 문화」에서 정의를 내리는 작업과 유형을 구별 짓는 작업을 함으로써 후대에 큰 흔적을 남겼다.

불교와 힌두교를 신봉하는 자들과 그것을 연구하는 학자들도 자신들의 고전을 흠모한다. 그 가운데 일부는 서양 문화에도 깊은 인상을 남길 것이다. 그들 가운데 다수는 니버가 "늘 제기되는 문제"라고 부르는 것, 곧 신앙 공동체와 그 주변 환경과의 관계―니버의 경우에는, 그리스도와 문화의 관계―를 인식할 것이다. 그의 분류 작업에 나오는 몇 가지는 기독교가 아닌 다른 종교 연구에도 중요한 통찰을 제공할 수 있다. 유대인의 경우 보통 자신의 종교 생활이나 신학에서 "그리스도"를 언급하지는 않지만, 그들도 니버로부터 무언가 유용한 정보를 얻을 수 있을 것이다.

이제 북미 인구 가운데 스스로 그리스도인이라고 인정한 80퍼센트가, 니버가 선택한 그리스도와 문화를 연결하는 "문제"에 직면하게 되었다고 할 수 있다. 그 가운데 신학자, 철학자, 목사, 문화비평가처럼 니버의 사상과 같은 공식적인 사상을 참고하여 그 문제를 다루는 자는 극소수에 불과할 것이다. 일부는 자신의 개인적 신앙생활 및 활동과 더불어 대중문화, 정치, 사회 참여, 교회생활 등에서 접하는 언어와 틀을 사용하여 그것을 다룰 것이다. 속어, 민속 음악, 풍자만화, 논설 등을 사용할 수도 있을 것이다. 하지만 흔히 그러는 것처럼 대법원과 대학에 대해 불평을 늘어놓을 때마다 실은 그런 구별짓기를 활용하는 셈이다. 혹은 자유 기업 체제나 다른 경제적인 틀이 하나님의 나라와 비등하다고 생각할 때도 그렇다. 혹은 동네 교회에 계신 하나님과, 사악한 제국과 냉전을 벌이는 국가나 (자신들을 이교도로 취급하는) 테러리스트들을 추격하는 국가의 하나님 둘 다에 충성을 다할 때도 마찬가지다.

그들 대부분은 「그리스도와 문화」를 읽지 않고도 자신의 역할을 잘 수행할 수 있다. 하지만 만일 누구든 대학 교수로서, 교회에서 장년 성경공부의 리더로서, 목사나 사제로서, 논설위원으로서 「그리스도와 문화」를 꼼꼼하게 읽고 거기에 나온 구별짓기를 내면화해서 정신적 도구로 삼는다면, 더 분명하게 추론도 하고 표현도 할 수 있을 것이며 더 현명한 결정도 내릴 수 있을 것이다.

내가 서언에서 이런 말을 하는 것은, 새로운 독자 세대에게 현재의 변화된 문화 가운데 니버의 목소리를 새롭게 들어 보라고 권하는 것이나 마찬가지다. 사실 문화가 변해도 어떤 요소들은 그대로 남는다. 새로운 세대는 물론 이것을 시대에 맞게 옮기는 작업이 필요할 것이다. 이는 별 문제가 아니다. 아니, 아리스토텔레스와 토마스 제퍼슨의 독자들도 똑같은 작업을 해야 하지 않는가? 여성 운동이 모두에게 조심스럽게 언어를 사용하라고 가르친 후에는, 필자들—니버가 지금 글을 쓴다면 그들 중에 포함될 것이라고 나는 확신한다—이 인간을 일반적으로 지칭할 때 'man'이라는 단어를 사용하지 않는 게 보통이다. 그렇다고 새로운 판을 내는 출판사가 일일이 모두 교정 표시를 할 필요는 없다고 본다. 글쎄, 니버의 글을 읽을 만큼 지적 호기심이 있는 자들은 나름대로 이 점을 감안하면서 읽을 것이고, 그보다는 오히려 아주 중요하고 영구적인 핵심 논제를 파악하는 데 주력할 것이란 생각이 든다.

이를테면, 스스로를 그리스도인이라고 생각하는 많은 이 곧 예수를 신봉한다는 이들이 예수 그리스도를 경축하는 공동체인 교회와는 아무 상관이 없다는 사실을 유념할 필요가 있다. 니버가 쓴 감사의 말 첫 줄에는 "교회가 자신의 주인과 자신이 몸담은 문화 사회 사이에 끼어 이중으로 씨름하는 모습"이란 표현이 나오지만, 사실 모두가 그렇게 씨름하는 건 아니다. 하지만 니버가 다루는 많은 내용은 교회 문화뿐 아니라 개인의 문화를 대상으로 하는 것으로, 예수라는 충성의 대상과, 의미와 가치의 추구, 정치 세계와 사회, 가장 깊은 신념과 열망을 서로 연결하려는 자들에게 적실한 것이다.

생색을 내는 것처럼 들릴지 모르겠지만 한 가지 하고 싶은 말이 있다. 만일 조심스럽게 읽지 않으면, 유형을 사용하는 자면 누구나 그렇듯이 니버도 잘못 읽힐 소지가 있다는 점이다. 그는 여기서 그리스도와 문화의 관계를 "대립", "소속", "상위", "변혁", "역설" 등의 표현을 써서 나눈다. 이 다섯 가지 사례에서 니버는 근본적인 모티브를 찾는다. 그는 특징을 달리하는 여러 구역을 창조하는 것이지, 사방이 막힌 창고를 만들거나 용접으로 밀폐된 용기를 만들어 그리스도인이 당대의 문화를 붙들고 "씨름하는" 여러 모습을 보여 주는 기독교 사상가들과 저자들을 거기에 억지로 짜 맞추는 것이 아니다.

몇 가지 예를 들어 보자. 나만 해도 문화에 "대립되는" 행동이나 문화에 "속하는" 행동을 하는 "씨름꾼들"은 그냥 지나칠 수 있다. 둘 다 나와 같은 신앙 혹은 신학적 관점과 신념을 가진 자들에게는 선택의 대안이 아니었고, 현재도 마찬가지다. 물론 나는 보편 교회에 관심이 있고 그에 대해 알기 원하기 때문에, 톨스토이나 어떤 종파주의자, 어떤 예언자나 성인, "대립"의 색깔을 지나치게 내는 인물로부터 무언가를 배울 수 있을 것이다. 그러나 그것이 나의 관점은 아니다. 하지만 이 유형에 대한 니버의 논의는 '문화의 배척'을 자신의 입장으로 삼는 자들에게 도움이 될 가능성이 높다. 또 그런 문화 배척자들을 배척하는 자들이 그들을 더 잘 이해하도록 돕는 역할도 할 것이다.

이와 비슷하게, 혹자는 그리스도를 문화에 흡수시키거나 문화를 그리스도에 흡수시키는 자들에 대해 아예 무관심하거나 조롱의 태도를 보일 수 있다. 오늘날 '영성'을 종교나 신앙 혹은 교회와 대립시키는 일에 열을 올리는 자들이, 니버가 이 범주나 유형에 포함시키는 영지주의의 경향을 보인다. 기독교와 뉴에이지가 쉽게 양립할 수 있다고 생각하는 자들이나 우주가 '에너지들'과 '연결 장치들'로 구성되었다고 믿는 자들은 그리스도 안에서 그 에너지를 발견하고 자기 속에서 그 연결 장치를 찾아 예수를 인정하고 그를 인도 신화에 나오는 아바타(avatar)나 구루(guru)로 간주하는 데 아무 문제가 없다.

또 어떤 이들에게는 영지주의가 필요 없다. 니버가 언급하는 독일 신학자, 곧 '문화적 개신교'를 대표하는 리츨 같은 인물도 필요 없다. 뿐만 아니라 "문화에 **속한** 그리스도"를 이해하려고 굳이 헬로이즈(Heloise)를 연모한 아벨라르(Abelard) 같은 중세 인물에게 귀를 기울일 필요도 없다. 그들은 적극적인 사고방식과 문화를 주창하는 학파들이 무슨 소리를 하는지 들어 보면 이 유형을 얼마든지 이해할 수 있다.

"문화 **위에** 있는 그리스도"는? 이 셋째 대안은 그리스도와 문화를 종합한 다음 그 세계에서 편히 살면서 예수에게 어느 정도 충성하되 양자택일의 방식은 택하지 않는 자들에게 어울린다. 그들에게는 '양자 모두'가 통한다. 토마스 아퀴나스로 대표되는 이 종합론적 접근은 나 같은 사람에게 호소력이 있다. 아마 많은 독자가 이 "문화 위에 있는 그리스도"에 깊이 공감하지 않을까 생각된다. 따라서 이 대목은 그들로 양자를 서로 조정하고 종합하는 방식으로 생각하도록 도울 것이다.

많은 가톨릭교도와 정교도들이 토마스와 종합론자의 노선을 따르는 데 반해, 대다수의 주류 개신교도에게 가장 매력적인 노선은 마지막 두 유형이다. 이런 그리스도인들은 자신의 주변 환경에 오랫동안 방출되어 왔던 진보주의 공기를 마시는 동시에 그 공기가 오염된 환경 속에서 살아야 했다. 그 경고판에는 "조심해서 공기를 마시라"라는 문구가 적혀 있다.

이 가운데 둘째 유형은 "문화를 **변혁하는** 그리스도"로서, 북미에서 전자보다 더 큰 영향을 미친 입장이다. 문화를 변환하려고 애쓴 일부 그리스도인은 아우구스티누스를 비롯한 중세 기독교 지도자들로부터 영감을 받았다. 이 접근은 특히 주류 개신교도들이 지배했던 '개신교 세계'에서 꽃을 피웠다. 이제 그 세계는, 거듭난 미국이 법률을 통과시키는 모습을 보기 원하고 자신의 신앙에 우호적인 환경을 조성하고 싶어 하는 복음주의 세계로부터 도전을 받는다. 그와 같은 법과 제도를 통해 개인과 교회와 국가가 모두 세상을 변혁하는 일을 도모할 수 있다고 주장한다. '하나님의 나라를 가져올 수' 있다는 것이다. 17세기 청교도로부터 20세기의 사회 복음주의에 이르기까지 성경의 언어가 이런 충동을 불러일으켰다. 이 유형의 반(半)세속적 형태는 진보 정치의 모습으로 지금까지 강하게 남아 있다.

다음에 "문화와 역설적 관계에 있는 그리스도"가 있다. 이는 변증법적 상상력을 가진 자들을 위한 유형으로, 바울과 루터의 입장을 이원론과 모순관계와 연계하는 경우가 그렇다. 이 구역에 몸담은 사람들은 자신이 문화를 변혁할 것이라고 결코 믿지 않는다. 물론 문화 속에서 책임 있게 행해야 하지만, 그것을 그리스도와 좀더 어울리게 만드는 데 관심이 있다. 폴 틸리히가 자신이 어떻게 그런 역설을 안고 사는지 보여 주었을 때 이 입장을 대변한 셈이다. 자신이 이민자 혹은 망명자로서 어떻게 유럽의 종교적 사회주의의 '변혁적' 비전을 가지고 들어왔는지를 말해 주었다. 이에 상응하는 것이 미국의 사회 복음주의와 그 후예들이다. 동시에 그는 마귀의 영향이 모든 존재 구조에 만연되어 있고, 종말 이편에서는 언제나 그럴 것이라고 주장함으로써 루터교도다운 모습을 보여 주기도 했다.

나는 이제까지 "그리스도와…"를 논하면서 그것을 다섯 범주나 상자로 지칭하지 않고 여러 구역(zone)으로 불렀다. 병원에 근접하는 운전자는 '이제 병원 구역으로 들어가니 조용히 하고 속도를 늦추시오'라는 표지판을 보게 될 것이다. 하지만 그 표지판의 전방이나 후방 20미터 혹은 10미터에 실제로 그 구역에 '들어가는' 특정한 지점이 있는 것은 아니다. 아무리 둘러봐도 '여기서부터 병원 구역을 벗어나는' 지점이라는 표지판은 찾아볼 수 없다. 니버의 범주들도 이와 마찬가지다.

나의 관심 분야에서 한 가지 예를 들면 이렇다. 칼뱅과 그 추종자들은 정치와 관련하여 "문화를 변혁하는 그리스도"를 대변한다. 반면에 루터는 "두 왕국"이라는 이원론을 표명한다. 둘 중 하나는 언제나 '마귀의 영향이 모든 존재 구조에 만연된' 모습을 보여 준다. 그러나 교회 건물, 예술, 음악에 등장하는 형상들을 긍정하는 문제에 이르면 루터가 앞장선다. 그는 하나님의 프로그램을 소개할 때 음악을 신학 바로 밑에 두며, 어떤 경우에는 음악이 신학보다 앞서는 것처럼 행동하기도 한다. 이와 관련해서는 이원론적 입장을 최소화하고 적어도 이 분야에서만은 변혁의 가능성을 엿보는 것이다.

이제까지 나는 어떤 구역에 누구를 포함하고 누구를 제외할 것인지를 놓고 내게 가장 낯익은 인물들을 데리고 놀다시피 했다. 다른 독자들도 각 범주에 '맞는' 인물들을 선정해서 나름대로 표지판도 세워 보고 목적지도 정해 보고 딱지도 붙여 보길 제안한다. 그렇게 해 보면 거의 아무도 한 유형에만 딱 들어맞는 사람이 없다는 것을 알겠지만, 그런 시도를 하는 것 자체가 우리 자신—신자든 아니든—이 다른 이들과의 관계에서 어느 위치에 속해 있는지를 알게 해줄 것이다. 우리는 이 '다른 이들'을 슈퍼마켓, 축구 경기, 반상회, 대학 강의실, 도서관 등 시민들이 서로 부대끼고, 가까이하고, 타인과 함께 혹은 타인에 반대하면서 일하는 곳에서 만나게 된다.

「그리스도와 문화」는 대다수의 고전이 그렇듯이 쉬운 책이 아니다. 독자에게 요구하는 게 많다. 리처드 니버를 높이 평가하고 그의 글을 꾸준히 읽는 우리는 이미 오래전에, 그가 단어 하나라도 낭비하는 일이 없고, 단락을 질질 끄는 경우도 없으며, 하찮은 얘기나 일화로 주변을 장식하지도 않는다는 것을 알았다. 그가 논하는 인물들 가운데는 학자나 종교 전문가가 아니면 낯설게 느껴지는 자가 많다. 하지만 그는 모호한 사상가가 아니고, 그의 논의 방식과 내용은 그에게 귀를 기울이는 독자들에게 상당한 보상을 안겨 줄 것이다. 아울러 이 책의 고전적 특성은 나처럼 니버의 틀을 가지고 기독교 신앙과 세상의 관계를 조망하는 많은 독자에게 그 진가를 입증해 주리라 믿는다. 「그리스도와 문화」는 반세기가 지날 때마다 새로운 옷차림으로 선보일 만한 책이다. 50년이 더 흘러 2051년이 되어도 이 작품은 매력을 잃지 않을 것이다.

시카고 대학교에서
2001년 10월
마르틴 마티(Martin E. Marty)

서문: 하나의 긍정적 해석

리처드 니버는 내가 예일 대학교에서 박사과정을 밟을 때 지도교수였다. 그는 내가 미국의 신학 교육 프로젝트의 부책임자였을 때 책임자로 있었다. 그리고 나는 예일 대학교 신학부에서 봉직한 17년 가운데 처음 몇 년 동안 그와 함께 일했다. 그는 내 친구였다.

"「그리스도와 문화」보다 더 우리 상황에 대한 정확한 평가를 방해한 걸림돌은 별로 없었다." 이 권위 있는 결론—권위 있게 발표된—은 예일 신학부 출신 가운데 현재 가장 유명한 두 사람인 듀크 대학교의 스탠리 하우어워스와 윌 윌리몬이 공저한 「거류민」(Resident Aliens)에 나오는 문구다.

오스틴 장로교 신학교의 커리(Currie) 강좌로 행한 니버의 「그리스도와 문화」 50주년을 맞이하여 그 학교는 그 1949 사건을 '경축했다.' 그 때, 예전 동료이자 하우어워스와 윌리몬의 친구며 현재 노트르담 대학교 교수로 일하는 조지 마스덴(George Marsden)이 초청 강사였다. 그 사건은 충분히 기념할 만한 것이었다. 오스틴 신학교는 마스덴의 첫 강좌 내용을 신학교 학술지인 *Insights*(1999년 가을호)에 실었다. 여기서 그 강좌에 나오는 「그리스도와 문화」에 대한 비평을 두서없이 인용하면 이렇다.

"니버의 분석은 과거 50년 동안 엄청난 영향을 미쳤음에도 현재 형태로는 그 수명이 다한 것 같다." "거기에 나오는 범주들은 [우리를] 오도하는 잘못된 것이다." 마스덴은 역사가로서 "니버의 범주들은 한 마디로 도움이 안 된다"라고 잘라 말한다. 이 인용문들은 그 글의 본론 첫 대목에 나오는 것이다. 이어서 마스덴은 그 책이 그 시대의 산물임을 아주 절감한다고 말한다. 오늘날은 전혀 다른 의문들을 던진다는 것이다. 물론 니버 자신이 역사적 상대주의자였던 만큼 이 사실에 놀라진 않을 것이다. 그러나 그리스도와 문화의 문제는 변함없이 우리와 함께 있다.

"그런데 니버가 그 책에서 교회와 기독교 대신에 더 추상적인 '그리스도'에 강조점을 둔 것은 참 이상한 점이다." "'그리스도'라는 용어를 문화와 대립하는 것으로 사용하면 오도할 소지가 있다. 그리스도와 문화를 나란히 놓으면 그리스도인으로 하여금 기독교에 대한 자신의 이해가 문화적 산물임을 더더욱 잊게 하는 결과를 초래한다." 기독교 자체는 물론이고 기독교에 대한 모든 이해도 문화적 산물이라는 점은 에른스트 트뢸치의 연구가인 니버에게 전혀 생소한 것이 아닐 것이다.

마스덴은 니버의 "문화"라는 단어의 용법을 비판한 고(故) 존 하워드 요더(John Howard Yoder)의 견해에 수긍하면서 그것을 그대로 인용한다. "문제는 니버가 문화라는 단어를 '사람들이 함께 하는 모든 것'과 동의어로 거의 무차별적으로 사용한다는 것이다"

가 마스덴이 요약한 요더의 비판이다. 이어서 마스덴은, 니버가 "언어, 농업 혹은 병원과 같은 것"을 생각하는 게 아니라 "고등교육, 세속적 이성, 예술"과 "정부와 기업 그리고 이런 것들 아래 깔린 공동의 이데올로기와 가치관에 의해 대표되는 지배적인 문화 구조들"을 염두에 둔다고 말한다. 니버가 그리스도인들이 이런 문화의 여러 국면에 대해 "획일적인 태도"를 갖는 것으로 생각했다고 추정한다. 니버라는 인물에 대해서는 이렇게 말한다. "그는 독일인의 공동체에서 자란 사람이다. 그럼에도 불구하고, 본인의 하부 문화적 정체성이 '문화'에 대한 전반적인 태도에 어떤 영향을 미치는지에 대해 거의 주목하지 않는다. 이와 비슷하게, 사회적 계급이 문화적 태도를 좌우하는 한 가지 요소라는 사실도 거의 언급하지 않는다. 이 요소는 그가 충분히 인식하던 것인데다 「교단주의의 사회적 근원들」(*The Social Source of Denominationalism*)에서 이미 그것을 다룬 적이 있음에도 불구하고 말이다."

"그 범주들도 한 마디로 역사적 적절성이 없다." 마스덴은 이어서 니버 자신도 그 한계들을 인정했다고 시인하지만, 곧이어 그가 그 복잡성을 과소평가했고 "그 유형론의 학습적·설명적 가치"를 강조했다고 비판했다. "그럼에도 불구하고, 그는 마치 자신의 이념 유형들이 실제 역사적 인물들의 특징을 묘사하는 것처럼 말함으로써, 모든 그리스도인을 개인적으로나 집단적으로 어느 한 유형으로 분류할 수 있다는 인상을 남겼다." 그러고는 오늘날에 제기되는 반론을 언급한다. 니버가 성과 인종의 문제를 다루지 않았다거나 보통 사람들의 생각과 행동보다 엘리트들의 생각을 다룬다는 지적이 그것이다.

본론에서 결론에 이르는 대목에서는 마스덴이 그 책을 줄곧 두들겨 팬 것이 마음에 걸렸는지 이렇게 쓴다. "이제 마치면서 나로서는 그것[그 유형들]을 초보적인 도구라고 말하겠다. 주로 사람들로 하여금 이 문제들에 관해 더 명료하게 생각하게 만든다는 측면에서 유용한 것들이다." 그런데 이어서 다음과 같은 경고를 덧붙여 그것을 무색케 한다. "모든 유형론이 그렇듯 이는 아주 단순한 사고방식을 부추기고 다른 그리스도인들을 너무 쉽게 범주화하는 문제가 있다." 이렇게 말하고 나서, 다시 무언가 긍정적인 평을 해야겠다고 느꼈는지 이렇게 진술한다. "그럼에도 불구하고, 그리스도인들이 그것들을 잘 이용하기만 하면 자신과 세상의 관계에 대해 생각할 때 풍부한 자원으로 계속 활용할 수 있다." 하지만 이 문장으로 끝나지 않는다. 마지막 단락은 "끝으로 한 가지 비판을 더 할까 한다"라는 문장으로 시작한 다음, 그 때까지 잊고 있던 한 가지 지적을 덧붙인다.

마스덴이 매우 동조하면서 인용하는 존 하워드 요더는 한동안 「그리스도와 문화」에 대한 비평을 이런저런 모양으로 널리 유포했는데, 내가 기독교 윤리 분야에서 읽은 글 가운데 가장 인신공격에 가까운 논조에다가 불필요한 각주들을 왕창 갖다 붙인 것이었다. 이 글이 출판되었다고 하나, 어쩌면 다행스럽게도 나는 아직 보지 못했다.

나는 이 글에서 「그리스도와 문화」를 잘못 읽은 부분과 다른 비판들을 상기시키겠지만 자세한 반론을 제기하진 않을 것이다. 그런 것은 학술지에나 어울리기 때문이다.

「그리스도와 문화」를 칭송하는 글은 물론 곳곳에서 볼 수 있다.

신학 교육 분야에서 탁월한 학자로 꼽히는 현 뉴욕 유니온 신학교 총장 조지프 하우(Joseph Hough)는 "그리스도와 문화"가 나의 신학 교육과 관련해 가장 중요한 책의 하나였다"라고 내게 썼다. 수많은 사람이 이와 똑같은 말을 하리라고 나는 확신한다.

2년 전 케네디 정치 학교가 주최한 「그리스도와 문화」 토론 모임의 기조 강연을 하기 위해 하버드 대학교에 간 적이 있다. 그 모임은 자발적 협회들에 관한 연구의 일환으로서, '신앙에 기초한' 공공 부문에의 참여에 관해 공부하는 집회다. 여기에는 신학자와 신학 교육을 받은 자들뿐 아니라 정치학자를 비롯한 사회과학자들과 행동과학자들 그리고 행동주의자들까지 참가했다. 전부는 아니더라도 일부 신학자는 그 책의 치명적 결함을 지적해야겠다고 생각했다. 그래서 인종차별과 페미니즘의 문제를 다루지 않았다는 등 여러 가지를 꼬집었고, 한 사람은 그것을 "냉전용 책"이라고까지 혹평했다. 그 사람에게 나는 혹시 그 책 대신에 라인홀드 니버의 「기독교 현실주의와 정치 문제」(*Christian Realism and Political Problems*)를 읽은 게 아니냐고 물었다. 내가 크게 감명을 받은 것은, 이전에 신학자가 쓴 책을 한 권도 읽어 보지 않은 일부 참석자가 그 책을 통해 그 세미나의 주제와 의제에 영향을 주는 신학적 차이를 비교하는 데 큰 도움을 받았다는 말을 들었을 때였다.

한 분석철학자 친구가 내게 이런 글을 보냈다. "나는 「그리스도와 문화」를 그 계통의 책 가운데 가장 절도 있고, 단도직입적이고, 명료하고, (좋은 면에서) 분석적인 작품이라고 늘 생각해 왔다. 이 책은 당신이 신학적 프로젝트를 갖고 있든 없든 상당히 흥미로운 책이다. 왜냐하면 종교가 문화의 다른 부문들 및 넓은 의미의 '문화'와 관련해 취할 수 있는 다양한 입장을 잘 다루기 때문이다."

「그리스도와 문화」가 출판된 것은 1951년 봄, 내가 시카고 대학교 신학부에서 마지막 학기를 공부하던 때였다. 나는 그 전에 종교사회학에 관심이 있어「교단주의의 사회적 근원들」을 읽은 적이 있었다. 그 책은 나 자신의 종교적 내력을 잘 알고 해석할 수 있게 해 주었는데, 내용인즉 인종적인 요인을 비롯한 여러 사회적 요인이 종교를 정하는 데 결정적 역할을 한다는 것이었다. 나는 거의 열네 살이 되기까지 영어로 하는 주일 예배에 참석하지 않았다.

나는 신학을 공부하던 초창기에 니버 교수의 친구요 그와「세상에 역류하는 교회」(*The Church Against the World*)를 공저한 빌헬름 포우크(Wilhelm Pauck) 교수와, 역사적·문화적 상대주의에 대한 나의 몰입과 그 결과 당시 시카고에서 크게 유행하던 과정신학의 추상적 관념에 대한 나의 비호의적 반응에 관해 토론한 적이 있다. 그는 내게 리처드 니버의「계시의 의미」(*The Meaning of Revelation*)를 읽으라고 했는데, 이 책은 버나드 루머(Bernard Loomer)가 "종교 저널"(*The Journal of Religion*)에 쓴 비평 말고는 "건설적 신학"의 어느 강의록에도 들어있지 않은 것이었다. 그것은 내가 품었던 초보적인 신학적 의문들을 다루어 주었고, 나 자신의 경험과 이전 공부의 의미를 모두 이해할 수 있게 해주었다.

마지막 학기에 나는 막스 베버의 방법론 가운데 이념형의 방법과 '이해'(*Verstehen*)라 불리는 과정에 초점을 둔 신학 학사 논문을 마무리하는 중이었다. 세 과목 가운데 둘은 포우크 교수의 슐라이어마허 이후 신학의 역사를 다룬 과목과[이 과목을 들으며 나는 리츨(Ritschl)에 관한 리포트를 쓰는 중이었다], 다니엘 데이 윌리엄스(Daniel Day Williams)의 기독교 사랑에 관한 과목[수년 후에 「사랑의 정신과 유형들」(*The Spirit and Forms of Love*)이란 제목으로 출간되었다]이었다. 포우크 교수는 내가 종교와 문화의 관계에 대한 학제적 접근에 관심이 있다는 것을 알았기에 그에 대한 리츨의 신학적 해법에 관해 리포트를 쓰라고 제안했다. 윌리엄스 교수는 내가 3년 동안 성공적으로 피해 온 알프레드 화이트헤드(Alfred Whitehead)의 「과정과 실재」(*Process and Reality*)를 읽고, 사랑의 근거를 상호성으로 이해한 측면에 초점을 맞추어 리포트를 쓰라고 고집했다. 이는 당시 그 교수의 비교학적이고 조직적인 연구에 나오는 사랑의 네 가지 유형 가운데 하나였다.

신학을 공부할 때 내게 결정적 영향을 주었던 스승인 제임스 루터 애덤스(James Luther Adams)는 위대한 유니테리언으로서 베버에 관한 내 논문을 지도해 주었다. 1948년 시카고 대학교에서의 첫 두 학기 동안 애덤스 교수의 영향으로 나는 빌헬름 딜타이, 막스 베버, 에른스트 트뢸치에 심취하게 되었고, 다른 여러 학자도 이런저런 방식—사회학적, 역사학적, 신학적—으로 종교와 문화 연구의 방법론에 천착하도록 도와주었다. 12주 단위로 된 첫 학기에 애덤스 교수가 20페이지 분량의 리포트를 쓰라는 과제물을 내주어 먼저 앤더스 니그렌(Anders Nygren)의 「아가페와 에로스」(*Agape and Eros*)에 관한 것을 썼는데, 영역판 210페이지에 이 두 가지 사랑에 대한 지극히 자세한 유형론적 차별성이 기록되어 있다. 니그렌은 **아가페**를 선호하는 강력한 가치 판단을 내리고 있고, 그의 역사적 분석은 **에로스**가 기독교 속으로 스며드는 것을 단호히 거부하는 방향으로 나간다.

포우크 교수는 「그리스도와 문화」가 곧 출간될 것을 알고 내게 가능한 빨리 그 책을 읽어 이념형적 방법론의 본보기로 삼고 니버의 리츨에 대한 이해를 논의에 포함하라고 권했다. 나는 공식적인 출간에 앞서 도심의 서적 판매상으로부터 그것을 힘들여 구입한 다음 12주 학기의 바쁜 일정 속에 그 공부를 끼워 넣었다. 그러니까 나는 시카고 대학교에서 공부하던 맥락에서 당시에 그리고 그 후 50년이 흐른 시점에, 「그리스도와 문화」를 기독교 사상사로부터 끌어낸 신학적 윤리사상에 대한 이념형적 연구로서 읽고 해석한 셈이다. 이념형이란 독자로 하여금 자신이 접하는 자료들과 이슈들을 이해하도록 돕는 학습적 고안물이다. 이런 이해를 표준으로 삼아 그 책에 대한 비판들을 달아 보고 또 나 자신의 해석도 덧붙일 생각이다.

나는 이제까지 이 책을 쓴 저자의 의도를 완전히 파악한다고 주장한 적이 한 번도 없다. 아니, 내가 지금까지 해석한 어떤 책에 대해서도 그런 주장을 하지 않았다. 아주 흥미로운 사실은, 내 친구 리처드 R. 니버―H. 리처드 니버의 아들로 이름 덕분에 태어나면서부터 유명하게 된 신학자―가 여러 달 동안 「그리스도와 문화」와 이 기념판과 관련하여 나와 이메일을 주고받은 다음, 아버지가 1942년에 쓴 "기독교 윤리의 유형들"(Types of Christian Ethics)이란 글을 내게 보내 주었다는 것이다. 그 글은 내가 그 때 처음 본 것이고, 현재 이 기념판의 머리말이 된 것이다. 첫 부분에는 "유형론적 방법"이란 소제목이 붙어 있으며, 그 부분과 이어지는 대목들에 이념형 및 그 적절한 용법에 대한 간략하면서도 포괄적인 설명이 있다. 이 글에 나오는 유형론과 신학적 재료는 커리 강좌에서 사용된 것과 상당히 다르지만, 그 강좌를 미리 내다본 내용임은 분명하다. 되돌아보건대, 만일 이 글이 40년대에 출간되었더라면 「그리스도와 문화」에 대한 엉뚱한 오해를 많이 줄일 수 있지 않았을까 생각된다.

나 나름대로 해석을 시작하면서 먼저 이 책이 다음 세 가지가 아니라는 것부터 지적하고자 한다. 이 책은 신학적 윤리나 신학의 역사가 아니다. 또 니버의 신학 윤리에 대한 체계적 진술도 아니다. 아울러 이 책에 나오는 저자들의 여러 저술을 분류한 작품도 아니다. 예를 들어, 토마스 아퀴나스의 저서가 "문화 위에 있는 그리스도"에서 논의되었다고 해서 토마스에게 문화변혁적인 요소가 없다는 뜻은 아니다. 니버가 이념형적 방법을 자의식적으로 사용한 점에 비추어 이 책을 읽으면 이런 근본적인 오해는 바로잡을 수 있다.

「그리스도와 문화」는 신학적 윤리의 역사가 아니다. 다른 때에 니버가 역사책을 쓴 건 사실이다. 그가 쓴 「미국에서의 하나님 나라」(*Kingdom of God in America*)가 바로 그런 역사책으로, 미국 신학에 대한 비평인 동시에 그것을 유형론적으로 정리한 책이다. 물론 「그리스도와 문화」에 기독교 역사에 대한 포괄적 지식이 담겨 있는 건 분명하지만, 니버는 자신이 역사책을 쓰는 게 아니라는 것을 알았다. 그런데도 비판가들이 이 책의 '역사적 부적절성'을 공격할 때 무슨 의미로 그렇게 하는지 의아해진다.

기독교의 신학적 윤리에 대한 역사적 연구는 「그리스도와 문화」에 내포되지 않은 두 가지 측면을 갖춰야 한다. 각 저자의 저술 배경인 문화적·교회적·사회적·종교적·신학적 환경에 대한 기술과, 연대기적으로 이전 저술이 이후의 저술에 미친 영향을 정리하는 일이 필요하다.

아우구스티누스의 윤리에 대한 역사적 기술은 당시 로마 제국의 환경, 당대의 신학적 논쟁, 개인적 내력, 기타 여러 상황적 맥락 등에 주목할 필요가 있다. 루터의 윤리에 관한 역사적 기술은 당시의 종교적 관심사와 신학적 이슈들, 그의 내력, 16세기 중부 유럽의 정치적·교회적 사건들 그리고 기타 상황적 맥락 등에 주목할 것이다. 우리에게 이런 유의 역사적 연구는 조금 있으나 기독교의 신학적 윤리나 기독교 도덕에 관한 포괄적 역사서는 아직 없는데, 그 이유는 적어도 다음 두 가지 때문이다.

첫째, 기독교 윤리는 삼위일체, 성육신, 성례 등과 같은 교리에 비해 독특한 면이 별로 없다. 기독교 전통상의 윤리는, 이론적이든 실천적이든, 기독교 신학과 유대교 신학 혹은 그리스 형이상학과 종교의 유사성에 비해 유대교의 윤리 및 고전적인 그리스-로마 윤리와 훨씬 더 비슷하다. 우리에게 과거의 맥락을 고려하는 가운데 일정한 기간과 특정한 이슈들을 중심으로 연구한 저서들은 있다. 존 카둑스(John Cadoux)의 「초대교회와 당시의 세계」(*The Early Church and the World*), 존 누난(John Noonan)의 「피임」(*Contraception*) 등이 그 본보기다. 그리고 우리에게 역사가가 아닌 '윤리학자'가 쓴 기독교 윤리의 역사서들도 일부 있다. 의사들이 쓴 의학의 역사 같은 것이 여기에 속한다고 본다. 「그리스도와 문화」는 하나의 이념형 연구로서 독자들로 하여금 역사상 중요한 이슈들을 파악하도록 도울 수는 있어도, 다시 말하건대 그 자체가 역사책은 아니다.

둘째는 인간의 유한성 때문이다. 상당히 포괄적인 관심사─신학적·윤리적·역사적·조직적·실천적인 면에 걸쳐—를 갖고 있는 학자에게 각 저자의 역사적 맥락에 관한 글을 기대하는 것은 실로 엄청나게 큰 기대임에 틀림없다. 기독교 교리의 역사를 다섯 권으로 쓴 자로슬라브 펠리칸(Jaroslav Pelikan) 교수조차 내가 여기서 강조하는 식으로 역사적 맥락을 기술하지 않는다.

「그리스도와 문화」에서 볼 수 없는 두 번째 역사적 측면은 이전 저술이 이후 저술에 미친 영향을 연대기적으로 정리하는 일이다. 이념형적 방법은 원래 이런 식의 기술이 아니다. 니버는 아우구스티누스가 토마스 아퀴나스나 루터 혹은 칼뱅의 윤리에 미친 영향을 추적하지 않는다. 우리에게는 존 코네리(John Connery)의 낙태에 관한 글처럼 도덕적 가르침의 관념을 다룬 역사서 등의 책이 일부 있다. 그러나 이런 유의 기술이 니버의 책의 범위를 벗어나는 것만은 분명하다.

그럼에도 불구하고, 이 책이 역사적으로 부적절하다고 비판하는 것은 실로 대단한 오해가 아닐 수 없다. 이 점을 알려고 굳이 니버의 저술 의도 속으로 직관적으로 뛰어들 필요도 없을 것이다.

「그리스도와 문화」는 포괄적이고 체계적인 신학 윤리를 다룬 책이 아니다. 이와 같은 책이 우리에게 없다는 사실은 참으로 유감스럽다. 우리가 가진 것은 그 일부분으로, 니버에게 첫 심장 마비가 발발하기 직전에 1960년 5월 글래스고에서 행한 로버트슨(Robertson) 강좌와 버클리에서 행한 얼(Earl) 강좌가 있으며, 그 내용은 사후에 「책임 있는 자아: 기독교 도덕 철학에 관한 에세이」(*The Res-ponsible Self: An Essay in Christian Moral Philosophy*)라는 제목으로 출간되었다. 니버의 신학을 해석하는 많은 사람이 다섯 번째 유형—문화를 변혁하는 그리스도—을 그의 신학적 윤리를 이해하는 **하나**의 열쇠가 아니라 **유일한** 열쇠로 본다. 그러나 니버는, 니그렌이 「아가페와 에로스」에서 범한 것처럼, 이념형적 방법의 원칙을 범하지 않았다. 니그렌은 **아가페**를 **에로스**와 뚜렷이 대조했을 뿐 아니라, 그것을 언제나 그리스의 **에로스**의 침투로 오염되는 기독교의 순전한 특색으로 간주했다. 반면에 니버는 전환론적 혹은 변혁론적 유형을 다른 유형들을 공격하는 도구로 사용하지 않는다.

물론 니버가 다섯 번째 유형을 다른 네 가지보다 덜 비판적으로 그리고 더 우호적으로 다룬다고, 따라서 니버가 그것을 가장 적합하게 여긴 셈이라고 주장하는 것은 가능하다. 하지만 그가 각 유형에 대해 공감을 느끼며 묘사하고, 각 입장이 성경의 가르침과 다른 고려사항에 의해 어떻게 뒷받침될 수 있는지를 보여 주는 것도 사실이다. 1942년에 쓴 "유형론적 방법"(The Typological Method)의 한 대목에서 그 방법이 요구하는 사심 없는 태도나 적어도 공정한 태도에 대해 정확하게 진술한다. "우리가 채택한 어떤 범주의 기본 특징을 좋아한 나머지 편견을 갖지 않도록 조심해야 한다.… 유형론자는 자신이 가치의 척도를 구축하는 게 아님을 기억해야 한다. 그의 작업은 설명이나 평가를 지향하는 게 아니라, 정확한 이해와 인식을 위한 것이다. 만일 그의 유형들이 잘 구축된 것이어서 경험적으로 적실성을 갖는다면, 그 자신도 그 유형 가운데 하나에 속할 것이고 따라서 그것을 선호하게 될 것이다. 그러나 유형론의 한 가지 목적은 그로 하여금 자신의 유형도 여러 유형 중의 하나임을 깨닫고 어느 정도 사심 없는 태도를 견지하도록 돕는 것이다." 니버가 변혁론적 유형을 선호할 수도 있다. 하지만 다른 유형들과의 비교는 그것이 여러 유형 가운데 하나라는 것을 보여 주며, 자신이 선호하는 것조차 비판적 관점에서 볼 수 있게 해준다.

설사 그가 변혁론적 유형을 선호했다 하더라도, 그것이 그의 조직 윤리를 열어 주는 유일한 열쇠는 아니다. 로버트슨 강좌에서 강조한 책임성이란 주제도 그만큼 중요한 열쇠다. 여기서 니버가 「책임 있는 자아」에서도 이념형을 사용했다는 점을 주목할 필요가 있다. 그 책에서는 제작자로서의 인간, 순종적인 시민으로서의 인간, 응답자로서의 인간 등 도덕 체험의 세 유형을 들고 있다. 그는 첫 두 유형의 가치와 한계에 대해 논하면서 셋째 유형이 훨씬 더 적합하다는 것을 분명히 주장한다. 따라서 그가 **의무론적** 윤리와 **목적론적** 윤리에 비해 **책임**의 윤리를 지지한다고 할 수 있다. 책임성을 더 지지하는 그의 논리는 혼잡하면서도 자신이 선호하는 입장을 정당화한다.

「그리스도와 문화」를 체계적이고 포괄적인 기독교 윤리로 이해하는 것은 잘못이다. 이 책이 설사 전환론적 특색을 선호하더라도, 나머지 네 유형을 사심 없이 공정한 태도로 취급하는 것을 무효화할 수는 없다.

「그리스도와 문화」는 신학적 윤리와 관련된 문헌들을 분류한 책도 아니다. 그래도 이런 식으로 오해하는 것이 그나마 가장 이해할 만하다. 다수의 독자가 이렇게 생각하는 이유는, 토마스 아퀴나스가 "문화 위에 있는 그리스도" 부문에서 논의되는 것이 그의 윤리가 모두 이 유형에만 속한다는 것을 뜻한다고 보기 때문이다. 그러나 토마스 아퀴나스의 신학과 윤리를 "문화 위에 있는 그리스도"의 유형에서 다룬다고 해서 그 속에 변혁론적 요소가 없음을 뜻하는 것은 아니다. 그 유형이 토마스의 윤리 전체에 대한 총괄적 요약이 아닌 것은 변혁론적 유형이 아우구스티누스 윤리 전체에 대한 총괄적 요약이 아닌 것과 같다. 니버는 전환론적 유형에 대한 1942년 논의에서 이 점을 인정한다. "후대로 넘어오면 아우구스티누스를 대표적 인물로 들 수 있는데, 비록「하나님의 도성」여기저기에서 토마스 유형과 루터 유형에 다가가는 모습이 보이지만 전반적으로 이 유형에 속한다고 볼 수 있다." 동일한 논문에서 그는, 우리가 칼뱅도 의무론자라는 점을 기억하는 한, 전환론의 가문에 소속시킬 수 있다고 말한다. (그리고「책임 있는 자아」에서 사용된 유형론이「그리스도와 문화」여기저기에 산재되었음에 유의하라.)

니버가 이 논문을 마무리하는 대목을 보면, 그가 자의식적으로 그리고 분명히 신학 윤리 문헌의 분류법이 아닌 이념형적 방법을 사용한다는 것을 확실히 알 수 있다. "즉, 유형론이란 기독교 안에 있는 무한히 다양한 창조적 도덕성을 이해하도록 도와주지만, 각 개인이나 운동은 유형만으로는 설명할 수 없는 독특한 개성을 갖는다는 점이다. 더 나아가, 기독교 도덕의 유형들은 결코 가치의 척도가 아니라는 점을 덧붙이고 싶다."

그러므로「그리스도와 문화」를 기독교의 신학 윤리 문헌을 분류한 책으로 이해하는 것은 한 마디로 잘못이다. 그 유형론은 관념의 이상적 구조물이지 문헌의 총괄적 정리 작업이 아니다. 물론 분류법을 사용하는 책들이 있다. 다니엘 데이 윌리엄스의「사랑의 정신과 유형들」이 그 본보기로, 문헌들을 네 부류―아우구스티누스파, 프란시스파, 루터파, 상호성(mutuality)파―로 총괄해서 분류한다. 첫 세 부류에 속하는 문헌들은 각각 우호적이면서도 비판적으로 해석한 다음, 상호성이 성경적으로나 철학적으로 최상의 부류임을 보여 준다. 이념형과 분류학의 차이는(이 둘이 서로 뒤섞이기 쉬운데) 이렇다. 이념형은 명백히 진술된 축을 따라 만든 관념의 이상적 구조물로서, 그 축에 비추어 어떤 문헌이 다루는 이슈들의 특정한 측면을 조명하는 경우다. 분류학은 유사점을 공유하는 다양한 문헌을 총괄하여 그 표제를 개발하는 작업이다.

내가 주장하는 바는, 「그리스도와 문화」를 엉뚱하게 오해한 이 세 경우의 공통점은 니버의 이념형적 방법의 사용을 잘못 이해한 데 있다는 것이다. 물론 니버가 처음 그 책을 출간할 때는 1942년의 논문—"기독교 윤리의 유형들"—에서 다룬 것처럼 이념형적 방법과 그 적절한 용법을 설명하지 않았다. 내 주장이 옳다면, 그 책에 대한 공정한 비판은 먼저 이념형적 방법 자체를 평가한 다음, 니버가 각 부문에 포함한 문헌과 관련하여 그것이 제대로 사용되었는지를 평가해야 할 것이다.

방법론을 평가하려면 그에 대한 지식이 필요하다. 그 배경이 되는 인문 과학과 자연 과학 사이의 방법론을 둘러싼 역사적 논쟁과 그 방법이 할 수 있는 것과 할 수 없는 것에 대한 주장들을 면밀히 살펴보아야 한다. 이 방법론에 대해 비판하는 문헌이 물론 있다. 비평가는 베버(Weber)의 「프로테스탄트 윤리와 자본주의 정신」(*The Protestant Ethics and the Spirit of Capitalism*, 풀빛 역간)과 같은 고전에서 그것이 어떻게 사용되었는지를 알아야 한다. 권위를 전통형, 카리스마형, 합리적/합법적 유형으로 나눈 유형론 그리고 순수 양심의 윤리와 사회적·문화적 책임 윤리의 유형론 등이 그 예다. 비평가는 트뢸치의 유형론도 알아야 한다. 이 경우는 유감스럽게도 사회학자들이 '교회와 종파'로 환원해 버렸지만, 사실은 기독론, 윤리학, 종교 공동체의 사회적 구성 등의 이념형들 사이의 상호 관계를 다룬 것이다. (당신이 만일 「기독교회의 사회적 가르침」을 공부한 적이 있다면, 트뢸치가 타협과 문화적 책임의 윤리를 수반한 인류 보편적 구속자로서의 그리스도 유형과 교회 유형을, 순수 양심과 예수의 삶과 가르침에 순종하는 윤리를 수반한 주님으로서의 그리스도 유형과 종파 유형을, 내면으로부터의 조명과 느슨한 신비적 사회조직의 윤리를 수반한 내주하는 그리스도 유형을 서로 연결짓고 있음을 기억할 것이다.) 마스덴을 비롯한 여러 비평가는 이 방법론에 대해 무지해서 니버의 책의 성격을 완전히 착각한 것 같다.

각 유형을 사용하는 니버의 용법과 그 책에 포함된 문헌과 관련된 오중적(五重的) 유형론 전체에 대해 제대로 평가하려면 적어도 그 책이 지닌 교육적 목적에 공감할 필요가 있다. 이는 거기서 다루는 주제에 대한 우리의 이해를 더 깊게 하는 것을 일컫는다. 사실 이 책이 교육용으로 아주 적합하기 때문에 그 동안 교실에서 계속 사용되어 오지 않았나 생각되고, 내가 이런 논평을 쓰게 된 근본 동기이기도 하다. 마스덴도 니버가 유형론을 학습적 효과를 위해 사용한다는 것을 언급하긴 하지만, 이어서 그것들을 설명 장치로 사용한다고 덧붙인다. 후자는 잘못된 언급이다. 니버가 1942년 논문에서 시사하듯이, 이념형이 모든 것을 설명해 주는 게 아니기 때문이다. 그것은 주제 자체를 이해하도록 돕는 것이지 그것을 설명하는 게 아니다.

오중적 유형론과 각 유형의 학습적 능력, 즉 해석과 주제를 조명하는 능력이 바로 이 책 전체와 각 장에 나오는 설명과 분석을 평가하는 주된 평가 기준이라 할 수 있다. 막스 베버가 설명한 것처럼, 유형론이란 학습을 돕는 장치일 뿐이다. 즉 독자로 하여금 자신이 다루는 특정한 텍스트, 사건, 사회구조 등을 이해하도록 돕는 역할을 한다는 뜻이다. 하나의 유형론을 정립하려면 방대한 지식과 더불어, 객관성과 공정성을 가지고 경계를 정하는 능력이 필요하다. 만일 비평가가 자기 비판적인 사심 없는 태도와 '객관성' 유지가 원칙적으로 불가능하다고 믿어 어떤 노력도 소용이 없다고 생각한다면, 당연히 이 책의 교육적 효과, 해석과 주제 조명의 능력을 긍정적으로 평가할 수 없을 것이다. 비평가가 신학 교육의 목적, 특히 기독교 윤리를 가르치는 목적이 학생들에게 **사고하는 법**을 훈련하는 게 아니라 **사고할 내용**을 제공하는 것이라고 생각한다면, 이것은 위험한 책임에 틀림없다.

독자들은, 니버가 구축하는 "문화와 대립하는 그리스도"의 이념적 유형이 그 장에 나오는 문헌을 이해하는 데 도움이 되는지 물어야 한다. 그들은, 신학자들이 그리스도와 문화의 관계를 이해하는 방식과 관련해 이 유형이 다른 네 가지 유형과 대조되는 독특한 논리적 대안임을 볼 수 있도록 도와주는지 물어야 한다. 니버의 저술에 흔히 드러나듯이, 그의 재능은 다양한 신학적·윤리적 문헌에 깊이 내재된 근본적인 이슈로 파고드는 데 있었다. 이 책에서 그렇게 할 뿐 아니라, 「책임 있는 자아」에서 도덕 체험과 규범적 윤리의 해석들에 관한 유형론을 만들 때도 그랬다. 그는 다양한 입장에 대해 공감을 표하고, 긍정적인 태도로 그것들을 읽고, 각 입장의 긍정적인 공헌과 한계점을 동시에 보여 주는 면에서 탁월한 능력을 발휘했다. 그는 독단적인 태도를 아주 멀리했는데, 이는 그의 방대한 지식, 역사적 상대성에 대한 의식, 학자로서의 겸손함으로 말미암은 것이었다. 그럼에도 심사숙고의 과정을 거쳐 자신의 신학적·윤리적 입장을 설득력이 있으면서도 찬찬히 설명하는 능력이 있었다. 그는 자신이 다루는 관념을 이해하기 쉽게 기술하고, 학자와 학생으로 하여금—일부 비그리스도인도 포함해서—여러 이슈와 그 중요성을 이해하도록 돕는 능력을 갖고 있었다. 그래서 네브래스카 대학교 역사학과가 주관한 그의 몽고메리 강좌가 「급진적 일신론과 서구 문화」(Radical Monotheism and Western Culture)로 출간된 것이고, 케네디 학교의 비그리스도인 학자들과 내가 앞서 언급한 신앙이 없는 분석철학자도 그를 높이 평가한 것이다.

신학자들을 포함한 동시대 학자들과 달리, 니버는 한결같이 먼저 긍정의 해석학에 비추어 읽은 다음에야 '의심의 해석학'을 적용하곤 했다. 그래서 감정이입에 익숙한 독자는 각 유형의 긍정적 기여와 한계점을 동시에 파악할 수 있다. 각 유형이 왜 전통에 의해 지지되고 또 지지할 만한지와 (다른 유형들에 비해) 왜 다른 신학자와 신자들에게는 수용되지 않는지를 이해할 수 있다.

마스덴은 비평을 마치면서 다소 소심한 태도로 그 유형들이 사람들로 하여금 이슈들에 대해 생각하게 하는 면에서는 유용하다고 인정했는데, 이는 바른 평가다. 내가 보기에, 마스덴과 같은 부류는 그리스도와 문화의 관계에 대해 축을 중심으로 사고하는 일, 각 유형이 니버가 섭렵한 그 방대한 문헌에 나오는 대안을 각각 시사한다는 점을 이해하는 일, 스스로 그 이슈들에 관해 생각하는 일 등이 얼마나 중요한지를 강조하는 측면에서는 실패한 것 같다.

니버의 방대한 역사적 지식은 각 유형과 유형론 전체가 지닌 강력한 설득력을 더욱 강화한다. 그는 성경 문헌과 오랜 기간에 걸친 많은 문헌을 통해 역사상 다양한 입장이 있었음을 보여 주고, 저자들이 취한 선택의 중요성을 잘 입증해 준다. 유형론을 사용하되 한 유형에 수많은 이름과 저서를 집어넣는 그런 경우, 예를 들면 요아킴 와치(Joachim Wach)의 「종교 사회학」(*Sociology of Religion*)과 달리 니버는 각 입장이나 저자를 충분히 설명해 독자가 그 중요성을 이해하도록 해준다. 그래서 "문화에 속한 그리스도"를 다룰 때 영지주의와 리츨이 지닌 의미를 충분히 언급할 수 있는 것이다. 그들의 입장이 성취할 수 있는 업적과 그들의 한계를 보여 주면서 말이다. 니버처럼 유용한 유형론을 만들려면 방대한 지식이 필요할 뿐 아니라, 본인이 배운 것을 정연하게 심사숙고하는 능력도 갖추어야 한다.

끝으로, 니버는 자신이 다루는 이슈가 무엇이든 먼저 다른 이들의 공헌을 비교 평가한 다음에야 본인의 입장과 판단을 개진하고 설명했다. 이런 각도에서 보면 그가 변혁론적 혹은 전환론적 유형을 선호했을 가능성이 있다. 「그리스도와 문화」에 내포된 유형론의 비교 기능은 사려 깊은 독자로 하여금 여러 이념형을 서로 비교하면서 숙고하게 하고, 하나의 선택이 어떤 함의를 지니는지 곰곰이 생각하게 만든다. 이 책으로부터 우리가 추론할 수 있는 바는, 책임 있는 기독교 신학과 윤리는 중요한 신학적 문제에 대한 다양한 역사적 해답을 서로 신중하게 비교하는 일을 전제로 한다고 니버가 믿었다는 점이다.

이 책의 주요 공헌에 또 하나의 보탬이 되진 않겠지만, 1951년

이래 출판된 기독교 윤리 관련 문헌을 그 유형론에 비추어 읽어 보는 일도 흥미로울 것 같다. 내가 받는 인상은, 최근 문헌을 각 유형에 비추어 평가할 수 있을 뿐더러 어떤 입장을 선호하든 그것을 체계적으로 변호하려면 현재 가용한 다른 대안들과 관련하여 논증하는 게 가능하다는 것이다. 또 다른 인상은, 이 책의 비판서로 가장 널리 알려진 저서들—가령, 스탠리 하우어워스(Stanley Hauerwas)와 존 하워드 요더의 것들—의 강점과 약점을 첫째 유형, 곧 "문화와 대립하는 그리스도"를 이용해서 이해할 수 있다는 것과 이런 책들에 호감을 느끼는 독자들의 경우 그 책의 함의를 다른 네 유형에 비추어 생각해 보는 게 유용하리라는 것이다. 이와 마찬가지로 "문화를 변혁하는 그리스도" 혹은 다른 세 입장 가운데 하나에 호감을 느끼는 독자도 그것을 "문화와 대립하는 그리스도"에 비추어 비판적으로 평가하는 것이 필요하다.

그리스도와 문화의 관계만이 신학자와 그리스도인들이 선택해야 할 유일한 축은 아니고, 또 신학 윤리의 유형론이 사용될 수 있는 유일한 축도 아니다. 하지만 이는 신학적 관념과 생활방식을 선택하는 데 결정적인 역할을 하는 것이다. 그렇기 때문에 어쩌면 지속적으로 사용되는지도 모르겠다. 이 유형론은 관념뿐 아니라 생활방식의 중심궤도를 정하는 일과도 연관이 있다. 만일 혹자가 그리스도인의 삶이 계속해서 반(反)문화적 비판과 활동으로 점철되어야 한다고 믿는다면, (가령) '변혁론적' 유형과 '대립' 유형을 상호 비교함으로써 반문화적 삶의 한계를 분명히 볼 수 있을 것이다. 만일 혹자가 '변혁론적' 유형을 지향한다면, '대립' 유형에 대한 진지한 성찰을 통해 본인이 기독교 도덕의 어떤 특징을 타협하거나 배격하는지 분명히 알게 될 것이다.

그리고 니버는 관념적·인간적 차원에서의 기독교 전통과 당시의 다양한 삶을 관찰하는 데 그치지 않았다. 또 서로의 차이를 기꺼이 관용하는 데 그친 것도 아니다.「그리스도와 문화」가 분명히 보여 주는 바는, 이런 규범적 차이점이 신학적·윤리적 관념뿐 아니라 그리스도인의 생활방식을 책임 있게 정하는 데도 반드시 고려해야 할 사항이라는 그의 신념이다. 아울러 그리스도인의 관념과 삶의 영역에서 서로를 바로잡아 주는 일이 중요하다는 것도 분명히 보여 준다.

「그리스도와 문화」는, 다시 반복하건대 기독교 사상의 역사에서 끌어낸 신학 윤리의 관념들에 관한 이념형적 연구다. 과거에 이 책을 읽었고 또 지금도 읽는 대다수의 사람은 이 저서가 지닌 많은 장점으로부터 상당한 유익을 얻었다. 앞으로도 이 책은 계속 읽힐 터인데, 하나의 근본적인 신학 윤리적 이슈에 대한 다양한 반응을 이해하는 데 언제나 도움이 되기 때문이다. 아주 흥미로운 점은 여기에 그 책을 가장 큰 소리로 비판하는 자들이 택한 대안들도 포함된다는 사실이다.*

2001년 10월 2일
예일 대학교 신학 대학에서
제임스 구스타프슨(James M. Gustafson)

---

* 예일 대학교 신학 대학에서 리처드 니버 기념 홀을 헌당할 때 한 강연을 각색한 내용임

머리말: 기독교 윤리의 유형들

I. 유형론적 방법

근대에 들어와 윤리학을 비롯한 사회과학 분야에서 유형론적 방법을 채택하게 된 것은, 부분적으로 개별적 사건을 이해하는 면에서 발생론적 방법이 지닌 한계를 극복하기 위함이다. 우리가 후자의 방법을 사용하는 경우에는 단 하나의 아이디어나 원칙이 어떤 개별적 현상을 통해 다양한 모습으로 드러난다고 가정하곤 한다. 즉 현상에 따라 그 성숙도나 명료성이 다르게 나타난다고 보는 것이다. 기독교 윤리를 예로 들자면, 우리는 하나님의 나라 혹은 하나님의 비전을 추구하는 목적론적 노력이 개개인과 각 집단 혹은 각 운동에 어떻게 표출되는지를 이해하려고 애쓰게 된다. 따라서 발생론적 척도는 전기와 후기로 나누는 게 아니라 발달의 정도에 따라 나누며, 개별적 사건의 가치를 가늠하는 가치 척도의 수단이 된다. 그런데 우리가 이해하려는 어떤 개인의 경우에 우리가 중요시하는 그 원칙이 사실상 중요한 요인이 아니라면, 혹은 이 경우에는 그 중요성이 다른 요인들과 관련되어 있어 그것을 하나의 변형으로 이해하면 안 되고 여러 원리가 한꺼번에 구현된 독특한 사례—그 각 원칙의 특정한 의미는 그것이 전체에서 차지하는 위치로부터 나온다—로 이해해야 한다면, 발생론적 방법은 부적절한 것이 되고 만다. 이 사실을 인정하면 우리에게는 혼란스러울 정도로 다양한 원칙과 그보다 더 다양한 역사적 개체들만 남게 된다. 유형론이란 이처럼 많은 요소를 여러 가문으로 나누어 각각 독특한 특징이 드러나도록 하는 방법론이다. 그러므로 한편으로, 윤리학의 유형론은 심리학의 경우처럼 (여기서 나는 융의 이론을 풀어 쓴다) 오직 하나의 윤리나 윤리적 원칙만 있다고 가정하는 입장에 도전한다. 우리가 다루려는 분야에 적용하자면, 단 하나의 기독교 윤리나 윤리적 원칙만 있다고 가정하는 입장을 반박하는 것이다. 그와 반대로 다수의 원칙이 존재할 뿐 아니라 그리스도인의 삶도 저마다 아주 다양한 형태를 지닌다고 생각하는 것이다. 다른 한편으로, 유형론은 각 유형을 상징하는 이상적 표상들에 비추어 개개인을 이해하려고 노력한다. 말하자면, 개개인을 관심사나 신념이 비슷한 비교적 구체적인 모델들에 비추어 이해하려 한다는 뜻이다.

  이 방법은 유익한 면이 있지만 한계도 있음을 유념할 필요가 있다. 먼저, 유형이란 정신적 구조물인 만큼 어떤 개체도 거기에 딱 들어맞지 않는다. 그러므로 그것은 어디까지나 개체를 이해하려는 수단으로 사용되어야지 양자간의 필연적 연계성을 진술하는 것으로 보면 안 된다. 즉 합리성을 경험성보다 우선시해야 한다는 말이다. 둘째, 이런 정신적 구조물들이 유용한 역할을 하려면 한 부류에 속해야 한다. 말하자면, 어떤 역사적 사건 속에 많은 변수가 있어도 한 번에 한 부류만 선택하여 정신적 모델에 맞춰 보아야 한다는 뜻이다. 심리학적·사회학적·인류학적·신학적 모델들도 각각 구축할 수 있지만 이런 범주들을 서로 섞어 버리면 혼란만 생길 뿐이다. 더 나아가, 우리가 채택한 어떤 범주의 기본 특징을 좋아한 나머지 편견을 갖지 않도록 조심해야 한다. 종교적 혹은 도덕적 삶을 심리학적 유형별로 나누는 일과 심리학적 요인에 가장 큰 중요성을 부여하는 일은 서로 별개의 것이다. 기독교 윤리를 사회학적 유형에 따라 나누는 일과 어떤 집단을 지배하는 사회학적 특징이 그 윤리적 성격을 결정한다고 주장하는 일은 서로 별개의 것이다. 유형론은 서로의 상관관계를 다루는 것이지 결정론을 주장하는 게 아니다. 다시금 상기시키건대, 유형론자는 자신이 가치의 척도를 구축하는 게 아님을 기억해야 한다. 그의 작업은 설명이나 평가를 위한 것이 아니라 정확한 이해와 인식을 위한 것이다. 만일 그의 유형들이 잘 구축된 것이어서 경험적으로 적실성을 갖는다면, 그 자신도 그 가운데 한 유형에 속할 것이고 따라서 그것을 선호하게 될 것이다. 그러나 유형론의 한 가지 목적은 그로 하여금 자신의 유형도 여러 유형 중의 하나임을 깨닫고 어느 정도 사심 없는 태도를 견지하도록 돕는 것이다.

II. 기독교 윤리를 유형별로 나누는 다양한 방법

기독교 도덕을 유형별로 나눌 수 있는 절대적 방법이란 존재하지 않는다. 하지만 개별적인 역사적 현상을 분석해서 분류할 수 있게 해주는 다양한 관점은 존재한다. 윌리엄 제임스가 대중화한 심리학적 방법은 종교적 경험과 표현을 "한 번 태어난" 유형과 "두 번 태어난" 유형으로, "건강한 정신" 유형과 "병든 영혼" 유형으로 나눈다. 이런 유형들은 그리스도인의 윤리적 신념과 태도를 나누는 데도 사용될 수 있다. "한 번 태어난" 유형의 경우에는 도덕적 가치관이 직접적으로 실현될 수 있고 도덕적 규범이 즉각적으로 성취될 수 있다. "두 번 태어난" 유형은 그런 가치관과 법칙들에 간접적으로 접근하면서 그것들을 직접적인 행동 지침으로 삼는 게 아니라 자아비판의 기준으로 삼아, 스스로 수용적인 태도를 취하고 하나님께 의존하는 자세를 지닌 다음에야 그것을 행동의 지침으로 삼게 된다. 외향형과 내향형의 구분은 이런 분류와 부분적으로 상응한다. 하지만 또 부분적으로는 후자를 가로지르는 측면이 있는데, 기독교 윤리의 내향적 유형이 직접적 접근이나 간접적 접근 중 어느 것도 채택할 수 있고 또 외향적 유형도 이와 비슷하게 개량주의자와 혁명론자로 나뉠 수 있기 때문이다. 기독교 집단들이 사회 문제에 접근하는 방식들을 분류하는 또 하나의 유용한 유형론은 베버-트뢸치식으로, 교회와 종파(sect)를 구분한 다음 거기에 이질적인 신비주의 유형을 덧붙이는 것이다. 어떤 역사적 인물도 이런 정신적 구조물에 딱 들어맞지 않는 만큼, 역사적인 기독교 집단들을 교회와 종파로 분류하는 것도 동일한 문제를 지닌다. 다른 한편, 사회 조직의 윤리와 유형 사이에 긍정적 상관관계가 존재한다는 것도 상당히 분명해졌기 때문에 이런 사회학적 유형론은 다양한 집단을 이해하는 데 큰 도움이 된다. 다시 말하건대, 사고와 행습에 대한 기독교 윤리관을 문화적 유형에 따라 분류하는 것이 가능하다. 따라서 히브리식, 헬레니즘식, 라틴식, 중세식, 비잔틴식, 근대식 기독교 윤리가 각각 존재한다고 할 수 있다. 각 윤리는 다른 문화적 유형과 비교할 때는 물론이거니와 그 자체로도 고유한 특성을 지닌다. 그래서 그 가치를 측정할 필요가 있을 때는 그 문화적 유형의 범위 내에서 그것이 어느 정도의 순수성이나 순결성을 지니는지에 따라 평가해야 한다. 네 번째 분류 원칙은 사회경제적 유형론으로, 경제적 생산 양식을 핵심 열쇠로 삼는 방법이다. 이에 따라 유목적 유형, 농업적 유형, 초기 산업적 유형, 후기 산업적 유형 등으로 분류할 수 있다. 이 경우에는 윤리적 가치관 및 명령 체계와 생산 체계 간의 상관관계를 탐구한다. 이를테면, 오늘날과 같은 상황에서는 농촌 기독교의 윤리와 도시 기독교의 윤리를 서로 대립시킬 수 있다. 철학적 관점으로 보면, 무엇을 선하고 바른 것으로 보느냐에 따라 목적론적 유형과 의무론적 유형으로 나눌 수 있다. 초기 기독교 윤리와 칼뱅주의를 비롯한 대다수의 종파적 윤리는 대체로 의무론적 유형을 대표한다고 할 수 있고, 아우구스티누스파와 토마스파를 포괄하는 로마 가톨릭과 근대 자유주의 기독교는 목적론적 유형으로 분류될 수 있다. 각각의 경우 그 하부 유형은, 한편으론 객관적 선(하나님)과 주관적 선(구원) 가운데 어느 것이 우선인지, 다른 한편으론 객관적 법(성경주의)과 주관적 법(내면의 빛) 가운데 어느 것이 우선인지에 따라 분류될 수 있다.

    이처럼 다양한 분류 체계의 본질을 역사적으로 자세히 연구하고 또 분석적으로 깊이 탐구하면 사회학적 유형과 심리학적 유형 간의 혹은 철학적 유형과 사회경제적 유형 간의 상관관계를 밝혀 낼 수 있을지도 모른다. 그 결과 더욱 포괄적인 정신적 모델들이 생길 가능성도 있으나, 현재로서는 다른 과업을 수행해야 할 것 같다. 그것은 유형에 따라 각 집단을 더 정밀하게 규정짓는 일과, 제한성이 있는 모델들을 역사적 현실을 설명하기 위해서가 아니라 이해를 위해 사용하는 일이다.

III. 기독교 윤리의 신학적 유형들

만일 윤리적 신념과 사회학적 혹은 심리학적 변수 사이의 상관관계가 있는 그런 모델을 구축하는 일이 가능하다면, 기독교 신앙을 변수로 삼는 유형들을 발견하거나 구축하는 일도 그에 못지않게 가능하고, 이는 신학적 도덕주의자에게 더욱 좋은 소식이 아닐 수 없다. 그래서 우리는 복음 자체에 무한히 다양한 기독교 도덕의 형태가 내재된 것은 아닌가 하고 의문을 제기하게 된다. 혹은 그리스도인의 자기 의무와 선과 악에 대한 다양한 이해방식이 그들의 삶 속에 있는 다양한 문화적, 심리학적, 사회학적 패턴과 관련된 것이 아닌가 하고 묻게 된다. 혹은 하나님 앞에서 그리스도인이 처한 상황이 각기 달라서 그런 것은 아닌가 하고 묻게 된다. 기독교는 그저 단순한 복된 소식이라서 다른 단순한 요소들이나 복잡한 요소들과 관계를 맺을 때 그로 인해 수정되는 그런 것인가, 아니면 그 자체가 복잡한 것이라서 기독교적 신념과 관련하여 여러 쟁점이 떠오르게 되고 그것들이 분화될 필요가 있는 것인가? 고대 교회는 예수 그리스도의 통일성 혹은 이중성과 관련해 그런 의문을 제기한 끝에 후자로 결정해야 했는데, 그 이유는 역사상의 예수와 신앙의 그리스도가 서로 양극화된 채 그 해결책을 도무지 찾을 수 없었기 때문이다. 이와 비슷하게 삼위일체와 관련해서도 그런 의문이 제기되었다.

기독교와 관련하여 가장 중요한 신학적 유형들의 본질과 특성을 간파한 인물은 질송으로 「중세에서의 이성과 계시」에서 "중세의 풍부한 철학적, 신학적 문헌을 책임졌던 주요 영적 가문들의 특징"을 상술한다. 테르툴리아누스 가문은 계시를 이성과 대립되는 것으로 보고, 계시를 구원에 필요한 모든 지식의 근원으로 간주하는 "배타적인 내세주의자"로 분류된다. 아우구스티누스 가문은 계시로부터 이성의 방향으로 움직이는 학파로서, 알기 위해서 믿고 문화적 지혜를 배격하기보다 그것을 변혁하는 자들이다("당신이 역사에서 아우구스티누스파를 만나면 그를 반드시 알아볼 수밖에 없지만, 그가 무슨 말을 할지를 추측하는 건 쉽지 않다"). 아베로이스트(Latin Averroist) 가문은 이중 진리설을 주장한 것으로 알려져 있고(이 가문의 회의주의파는 말로는 아니더라도 실제로는 계시를 부인하는 분파로서 사실상 그 가문을 완전히 떠났다), 토마스 가문은 신앙과 이성을 종합한다. 끝으로, 근대적 경건파(Modern Devotion) 가문은 모든 문제를 부정하고 '오직 바르고 실천적인 그리스도인의 삶만' 추구하는 가문이다. 그런데 질송이 묘사하는 바로 볼 때, 이 마지막 집단이 과연 하나의 가문을 형성하는지는 무척 의심스럽다. 그저 반대하는 것만으로는 하나의 유형을 형성할 수 없기 때문이다. 이런 집단은 별개의 신학적 유형이라기보다 성찰의 한 단계로 보는 편이 낫다. 사실 그 속에는 다른 모든 유형이, 발달된 형태는 아니더라도 어느 정도 내포되어 있기 때문이다.

이와 같이 질송이 계시와 이성의 활용과 관련하여 영적 가문을 나눈 것은 기독교의 윤리적 유형들을 신학적으로 분류하도록 길을 닦아 준 좋은 전례로 볼 수 있다. 그리스도인의 삶은 신앙과 성경을 통해 알려진 '그리스도 안에 있는 하나님'과, 문화에 내재된 이성을 통해 알려진 '자연 속에 있는 하나님'이라는 양축 사이에서 움직인다. 그것을 선을 향해 움직이는 삶으로 본다면, 한편으로는 예수 그리스도를 통해 하나님의 비전에 도달하는 삶이요, 다른 한편으로는 창조 세계를 통해 하나님께 이르는 삶이라 할 수 있다. 만일 그것을 빚진 삶으로 본다면, 한편으로는 그리스도께 순종할 의무가 있는 삶이요, 다른 한편으로는 자연의 요구에 순종할 의무가 있는 삶이라 할 수 있다. 그러나 그리스도나 자연 모두 그리스도인에게 직접 다가오는 존재는 아니다. 전자가 교회와 성경을 통해 매개된다면, 후자는 문화적 공동체와 그 지혜를 통해 매개된다. 그렇다면 기독교 윤리의 여러 모양을 분석하려면 이 두 갈래가 서로 어떻게 결합되는지에 주목해야 할 것 같다. (하지만 이런 분류법은 범주들을 선험적으로 연역한 것이 아님을 언급할 필요가 있겠다. 왜냐하면 다양한 가설을 역사적 개체들에 적용했다가 모두 실패한 다음, 바로 이 가설이 그래도 역사적 사실들의 의미를 가장 잘 밝혀 주는 것으로 판명되었기 때문이다.)

이런 신학적 관점에서 볼 때, 기독교 윤리의 주요 유형은 (1) 새로운 법 (2) 자연법 (3) 종합적 혹은 조형적 유형 (4) 이원론적 혹은 왕복운동 유형 (5) 전환 유형 등으로 분류될 수 있다. 첫째와 둘째 유형에다 "법"이라는 용어를 사용한다고 해서 그것들이 율법주의적 성격을 지닌다는 뜻은 아니다. 내가 알기로는, 이 다섯 유형 가운데 어느 것이든 주로 목적론적 형태나 의무론적 형태로 그 모습을 드러낼 수 있다. 하지만 동일 유형에 속한 목적론자와 의무론자 사이의 관계는 모든 유형에 속한 형식론자들 사이의 혹은 목적론자들 사이의 관계보다 더 가깝다.

IV. 새로운 법 유형(문화와 대립하는 그리스도)

새로운 법(New law)을 가리키는 기독교는 신약 성경의 첫 번째 복음서가 잘 대변한다. 이 복음서가 제시하는 기독교 도덕의 특징은 유대 문화를 통해 알려진 하나님의 법과 예수 그리스도를 통해 선포된 법 사이의 뚜렷한 반립관계(antithesis)다. 후자가 전자를 대체하는 것은 사실이지만, 전자에도 일정한 타당성을 부여하는 것이 물론 필요하다. ["내가 율법을 폐하러 온 것이 아니다"(마 5:17).] 마태가 주로 관심을 갖는 가치관은 그리스도인의 영적 공동체에 필요한 가치관으로, 팔복에 잘 표현되어 있다. 그는 또한 새로운 법을 따르는 기독교 공동체의 전반적 특징을 가치 기준과 규범이 주변의 문화 공동체와 뚜렷이 구별되는 데서 찾는다.

이 유형은 주후 2세기에 들어와 더욱 발달하는데, 이는 「디다케」(*Didache*), 「바나바의 편지」(*Epistle of Barnabas*), 「디오그네투스에게 보내는 편지」(*Epistle to Diognetus*) 등과 같은 문헌에서 발견할 수 있다. 테르툴리아누스는 분명히 이 가문의 일원이다. 이런 초기 그리스도인들의 기본 개념은(현대인은 그들을 원시 기독교를 대표하는 인물로 간주한다) 그리스도인을 새로운 법을 가진 새로운 백성으로 보는 것이다. 이 법의 주된 근원은 예수 그리스도다. 물론 갈수록 복잡해지는 상황에 대처하기 위해 그 내용을 개발하다 보니 특히 통속적 스토아학파와 같은 주위 환경으로부터 어떤 관념과 교훈을 도입하지 않을 수 없었지만 말이다. 그런데 주변 문화에서 도입한 원리들에 입각해 그 법을 해석한다는 사실을 거의 눈치채지 못했다. 이 윤리의 핵심 개념은 거룩함이다. 그래서 하르낙(Harnack)은 이 기독교를 다음과 같이 묘사한다. "이 기독교는 그 어떤 도그마보다 거룩한 삶의 의무에 더 강조점을 두며, 그리스도인은 이 비뚤어지고 타락한 세대에서 빛과 같이 빛나야 한다고 주장한다.…가장 친밀하고 하찮은 부분에 이르기까지 삶의 모든 영역이 성령 아래 놓여 재정리되었다."

그렇다고 이 유형에 속한 모든 사람이 심령주의자(spiritualist)라는 말은 아니다. 인식론적 원리가 때에 따라 변하기 때문에, 성경주의자(Biblicist)도 다른 모든 유형에서 그렇듯이 심령주의자와 나란히 자리를 차지한다. 어쨌든 그 도덕법의 내용은 그리스도에게서 끌어낸다. 즉 오직 예수 그리스도를 통해 계시된 가치관만이 타당하고, 이 윤리를 가진 공동체는 당연히 잘못된 윤리를 가진 세상으로부터 분리되어야 한다고 생각한다. 따라서 삶은 내세 지향적 방향성을 지니게 된다. 이 유형은 사회학에서 말하는 종파(sect) 유형과 분명히 밀접한 관계를 갖고 있다.

기독교 역사를 훑어보면 이밖에도 이 "새로운 법"을 대변하는 인물이 아주 많은 것을 알 수 있다. 물론 각 인물은 당대의 시간과 공간, 본인의 배경과 여러 문제를 각기 반영한다. 베네딕투스 수도원은 분명히 이 가문에 속하며, 근대에 들어와서는 레오 톨스토이가 가장 유명한 대변자가 아닌가 생각된다. 그런데 후자의 경우는 우리에게 두 가지 점을 상기시킨다. 하나는 극단과 극단은 서로 만난다는 점이고, 다른 하나는 예수 그리스도의 계시를 선한 것과 옳은 것을 알 수 있는 유일한 근원으로 삼는 입장도 그 자체로 지극히 합리적이라는 점이다. "그리스도의 가르침은 만인에게 공통된 사람의 아들에 관한 가르침으로…이런 노력을 기울이도록 사람을 각

성시킨다." 하지만 톨스토이의 경우, 내면의 빛을 주장하는 퀘이커 교도와 같이, 그리스도인이 어떻게 이 새로운 법을 알게 되었다고 생각하든 그 내용은 복음서들에서 끌어온 용어로 진술된 것이며, 이 가르침을 선택하고 해석하는 과정에서 세속 문화가 담당한 역할은 완전히 부정된다.

V. 자연법 유형(문화에 속한 그리스도, 적응주의 유형)

새로운 법 유형의 정반대편에 위치하면서도 어떤 면에서는 그와 놀랄 정도로 비슷한 것이 자연법 유형이다. 어쩌면 이 유형을 문화적 유형이라 불러야 될지도 모르겠다. 왜냐하면 자연은 문화를 통해서만 알려질 수 있고, 이 가문에 속한 사람들은 문화 사회의 일원으로서 선한 것과 옳은 것을 해석하고 추구하기 때문이다. 만일 그들이 그리스도와 교회와 성경을 전혀 언급하지 않고 그렇게 한다면, 그들을 기독교의 한 유형으로 볼 수 없다. 그들이 가진 기독교적 특성은 그리스도 안에 계시된 가치관과 규범을 자신의 문화가 지닌 이성의 관점에서 해석한다는 데 있다. 그들은 교회를 문화와 융합하고 문화적 선(善)과 법을 기독교적 선과 법과 동일시하면서도, 문화적 목표와 규범을 기독교적으로 해석하려고 노력한다. 이 가문이 새로운 법 가문과 비슷한 점은 그들도 일련의 규범 아래서 살며 단 하나의 목표를 향해 진력한다는 점이다. 이와 반대로, 그 중간에 위치한 모든 유형은 일종의 불연속성을 갖고 있다. 새로운 법 유형에 속한 자들은 대체로 종파주의자이고 자연법에 속한 자들은 자신의 문화를 편하게 여기는 그리스도인이지만, 양자 모두 단 하나의 사회에만 속해 있고 하나님의 말씀을 단 하나의 언어로만 듣는 자들이다. 자연법 그리스도인이 한 번 태어난 자라면, 새로운 법 그리스도인은 이미 두 번 태어난 자라 할 수 있다. 이와 반대로, 그 중간에 위치한 유형들은 모두 중생의 문제로 괴로워한다.

자연법 유형을 좀더 자세히 설명하면 이렇다.

1) 복음의 권고와 가치관을 사회의 그것과 융합하려 한다. 예수의 계명을 이성의 법이나 자연법의 재판(再版)으로 간주한다. 그리스도인의 가치관은 인간 문화가 지닌 자연적·사회적 존재에게 필요한 최상의 가치관을 종교적으로 표현한 것이다.

2) 이는 복음적 가치관과 요구사항을 문화적 견지에서 해석하는 과정을 포함한다. 복음에 대해 아주 선택적으로 접근한다. 복음의 요소들 가운데 문화적으로 가장 이해하기 쉬운 것들을 일차적으로 취하고, 그것들을 문화적 맥락에 비추어 이해한다. 그래서 존 스튜어트 밀(John Stuart Mill)은 산상수훈에서 앵글로 색슨의 부르주아적 공리주의를 발견한다. "나사렛 예수의 황금률에서 우리는 효용 윤리의 완전한 정신을 읽게 된다. '너희는 남에게 대접을 받고자 하는 대로 남을 대접하라'와 '네 이웃을 네 몸과 같이 사랑하라'는 말씀은 공리주의 도덕이 이상적으로 실현된 것이다." 토마스 제퍼슨이 신약 성경을 사용하는 방법도 이와 비슷하다. 밀과 제퍼슨이 그리스도인으로 간주되길 희망했는지는 무척 의심스럽지만 존 로크(John Locke)는 분명히 그걸 바랐던 인물이며, 그의 「기독교의 타당성」(*The Reasonableness of Christianity*)은 신약 성경을 당

시 풍미하던 상식적 도덕과 융합한 측면에서 거의 완결판에 가깝다고 할 수 있다.

3) 이에 보충 설명을 더하지 않으면 이런 융합이 그 유형을 대표한다고 볼 수 없다. 그것은 문화 윤리의 요소들 가운데 신약 성경과 가장 부합하는 것들을 규범적인 것으로 선택한다는 점이다. 그러니까 이 유형은 지배적인 문화와 더불어 그 속에 담긴 자연법이나 상식적 윤리를 단순히 재가해 주는 게 아니고, 그 속에 있는 '이상형'을 강조한다. 이 이상형과 기독교의 본질 사이에 전혀 차별성이 없다고 보는 것이다.

4) 이 유형의 특징은 조화에 있다. 그 전략은 분리주의적이거나 혁명적이 아니라 개량주의적이다. 또한 다른 세계의 개념을 포기하는 게 아니라 그것을 이 시대의 최상의 부분이 연장된 것으로 본다.

이 가문을 대표하는 자들 가운데는 주님의 형제였던 야고보가 포함된다. 그는 기독교를 유대교 윤리와 융합하려 했는데, 후자가 계시에 기초한다는 사실 때문에 우리가 혼동할 필요는 없다고 생각했다. 그는 기독교를 유대교에 속한 일종의 진보당과 같은 것으로, 또 기독교 윤리를 진지하면서도 개방적인 유대교 윤리로 여겼다. 헬레니즘 문화와 관련해서는 알렉산드리아의 클레멘스(Clement of Alexandria)가 이 가문에 속한다. 그가 설정한 기독교 영지주의자는 성도와 철학자를 합쳐 놓은 인물이다. 어린 그리스도인의 교육에는 기독교의 미덕을 가르치는 것만큼 알렉산드리아 사회의 예절을 가르치는 일이 포함돼야 한다. 부자의 구원은 아리스토텔레스만큼 쉽지는 않지만 굳이 바늘귀를 통과하지 않고도 이룰 수 있는 것이다. 그리스도인이 철학적 영성에서 기독교적 영성으로, 혹은 이 세상에서 내세의 신성한 존재로 옮겨갈 때 모종의 계시 사건이 발생하는 것은 아니다. 헬레니즘의 이상주의와 기독교의 하나님 사랑은 연속선상에 놓여 있다. 이 같은 클레멘스의 윤리에 담긴 정신과 내용은 모두 교회가 아니라 주변 문화에서 끌어온 것이지만, 그 내용만큼은 문화적으로 해석된 복음에 비추어 선택된 것이다. 클레멘스의 윤리에 담긴 두 요소가 언제나 서로 잘 들어맞는 것은 아니지만, 그는 이 점을 의식하지 못하는 것 같다. 중세에 들어오면 아벨라르(Abelard)가 이 유형에 속하는 전형적 인물이다. 그의 경우 이성으로 알게 되는 자연법이 기본 토대를 이룬다. 물론 그 내용을 이루는 것은 문화적 이성에 의해 알게 되는 법이다. 복음의 윤리는 자연법의 재판이다. 이 윤리의 가장 뚜렷한 본보기는 근대 자유주의 기독교이며, 거기에는 자유주의적 독일 기독교, 자유주의적 잉글랜드 기독교, 자유주의적 미국 기독교 등이 포함된다. 자유주의의 특징은 윤리가 신학의 바탕을 이룬다는 데 있다. 그래서 슐라이어마허(Schleiermacher)조차 그의「교의학」(*Glaubenslehre*)을 이전 과학에서 끌어온 가정들과 함께 시작한다. 그리고 리츨은 기독교 윤리와 문화 윤리가 완전히 종합된 형태를 보여 준다. 이 유형의 지배적 성향은 도덕의식을 종교와 동떨어진 것으로 그리고 계시나 신앙보다 앞선 것으로 간주하는 것이다. 이 의식이, 적어도 그 내용에 있어서 역사적으로 또 사회적으로 상대적이라는 사실은 무시된다. 윤리의 기초는 도덕의식의 제1원리들을 탐구함으로써 찾고, 이 원리들은 복음의 요구사항과 가치관을 해석하는 데 사용된다. 목적론적 견지에서, 자유주의 기독교 윤리는 그리스도인의 목표를 이 땅에서의 하나님 나라의 실현으로 본다고 할 수 있다. 그리고 하나님의 나라는 고유한 가치를 지닌 개인들의 회합 혹은 '자유, 평등, 박애'가 다스리는 나라와 같이 일종의 문화적 이상형으로 규정된다. 의무론적 견지에서 보면, 자유주의는 사랑의 규범을 복음의 가장 본질적인 계명으로 선택하되 그것을 완전주의적으로(현세에서 도달 가능한 것으로-역주) 해석한다. 복음의 명령-하나님 사랑과 이웃 사랑-이 지닌 종말론적 견지는 슬쩍 넘어가고 사랑의 미덕을 그저 필수 요건으로 간주하는 경향이 있다. 가치 이론과 관련해서는, **개인**에 최고의 가치를 두는 근대 사회의 가치관을 도입하곤 한다. 그래서 생명 혹은 영혼의 가치에 관한 복음서의 진술들이 이런 견지에서 재해석된다. 하지만 자유주의 기독교는, 이 유형의 다른 본보기들처럼 복음의 윤리를 문화적 관점에서 해석할 뿐 아니라 문화적 윤리의 요소들 가운데 기독교적 관점에서 이상적으로 보이는 것들을 선택한다. 이런 과정을 통해 종합된 모양을 들여다보면 어떤 틈이 보이는데도, 자유주의자는 그것을 대체로 무시한다.

VI. 중간에 위치한 유형들

기독교 역사에서 가장 중요한 위치를 차지하는 인물들과 운동들 가운데 위에서 묘사한 모델들로는 제대로 해석할 수 없는 경우가 많다. 더구나 복음과 자연의 관계에 대한 그들의 견해들을 보면 모두 한 가문에만 넣을 수 없다는 것을 알 수 있다. 그러므로 우리는 단 하나의 중간 유형만 설정할 수 없고 그것을 여러 집단으로 나눌 필요가 있다. 하지만 그것들은 아래와 같은 공통된 특징을 지닌다.

1) 새로운 법 유형과 자연법 유형은 기본적으로 일신론자(unitarian)인데 반해, 이들은 삼위일체론자는 아니더라도 적어도 이위일체론자(bi-nitarian)다. 즉 새로운 법 유형은 예수 그리스도를 본질상 하나님으로 보고, 자연법 유형은 전능하신 아버지를 유일한 하나님으로 믿는다.

2) 중간 유형들은 신적인 가치관을 교회 안에서와 문화 안에서 혹은 영원과 시간이라는 두 가지 관점에서 파악할 수 있다고 인식하고, 신적인 명령은 그리스도(성경, 교회)와 자연(이성, 문화) 등 두 가지 매체를 통해 온다고 생각한다.

3) 그들은 이 두 쌍의 가치들이나 명령들을, 어느 하나를 다른 하나를 통해(즉 전자를 후자에 흡수하는 방식으로) 해석하거나 어느 한 쌍을 제거하는 방법으로는 조화가 불가능하다고 생각한다. 요컨대, 다른 유형들은 한 세계를 중심으로 삼는 데 반해 이 유형들은 두 세계 중심적이다. 새로운 법이 중심으로 삼는 세계와 자연법의 세계는 서로 다르지만 말이다.

이 중간 유형들 사이의 차별성은 서로 이질적인 요소들을 함께 묶는 방법상의 차이로 말미암는다. 그것들을 크게 세 집단—종합론자, 이원론자, 전환론자—으로 나눌 수 있다. 그런데 "종합"(synthesis)이라든가 "이원론"(dualism)과 같은 단어들은 너무 거창한 용어라서, 좀더 정확한 이름을 붙이자면 조형적(architectonic) 유형, 왕복 운동(oscillatory) 유형, 전환론적(conversionist) 유형이라 부를 수 있다.

A. 조형적 유형(문화 위에 있는 그리스도)

내가 알기로, 초대 기독교에는 이 유형을 대표하는 인물이 없다. 기독교 역사에서 이를 대표하는 위대한 인물은 토마스 아퀴나스이고, 거대한 사회 조직은 근대 로마 가톨릭 교회다. 토마스가 이룩한 종합 곧 자연법과 새로운 법, 이 세상의 가치들과 내세의 가치들, 문화의 주장과 복음의 주장 사이에 이룩한 그 종합은 너무 잘 알려진 것이라 자세히 설명할 필요가 없을 것이다. 그래도 이 유형을 정의하는 데 필요한 몇 가지 점을 들자면 다음과 같다.

1) 자연의 명령과 복음의 명령들은 모두 신적인 명령으로 간주되되 둘 사이에 부분적이고 진정한 불연속성이 있다는 점도 인정된다. 하나님의 법은 부분적으로 자연법의 재판이긴 하지만, 그 가운데는 이성으로 파악할 수 없는 것들도 있다.

2) 이 불연속성에는 실질적인 대립이 내포되어 있지 않다. 사실상 문화를 통해 알려진 자연의 가치관과 명령은 복음의 가치관과 명령을 매개하지는 않지만 그것들을 수용하도록 준비시킨다.

3) 자연-이성의 가치관과 명령이 인간의 노력으로 실현될 수 있고 또 준비 작업의 기능이 있다는 사실에 비추어, 그것들에 실제적인 강조점을 둔다. 그래서 이 유형은 때로 자연법 유형과 혼동될 때도 있지만, 이 둘은 서로 별개의 유형임이 분명하다.

4) 이것을 "조형적" 유형이라 부르는 이유는, 두 쌍의 가치관과 명령들을 서로 동일한 차원에 두지 않는다는 것, 복음의 명령들은 문화에 속한 이들에게 필요한 지침을 공급하지 않는다는 것, 자연의 명령들은 하나님 및 동료 인간과 영적 관계를 맺은 자에게 필요한 동기나 지침을 공급하지 않는다는 것 등을 인정하기 때문이다.

B. 왕복 운동 유형(문화와 역설적 관계에 있는 그리스도)

방금 설명한 유형을 상징하는 것이 고딕양식의 성당이라면, 이 두 번째 유형을 상징하는 물건은 흔들리는 추라 할 수 있다. 이 경우 한 쪽 방향으로 가는 움직임은 반대 방향에서 끌어당기는 힘에 의해 너무 멀리 나가지 않도록 조절된다. 이 비유를 약간 확장해 보자. 양쪽 방향으로 움직이게 하는 에너지는 반대편이 지닌 매력 혹은 "그대는…을 하지 말지어다"라는 명령의 힘 때문이 아니고, 숨어 있는 스프링이나 움직이는 무게 때문이다. 즉 왕복 운동을 불러일으키는 것은 생명력이나 영적인 에너지라는 말이다. 이것이 바로 다른 유형을 대표하는 자들이 이 왕복 운동형 이원론자를 이해하려 할 때 흔히 무시하는 점이다. 이 유형의 특징을 소개하면 다음과 같다.

1) 이는 복음의 윤리를 급진적 형태 그대로 수용하지 '자연적인' 지성에 타당하게 보이려고 재해석하지 않는다. 또 조형적 유형의 경우처럼 이 윤리를 미래에만 국한한다든가, 영적인 귀족층이나 영적인 차원에만 제한하는 것을 강력히 반대한다.

2) 이는 자연과 문화의 요구사항을 불가피한 것으로 받아들이고 하나님의 요구로 수용한다. 출산, 자기 보존, 악한 세상에서의 질서 유지, 불의한 자의 억압에 대항한 의로운 자의 의무적 생산 등은 모두 하나님의 요구사항이다. 이런 요구들로부터 피할 길은 없다.

3) 복음의 가치관과 명령들이 문화의 가치관과 명령들로 번역될 수 없는 것처럼, 후자도 전자로 번역될 수 없다.

4) 복음에 나타난 하나님의 요구는 자연에 나타난 하나님의 요구를 실현하지 못한 죄를 사람에게 깨우쳐 준다. 자연과 문화에 나타난 하나님의 요구는, 사람이 단지 복음의 요구사항만 실현하고 자연과 문화를 내버리는 것이 곧 죄임을 깨닫게 해준다. 이런 죄의 깨우침은 이 세상이나 저 세상을 향한 각 움직임을 조절해 주고, 그 죄성이 과도하게 나가지 않도록 방지해 준다.

5) 그러므로 평화와 의는 믿음과 소망 안에서만 존재할 뿐 현실적으로 실현하는 건 불가능하다. 이 둘 사이를 왕복하는 도덕적 삶은 그 에너지를 자기 바깥으로부터 받을 뿐 아니라 그 의미도 자기 밖에서 오는 것이다.

6) 현 상황에 대해 다양한 방식으로 설명한다. (a) 인간은 이중적 존재다. 영과 육으로서, 초월적 인격과 경험적 개인으로서, 하나님 안에 있는 존재요 사회 속에 있는 존재로서, 본질과 실존으로서, 스스로에게 반역을 일으키는 존재로서. (b) 하나님은 이중적 신이다. 예수 그리스도 안에 있는 은혜와 자비, 세상에서의 분노와 어둠. (c) 세상은 이중적 장소다. 창조된 곳이자 타락한 곳, 좋은 곳이자 부패한 곳. 이런 설명들은 다양한 방식으로 서로 조합될 수 있다.

현대 사상가 가운데 이 유형을 대표하는 자들은 다음과 같다(물론 그 안에 다양한 모습이 있다는 것을 전제로). 니콜라이 베르댜예프(Nikolai Berdyaev), 에른스트 트뢸치, 라인홀드 니버, 고가르텐(Gogarten, 초기 사상), 에밀 브루너(Brunner), 그리고 어쩌면 칼 바르트도 여기에 속할 것이다. 과거로 돌아가면 마르틴 루터가 단연코 이를 대표하는 인물이다.

루터의 경우는, 다른 사람들의 경우에서처럼, 굳이 비전형적이라 할 수는 없어도 개성이 아주 뚜렷하다. 하지만 복음을 하나의 율법으로 생각하지 않는 점은 다소 전형적이라 할 수 있다. 복음의 명령과 가치관이 흔히 생각하는 도덕법과 사회법의 기능과 전혀 다른 차원에 속해 있기 때문이다. 복음은 실로 자연법의 대안이 아니며, 물론 후자도 전자의 대체물이 아니다. 문화-자연적 세계의 명령들은 창조 세계의 타락된 질서라기보다 오히려 타락된 창조 세계를 위한 질서다. 복음은 사람의 사회적 행위가 아니라 내면에 적용되는 것이지만, 그 내면의 상태는 본인을 문화 사회 밖으로 끌어내지 않으면서 혹은 그로 하여금 자신의 일을 선하게 여기지 못하게 하면서 그 사회적 행위를 변화시키는 역할을 한다.

C. 전환론적 유형(문화를 변혁하는 그리스도)

이 세 번째 유형은 신적인 가치관과 명령의 이중적 매개를 인정한다는 면에서는 앞의 두 유형과 비슷하지만 나름대로 독특한 특징을 지닌다.

1) 이성으로 파악하는 자연법은 자연에 의해 매개되는 진정한 하나님의 법이 아니고, 타락한 이성에 의해 파악되는 법이다. 이 측면에서 토마스 유형과 구별된다. 하지만 그 명령들은 타락한 질서를 위한 명령이 아니라 참된 질서로부터 나오는 타락한 명령들이다. 이 측면에서 왕복 운동 유형과 구별된다.

2) 세상에서 그리스도와 상관없이 이성에 의해 인식되는 가치들은 하나님을 위한 진정한 가치들이지 세상에 상대적인 것에 불과한 게 아니다. 그러나 그 가치들은 이성과 문화에 의해 혼란스러워졌고, 하나님에게서 동떨어져 있으며, 자기 자신이나 다른 한시적인 목표에 밀착되어 있다.

3) 복음과 그리스도에게서 나오는 명령들은 자연과 이성에서 나오는 명령들을 대치하지 않으며, 복음을 통해 파악되는 가치들도 이성으로 파악되는 가치들을 대치하지 않는다. 그것들이야말로 진정 궁극적 명령이요 가치들이다.

4) 그리스도 안에 있는 선의 발견과 그분을 통한 궁극적 계명의 수용은 자연-문화에 내재된 타락된 질서를 온전한 상태로 회복하고 자연의 명령들을 재해석하는 데 사용되어야 한다. 지식의 경우에 계시가 이성을 대치하는 게 아니라 그것을 회복하는 것처럼, 도덕적 삶에서도 복음 안에 있는 영원한 선의 발견은 한시적인 선을 대치하는 게 아니고 그것을 합당한 위치에 놓고 세상에서 참된 가치관의 회복을 도모한다. 죄의 힘이 너무 강하고 이성과 도덕의 타락이 너무 깊이 뿌리박혀 있어서 가치관의 전환이 쉽게 일어나진 않지만 말이다.

이 유형은 복음을 그 출발점으로 삼는다는 측면에서 새로운 법 유형과 비슷하지만, 복음의 기능은 새로운 사회를 이룩하기보다 기존 사회를 전환시키는 데 있다고 본다. 이 전환은 도덕적 성격과 더불어 궁극적으로 형이상학적 성격을 지닌 급진적 혁명을 의미한다. 이 측면에서 자연법 유형과 구별된다.

바울이야말로 이 유형을 대표하는 인물인데, 이는 헬레니즘 문화와 하나님의 법에 관한 자연적 지식을 다루는 그의 방식과 종말론을 이해하는 방식["우리가 다 잠 잘 것이 아니요…다 변화되리니"(고전 15:51)]에서 잘 드러난다. 후대로 넘어오면 아우구스티누스를 대표적 인물로 들 수 있는데, 비록 「하나님의 도성」 여기저기에서 토마스 유형과 루터 유형에 다가가는 모습이 보이지만 전반적으로 이 유형에 속한다고 볼 수 있다. 선에 관한 그의 이론이야말로 그가 분명히 이 유형에 속한다는 것을 보여 준다. 그것은 한시적 선과 영원한 선 혹은 타락한 세상에서의 상대적 선과 완전한 세상에서의 절대적 선에 관한 이론이 아니고, 하나님의 질서가 문화 안에서 타락된 상태지만 그리스도에 의해 그것이 회복된다는 이론이다. 아울러 덕에 대한 그의 이론도 전환론적 특징을 갖고 있다. 즉 어떤 행습이 세상적 야망의 맥락에서는 악한 것이라 할지라도 그것이 복음의 맥락에서 인식되고 실천되면 하나님의 사랑을 표현하는 통로가 된다는 것이다.

나는 칼뱅도 이 가문에 포함시키고 싶다. 단 아우구스티누스는 주로 목적론자인데 반해 칼뱅은 의무론적 하부 유형에 속한다는 점을 지적하고자 한다. 대각성 운동을 주도한 조나단 에드워즈와 그 동료 사무엘 홉킨즈(Samuel Hopkins)도 방금 언급한 윤리적 특징을 잘 보여 주며, 최근의 인물로는 칼 바르트도 간헐적으로 두 번 째 중간 유형에 가까운 성향을 보이지만 대체로 이 유형에 속한다고 볼 수 있다.

결론적으로, 앞에서 든 본보기들을 상기하거나 이 마지막 본보기를 생각해 보면 내가 앞서 언급한 두 가지 점을 다시 반복하지 않을 수 없다. 즉, 유형론이란 기독교 안에 있는 무한히 다양한 창조적 도덕성을 이해하도록 도와주지만, 각 개인이나 운동은 유형만으로는 설명할 수 없는 독특한 개성을 지닌다는 점이다. 더 나아가, 기독교 도덕의 유형들은 결코 가치의 척도가 아니라는 점을 덧붙이고 싶다.*

리처드 니버

---

* Diane Yeagre가 편집한 책, *Authentic Transformation: A New Vision of Christ and Culture* (Nashville: Abingdon Press, 1996)에 실린 글.

1장 · 늘 제기되는 문제

I. 무엇이 문제인가?

오늘날 기독교와 문명의 관계를 둘러싸고 여러 측면에서 많은 논쟁이 일어나고 있다. 역사학자와 신학자, 정치가와 성직자, 가톨릭교도와 개신교도, 기독교인과 기독교를 반대하는 자들이 모두 이 논쟁에 참여한다. 공적인 차원에서는 서로 입장을 달리하는 집단들이 와자지껄 싸우는 소리가, 사적인 차원에서는 양심이 충돌하는 소리가 들린다. 이 논쟁은 때로 일반 교육에서의 기독교 신앙의 위치라든가 경제생활에서 기독교 윤리의 자리매김과 같은 구체적인 이슈를 둘러싸고 전개되기도 한다. 또 어떤 경우에는 사회 질서 확립에 대한 교회의 책임이나 그리스도인들을 세상에서 분리해야 할 새로운 필요성과 같은 폭넓은 문제를 다루기도 한다.

이 논쟁은 여러 측면에서 진행되는 만큼 무척 혼란스러운 실정이다. 예를 들어, 기독교 문명을 옹호하는 그리스도인들과 완전히 세속적인 사회를 지지하는 비그리스도인 사이에 문제가 생겨 논쟁이 일어난 것처럼 보였다가도, 열성적인 신자들이 세속주의자와 손을 잡고 가령 공교육에서 종교를 추방한다거나 반기독교적인 정치 운동을 지지하는 모습을 보면 참으로 혼란스럽기 그지없다. 너무나 많은 목소리가 들리고, 사회 문제에 대한 해답이라고 자신

있게 내놓은 것도 너무 다양하고, 그와 관련된 쟁점도 너무 많은 것을 보고 많은 그리스도인이 혼돈과 불확실성의 와중에 빠지고 만다.

이런 현실에서 먼저 기독교와 문명을 둘러싼 문제는 결코 새로운 것이 아니라는 점을 기억하는 게 좋다. 이 난감한 문제는 늘 있었던 것으로 기독교 역사 내내 언제나 제기되었던 그야말로 영속적인 문제다. 또 하나 상기할 점은, 그리스도인들이 이 문제와 줄곧 씨름하면서 단 하나의 해답만을 내놓은 게 아니고, 세상에서 신앙을 지키려고 싸우는 교회의 여러 전략적 국면을 보여 주는 복수의 전형적인 해답을 내놓았다는 사실이다. 그런데 그 전략은 부하들이 아니라 대장의 마음속에 있기에 부하가 좌우할 수 있는 것이 아니다. 인간 문화가 제기하는 문제에 대한 그리스도의 해답은 그리스도인의 해답들과 서로 같지 않다. 그럼에도 그분을 따르는 자들은 그분이 그분의 목적을 달성하는 데 자신들의 노력을 사용하신다고 확신한다. 이 책의 목적은 그리스도와 문화의 문제에 대한 기독교의 전형적인 해답들을 소개하여 서로 다른 입장을 가진 또 서로 상반된 견해를 지닌 기독교 집단들이 서로를 잘 이해하도록 돕는 것이다. 이 작업의 배후에 있는 신념은, 그리스도께서 살아 계신 주님으로서 역사와 인생 전체를 통해 이 문제에 대한 해답을 제공하시되, 인간의 지혜를 초월하시면서도 그들의 부분적인 통찰과 필연적인 갈등을 사용하심으로써 그렇게 하신다는 확신이다.

이 영속적인 문제는 예수 그리스도가 인간의 몸을 입은 동안에도 제기되었음이 분명하다. "유대인이었던 그분…그리고 마지막 숨을 거둘 때까지 유대인으로 남아 있었던"[1] 그분이 유대 문화에 대해 강력한 도전을 가했을 때가 그런 순간이었다. 랍비 클라우스너(Klausner)는 예수와 문화의 문제가 바리새인과 사두개인의 눈에 어떻게 비쳤을지를 현대어로 묘사한 다음, 예수가 유대 문명을 위태롭게 했다는 이유로 그들의 반박을 옹호했다. 복음서들에 나오는 예수의 윤리적 혹은 종교적 가르침은 하나도 빠짐없이 유대인의 저술에서 유사한 가르침을 찾을 수 있을 정도로 철저히 그 문화의 산물이었음에도 불구하고, 그는 종교와 윤리를 사회생활의 나머지 부분에서 떼어냄으로써 그리고 신적인 권능으로 "이 세상에 속하지 않은 나라"를 세우려함으로써 그 문화를 위태롭게 했다고 클라우스너는 말한다. "유대주의는 종교에 불과한 것도 아니고 윤리에 불과한 것도 아니다. 그것은 종교에 토대를 둔, 민족의 모든 필요를 다 합쳐 놓은 것이다.…유대주의는 민족의 삶이다. 그 삶은 민족의 종교와 인간의 윤리적 원칙들로 둘러싸여 있다. 예수가 와서 민족의 삶에 필요한 모든 요건을 옆으로 제쳐놓았다.…그 자리에 **자신이** 갖고 있던 신(神)관념과 밀착된 윤리-종교적 체계를 세웠을 뿐이다."[2] 만일 그분이 의식법과 시민법 가운데 낡아빠진 것을 제거하는 등 종교 문화와 민족 문화를 개혁하려고만 했어도 그 사회에 큰 혜택을 주었을 것이다. 그러나 문화를 개혁한 게 아니라 무시해 버렸다. "그는 자기 민족의 지식, 예술, 문화를 확대하러 온 것이 아니라, 종교와 밀착되어 있었던 그 문화를 폐기하러 온 것이다." 그분은 공공 정의를 무저항으로 대체하는 바람에 사회 질서를 잃게 만들었다. 가정생활에 대한 사회적 규제와 보호 장치를 일체

---

1) Joseph Klausner, *Jesus of Nazareth*, p. 368.
2) 같은 책, p. 390.

의 이혼 금지로 대체하고, "하늘나라를 위해 스스로 고자가 된" 자들을 칭찬하셨다. 노동과 경제적·정치적 업적에 관심을 보이기보다는 새들과 백합화를 가리키며 염려와 수고가 없는 삶을 살라고 권하셨다. 그분은 "이 사람아, 누가 나를 너희의 재판관이나 분배인으로 세웠느냐?"라고 말함으로써 일반적인 분배 정의의 요건조차 무시하셨다. 그래서 클라우스너는 "예수는 물질문명과 관련된 것을 모조리 무시했다. 이런 의미에서 그는 문명에 속하지 않는 사람"이라고 결론을 내린다.[3] 그래서 그분의 백성이 그분을 배척한 것이다. 그리고 "2,000년에 걸친 비유대적 기독교는 유대 백성이 잘못한 게 아니라는 사실을 입증했다"[4]고 한다.

그렇다고 당대의 모든 유대인이 자기 문화의 이름으로 예수를 배척한 것은 아니었고, 비유대적 기독교와 비기독교적 유대교가 2,000년간 존속되어 왔다는 사실은 예수가 문화를 위협한다는 고발보다 다른 여러 명제를 확증하는 것일 수도 있다. 한 가지 분명한 사실은 과거 2,000년이 이 문제를 둘러싼 온갖 씨름으로 가득 차 있다는 점이다. 유대인뿐 아니라 그리스인과 로마인, 중세인과 근대인, 서양인과 동양인 등 그리스도가 자신의 문화를 위협한다는 이유로 그분을 배척한 사례는 셀 수 없이 많다.

그리스-로마 문명이 복음을 공격한 이야기는 주로 정치적 핍박의 견지에서만 거론될 때가 많지만, 어쨌든 서양 문화사와 교회사에서 가장 극적인 대목으로 손꼽힌다. 그리스도가 제기한 문제가 정치적 사안에 국한되지 않고 더 폭넓은 문화적 사안이었기 때문

---

3) 같은 책, pp. 373-375.
4) 같은 책, p. 391.

에, 사회적 경건, 문학적 논박, 철학적 반론, 종교적 저항, 경제적 방어 등에 기초한 대중적 적대감이 모두 그리스도를 배척하는 데한 몫을 했다. 사실 국가가 예수와 그 제자들을 대항해서 무기를 든 시기는 다른 기관들과 집단들이 배척한 것보다 늦었다.[5] 현대에 들어와서도 공공연한 충돌이 다시금 발생했다. 이번에는 민족주의와 공산주의를 대변하는 자들뿐 아니라 인본주의적이고 민주주의적인 문명을 열렬히 옹호하는 자들도 그리스도에게서 자신들의 문화적 이해관계에 거슬리는 모습을 보았기 때문이다.

이처럼 예수 그리스도를 배척하는 사건들은 지극히 다양한 역사적·사회적 상황에서 발생했다. 그를 반대하게 된 개인적·집단적 동기도 가지각색이었다. 기독교의 신념에 대항해서 일어난 철학적·과학적 신념들도 공동의 적에 대해서보다 자신들끼리 상반된 입장을 가진 경우도 많았다. 하지만 예수 그리스도와 문화의 관계에 관한 한 이처럼 이질적인 비판가들 사이에도 상당한 정도의 의견일치가 이루어졌다. 고대의 심령주의자들과 현대의 유물론자들, 기독교를 무신론으로 고발하는 경건한 로마인들, 기독교의 유신론적 신앙을 비난하는 19세기의 무신론자들, 민족주의자와 인본주의자 등 모두가 한결같이 복음이 지닌 동일한 요소들로 인해 상처를 받고, 복음에 대항하여 자신들의 문화를 변호하기 위해 비슷

---

5) "기독교가 이방인 대중의 내적 신앙과 당시의 시대사조를 대상으로 싸운 것이 로마 제국의 권세와 씨름한 것보다 비교할 수 없을 정도로 더 힘겨웠다. 이 새로운 신앙[기독교]의 승리는 따라서 이방 종교를 평가 절하했던 초창기에 생각했던 것보다 훨씬 더 큰 업적이었다." Johannes Geffcken, *Der Ausgang des Griechisch-Roemischen Heidentums*, 1920, p. 1. 그런 갈등관계를 다룬 다른 문헌으로는 *Cambridge Ancient History*, Vol. XII, 1939와 C. N. Cochrane, *Christianity and Classical Culture*, 1940.

한 논리를 편다.

이처럼 계속 등장하는 논리 가운데 가장 두드러진 주장은, 기번(Gibbon)이 로마인과 관련하여 진술하듯이, 그리스도인은 "현재의 존재 양식을 경멸하고 불멸성을 신뢰하는 데서 활력을 얻는다"[6]는 것이다. 이 양면적인 믿음은 로마의 옹호자들과 현대 문명을 찬양하는 자들, 옛 질서의 보존자들과 과격한 혁명주의자들, 진보가 계속될 것으로 믿는 자들과 문화의 쇠퇴를 예상하는 비관주의자들 등 이 모두에게 좌절감과 분노를 불러일으켰다. 이런 반발은 선생(Master)은 전혀 잘못이 없는데 제자들이 잘못해서 생긴 것이 아니다. 왜냐하면 그분의 여러 가르침—먹고 마실 것에 대해 염려하지 말라는 말씀, 땅 위에 보물을 쌓아 놓는 게 중요하지 않다는 말씀, 생명을 앗아갈 수 있는 자들을 두려워하지 말라는 말씀, 자신이 현세적 권력에 배척을 당해 죽게 될 것이라는 말씀 등—이 바로 그 추종자들의 신념의 근원이 되었기 때문이다. 또 이런 태도는 세상의 종말이 곧 올 것이라고 믿는 자들이나 초(超)영성주의자들과 같은 일부 그리스도인의 특징으로만 치부되어서도 안 된다. 이는 다양한 역사관과, 정신과 물질의 관계에 대한 다양한 견해와 연결되어 있다. 이것이 난감한 태도인 이유는, 얼핏 보기에 현재의 존재 양식을 경멸하는 것 같으면서도 현존하는 인간에 대해 대단한 관심을 보이기 때문이고, 인간의 모든 업적이 파멸에 처한다 해도 두려워하지 않기 때문이며, 절망감이 아니라 담대한 믿음을 품기 때문이다. 바로 이 지점에서 기독교가 문화를 위협하는 것 같은데, 그것은

---

6) *The Decline and Fall of the Roman Empire*, Modern Library ed., Vol. I, p. 402.

돌 위에 돌 하나도 남지 않고 인간의 모든 업적이 파멸한다고 예언하기 때문이 아니라, 그리스도가 인간들로 이런 심판을 침착하게 받아들이게 하고 또 다른 세계를 소망하게 함으로써, 이 불안정한 대규모의 사회적 유산을 보존하려고 쉴 새 없이 일하지 않도록 그 동기를 앗아가는 것처럼 보이기 때문이다. 그래서 아시아 총독이었던 켈수스(Celsus)는 기독교를 공격하던 입장을 바꾸어 신자들에게 제국의 방어와 재건 사역에서 물러나 제국을 위험에 빠뜨리지 말라고 호소하기에 이르렀다. 하지만 이와 똑같은 태도가 마르크스와 레닌에게 적대감을 불러일으켰는데, 이는 신자들의 경우 현세적 실존에 대해 크게 신경을 쓰지 않기에 옛 질서의 파괴와 새 질서의 정립을 위한 전면전에 뛰어들지 않기 때문이다. 그래서 그들은 기독교 신앙이야말로 운 좋은 자들이 (현재의 문화를 초월한 다른 인생이 없다는 점을 충분히 인식해야 할) 민중을 마취하는 데 사용하는 종교적 아편이라고 추정하지 않고는 그것을 설명할 수 없었다.

여러 시대와 사조에 걸쳐 그리스도에게 반기를 든 또 하나의 논리는 그분이 인간들에게 인간적 업적을 쌓아올리도록 요구하지 않고 하나님의 은혜에 의존하도록 유혹했다는 것이다. 만일 로마인들이 하나님만 신뢰하라는 명령을 그대로 좇았더라면 어떻게 되었겠느냐며 로마의 지성인이었던 켈수스는 묻는다. 그랬다면 그들도 자신의 땅이라고는 한 평도 없는 유대인과 같은 처지, 범죄자처럼 박해를 당하는 그리스도인들과 같은 형편이 되지 않았을까?[7] 니콜

---

7) Origen, *Contra Celsus*, VIII, lxix (*Ante-Nicene Fathers*, Vol. IV, p. 666).

라이 하트만(Nikolai Hartmann)과 같은 현대의 문화철학자들은 이처럼 하나님만 의존하는 신앙은 인간의 노력만 강조하는 문화적 윤리와 이율배반적 관계에 있다고 말한다.[8] 사람이 역사를 만든다고 믿는 마르크스주의자는 하나님의 은혜에 대한 신뢰를 천국에 대한 소망만큼 강력한 수면제라고 주장한다. 민주주의적이고 인본주의적인 개혁가들은 그리스도인을 "정숙주의"(quietism)로 비난하는 반면에, 일반적인 지혜는 하나님은 스스로 돕는 자를 돕고 그분을 믿어야 하되 만일에 대비할 필요가 있다고 말함으로써 은혜에 대한 불신을 은근히 표현한다.

그리스도와 교회를 고발하는 세 번째 고소장에는 그들이 편협하다는 이유가 적혀 있다. 이 고발 내용은 앞에 나온 것들만큼 일반적이지는 않다. 특히 공산주의자는 이런 불평을 늘어놓지 않는데, 이런 반론은 어떤 편협한 신념이 다른 편협한 신념에 반대하여 내놓는 것이 아니라 불신이 어떤 신앙을 만날 때 제기하는 문제이기 때문이다. 고대 로마 문명이 기독교를 배척할 수밖에 없었던 이유는 로마가 관용적이었기 때문이라고 기번은 말한다. 지극히 다채로운 관습과 종교를 가진 로마 문화가 존립할 수 있었던 이유는 거기에 속한 여러 민족의 전통과 의식(儀式)을 존중하고 승인했기 때문이라는 것이다. 따라서 "어떤 분파든지 스스로를 인류 공동의 장에서 떼어내어 자신들만 신적인 지식을 소유한다고 주장하고, 자신들의 예배를 제외한 다른 모든 예배를 경건치 못하고 우상 숭배에 불과하다고 멸시할 경우에는 모두가 한 목소리로 분개할 수밖에 없다"[9]

---

8) Nikolai Hartmann, *Ethics*, 1932, Vol. III, pp. 266이하.
9) 앞의 책, Vol. I, p. 446.

는 것이다. 로마인이 유대인에 대해 어느 정도 관용할 수 있었던 것은, 그들이 신들과 우상들에 대해 그리스도인과 똑같은 신념을 지녔음에도 오랜 전통을 가진 별개의 민족이었고 또 대체로 사회생활에서 물러나 조용히 자족하며 살았기 때문이다. 반면에 그리스도인은 로마 사회의 일원이었고 그 사회 한복판에서 다른 종교들에 대해 명시적으로나 암묵적으로 조롱하는 언사를 퍼부었다. 그 결과 그들은 로마인에게 관습과 교육의 성스러운 유대를 끊어 버리고, 자기 나라의 종교 제도를 침해하고, 건방지게도 자기 조상들이 믿고 경외했던 진리와 거룩한 관행을 멸시하는 반역자로 비쳤던 것이다.[10] 여기에 덧붙일 점은, 로마인의 관용은 현대 민주주의의 관행처럼 통일성을 유지하기 위한 사회정책으로 시행되었던 것인 만큼 한계가 있었다는 사실이다. 사람들이 무슨 종교를 따르든지 시저에 대한 충성은 필수요건이었다.[11] 그런데 그리스도와 그리스도인들은 이 두 가지 면에서 모두 문화의 통일성을 위협하는 존재였다. 이교도가 지향하던 보편주의는 여러 신과 종교를 단 하나의 지상적 혹은 천상적 군주 아래 묶으려 했는데 반해, 그들은 유일한 하나님만 믿는 급진적 일신론(一神論)을 주장했기 때문이다. 그런 일신론이 민족 문화나 제국 문화를 옹호하는 자들에게 제기하는 정치적 문제가 오늘날에는 비교적 희미하지만, 독일의 국가 사회주의가 기독교와 특히 유대교를 공격할 때는 아주 뚜렷하게 부각되었다.[12] 신

---

10) 같은 책, p. 448.
11) *Cambridge Ancient History*, Vol. XII, pp. 409이하; 356이하; C. N. Cochrane, 앞의 책, pp. 115이하.
12) 참고. Karl Barth, *The Church and the Political Problem of Our Day*, 1939; Carlton J. H. Hayes, *Essays in Nationalism*, 1993.

(神)이 당연히 왕을 비롯한 여러 정치 권력을 제한하는 역할을 해야 하는 만큼, 일신론도 그들을 둘러싼 성스러운 분위기를 빼앗아 버렸다. 그리스도는 온 세상을 주겠다는 사탄의 유혹을 물리치고 그를 예배하지 않았고, 그리스도인도 그분을 좇아 오직 그리스도만 예배하겠다고 나섰다. 그런데 이런 태도는 도무지 용납할 수 없는 것이었다. 과거나 현재나 대다수의 사람은, 민주주의든 미국이든, 독일이든 제국이든, 그에 합당한 종교적 경외심만 표시하면 어떤 신을 예배해도 무방하다는 국가 정책을 두 손 들어 환영하기 때문이다. 한편 오늘날과 같은 관용적인 문화가 그리스도를 적대시하는 현상은 눈에 잘 띄지 않는다. 그 이유는 종교적이란 말을 공인된 신성한 기관이 집행하는 특정한 의식에 한정하여 사용한 나머지 자신의 종교적 행습을 종교적이라고 부르지 않기 때문이고, 또 소위 종교라는 것을 경제, 예술, 과학, 정치, 기술과 같은 여러 관심사의 하나 정도로 간주하기 때문이다. 그래서 현대 문화가 기독교의 일신론에 반대하는 목소리는, 종교가 정치나 사업에 간섭하면 안 된다든가, 기독교는 타종교와 사이좋게 지내는 법을 배워야 한다는 식의 권고로 나타난다. 이는 종교 단체의 신조는 물론이고 그리스도와 하나님의 주장 일체가 그런 공적인 영역들, 곧 이른바 가치(values)라고 불리는 다른 신들이 다스리는 영역들에서 쫓겨나야 한다는 말이나 마찬가지다. 여기에 함축된 고소장은 사실 고대의 그것과 다르지 않다. 거기에는 이런 내용이 실려 있다. 기독교가 현대 사회의 종교생활에 공격을 가함으로써 사회를 위태롭게 한다는 것, 사회 기관들에게서 그 신성한 성격을 빼앗아 버린다는 것, 관용적인 다신론이라는 경건한 미신들을 너그러이 봐주기를 거부

함으로써 사회적 통일성을 위협한다는 것 등이다. 이 고소장은 기독교 기관들이 스스로 거짓 종교로 규정한 대상에 대해 강제 수단을 사용한다고 지적할 뿐 아니라, 기독교 신앙 자체에 대해서도 고소한다.

이 밖에도 그리스도와 기독교를 공격하는 자들이 그들을 문화의 적으로 여기는 이유가 여럿 있다. 그리스도가 몸소 실천하고 또 가르치는 용서는 정의가 요구하는 것이나 자유인의 도덕적 책임의식과 양립할 수 없다고 한다. 산상수훈에 나오는 권고들인 분노, 악에의 저항, 맹세, 결혼, 염려, 재산 등에 관한 가르침은 사회생활상의 의무와 함께할 수 없는 것이라고 한다. 비천한 자를 치켜세우는 기독교는 한편으론 귀족들과 니체주의자들에게, 또 다른 한편으론 프롤레타리아 옹호자들에게 걸림돌이 된다. 그리스도의 지혜가 현명하고 신중한 자에게는 닫혀 있고 단순하고 어린아이 같은 자에게만 열려 있다는 주장은 철학을 주도하는 자들을 당혹스럽게 하거나 그들의 조롱을 불러일으킨다.

그리스도와 기독교 신앙에 대한 이런 공격들이 문제를 강력히 제기하고 그 본질을 (종종 괴상한 형태로) 공개적으로 드러내는 면이 있지만, 그리스도인이 직면한 문제는 그들에 대항하여 스스로를 변호하는 것이 아니다. 그리스도와 더불어 그분을 따르는 신자를 배척하는 이방인들은 그분의 요구 사항과 자신들의 사회적 요구를 서로 묶는 것이 어렵다는 점을 발견한다. 기독교 집단과 반기독교 집단이 만나는 곳에서 싸움과 유화정책, 승리와 화해가 공공연하게 나타나곤 하지만, 이보다도 그리스도인들 사이에 그리고 개인의 양심의 깊은 곳에서 그리스도와 문화에 관한 논쟁이 더 자주 진행되는 것을 볼 수 있다. 이 경우는 신앙과 불신앙의 싸움과 타협이 아니라 신앙과 신앙이 서로 부대끼고 화해하는 모습을 띤다. 그리스도와 문화를 둘러싼 이슈는 바울이 유대주의자 및 헬라주의자와 싸울 때뿐 아니라 복음을 그리스 언어와 사상의 형태로 옮기려 할 때도 등장한다. 이 문제는 초기에 교회가 로마제국과 지중해 세계의 종교들과 철학들과 싸우면서 당시를 지배하던 관습, 도덕적 원칙, 형이상학적 관념, 사회조직의 형태를 배척하거나 수용할 때 그 모습을 드러낸다. 콘스탄티누스의 정착, 위대한 신조들의 정립, 교황제의 도입, 수도원 운동, 아우구스티누스의 플라톤주의, 토마스의 아리스토텔레스주의, 종교개혁과 르네상스, 부흥운동과 계몽주의, 자유주의와 사회 복음주의 등은 이 영속적인 문제가 교회 역사에 등장한 몇 가지 사례에 불과하다. 이 문제는 모든 시대에 등장할 뿐만 아니라 매우 다양한 모습을 지닌다. 때로는 이성과 계시의 문제로, 종교와 과학의 문제로, 자연법과 신법의 문제로, 국가와 교회의 문제로, 무저항과 강제력의 문제로 각각 그 면모를 드러낸다. 그리고 개신교와 자본주의의 관계, 경건주의와 민족주의의 관계, 청교도주의와 민주주의의 관계, 가톨릭사상과 로마사상 혹은 성공회사상의 관계, 기독교와 진보의 관계 등에 관한 아주 구체적인 연구에서도 그 양상이 드러난다.

    이는 본질적으로 기독교와 문명의 문제가 아니다. 우리가 기독교를 교회, 신조, 윤리, 사조 등 어느 것으로 정의하든지 기독교 자체가 그리스도와 문화라는 양축 사이에서 움직이기 때문이다. 실은 이 두 권위의 관계가 문제인 셈이다. 기독교가 이성과 계시의 문제를 다룰 때 궁극적으로 의문시되는 것은 그리스도 안에 나타난 계시와 문화를 지배하는 이성의 관계다. 기독교가 이성적 윤리와 하나님의 뜻에 대한 지식을 서로 구별하거나 대조하거나 묶으려고 애쓸 때, 결국 옳고 그른 것을 문화적으로 규정하는 문제와 선악을 그리스도의 조명을 받아 판단하는 문제에 직면하게 된다.

교회나 국가에 충성하는 문제가 제기될 때는 사실 그리스도와 문화 사회가 진정한 헌신의 대상으로 그 배후에 서 있다. 그러므로 그 동안 그리스도인이 이 영속적인 문제를 어떻게 다루었는지를 개관하고 실례를 들어 설명하기에 앞서, 우리가 그리스도와 문화라는 용어를 어떻게 정의하는지부터 다루는 게 바람직하겠다. 이때 어느 한 용어나 두 용어 모두를 편파적으로 정의해서 여러 기독교 입장 가운데 어느 하나만을 정당화하는 방향으로 오도하지 않도록 주의할 필요가 있다.

II. 그리스도를 어떻게 정의할 것인가?

그리스도인은 흔히 '예수 그리스도를 믿는 사람'이나 '예수 그리스도를 따르는 사람'으로 정의된다. 그리스도인을 더 정확히 기술하자면 스스로를, 예수 그리스도―그분의 삶, 말, 행위, 운명―를 자신과 자신이 속한 세상을 이해하는 열쇠로, 하나님과 인간, 선과 악을 아는 지식의 주 원천으로, 양심의 지속적인 동반자로, 악으로부터 구해 줄 자로 여기는 등 그분을 최고의 자리에 모시는 공동체의 일원으로 간주하는 자라고 할 수 있을 것이다. 그런데 '예수 그리스도를 믿는' 개인적·공동체적 믿음이 워낙 다양하고 그분의 본성에 대한 해석이 각양각색이라서, 기독교가 믿는 그리스도가 정말 단 한 분뿐이냐는 의문이 제기될 수밖에 없다. 일부 그리스도인과 기독교 공동체는 하나님과 도덕법에 관한 그리스도의 가르침에 마음과 의지가 완전히 사로잡혀 그분을 위대한 선생이요 입법자로 여긴다. 그들에게 기독교는 예수가 선포한 새로운 법이요 새로운 종교다. 부분적으로 그것은 그들이 스스로 선택한 대의고, 또 부분적으로는 그 대의가 그들의 마음으로부터 동의를 끌어낸 것이라고 즉 그들을 선택한 것이라고 할 수 있다. 또 어떤 그리스도인들은 예수 그리스도를 선생이나 진리와 법의 계시자로 보기보다 그분 자체를, 그분의 성육신·죽음·부활·현존을 하나님의 계시로 간주한다. 예수 그리스도는 그 본연의 모습으로 친히 고난을 받으시고 십자가에서 패배함으로써 그리고 죽음을 이기고 승리함으로써 하나님의 존재와 본성을 밝히 드러내고, 하나님처럼 믿음을 요구하며 자신과 만나는 자들에게 새로운 삶을 선사하신다. 다른 한편, 어떤 이들은 기독교를 새로운 가르침이나 새로운 삶으로 생각하지 않고 새로운 공동체, 곧 거룩한 보편 교회(Holy Catholic Church)라고 생각한다. 그래서 새로운 사회를 세워 말씀과 성례를 통해 은혜를 베푸는 그분의 사역에 주목한다.

이 밖에도 '예수 그리스도를 믿는다'는 말의 의미를 둘러싸고 다양한 견해가 존재한다. 그러나 이처럼 다양한 의견이 기독교 안에 있다고 해서 가장 근본적인 통일성, 곧 예수 그리스도는 명백한 인물로서 그 가르침과 행위와 고난이 일관된 존재라는 사실을 모호하게 만들 수는 없다. 그리스도인에게 권위를 행사하는 그분 혹은 그리스도인이 최종 권위로 받아들이는 그분은 어디까지나 신약성경에 나오는 그 예수 그리스도다. 그리고 그분은 명백한 가르침,

명백한 성품, 명백한 운명을 지닌 바로 그 인물이다. 한때는 예수가 '실존' 인물이었는지의 여부가 논쟁거리로 떠올랐고, 신약 성경이 실제 사건들에 대한 사실적 기록으로서 믿을 만한지의 여부는 아직도 논란거리지만, 이런 문제가 가장 중요한 쟁점은 아니다. 신약 성경에 나오는 예수 그리스도는 실제 역사적인 인물, 곧 우리가 기억하고 몸담은 이 역사에 속해 있고 또 현재도 우리의 신앙과 행위에 영향을 미치는 그 역사에 속한 인물이다. 그리고 혈과 육을 가진 사람으로 나타나든, 부활한 주님으로 나타나든, 이 예수 그리스도는 어디까지나 동일한 인물이다. 그분은 뚜렷이 구별되는 한 인격인 만큼 소크라테스나 플라톤, 아리스토텔레스나 석가, 공자나 모하메드, 아모스나 이사야와 결코 혼동될 수 없는 인물이다. 수도사는 그에게 수도사의 옷을 입히고, 사회주의자는 그로부터 급진적 개혁가의 모습을 끌어내고, 호프만(Hoffman) 같은 사람은 그를 온유한 신사로 그릴 것이다. 그러나 거기에는 언제나 본래의 초상화들이 있는 법이고, 후대에 그린 그림들은 그것들과 비교되어야 하며 모든 풍자적 그림도 그것들에 비추어 수정되어야 한다. 그리고 이 본래의 초상화들에 나타난 그분의 모습은 늘 동일하다. 그분이 그리스도인의 경험에서 어떤 역할을 담당하든지 그분은 어디까지나 동일한 그리스도다. 교회의 창설자는 새로운 법을 주시는 그 동일한 그리스도다. 하나님에 관한 진리를 가르치는 선생도 몸소 진리를 계시하고 구현하시는 바로 그 그리스도다. 성례주의자도 자신의 몸과 피를 주시는 그분이 또한 새로운 계명을 주시는 분이라는 사실을 도무지 피할 수 없다. 분파주의자라도 윤리적 권위를 가진 그분이 또한 죄를 용서하는 분이라는 사실을 회피할 수 없다.

"육체를 좇아 그리스도"를 알지 않기로 한 자들도 그 부활하신 주님이 바로 "처음부터 눈으로 목격한 자요 말씀의 일꾼 된" 자들이 묘사하는 그 인물임을 알고 있다. 그리스도인들이 예수 그리스도의 권위를 경험하고 묘사하는 방식이 아무리 각양각색이라 할지라도, 거기에는 공통점이 하나 있다. 그것은 곧 예수 그리스도가 그들의 권위고, 이런 다양한 권위를 행사하는 그분이 바로 그 동일한 그리스도라는 점이다.

물론 우리가 언제나 동일한 그 예수 그리스도의 본질을 정의하려 하거나, 그분에게 다양한 권위를 부여하는 것이 과연 무엇인지를 설명하려는 순간, 또 다시 기독교 공동체가 이제껏 논쟁해 온 그 영토로 발을 들여 놓게 된다. 특히 두 가지 난점이 우리를 기다린다. 첫째, 인격의 형태로 스스로를 드러낸 한 원리를 어떤 개념들과 명제들로 제대로 기술하는 것은 불가능하다는 점이다. 둘째, 이 인물에 관해 무슨 말을 하든 그것은 어디까지나 그 화자(話者)가 속한 교회, 역사, 문화에서 나오는 상대적 관점임을 피할 수 없다는 점이다. 그래서 혹자는 차라리 "예수 그리스도는 예수 그리스도다"라고 말하고 싶은 유혹을 느끼거나, 모든 해석을 포기한 채 신약 성경만 가리키는 성경적 실증주의 방법을 택하고 싶은 심정을 느낀다.

하지만 우리 자신을 그런 식의 주장과 몸짓에 가둬 놓는 일은 불필요할 뿐더러 바람직하지도 않다. 우리가 제대로는 한 마디도 할 수 없다 해도, 미숙하나마 몇 마디 하는 건 가능하지 않은가? 우리에게 이 그리스도의 진수와 본질을 가리킬 능력은 없다 해도, 적어도 그 본질이 겉으로 드러나는 어떤 양상은 가리킬 수 있지 않은가? 어떤 묘사든, 그 자체가 일종의 해석이라 할지라도, 객관적 실재에 대해 어떤 해석을 하는 것은 얼마든지 가능하다. 따라서 그리스도인의 권위인 예수 그리스도도 묘사될 수 있다. 물론 어떻게 묘사하든 그것이 완전한 묘사에는 못 미치고 그분을 만난 자들을 만족시킬 순 없지만 말이다.

이런 목적으로 어떤 도덕주의자에게 좀 자의적으로 예수 그리스도의 미덕들을 끌어내 보라고 요청할 수 있을 것이다. 그러면 두 가지 점이 분명해질 것이다. 먼저 그가 그린 초상화는 다른 해석들에 의해 보완될 필요가 있다는 점과 도덕적 묘사가 형이상학적 묘사나 역사적 묘사보다 본질에 더 가깝지 않다는 점이다. 여기서 그리스도의 미덕이란, 한편으로는 그분이 몸소 모범적으로 보여 주신 탁월한 성품을, 또 다른 한편으로는 자신의 제자들에게 가르치신 내용을 일컫는다. 이런 미덕들이 일부 그리스도인에게는 그분의 본보기와 율법이 요구하는 덕목인데 반해, 또 어떤 신자들에게는 중생 곧 많은 형제 가운데서 맏아들이 된 그분과 함께 자아가 죽고 부활하는 경험을 통해 그분으로부터 얻는 선물에 해당한다. 그런데 그리스도인이 율법이나 은혜 중 어느 것을 강조하든, 역사적 예수나 선재하고 부활한 주님 중 누구를 바라보든, 예수 그리스도의 미덕들은 모두 마찬가지다.

종교적 자유주의가 다른 모든 미덕보다 더 크게 확대한 그리스도의 미덕은 사랑이다.[13] 사람들이 공관복음서에는 사랑에 대한 언

---

13) 참고. 특히, A. Harnack, *What is Christianity?* 1901, pp. 78이하. 자유주의자들만이 미덕을 확대하는 것이 아니다. 가령, Reinhold Niebuhr도 사랑을 예수 윤리의 핵심 열쇠로 간주하는 Harnack의 견해에 동조한다. 참고. *An Interpretation of Christian Ethics*, 1935, 제2장.

급이 별로 없다고 아무리 말해도, 사랑을 최고 미덕으로 여기는 자유주의 입장은 전혀 흔들리지 않는다. 신약의 다른 책들과 모든 시대에 걸친 그리스도인의 증언도 사랑이야말로 예수 그리스도의 위대한 덕의 하나라는 주장을 확증해 주며, 그분이 제자들에게 요구하는 것이 사랑이라고 혹은 그들로 하여금 사랑할 수 있게 해준다고 한결같이 말한다. 그럼에도 우리가 신약 성경을 잘 검토해 보고 거기에 나온 예수의 초상화들을 연구해 보면, "사랑의 윤리라는 예수의 윤리의 절대성과 완전성"[14]과 같은 표현이 과연 예수를 잘 묘사하는 것인지 무척 의심스럽다. 아울러 다음과 같은 진술에 대해서도 의심스런 생각이 든다.

> [예수께서] 그것을 자기본위의 생각과 의식(儀式)적 요소로부터 해방시키면서 유일한 도덕적 원칙으로 제시하신 것이 바로 사랑이다. 사랑을 **유일한** 뿌리요 **유일한** 동기로 여긴 것이다. 그분은 오직 사랑만 알 뿐이며, 그것은 이웃 사랑, 원수에 대한 사랑 혹은 사마리아인의 사랑 등 어떤 형태를 취하든 단 한 가지 종류만 있을 뿐이다. 그것이 영혼을 완전히 채워야 한다. 영혼이 스스로에 대해 죽을 때도 계속 남는 것은 사랑뿐이다.[15]

예수는 어디서도 사랑을 위한 사랑을 하라고 명령하신 적이 없으며, 그분 안에서 또 그분을 위해 '사랑이 영혼을 완전히 채워야 한다'거나 그분의 윤리의 특징은 '이상적 사랑'에 있다는 말이 시사

---

14) Niebuhr, 앞의 책, p. 39.
15) Harnack, 앞의 책, p. 78.

하듯 친절한 정서와 감정이 공격적인 정서와 감정을 완전히 지배하는 그런 모습도 전혀 찾을 수 없다. 예수의 성품이 지닌 그리고 그분이 요구하는 사랑의 미덕은 **하나님 안에서 하나님과 이웃을 사랑하는 것**이지 사랑을 위한 사랑이 아니다. 예수의 인격적 통일성은 하나님과 사랑의 관계, 믿음의 관계, 경외의 관계 등 어떤 관계를 맺든 그 하나님을 향해 단순하게 또 완전히 열려 있는 데서 찾을 수 있다. 물론 예수의 경우 사랑이 어떤 극단적 성향을 띠는 건 사실이지만, 그 사랑이 다른 어떤 열정에 의해서도 완화될 수 없는 그런 극단적 열정은 아니다. 오히려 다른 어떤 절대 선에 대한 사랑으로도 타협될 수 없는, 유일한 하나님에 대한 극단적 헌신이라 할 수 있다. 예수께서 이 미덕을 다른 미덕에 비해 압도적으로 많이 보여 주었다고 말할 수도 있겠지만, 그것은 어디까지나 여러 신이 아니라 유일한 하나님을 향한 헌신의 측면을 묘사하는 것이지, 위대한 다른 미덕들이 사랑만큼 수반되지 않았다는 의미는 아닐 것이다. 또는 아리스토텔레스적인 의미에서, 과잉과 부족 사이 혹은 친절과 분노 사이에서 중용을 지키지 않았다는 의미도 아니다. 예수께는 궁극적으로 사랑할 만한 존재, 궁극적인 헌신의 대상이 하나님 한 분밖에 없었다. 그분이 바로 아버지가 되시고, 그분밖에는 선한 존재가 없다. 그분만이 감사할 대상이며, 그분의 나라만이 추구할 가치가 있는 것이다. 그러므로 예수께서 몸소 보여 주고 또 가르치신 그 하나님의 사랑은 분노와 양립할 수 있을 뿐 아니라 분노의 동기가 될 수도 있다. 아버지의 집이 강도의 소굴로 변한 모습을 볼 때나 아버지의 자녀들이 모욕을 당할 때 그분이 보인 반응이 바로 그런 경우다. 따라서 예수 안에서 발견되는 이 미덕의 중요성을 강조하는 것은 얼마든지 합당하지만, 공관복음서들에 의하면 그분이 언행을 통해 하나님에 대한 믿음과 그분 앞에서의 겸손을 사랑보다 훨씬 더 강조했다는 사실도 인식할 필요가 있다.

예수께서 지닌 이 미덕의 본질을 이해하려면, 그분의 신학에 주의를 기울일 필요가 있다. 예수를 순전히 사랑의 견지에서 묘사하는 경향은 하나님을 사랑과 동일시하는 성향과 밀접히 연관되어 있다. 하나님이란 말을 들으면 아버지가 생각날 만큼 아버지됨(fatherhood)이 그분의 거의 유일한 속성인 것처럼 간주되기 때문에, 하나님이 사랑받는다는 것은 곧 아버지됨의 원리가 사랑받는 것을 의미한다.[16] 혹은 "세계 질서의 기본을 이루는 것이 혼돈인 만큼 그것을 초월하는 궁극적 통일성"이 하나님이라고 정의하기도 한다. 이 "하나님의 통일성은 정적(靜的)인 것이 아니라 능력과 창조성을 겸비한다. 따라서 하나님은 사랑이시다." 그분은 모든 것을 포괄하는 선한-의지(good-will)시다.[17] 이는 예수의 신학을 대변하는 것이 분명 아니다. 하나님은 사랑이시나, 예수에게 사랑이 하나님은 아니다. 하나님은 한 분이지만, 하나됨이 곧 예수의 하나님은 아니다. 그리스도께서 사랑하는 하나님은 '하늘과 땅의 주님'이시다. 그분은 아브라함과 이삭과 야곱의 하나님이다. 그분은 비와 해를 주관하는 권능의 하나님이다. 그분의 뜻과 지식이 없이는 참새 한 마리도 죽지 않고, 도시도 멸망하지 않으며, 스스로 십자가에서 죽을 수도 없다. 예수의 하나님에 대한 사랑의 위대함과 생소함은 그 우주적 사랑을 사랑하는 모습에서 나타나는 게 아니라, 믿음

---

16) 같은 책, pp. 68이하, 154-155.
17) Niebuhr, 앞의 책, pp. 38, 49, 56.

이 적은 인간들의 눈에 전혀 아버지 같지 않은 그 초월적인 권능(the transcendent power)에 대한 충성심에서 드러난다. 예수의 입에 담긴 "아버지"라는 말은 단순히 하나님과 아버지를 동일시하는 것 이상의 위대하고 신실하고 영웅적인 호칭이다.

이처럼 예수 안에 있는 사랑의 독특성이 하나님을 향한 일편단심에 바탕을 두는 것이라고 해석하면 다음과 같은 반론이 제기될 수 있다. 즉 그분이 몸소 실천하고 가르치신 것은 이중적인 사랑 곧 하나님 사랑과 이웃 사랑이고, 그분의 윤리도 이중적 초점—"하나님 아버지와 인간 영혼의 무한한 가치"[18]—을 지니지 않느냐고 말이다. 이 반론은 그 이중적 계명—이것이 본래 예수의 말인지 예수께서 확증한 것에 불과한지 상관없이—이 하나님과 이웃에게 각각 완전한 헌신을 해야 한다는 식으로 그 둘을 동일한 수준에 놓는 게 아니라는 사실을 망각하는 것이다. 마음과 목숨과 뜻과 힘을 다해 사랑해야 할 대상은 오직 하나님뿐이다. 이웃은 우리 자신과 똑같은 수준의 가치를 지닌다. 더구나 인간 영혼에 '무한한' 혹은 '본유적' 가치를 부여하는 일은 예수께 전혀 낯선 것이다. 그분은 하나님을 떠나서는 아무런 가치도 논하시지 않는다. 사람의 가치는, 참새와 꽃의 가치처럼 하나님에 대해 지니는 가치다. 참된 기쁨이 지닌 가치는 천국에서의 기쁨에 비추어 측정된다. 가치는 어디까지나 하나님과 관련된 가치이기 때문에 예수께서는 인간만이 아니라 모든 피조물 안에서 신성함을 발견하신다. 비록 그분의 제자들은 자신이 하나님께 새들보다 더 가치 있는 존재라는 사실로부터 위로

---

[18] So Harnack, 앞의 책, pp. 55, 68-76. 이 어구는 다양한 형태로 표현되어 자유주의 개신교의 상투어가 되었다.

를 받아야 하지만 말이다. 예수께서 몸소 실천하고 가르쳐 주신 그 이웃 사랑이라는 미덕은, 그보다 우선하는 하나님 사랑에서 떼어 놓으면 결코 제대로 설명할 수 없는 것이다. 그리스도께서 이웃을 사랑하실 때는 그분이 스스로를 사랑하는 것처럼 사랑하신 게 아니라 하나님이 그 사람을 사랑하는 것처럼 사랑하신 것이다. 그래서 제4복음서는 "네 이웃을 네 몸과 같이 사랑하라"는 유대교의 진술이 예수의 행위나 요구 사항에 잘 맞지 않기에 그것을 "내가 너희를 사랑한 것같이 너희도 서로 사랑하라"[19]로 바꾼 것이다. 뿐만 아니라 사람들에 대한 예수 그리스도의 사랑이 그저 보편적인 박애 정도가 아니라 결정적인 신적 아가페의 행위임을 제자들은 분명히 알았다. 따라서 우리도 예수 그리스도에 대해 머리로 상상만 할 게 아니라 초기 그리스도인들이 그분에게서 무엇을 발견했는지를 분명히 직시할 필요가 있다. 그들이 발견한 것은 하나님과 사람을 두루 사랑하는 어떤 보편적인 박애 같은 것이 아니었다. 그분이 보여 주신 하나님 사랑과 이웃 사랑은 공통된 특질이 아니라 공통된 근원을 가진 별개의 미덕들이다. 하나님 사랑은 그 유일하고 참된 선(善)을 숭배하는 것이다. 그것은 모든 선물을 내려주시는 분에 대한 감사의 표시다. 또 절대적으로 거룩한 존재(Holiness)를 기뻐하는 일이다. '절대 존재에 대한 찬동'(consent to Being)이라 할 수 있다. 이에 비해 사람에 대한 사랑은 숭배의 마음이 아니라 연민의 정이다. 감사의 표시가 아니라 무언가를 주는 것이요 용서하는 행위다. 그것은 인간의 악하고 타락한 모습으로 인해 마음 아파하

---

19) 요 13:34; 15:12; 참고. 막 12:28-34; 마 22:34-40; 눅 10:25-28.

고 또 그 안에서 고통을 당하는 것이다. 인간들을 있는 그대로 받아들이지 않고 그들에게 회개를 촉구하는 것이다. 하나님의 대한 사랑은 소유욕이 없는 **에로스**인데 반해, 사람에 대한 사랑은 순수한 **아가페**다. 하나님에 대한 사랑은 열정(passion)인데 반해, 사람에 대한 사랑은 긍휼(compassion)이다. 여기에 일종의 이중성이 있지만, 그것이 하나님과 사람이라는 두 위대한 가치에 대한 동일한 관심에서 나오는 것은 아니다. 오히려 그것은 사람의 아들(인자)과 하나님의 아들이라는 이중성을 보여 준다. 즉, 사람의 아들로서 사람이 마땅히 하나님을 사랑해야 하는 것처럼 하나님을 사랑하고, 넘어지고 쓰러지는 사람에 대해 깊은 연민을 품고 하나님만 주실 수 있는 그런 사랑으로 사람을 사랑하는 모습이다.

그렇다면 예수를 묘사할 때 그분의 사랑이 하나님의 아들의 사랑이었다고 말하는 것보다 더 적절한 방법은 없는 것 같다. 그분의 영혼을 가득 채웠던 것은 사랑이 아니라 하나님이었다.

우리가 그분에게서 발견하는 다른 미덕들에 대해서도 이와 비슷한 말을 할 수 있다. 이처럼 사랑의 미덕을 크게 확대한 자유주의에 이어서 그분을 희망의 인물로 보는 종말론적 해석들과 그분을 철저한 순종의 인물로 묘사하는 실존주의적 해석이 등장했다. 또 그 이전에는 그분을 대표적 모범이자 믿음의 덕을 주는 분으로 보는 정통 개신교가 있었고, 그분의 위대한 겸손에 매료되었던 수도원 운동도 있었다. 신약 성경의 그리스도는 이런 미덕들을 모두 지니며, 그것들이 그분의 행위와 가르침에 나타나는 모습을 보면 세속적이고 문화적인 지혜의 눈에는 서로 균형이 맞지 않고 다소 극단적으로 비칠 수도 있다. 하지만 그분이 그 미덕들을 몸소 실천하고 또 제자들에게 그것을 요구하신 것은 오직 하나님과의 관계를 전제로 한다. 이런 미덕들은 전능하시고 유일하신 하나님과 늘 대면하는 인간에게만 나타나는 특질이므로 그처럼 극단적으로 보이는 것이다.

소망이라는 미덕도 마찬가지다. 앨버트 슈바이처를 필두로 한 종말론자들은 예수의 독특한 특성을 사랑이 아니라 장래에 대한 소망으로 묘사했다. 그들의 주장에 따르면, 그분은 메시아적 약속이 실현되는 일 곧 역사상 대역전이 일어나 마침내 악이 패배하고 하나님의 통치가 실현되는 일을 너무나 강렬히 소망한 나머지 오직 그 사건을 준비하는 일만 중요시했다고 한다. "가까운 장래에 자신의 메시아적 '재림'을 고대하는 사람이라면 당연히 그 기대감에 젖어 행동한다고 보는 것만이 **선험적으로** 타당한 견해가 아닐까?"[20]라고 슈바이처는 말한다. 그래서 예수의 가르침도 그 행위와 같이 이 소망에 비추어 설명한다. "만일 그 나라의 종말론적 실현에 관한 사상이 예수의 복음 전파의 근본 요소라면, 그의 윤리 이론 전체는 그 나라의 도래를 준비하는 일 곧 회개의 개념 아래 두어야 마땅하다.…[회개는] 장차 우주가 완전해질 것을 바라보며 취하는 일종의 도덕적 갱신이다.…예수의 윤리는…장차 이루어질 그 초자연적 완성을 전적으로 지향했다."[21] 예수께서 제자들에게 전한 것은 이제 자신을 통해 이루어질 그 메시아적 장래가 아주 가까워졌다는 확신으로 더욱 고조된 그런 기대감이었다는 것이 그들의 주장이다. 그래서 초대 기독교의 윤리는 곧 그 위대한 소망의 윤리라

---

20) A. Schweitzer, *The Quest of the Historical Jesus*, 1926, p. 349.
21) A. Schweitzer, *The Mystery of the Kingdom of God*, 1914, pp. 94, 100.

고 설명한다.

예수를 사랑의 화신으로 해석하는 자유주의와 같이 이 종말론적 견해에도 깊은 진리가 담겨 있으며, 현대 기독교는 예수께서 지닌 이 미덕을 주목케 한 종말론자들에게 빚지고 있다고 할 수 있다. 그들의 작업은 슈바이처가 설정한 목표―예수라는 인물을 그 압도적인 영웅적 위대성에 비추어 묘사하고 그것을 현 시대와 현대 신학에 뚜렷이 각인하는 일[22]―를 달성하는 데 크게 기여했다. 예수께서 지녔던 그 소망은, 대체로 그보다 더 작은 영광을 고대하거나 아예 아무 영광도 바라지 않는 다른 모든 인간과 비교해 볼 때, 아주 뚜렷한 차별성이 있고 극단적인 측면도 있다. 일반적인 도덕률은 약간의 냉소주의가 섞인 안일한 태도를 전제로 삼는다. 혹은 적당히 선한 것을 기대하면서 약간 체념하는 태도를 지닌다고 할 수 있다. 그러나 고매한 선을 강렬히 고대하게 되면 윤리가 변혁되는 일이 발생할 수밖에 없다.

그런데 종말론자들은 예수의 소망이 어디까지나 하나님 안에 있는 것이요 하나님을 향한 것임을 잊을 때가 많다. 이 점을 잊게 되면 주후 1세기 팔레스틴으로부터 동떨어진 우리로서는 예수의 절박한 기대감을 설명할 수도 없고, 그분이 제자들에게 전한 소망의 강도를 이해할 수도 없다. 그들은 흔히 예수께서 품었던 소망의 **소재**는 교리였고 소망의 **대상**은 자연과 인간과 인간 이외의 존재들의 변신―땅에 존재하는 만물의 변형―이었다고 말하곤 한다. 그래서 슈바이처는 종말론적 해석을 "예수의 삶에 담긴 교리적 요소

---

22) 같은 책, p. 274.

에 대한 비판적 검토"라고 정의한다. 이어서 "종말론은 단순히 '교리의 역사' 곧 신학적 신념들로 빚어진 역사일 뿐이고…예수의 결의에 따라…교리를 중요시하는 견해와 마찬가지다"라고 말한다.[23] 그에 따르면, 예수는 금방 그 나라가 도래할 것을 기대하면서 억지로 모든 사건을 그 교리에 맞추려 했지만, 결국 그 교리가 잘못된 신념인 것으로 판명된 것이다. 달리 말하면, 소망의 근거를 잘못된 믿음에 두었다는 뜻이다. 신약 성경에 묘사된 그 예수께서 강렬한 소망에 의해 움직이는 것은 분명하지만, 장래의 창시자인 그분이 조망했던 실재는 교리에 입각해서 고찰하는 그런 역사의 흐름이 아니었다. 그분의 종말론적 역사관은 일차적으로 시간을 짧은 것으로 보는 진보의 교리와 다르지 않다. 그분은 역사를 우선적으로 다룬 게 아니라 시간과 공간의 주인이신 하나님을 다루었다. 그분은 살아 계신 하나님, 곧 손가락 하나로 귀신을 쫓아낼 수 있고 인간의 죄도 용서할 수 있는 그분께만 소망을 두었다. 그 시기는 그분의 손에 달려 있었으므로 그 때와 시기를 예측하는 일은 부질없는 짓이었다. 아울러 예수의 강렬한 소망의 대상은 바로 하나님 자신, 하나님의 영광과 그분의 의가 밝히 드러나는 것이 아니었던가? 하나님의 나라가 예수께는 만물의 행복한 상태라기보다 오히려 하나님의 명백한 통치를 의미했다. 물론 그분이 지금도 다스리시지만, 그분의 통치가 장차 모든 이에게 밝히 드러나게 될 것이다. 예수의 역사관이 그분의 윤리에 달려 있지 않은 것처럼, 그분의 윤리도 그분의 역사관에 달려 있지 않다. 둘 다 하나님에 대한 그분의 믿음을

---

23) *The Quest of the Historical Jesus*, pp. 248, 249, 357.

반영한다. 그러므로 극단적인 소망—그에 따른 회개도 포함해서—을 예수의 언행에 담긴 핵심 미덕으로 간주하는 견해는 사실상 신약의 기사를 왜곡하는 것이다. 그분이 발언한 가장 과격한 진술 가운데 많은 것은 장차 임할 그 나라에 대한 소망보다는 오히려 하나님의 현재의 통치가 일상적인 사건과 자연적인 사건을 통해 실현되는 것과 깊이 관련되어 있다. 그래서 염려하지 말라는 가르침만 봐도 장래의 대재난과 갱신 사건에 대한 언급이 전혀 없고, 날마다 우리를 보살피시는 하나님의 손길만 가리킴을 알 수 있다. 그리고 원수를 용서하라는 가르침도 의로운 자와 불의한 자 모두에게 비와 햇빛을 주시는 일상적인 하나님의 자비와 밀접히 연관되어 있다.[24] 예수께서 품었던 소망의 영웅적 특질은 홀로 서 있는 것이 아니라 영웅적 사랑과 영웅적 믿음과 짝을 이룬다는 말이다. 그리고 이 모든 것의 근원은 바로 어제도 계셨고 지금도 계시는 그 하나님과의 관계에 있다. 종말론이 아니라 하나님의 아들된 신분이야말로 예수의 윤리를 이해하는 데 꼭 필요한 열쇠라는 뜻이다.

그리스도의 **순종**의 미덕도 이와 다르지 않다. 오늘날 기독교 실존주의자들은 그 선배들이 단 하나의 위대한 덕을 중심으로 예수의 인격과 가르침을 묘사하려 했던 전통을 물려받아 파격적인(radical) 순종을 그 특징으로 삼았다. 그래서 불트만(Bultmann)은, 누구든 예수가 선포한 하나님의 뜻과 그분의 윤리를 그리스의 이상적 인간상과 자율성 중심의 현대 윤리 및 가치 이론과 차별되게 이해하려면, 유대인의 경건 개념과의 연계성 및 차별성을 주목하

---

24) 마 6:25-34, 5:43-48.

지 않으면 안 된다고 한다. 그러면 "예수의 윤리는 유대인의 윤리와 똑같이 순종의 윤리고, 근본적인 차이 한 가지는 예수의 순종 개념이 아주 파격적이었다는 점"[25]에 있다고 했다. 불트만은 예수의 경우에는 하나님과 사람 사이를 중재하는 중재적 권위가 전혀 존재하지 않았다고 그 파격성을 설명한다. "파격적 순종은 한 사람이 자신에게 요구되는 것에 내적으로 동의할 때, 자신이 좇아야 할 것이 본질적으로 하나님의 명령이라고 여길 때만 가능한 것이다.… 한 사람이 자신이 이해하지 못하는 권위에 순복할 경우에는 진정한 순종이라 볼 수 없다." 더 나아가, 그 순종의 행위에 전인(全人)이 개입되어 "그가 어떤 순종적인 행위를 할 뿐 아니라 그 사람 자체가 본질적으로 순종적일 때"와 양자택일의 상황에 접하여 중립 노선이 아니라 선악 간에 결정을 내려야 할 때를 가리켜 파격적인 순종이란 말을 붙일 수 있다.[26]

사랑의 견지에서 해석했던 경우와 마찬가지로 이 경우에도 중요한 진리가 담겨 있음을 인정해야겠다. 예수는 실로 순종적이었고 그것도 파격적일 정도로 그랬다. 그분을 믿었던 신자들은 이 점을 처음부터 인식했던 게 사실이다. 그들은 겟세마네 동산에서 고뇌에 찬 기도를 드리며 죽기까지 순종했던 그분의 모습에 놀라움을 금치 못했다. 그분이 하늘에서 내려오신 것은 자신의 뜻이 아니라 자신을 보낸 하나님의 뜻을 행하기 위함임을 그들은 알았다. 또 한 사람의 순종으로 말미암아 많은 이가 의롭게 될 것임을 알고 기뻐했다. 그리고 그들을 위해 하늘에 대제사장이 계시다는 사실, 곧 아들이

---

25) Rudolf Bultmann, *Jesus and the Word*, 1934, pp. 72-73.
26) 같은 책, pp. 77, 78.

지만 고난을 통해 순종을 배웠던 그분이 계시다는 사실로 인해 위로를 받았다.[27] 그들은 이 순종의 파격성이 율법의 중재적 권위를 초월하는 것과 관련이 있다는 것, 그것이 공공연한 행위뿐 아니라 모든 생각 및 동기까지 포함하는 전인을 대상으로 한다는 것, 순종의 책임으로부터 벗어나는 것이 하나도 없다는 것 등을 인식했다.

그런데 이런 실존주의적 초상화에는 뭔가 빠진 것이 있다. 이 견해는 한 가지 미덕을 다른 모든 미덕을 이해하는 열쇠로 삼았을 뿐 아니라, 그 미덕을 사실 예수 그리스도의 모든 미덕을 파격적으로 만드는 하나님에 대한 인식으로부터 분리해 버렸다. 이와 같은 실존주의적 예수는 마가나 바울이나 요한의 예수보다 칸트의 예수에 가깝다. 불트만은 복음서에 나오는 순종의 개념에서 아무런 알맹이도 찾을 수 없었다. 그는 이렇게 말한다. "예수는 의무나 선에 관한 아무런 교리도 갖고 있지 않다. 사람은 하나님이 지금 여기에서, 매순간 삶의 구체적 정황에서 반드시 결단을 내리도록 자신을 배치하셨다는 것을 아는 것으로 충분하다. 그리고 이는 본인 스스로 자신에게 요구되는 것이 무엇인지를 알아야 함을 의미한다.…사람은 어떤 명백한 표준을 갖춘 채 결단의 순간을 맞이하지 않는다. 그는 어떤 확고한 토대 위에 서 있는 것이 아니라, 텅 빈 공간에 홀로 서 있다.…그[예수]는 하나님의 뜻 앞에 서 있는 개별적 인간만 볼 뿐이다.…예수는 무엇을 해야 하고 또 무엇을 그냥 두어야 할지에 관한 윤리, 곧 모든 인간에게 해당되는 이해 가능한 이론이라는 의미의 윤리는 전혀 가르치지 않는다."[28] 더구나 하나님은 그 뜻을 순

---

27) 빌 2:8; 막 14:36; 요 6:38; 15:10; 롬 5:19; 히 5:8.
28) 앞의 책, pp. 108, 85, 84. 참고. pp. 87-88.

종해야 할 존재로 언급되기는 하지만, 예수에게 부여된 하나님의 개념은 순종의 개념만큼이나 텅 비어 있고 형식적이다. 마치 자유주의에서 하나님이 인간 사랑의 상대역인 것처럼, 실존주의에서는 순전히 도덕적 결정의 상대역에 불과한 존재가 된다. 그분은 "인간에게 결단을 강요하는 권능(Power)", 인간이 "그 안에서만 자신의 존재를 실제로 인식할 수 있는 분"이다. "자기 삶의 본질이 완전한 결단의 자유에 있다는 점을 알지 못하는 인간에게는 하나님이 사라져야 마땅하다."[29] 물론 사변적이고 자연주의적인 하나님 관념에 반하는 실존주의의 적대감은 충분히 이해할 수 있지만, 예수께 이런 20세기의 자유 개념을 덮어씌우는 것은 신약의 그리스도를 희화화하는 결과만 낳을 뿐이다. 파격적일 정도로 순종적인 예수는 하나님의 뜻이 곧 모든 자연과 모든 역사의 창조주요 통치자인 분의 뜻임을 아시기 때문이다. 또 그분의 뜻에는 어떤 구조와 알맹이가 있다는 것, 그분이 십계명의 창시자라는 것, 그분은 제사가 아니라 자비를 요구한다는 것, 그분은 자신에 대한 순종뿐 아니라 사랑과 믿음도 그리고 자신이 창조하고 사랑하는 이웃에 대한 사랑도 요구하신다는 것을 아시기 때문이다. 이 예수는 실로 파격적으로 순종적인 인물이다. 그러나 그분은 사랑과 믿음만이 그 순종을 가능케 한다는 것도 아신다. 아울러 하나님이 이 모든 선물을 주시는 분이라는 것도 아신다. 그분의 순종은 하나님과의 관계에서 나오는 것인데, 이 하나님은 결단의 순간에 만나는 '무조건자'(Unconditioned)를 훨씬 뛰어넘는 존재다. 그러므로 그 파격성은

---

29) 앞의 책, pp. 103, 154.

홀로 존재하는 그 무엇이나 파격적인 사랑과 소망과 믿음으로부터 분리될 수 있는 그 무엇이 아니다. 그것은 어디까지나 아들의 순종이며, 그 아들됨은 강요된 어떤 원칙에 순종하는 것으로 정의될 수 없는 것이다.

예수 그리스도의 **신앙**에 초점을 두는 개신교의 입장과 그분의 **겸손**에 관심을 갖는 수도원 운동도 똑같은 결과를 낳는다. 그분은 진정 극단적인 믿음과 파격적인 겸손을 겸비하셨다. 하지만 믿음과 겸손은 홀로 존재하는 어떤 것이 아니라, 어떤 인격과의 관계를 가리키는 것이다. 즉 타인들과의 관계에서 볼 수 있는 행동 습관을 일컫는 말이다. 우리가 예수를 인간에 대한 믿음의 견지에서 살펴보면 굉장한 회의주의자임을 알 수 있다. 그분은 자신이 악하고 음란한 세대를 접한다고, 자신의 예언자들을 돌로 쳐 죽인 다음에 그들을 위해 기념비를 세우는 그런 백성을 다룬다고 믿었던 인물이다. 또 오랫동안 지속되어 온 기존의 제도들과 전통들도 신뢰하지 않았다. 제자들조차 별로 신뢰하지 않는다. 그들이 장차 실족하여 넘어질 것이고, 그 가운데 가장 강인한 자마저 시련이 왔을 때 자신을 밀어줄 수 없다는 것을 확신했다. 누구든 신약 성경의 예수를 인간의 선한 본성을 믿었던 인물로, 또 그런 믿음으로 인간 속에 있는 선한 것을 끌어내려 했던 인물로 해석한다면, 그것은 낭만적으로 꾸며낸 이야기에 불과하다. 이와 같은 회의적 태도에도 불구하고 그분은 놀라울 정도로 염려에서 자유로운 인물이었다. 그분은 하늘과 땅의 주인이신 하나님을 아버지라고 부르는 등 하나님을 신뢰하는 면에서 영웅적 믿음을 보여 주었다. 그분은 가족도 양식도 거처도 없이 가난에 찌든 생활을 하면서 날마다 일용할 양식을 주시는 분을 의지했다. 그리고 마지막에는 자신의 불명예스럽고 치욕스런 죽음에 책임이 있는 그 하나님께 자기 영혼을 맡겼다. 아울러 누구든 자기 방어에서 벗어나 하나님의 나라만 구하면 그분이 모든 필요를 채워주실 것이라고 믿는 등 자기 민족도 그분께 의탁했다. 이런 믿음이 인간의 눈에는 언제나 파격적으로 비칠 수밖에 없다. 인간은 자신을 창조해서 지탱해 준 다음 죽음을 선고하는 그 권능의 존재에 대해 깊은 의심을 품기 때문이다. 이것은 하나님의 아들에게 걸맞는 믿음인 만큼 스스로를 자연의 아들로, 사람의 아들로, 맹목적 우연의 아들로 생각하는 자들에게는 너무나 극단적인 믿음으로 보이는 것이다.

예수의 겸손 또한 무척 터무니없어 보인다. 그분은 죄인들과 천민들과 어울려 살아간다. 제자들의 더러운 발을 씻는다. 제사장들과 군인들이 모욕하고 침을 뱉어도 그대로 받아들인다. 나중에 그분이 부활하신 주님으로 신자들에게 나타나자 그들은 지극히 낮아졌던 그분의 태도를 상기하며 놀라움을 금치 못한다. 그분은 부유한 자였으나 스스로 가난하게 되어 많은 이를 부유하게 했다. 그분은 하나님의 형상을 가졌으나 종의 모습을 취하였다. 만물이 그분으로 말미암아 창조되었으나 그 말씀이 육신이 된 것이다. 사람들의 빛이었던 그 생명이 그들의 어둠 가운데로 들어왔던 것이다. 예수 그리스도의 겸손에는 뭔가 균형이 맞지 않는 면이 분명히 있다. 따라서 실존주의자들의 뒤를 이어 새로운 학파가 등장하여 예수를 파격적인 겸손의 인물로 이해하려 한다 해도 전혀 놀랄 일이 아닐 것이다. 그런데 예수의 겸손은 어디까지나 하나님 앞에서의 겸손이고, 아들의 겸손으로 볼 때만 이해가 가능하다. 그분은 다른 사람들 앞에서 열등감으로 인한 겸손을 보여 주거나 권한 적도 없고 그것을 가르친 적도 없다. 바리새인들, 대제사장들, 빌라도, '저 여우' 같은 헤롯 앞에 섰을 때도 자포자기의 빛이라곤 전혀 없는 자신감을 내비쳤다. 우리가 그분의 메시아적 자의식에 관해 무슨 말을 하든 상관없이, 그분은 권위 있는 어조로 말했고 권세를 지닌 자답게 행동했다. 그분은 '선한 선생님'이란 호칭에 반박했을 때도 자신보다 더 나은 어떤 랍비들을 존경하지 않고 "하나님 한 분외에는 선한 자가 없다"고 말했다. 인간은 불안정하거나 방어적 입장에 처하면 몸을 낮추는 법이나, 그분에게서는 그런 모습을 전혀 찾을 수 없다. 그분의 겸손은 소위 "선하고" "의로운" 자의 방어적 허세에 의해 모욕을 당한 자들에게 새로운 존엄성과 가치를 덧입혀 주는 그런 겸손이다. 만일 그분의 삶의 근본을 이루었던 하나님과의 관계를 제쳐놓는다면, 그것은 일종의 자랑스런 겸손(proud humility)과 겸손한 자랑(humble pride)이라는 식으로 역설적으로 표현할 수 있을 것이다. 그것은 인간에게서 흔히 볼 수 있는 모습, 곧 스스로의 우월감이나 서로의 우월감에 적응하기 위해 조심하거나 얌전해지는 태도와는 전혀 다른 것이다. 또 그리스인들처럼 질투의 신들이 자신의 잠재적 경쟁자들을 파멸하지 않도록 스스로 자기 한계 내에서 몸조심하는 헬라적 미덕과도 전혀 다르다. 그리스도의 겸손은 여러 계급 가운데 본인의 정확한 위치를 지키는 그런 중용적 태도가 아니다. 오히려 하나님에 대한 절대 의존과 절대 신뢰로 인해 산을 옮길 수 있는 권능을 갖게 되는 태도라 할 수 있다. 그리스도의 온유함의 비결은 바로 하나님과의 관계에 있다.

이처럼 예수의 미덕들 가운데 어느 하나를 택해서 그분의 성품과 가르침을 이해하는 데 필요한 열쇠로 삼는 것은 얼마든지 가능하다. 그러나 각 미덕의 파격성은 하나님과의 관계에 비추어 볼 때만 이해할 수 있는 것이다. 물론 그분의 탁월한 성품 가운데 어느 하나로 그분을 묘사하기보다는 그 모두를 가지고 묘사하는 편이 더 낫다. 우리가 이제까지 언급한 미덕들과 그 밖의 미덕을 모두 포함해서 말이다. 하지만 어느 경우든, 도덕적인 면에서 그분이 지닌 낯선 모습, 영웅적 자질, 극단적이고 숭고한 측면은 오직 스스로를 하나님의 아들이라 부르는 그분만이 보여 줄 수 있는 것으로, 하나님에 대한 특유한 헌신과 일편단심의 신뢰로 말미암아 생기는 것이다.

그러므로 여러 문화에 걸쳐 사람들이 예수 그리스도를 믿는다는 것은 언제나 하나님을 믿는 것을 의미한다. 어느 누구도 아버지를 믿지 않고는 아들을 알 수 없다. 예수 그리스도와 경배와 순종의 관계를 맺는다는 것은 그분이 한결같이 가리키는 그 하나님과 관계를 맺는 것이다. 하나님의 아들로서 예수는 인간의 사회생활과 관련된 여러 가치관을 외면하고 유일하게 선한 그분을 가리킨다. 인간이 사용하고 의존하는 그 많은 권세를 외면하고 유일하게 권능 있는 그분을 가리킨다. 인간의 소망과 두려움의 대상이었던 역사상 많은 순간과 시기를 외면하고 모든 시대를 통틀어 소망과 두려움의 유일한 대상, 곧 역사의 주인이신 그분을 가리킨다. 조건의 지배를 받는 모든 이를 외면하고 무조건자인 그분을 가리킨다. 예수는 우리의 관심을 이 세상에서 저 세상으로 옮겨 놓지 않는다. 오히려 현재와 장래, 물질과 정신을 포괄하는 모든 세상으로부터 관심을 돌려 그 모든 세상을 창조하시는 그분, 곧 모든 세상의 타자

(the Other)이신 그분께 관심을 갖도록 만든다.

그런데 이는 그리스도께서 지닌 도덕적 의미의 반쪽일 뿐이다. 나머지 반쪽은 앞서 그분의 하나님 사랑과 관련하여 사람에 대한 사랑을 논할 때 시사한 바 있다. 그분은 하나님의 존전에서 사랑, 소망, 믿음, 순종, 겸손을 보여 주어 하나님의 도덕적 아들임을 입증했으므로 인간을 향한 하나님의 뜻을 전달하는 도덕적 중재자인 셈이다. 그분은 완전한 인간의 **에로스**로 아버지를 사랑하기 때문에, 완전한 신적인 **아가페**로 인간을 사랑하는 것이다. 하나님이 곧 **아가페**이시기 때문이다. 아버지의 뜻에 순종하기 때문에, 사람들에게 권위를 행사해서 자기 뜻이 아니라 하나님의 뜻에 순종하라고 명하는 것이다. 하나님께 소망을 두기 때문에, 사람들에게 약속을 줄 수 있는 것이다. 신실한 하나님을 전적으로 신뢰하기 때문에, 사람들을 향한 그분의 신실성도 우리가 믿을 수 있는 것이다. 인간으로서 완벽한 겸손을 발휘하여 하나님을 높이기 때문에, 인간에게 과분한 은사들을 줌으로써 그들을 낮추신다. 하나님이 곧 예수 그리스도의 아버지가 되시기 때문에, 그분의 아들이 된다는 것은 양면적인 과정에 관여하는 것을 의미한다. 이는 이중적 움직임으로, 인간들과 더불어 하나님께 또 하나님과 더불어 인간들에게 나아가는 것, 세상으로부터 그 타자(the Other)에게 또 그 타자로부터 세상에 나아가는 것, 일로부터 은혜(Grace)로 또 은혜로부터 일로, 시간으로부터 영원(the Eternal)으로 또 영원으로부터 시간으로 나아가는 것을 뜻한다. 예수 그리스도가 하나님의 도덕적 아들이란 말은 반쪽은 하나님이고 반쪽은 인간인 어떤 중간적 존재를 의미하는 게 아니다. 그분은 단일한 인격체로서 전 존재가 하나님을 향해 있고 그리고 아버지와의 연합 가운데 전 존재가 인간을 향해 있는 그런 인물이다. 그분은 중재적 존재이지 중간자가 아니다. 그분으로부터 하나님에 대한 사랑과 사람에 대한 사랑이, 하나님에 대한 순종과 시저에 대한 순종이, 하나님에 대한 신뢰와 자연에 대한 신뢰가, 신적인 행위에 대한 소망과 인간의 행위에 대한 소망이 흘러나오는, 중앙에 위치한 존재가 아니라는 말이다. 오히려 그분은 하나님으로부터 인간에게 그리고 인간으로부터 하나님에게로 왔다 갔다 하는 지속적인 움직임의 초점과 같은 존재라 할 수 있다. 그리고 이 움직임들은 아가페와 에로스, 권위와 순종, 약속과 소망, 낮아짐과 높아짐, 신실성과 신뢰가 서로 다른 것처럼 질적으로 서로 다르다.

예수 그리스도를 제대로 묘사하려면 이런 도덕적 접근 이외에 다른 접근들도 취할 필요가 있다. 하지만 교회의 역사와 신학들이 시사하듯이 각 접근은 동일한 쟁점으로 귀결되곤 한다. 예수 그리스도가 인간들에게 행사하는 그 능력과 풍기는 매력은 그 자신으로부터 나오는 게 아니라, 아버지의 아들의 신분에서 나오는 것이다. 즉 하나님에 대해 살아 있는 인간이자 인간들과 함께 사는 하나님이라는 이중적 신분을 가진 아들이기에 그럴 수 있다는 뜻이다. 때로는 신학자들마저 이 사실을 제대로 보지 못하지만, 자신의 문화에서 그리스도와 함께 사는 그리스도인들은 그것을 잘 인식한다. 그들이야말로 하나님을 위해 모든 것을 포기하라는 도전을 늘 받기 때문이다. 아울러 자신이 받은 명령을 모두 가르치고 실천하도록 늘 세상으로 보냄을 받기 때문이기도 하다.

III. 문화를 어떻게 정의할 것인가?

부족하나마 그리스도의 의미를 나름대로 정의해 보았으니 이제는 그런 식으로 문화의 의미도 정의해 보자. 교회가 그리스도와 문화의 문제를 둘러싸고 줄곧 씨름해 왔다고 했는데, 여기서 문화라는 용어는 어떤 의미를 지니는 것일까?

신학자가 내리는 정의는 그 성격상 비전문가의 정의일 수밖에 없는데, 그는 감히 전문 인류학자들이 제기하는 쟁점 속으로 들어갈 수 없기 때문이다. 하지만 적어도 처음에는, 신학적 해석을 내리지 말고 그 현상 자체에 대한 정의를 내릴 필요가 있다. 바로 이 신학적 해석이 그리스도인들 사이에 문제가 되기 때문이다. 그들 가운데 일부는 문화를 순전히 세속적 의미로 정의한다. 본질적으로 예수 그리스도의 하나님과 긍정적이든 부정적이든 아무 관계도 없는 것으로 보는 것이다. 또 어떤 이들은 부정적으로 보는 나머지 하나님에 반(反)하는 것으로 혹은 우상 숭배적 성격을 지닌 것으로 여긴다. 반면에 하나님 혹은 하나님의 법에 대한 자연적·이성적 지식에 바탕을 둔 것으로 보는 이들도 있다. 그리스도인은 공평한 입장을 견지해야 하는 만큼, 적어도 처음에는 이 가운데 어느 한 견해를 두둔하면 안 될 것이다.

우리의 관심 대상이 되는 문화는 그리스-로마 문화라든가 중세 문화 혹은 현대 서양 문화와 같은 어떤 특정한 문화가 아니다. 사실 일부 신학자는 몇몇 인류학자처럼 기독교 신앙이 서구 문화와 밀접하게 결합되었다고 생각한다. 서구 문화라는 용어가 늦어도 주후 1세기 경부터 시작되어 오늘까지 이어져 온 단일 사회를 가리키든, 토인비의 경우처럼 서구에 합병된 서로 구별되는 일련의 문명들을 가리키든 상관없이 말이다. 그래서 트뢸치는 기독교와 서구 문화가 뗄 수 없을 정도로 서로 얽혀 있어서 그리스도인이 다른 문명에 속한 사람들에게 자신의 신앙에 관해 얘기할 게 별로 없고, 또 후자는 서구 세계의 일원이 되지 않고는 그리스도를 접할 수 없다고 믿는다.[30] 그럼에도 불구하고, 트뢸치는 그리스도와 서구 문화 사이의 긴장을 너무 의식한 나머지 서구인이라 할지라도 예수 그리스도를 서구 사회의 일원으로 여길 수 없다고 했다. 더구나 동양의 그리스도인들과 새로운 문명의 출현을 기대하는 자들은 서구의 그리스도뿐 아니라 서구적 신앙과 구별되면서 다른 문화에도 적실한 그런 그리스도에 대해 관심을 가진다. 따라서 우리의 관심사인 문화란 특정한 현상이 아니라 일반적인 현상을 가리키는 말이다. 물론 일반적인 것은 특정한 형태들로 나타날 수밖에 없고, 서구 그리스도인은 서구적 견지에서 이 문제를 생각할 수밖에 없지만 말이다.

뿐만 아니라 우리는 사회적 제도와 업적의 특정 단계를 염두에 두면서 문화를 좁게 정의해서도 안 된다. 이 같은 현상은 계시와 이성의 문제에서처럼, 이것이 그리스도와 과학 및 철학의 관계로 진술될 때 발생한다. 혹은 교회와 국가의 문제에서처럼, 그리스도와 정치 조직과의 관계로 진술될 때도 마찬가지다. 또 자콥 부크하르트(Jakob Burkhardt)와 같이, '문화'를 종교 및 국가와 구별하는

---

30) Ernst Troeltsch, *Christian Thought*, 1923, 특히. pp. 21-35: 참고. 또한 그의 *Die Absolutheit des Christentums*, 1929(3rd ed)와 *Gesammelte Schriften*, Vol. II, 1913, pp. 779이하.

경우에도 그런 일이 발생한다. 그는 종교, 국가, 문화의 힘을 '서로 지극히 이질적인' 것들로 간주한다. 문화는 그 비(非)권위주의적인 성격으로 인해 다른 두 가지 힘과 구별될 수 있다고 한다. 문화는 "온갖 사회적 교류, 테크놀로지, 예술, 문학, 과학 등 물질적 생활을 향상하기 위해 그리고 정신적, 도덕적 삶의 표출로서 **자동적으로** 생긴 모든 것의 총합이다. 그것은 강제적 권위를 주장할 수 없는 가변적이고 자유로우나 보편적이라고는 볼 수 없는 영역이다."[31] 문화의 선봉은 언어라고 한다. 또 그 정신이 가장 잘 표현된 것이 예술이라고 한다. 그리스도와 이런 요소들의 관계가 특별한 문제들을 제기하는 것은 틀림없지만, 이것들과 정치 및 종교 분야에서 제기되는 문제들을 뚜렷이 나누는 건 불가능하다. 또 부크하르트가 생각하는 식으로 권위주의와 자유가 분야별로 산뜻하게 분포되어 있는 것도 아니다. 마치 문화가 종교를 배제하는 것처럼 문화를 정의하고 종교가 그리스도를 내포하는 것처럼 여기는 것은 너무나 자의적이고 혼란스런 견해가 아닐 수 없다. 왜냐하면 가장 어려운 문제가 발생하는 곳이 흔히 종교의 영역이고, 그것이 그리스도와 우리의 사회적 신앙과의 관계와 관련된 것이기 때문이다. 다시 말하건대, 우리의 논의 목적에 비추어 볼 때, 문화를 문명과 구분하는 것은 문화를 너무 좁게 정의하는 것이다. 이런 경우 문명은 사회생활 가운데 좀더 진보된, 좀더 도시화된, 좀더 기술적인, 어쩌면 좀더 노후된 방식을 가리키는 말로 사용된다.[32]

---

31) *Force and Freedom*, 1943, p. 107; 참고. p. 140이하.
32) Bronislae Malinowski, "Culture", *Encyclopaedia of Social Sciences*, Vol. IV, pp. 621이하; Christopher Dawson, *Religion and Culture*, 1947, p. 47. Oswald

우리가 그리스도와 문화의 관계를 다룰 때 염두에 두는 '문화'는 인간 활동의 총체적 과정과 그 활동으로 인한 총체적 결과를 가리키는 말로서, 지금은 일상적으로 **문명**이란 이름도 거기에 붙인다.[33] 문화란 인간이 자연에다 덧붙이는 '인위적이고 이차적인 환경'이다. 거기에는 언어, 습관, 관념, 신념, 관습, 사회 조직, 물려받은 인공물, 기술적 과정, 가치관 등이 모두 포함된다.[34] 이런 '사회적 유산', '독특한 현실'을 일컬어 문화라고 부르는 것인데, 이는 신약 성경의 저자들이 종종 "이 세상"을 거론할 때 염두에 두는 것이며, 여러 형태로 나타나긴 하지만 그리스도인을 포함한 모든 사람이 종속될 수밖에 없는 것이다.

우리가 이 문화라는 것의 '본질'을 감히 정의할 수는 없지만, 그 주요 특징 몇 가지는 설명할 수 있다. 먼저 그것은 인간의 사회생활과 뗄 수 없을 정도로 서로 얽혀 있다. 이런 의미에서 언제나 **사회적** 성격을 지닌다고 하겠다. "우리가 몸담으면서 경험하는 그 문화, 우리가 과학적으로 관찰하는 그 문화와 관련된 본질적 사실은 그것이 모든 인간을 영구적 집단들로 나눈다는 점이다."[35] 말리노프스키(Malinowski)의 말이다. 글쎄, 이것이 본질적 사실인지 아닌지는 몰라도 기정사실의 본질적 측면임은 분명하다. 개인의 입장에서는 문화를 자기 나름대로 사용해도 무방할 것이다. 즉 문화의 어떤 요소를 바꿀 수 있지만, 그 문화 자체는 언제나 사회적 성격을

Spengler, *The Decline of the West*, 1926, Vol. I, pp. 31-32, 351이하.
33) 참고. James Harvey Robinson, "Civilization", *Encyclopedia of Social Science*, Vol. III, pp. 525이하.
34) Malinowski, 앞에 인용한 곳.
35) Malinowski, *A Scientific Theory of Culture and Other Essays*, 1944, p. 43.

지닌다.[36] 문화는 사람들이 물려받고 전수하는 사회적 유산이다. 사회생활로부터 나오지도 않고 그 속으로 들어가지도 않는 순전히 사적인 것은 문화에 속하지 않는다. 거꾸로 말하면, 사회생활은 언제나 문화적이라 할 수 있다. 낭만주의는 고도로 차별성이 있고 습득된 습관들, 관습들, 사회 조직의 형태들 등이 없는 순전히 자연적인 사회에 대한 관념을 지녔는데, 인류학이 그런 생각에 완전히 쐐기를 박아 버렸다. 문화와 사회적 실존은 함께하는 관계다.

둘째로, 문화는 **인간의 성취물**이다. 우리는 문화에 인간의 목적성과 노력이 담겨 있다는 면에서 그것을 자연과 구별한다. 강은 자연인데 반해 운하는 문화다. 석영(石英)은 자연인데 반해 화살촉은 문화다. 신음은 자연적인 것이나 단어는 문화적인 것이다. 문화는 인간의 지성과 손이 빚어 낸 작품이다. 때와 장소를 막론하고 사람이 물려받은 유산 가운데 다른 사람들의 설계와 수고가 담긴 것들이 문화다. 하지만 인간 이외의 것들을 통해 우리에게 주어진 것이거나, 인간을 통해 오긴 했지만 의도하지 않았거나 통제가 없이 생긴 결과는 문화가 아니다. 따라서 거기에 속하는 것으로는 언어, 교육, 전통, 신화, 과학, 예술, 철학, 정부, 법, 의식, 신념, 발명품, 테크놀로지 등이 있다. 더 나아가, 문화의 특징 중 하나가 과거의 인간이 이룩한 업적이라면, 또 한 가지 특징은 아무도 자기편에서 노력을 기울이지 않고는 그것을 소유할 수 없다는 점이다. 자연의 선물들은 인간의 의향이나 의식적 노력 없이 전달되어도 받을 수 있는 것인데 반해, 문화의 선물들은 수납자 편에서 노력하지 않고는 소

---

36) 문화와 개인, 문화와 사회의 관계를 다룬 책으로는, Ruth Benedict, *Patterns of Culture*, 1934, 제7, 8장을 보라.

유할 수 없는 것이다. 언어는 상당한 수고를 해야 습득할 수 있는 것이다. 정부도 꾸준한 노력이 없이는 지탱될 수 없다. 과학적 방법도 세대가 바뀔 때마다 재연되어야 한다. 문화 활동이 낳은 물질적 결과라도 학습 과정을 통해 우리가 필요할 때 그것을 사용할 수 없다면 쓸모가 없는 것이다. 우리가 고대 문화의 상징들을 해석하려 하든 현대 문명의 문제를 풀려고 애쓰든, 이 특징은 언제나 우리의 주목을 끌게 될 것이다. 우리가 다루는 것이 바로 인간이 의도적으로 작업한 것이요 인간이 할 수 있는 일 혹은 해야 할 일이기 때문이다. 인간의 손으로 만든 세계, 인간의 의도가 담긴 세계가 바로 문화의 세계라는 말이다.

셋째, 이런 인간의 업적은 모두 어떤 목적을 위해 고안된 것이다. 문화의 세계는 곧 **가치관의 세계**다. 자연에 대해 가치와 관련된 질문을 던져야 할지 자연 현상에 대해 가치판단을 해야 할지의 여부는 논란의 여지가 있다. 그러나 문화적 현상과 관련해서는 이런 의문이 결코 제기되지 않는다. 인간이 이미 만든 것과 현재 만드는 것은 어떤 목적을 위해 창조된 혹은 창조되는 것이라고 추정할 수밖에 없다. 즉 어떤 선(善)을 이루기 위해 고안된 것이라는 말이다.[37] 그것은 그 고안자와 사용자의 마음속에 있는 목적을 언급하지 않고는 묘사가 불가능하다. 원시 예술이 우리의 흥미를 불러일으키는 것은 그것이 형태, 리듬, 색깔, 의미, 상징에 대한 인간의 관심을 시사하기 때문이고, 우리도 그런 것들에 관심이 있기 때문이다. 고고학이 질그릇 조각을 연구하는 이유는 그것을 통해 고대인

---

[37] 그래서 Malinowski는 문화 이론에서 "목적 지향적 활동의 조직적 체계"라는 개념을 핵심 개념으로 사용한다. *A Scientific Theory of Culture*, 제5, 6장.

들이 품었던 목적과 그것을 달성하려고 고안한 방법을 알아내기 위함이다. 과거와 현재를 막론하고, 우리가 과학과 철학, 테크놀로지와 교육을 평가할 때는 언제나 그것들이 전달하려는 가치관과 우리의 관심을 끄는 가치관을 고려하는 가운데 이루어지게 된다. 물론 인간이 이루려는 목적이 변할 수도 있다. 처음에는 어떤 용도를 위해 만들었다가 나중에는 심미적 감상을 위해 혹은 사회적 조화를 위해 보존할 수도 있다. 하지만 문화라는 것은 무엇이든 가치를 떠나서 존재할 수 없는 것이다.

더 나아가, 인간의 업적과 관련된 가치들은 주로 **인간의 유익**을 위한 것이다. 문화 사회에 몸담은 철학자들은 문화가 지향할 것이 이상적인 목적이라야 할지 자연적인 목적이라야 할지를 놓고 논쟁할 수 있다. 그 목적이 정신적인 비전과 자연적인 유익 가운데 어디에 가치를 두어야 할지에 대해 논쟁할 수 있다는 말이다. 후자는 생물학적 존재로서의 인간에게 유익한 것을 일컫는다. 하지만 어느 입장을 취하든 모두가 인간의 유익을 위한 것이어야 한다는 점, 인간이 만물의 척도라는 점에는 동의하는 것 같다.[38] 인간이 문화 활동을 통해 실현하고자 하는 목적을 규정할 때는 스스로를 최고의 가치이자 다른 모든 가치의 근원으로 여기면서 시작한다. 무엇이든 좋다고 할 때는 자신을 위해 좋다는 의미다. 문화적 차원에서 보면, 동물을 길들이는 일이나 말살하는 일도 인간에게 유익하다면 당연히 해야 하고, 인간의 삶을 유지하고 향상하는 데 필요하거나

---

38) Nikolai Hartmann, *Ethics*, 1932. 어떤 관점에서 하나의 위대한 문화철학으로 볼 수 있는 이 윤리 사상은 가치의 초월적, 객관적 특성과 인간 가치의 우선성을 변호하는 강력한 논리를 제시한다.

바람직하다면 하나님이나 다른 신을 예배하는 것도 당연하며, 어떤 관념과 이상도 인간의 자아실현을 위한 것이어야 한다고 생각한다. 이처럼 문화 활동에서 인간을 위한 유익이 압도적 역할을 하는 건 사실이지만, 이런 인간중심주의가 배타적 성격을 지니는지는 분명하지 않다. 인간이 다른 어떤 존재의 유익을 위해 수고하고 생산하는 것도 생각할 수 있을 것이다. 아니, 그들이 인간 존재를 초월하는 어떤 목적을 위해 노력하는 모습을 실제로 볼 수 있다. 토템 사회에서 현대 사회에 이르기까지 인간들은 인간 이상의 존재를 포함하는 존재 질서와 관계를 맺어 왔다. 그들은 스스로를 대표적 생명체라고 생각한 나머지 예술과 종교, 사회 조직과 법을 통해 인간 이외의 존재들의 생명에 대해서도 일종의 존경을 표한다. 그들은 스스로를 이성적 존재들의 대표라고 간주하면서 이성에게 좋은 것을 실현하려고 애쓴다. 그들은 또한 신들도 섬긴다. 그럼에도 이 모든 것을 인간을 위해 추진하는 그 실용적 경향은 타파할 수 없는 것 같다. 그러나 당장 덧붙일 말은 어떤 문화도 넓은 의미에서 인본주의적이라고 볼 수 없다는 것이다. 왜냐하면 세상에 존재하는 문화들은 모두 특수한 문화들이고 그 속에 특수한 사회가 있으며 또 그 사회 속에 특수한 계급이 있는데, 이 계급은 스스로를 그 사회의 유익을 추구하는 가치의 중심이요 근원으로 간주하되 무언가 보편적인 것을 대표한다는 특별한 지위를 부여함으로써 그런 노력을 정당화하기 때문이다.

다시 말하건대, 어떤 형태의 문화든 주로 **현세적이고 물질적인 가치 실현**에 관심을 갖는다. 하지만 이런 관심이 아무리 크다 할지라도 인간이 실현하려는 그 유익이 반드시 현세적이거나 물질적이라는 뜻은 아니다. 만일 인간들은 언제나 물리적이고 현세적인 필요만 충족하려 한다는 의미에서 문화를 물질주의적이라고 생각한다면, 그것은 잘못이다. 문화에 대한 경제적 해석조차도 인간들이 물질적 유익들―양식, 음료수, 옷, 자손, 경제 질서 등 물리적 실존과 관계된 가치들―을 뛰어넘는 가치들을 추구한다는 것을 인정한다. 비(非)물질적인 유익마저 현세적이고 물질적인 형태로 실현될 필요가 있었다. 지성과 인격을 지닌 인간에게 유익한 것조차 '어떤 지역적 거처와 이름'을 붙여야 했다. 한편으로는 명성과 영광이, 다른 한편으로는(마음에 썩 들지는 않지만, 정신적 가치 이론의 상징들을 빌리자면)진, 선, 미가 감정과 상상력이나 지적인 비전에 제시된다. 그리고 인간은 상상력을 통해 간파한 것을 구체적이고 가시적이고 들을 수 있는 형태로 구현하려고 애쓴다. 인간은 자연, 사회적 사건들, 꿈의 세계를 접할 때 조화와 균형, 형태, 질서와 리듬, 의미와 관념 등을 직관하게 되며, 한없는 노력을 기울여 그런 것들을 벽이나 화판에 그리고, 철학과 과학의 체계를 세워 종이에 쓰고, 돌에다 기록하거나 청동으로 형상을 만들고, 발라드나 서정시나 교향곡으로 노래한다. 질서와 정의, 영광의 소망에 대한 비전을 성문법, 극적인 의식, 정부 구조, 제국, 금욕적 삶으로 구현하고자 굉장한 공을 들인다.

　이런 목적의 구체적인 표현은 일시적인 사물을 통해 이루어질 수밖에 없으므로, 문화 활동은 가치의 실현만큼이나 **가치의 보존**에도 관심을 갖는다. 시대를 막론하고 사람들은 자신들이 물려받은 것과 직접 만든 것을 보존하는 복잡한 작업에 많은 에너지를 투입한다. 집, 학교, 신전, 길, 기계 등은 끊임없는 손질을 요구한다. 사막과 정글은 계속해서 이미 개발된 땅을 위협한다. 이보다 더 위험한 것은 현재보다 물질문명이 뒤졌던 과거의 부패 문제였다. 법률과 자유의 체계, 사회적 교류의 관습, 사유의 방법, 학문 기관과 종교 기관, 예술과 언어와 도덕의 테크닉 등은 그 상징물인 벽과 문헌을 잘 손질한다고 보존될 수 있는 게 아니다. 그런 것은 대대로 '마음판'에 다시 새겨져야 한다. 한 세대 동안만 교육과 훈련을 폐지해 보라. 그러면 과거에 이룩했던 업적이 모조리 폐허로 변하리라. 문화는, 자연의 위력보다 오히려 인간의 삶과 이성에 담긴 혁명적이고 위험한 세력으로부터 보존해야 할 사회적 전통이다.[39] 관습이든 인공물이든, 사람이 보존 작업에 상당한 노력을 기울이지 않으면 문화의 유지란 불가능하다.

끝으로, 모든 문화의 특징이라 할 수 있는 **다원주의**에 주목할 필요가 있다. 어느 시대 어느 장소든 문화가 실현하려는 가치들은 하나가 아니라 다수다. 어느 사회도 그 많은 것을 모두 실현하는 건 불가능하다. 각각의 가치는 많은 기관과 많은 목표와 복합적 이해관계가 얽힌 대단히 복잡한 것이다.[40] 많은 가치가 존재하는 부분적 이유는 많은 인간이 존재하기 때문이다. 문화는 남자와 여자, 어린아이와 어른, 지배자와 피지배자 등의 유익한 것에 관심을 갖는다. 즉 전통적인 관념에 따라, 특정한 직업 및 집단에 속한 인간들

---

39) Henri Bergson, *The Two Sources of Morality and Religion*, 1935. 이 책에서 Bergson은 문화에 있어 보수주의의 역할에 대한 훌륭하고 설득력 있는 해석을 제공한다. 참고. 제1, 2장. 참고. 또한 Lecomte du Nüoy, *Human Destiny*, 1947, 제9, 10장.
40) 참고. Ruth Benedict, *Patterns of Culture*, 1934, 제2장; B. Malinowski, *A Scientific Theory* 등, 제10, 11장.

에게 무엇이 유익한지에 관심을 기울인다는 말이다. 더욱이, 모든 인간은 개인적으로 특별한 권리와 이해관계를 가지며, 각자는 나름대로 다른 인간, 자연, 초자연적 존재와 관계를 맺고, 자신을 위해 또 남을 위해 어떤 동기를 품으며, 육신과 정신의 소욕을 지닌 아주 복잡한 존재다. 우리가 설사 문화를 경제적 혹은 생물학적으로 해석해야 한다고 주장할지라도, 기껏해야 경제적 혹은 생물학적 가치관이 기본을 이룬다고 주장할 수 있을 뿐이지 다른 거대한 상부 구조를 부인할 수는 없는 법이다.[41] 그런데 우리가 현재 몸담고 체험하는 이 문화에서는 특정한 해석들이 주장하는 그런 통일성을 도무지 인식할 수 없다. 사실 우리 사회가 추구하는 것이자 제도적 행습에 구현된 가치들은 한둘이 아니라 다수인데다 서로 비교할 수 없을 정도로 이질적이다. 그리고 우리 사회는 다수의 집단에 속한 다수의 인간이 다수의 선(善)을 보존하려고 많은 노력을 기울이며, 그런 갈등 상황에서 모두를 하나로 묶으려고 상당히 애쓰는 현실이다. 문화는 항상 평화와 번영을, 정의와 질서를, 자유와 복지를, 진실과 아름다움을, 과학적 진리와 도덕적 선을, 기술적 능력과 실제적 지혜를, 거룩함과 생활을 그리고 이 모두와 나머지 모든 것을 서로 묶으려고 노력한다. 이 모든 가치에 하나님의 나라도 포함될 수 있을 것이다. 그것이 엄청난 값을 주고 살 귀중한 진주처럼 인정되는 경우는 매우 드물지만 말이다. 예수 그리스도와 하나님 아버지, 복음, 교회, 영생 등도 문화적 복합체에서 그 자리를 발

---

41) 이를테면, Friedrich Engels가 1890년 9월 21일에 Joseph Bloch에게 쓴 편지에서 상부구조의 상대적 독립성에 관해 쓴 대목을 참고하라. V. Adoratsky, *Karl Marx, Selected Works*, Vol. 1, p. 381.

견할 수 있을지는 몰라도 어디까지나 수많은 요소 가운데 몇 가지 정도로 인식될 뿐이다. 어떤 경우든 우리는 자연을 벗어날 수 없는 것만큼이나 문화를 벗어날 수 없는데, 이는 "자연의 사람이란 존재하지 않고"[42] "원시인의 눈으로 세상을 바라보는 사람도 전혀 없기 때문이다."[43]

IV. 전형적인 대답들

그리스도와 문화라는 실재들이 이처럼 복잡한 만큼 기독교의 양심과 공동체 내에서 끝없는 대화가 오가야 할 것이다. 그리스도는 오직 하나님을 향한 일편단심의 자세로 사람들이 문화의 현세성과 다원성에 등을 돌리게 한다. 문화는 과거의 많은 가치를 보존하는 데 관심을 기울이기 때문에, 사람들에게 은혜에 의지하도록 권하는 그리스도를 배척한다. 그러나 하나님의 아들도 종교적 문화가 낳은 자식이며, 그분은 자신의 제자들을 보내어 양들을 돌보라고 하는데 사실 그들을 보호하려면 문화적 작업이 불가피하다. 보통 대화가 진행되는 것을 보면 부정과 긍정, 재정립, 타협, 새로운 부정의 요소 등을 엿볼 수 있다. 개인과 교회를 막론하고 해답을 찾아 끝없이 헤매다가 어느 장소에 도달하면 반드시 또 다른 반응을 불러일으키게 된다.

그럼에도 불구하고, 이런 와중에도 어느 지점에서 대화를 중단하고 약간의 질서를 발견하는 게 가능하다. 즉 어떤 전형적인 대답

---

42) Malinowski in *Encyclopedia of Social Sciences*, Vol. IV, p. 621.
43) Ruth Benedict, 앞의 책, p. 2.

들은 역사상 여러 시대와 사회에 걸쳐 자주 등장하는 바람에 특정한 역사적 조건의 산물이기보다 그 문제의 본질과 그 용어의 의미의 산물로 보는 게 가능하다는 말이다. 이런 식으로 우리는 그리스도와 문화를 둘러싼 거창한 대화를 어느 정도 따라잡을 수 있으며, 논의의 열매도 일부 수확할 수 있다. 이제 이어지는 장들에서 그런 전형적 대답들을 설명하게 될 텐데, 그 과정에서 요한과 바울, 테르툴리아누스와 아우구스티누스, 토마스 아퀴나스와 루터, 리츨과 톨스토이 같은 인물들을 거론하게 될 것이다. 여기서는 그런 대답들을 미리 안내하기 위해 각 입장을 간략하게 요약할까 한다. 그것들은 모두 다섯 종류로 나뉘지는데, 그 중 셋은 서로 밀접한 관계에 있는 것으로 모두 그리스도와 문화를 구별하는 동시에 양자 모두를 긍정하는 중간 유형에 속한다. 하지만 모든 유형에 걸쳐 무언가 낯선 친척관계 같은 것을 발견할 수 있을 것이다.

첫째 유형은 그리스도와 문화의 **대립**을 강조한다. 그리스도인이 몸담은 사회가 어떤 관습을 갖든 그리고 그 사회가 보존하는 업적이 무엇이든 간에, 그리스도는 그 문화와 대립하는 것으로 간주된다. 그래서 사람들은 '양자택일'의 결정을 하도록 도전받는다. 교회 역사의 초창기에 클라우스너가 변호한 유대인의 예수 배척은 그리스도인의 유대 문화에 대한 적대감을 수반했고, 로마가 이 새로운 신앙[기독교]을 불법화한 것은 그리스도인의 그리스-로마 문명으로부터의 도피 혹은 그에 대한 공격을 동반했다. 중세에는 수도원과 종파 운동들이 이른바 기독교 문화에 살던 신자들에게 '세상'을 버리라고, "그들 가운데서 나와 따로 살라고" 요구했다. 근대에 들어오면, 기독교로 회심한 자들에게 소위 '이방인' 사회의 풍습과 제도를 몽땅 버리라고 요구하는 선교사들과 서양 문명 혹은 '기독교' 문명 내에서 따로 자신들의 공동체를 만드는 작은 집단들 그리고 부분적으로는 기독교 신앙과 자본주의 및 공산주의, 산업주의 및 민족주의, 가톨릭 및 개신교 간의 적대관계를 강조하는 자들이 이 유형에 해당한다.

둘째 집단이 제시하는 대답은 그리스도와 문화 사이에 근본적인 **합의점**이 있다는 것이다. 그들의 눈에는 예수가 인간 문화사(史)의 위대한 영웅으로 비친다. 그분의 생애와 가르침은 가장 위대한 인간적 업적으로 높이 평가된다. 인간이 열망하는 가치들이 그분에게서 절정에 도달한다고 믿는다. 그리스도가 과거의 최상의 것을 확증해 주고, 문명을 합당한 목표로 인도한다고 생각한다. 더 나아가, 그리스도 자신이 마땅히 전수되고 보존되어야 할 사회적 유산의 일부라는 의미에서 문화의 일부에 해당된다. 오늘날 이 유형에 속하는 자들은 기독교와 서구 문명, 예수의 가르침이나 그에 관한 가르침과 민주주의 제도 사이에 밀접한 관계가 있다고 주장하는 그리스도인들이다. 그 가운데는 그리스도를 마르크스의 정신과 동일시하는 자들도 있고, 그분을 동양 문화와 일치한다고 해석하는 자들도 간헐적으로 있다. 초창기만 해도 이런 유형의 해결책은 앞서 다룬 "문화와 대립하는 그리스도" 유형이 내놓은 해결책과 동시에 등장하곤 했다.

이 밖의 세 유형은 이 두 가지 원리[그리스도와 문화] 사이의 커다란 차이점을 유지하는 동시에 그 둘을 어떤 식으로든 함께 묶어 보려고 시도한다는 데 그 공통점이 있다. 이들 사이의 차별성은 그 두 가지 권위를 서로 묶어 보려는 방식에 있다. 세 번째 유형이 이해하는 그리스도와 문화의 관계는 두 번째 유형의 그것과 다소 비슷하다. 그리스도를 문화적 열망의 완성이요 참된 사회 제도를 회복하는 존재로 보는 것이다. 그러나 그리스도 안에는 문화에서 나오는 것도 아니고 문화에 직접 기여하는 것도 아닌 그 무엇이 있다. 그분은 사회생활과 그 문화와 연속성이 있을 뿐더러 불연속성도 있다는 말이다. 물론 문화가 사람들을 그리스도께 인도하는 건 사실이지만, 그것은 아주 초보적인 수준에 불과하므로 누구든 정말 그분께 도달하려면 커다란 도약이 필요하다. 아니, 그리스도께서 인간의 모든 업적, 모든 가치 추구, 모든 인간 사회를 뛰어넘어, 인간이 꿈도 꾸지 않은 선물들, 자신이 인간을 초자연적 사회와 새로운 가치 센터와 연결해 주지 않는 한 인간의 노력으로는 도달할 수 없는 그런 선물들을 갖고 위로부터 인간 현실로 진입하지 않는다면, 참된 문화를 이룩하는 게 불가능하다고 표현하는 게 낫겠다. 그리스도는 실로 **문화에 속한** 존재다. 하지만 동시에 **문화 위의** 존재이기도 하다. 이런 **종합적** 유형을 가장 잘 대표하는 인물은 토마스 아퀴나스와 그 추종자들이지만, 그 밖에도 초대교회 당시와 현대에 이 입장을 따르는 자들이 많이 있다.

이 중간형에 속하는 또 하나의 집단이 네 번째 유형을 이룬다. 이 경우는 그리스도와 문화의 이원성과 권위를 모두 인정하되 둘 사이의 대립관계도 받아들인다. 이 유형에 속하는 그리스도인은 평생 긴장 가운데 살 수밖에 없는데, 그 긴장은 서로 일치하지 않는 두 권위 모두에 순종해야 하기 때문에 생기는 것이다. 그들은, (그들이 생각하기에) 두 번째 집단과 네 번째 집단이 그러듯이, 그리스도의 권위를 세속 사회의 권위에 타협하기를 거부한다. 이 점에서 그들은 '문화와 대립하는 그리스도' 유형과 비슷하지만, 하나님에 대한 순종이 사회의 심판석에 앉아 있는 그리스도에 대한 순종을 요구할 뿐 아니라 사회 제도에 대한 순종 및 그 구성원들에 대한 충성도 요구한다고 믿는 것은 후자와 다르다. 그래서 인간은 두 가지 도덕에 종속된 존재로 여겨지며, 서로 불연속적일 뿐 아니라 대체로 대립되는 두 세계에 속한 시민으로 간주된다. 이처럼 그리스도와 문화가 서로 **양극화**되고 **긴장관계**에 있다고 믿게 되면, 그저 불안하고 죄 많은 인생을 살면서 역사 저 너머에 놓인 의롭게 될 그 날만을 소망하게 된다. 이 유형을 대표하는 가장 유명한 인물은 루터지만, 루터파에 속하지 않은 그리스도인들 가운데도 이런 식으로 문제를 해결하려는 자들이 많이 있다.

끝으로, 전체적으로 보면 다섯 번째 유형이고 중간형 가운데서는 세 번째에 해당하는 유형은 **방향 전환형**(conversionist)이라 부를 수 있다. 이 유형은 첫 번째 및 네 번째 그룹과 마찬가지로 인간 본성이 타락했다고 믿고 그 타락상이 문화에도 반영될 뿐 아니라 대대로 전수된다고 믿는다. 따라서 그리스도와 인간의 모든 제도 및 관습이 서로 대립관계에 있다고 생각한다. 하지만 서로 대립한다고 해서 첫 번째 그룹처럼 그리스도인이 세상으로부터 분리되어야 한다거나, 네 번째 그룹처럼 역사 너머에 있는 구원만 바라보며 그저 참고 견뎌야 한다고 믿지 않는다. 그리스도는 문화와 사회에 몸담은 인간을 회심시키는 분이다. 여기서 문화나 사회로부터 동떨어진 인간을 회심시키는 게 아니라는 점이 중요하다. 문화가 없으면 자연도 없고, 인간이 사회에 몸담지 않으면 자기 자신과 우상에 등을 돌리고 하나님께 전향할 수도 없기 때문이다. 이 유형을 가장 잘 개관한 인물이 아우구스티누스이고, 그것을 명시적으로 표현한 사람은 칼뱅이며, 이들을 둘러싼 많은 이가 이 그룹에 속한다.

    그리스도와 문화라는 영속적 문제에 대한 여러 대답을 이런 식으로 분류해 보니, 이것이 부분적으로 인위적인 시도라는 점이 분명해지는 것 같다. 어떤 유형이라는 것은 어디까지나 인위적인 구축물이다. 오랜 기간에 걸쳐 많은 역사적 인물과 운동을 연구한 다음에 구축한 유형이라도 마찬가지다. 이런 가설적 구조에서 눈을 돌려 개별적 사건들이 지닌 복잡한 성격을 관찰해 보면, 어느 인물이나 집단도 어떤 유형에 딱 들어맞지 않는다는 사실을 금방 알 수 있다.[44] 각 역사적 인물은 그에게 붙여진 가문의 이름보다 오히려 다른 가문을 더 생각나게 하는 그런 특징을 보일 것이다. 혹은 완전히 독특하고 개성이 뚜렷한 그런 특질을 보여 줄 것이다. 유형론은 이처럼 역사적으로는 부적절한 방법이지만, 그리스도인들이 이 영속적 문제를 붙들고 오랜 씨름을 하는 가운데 반복해서 등장했던 중요한 **노선들**을 주목하게 하고 또 그 의미를 숙고하게 하는 장점을 지녔다. 아울러 우리가 이 시대에 그리스도와 문화의 문제에 대해 나름대로 해답을 찾으려 할 때 방향성을 제시해 줄 수도 있다.

---

44) C. J. Jung's *Psychological Types*, 1924는 유형론적 방법의 예로서 함축적이면서 더 분명히 이해하게 한다. 각 유형 기술에 대한 적절성에 대해서는 특히 pp. 10-11, 412이하를 보라.

2장 · 문화와 대립하는 그리스도

I. 새로운 백성과 "세상"

그리스도와 문화의 문제에 대한 첫 번째 견해는 오직 그리스도만을 그리스도인이 좇을 유일한 권위자로 인정하고 문화의 권위는 단호히 거부하는 비타협적 입장이다. 이 입장은 논리적으로나 연대기적으로 타당한 근거를 지닌 것 같다. 논리적으로는 예수 그리스도의 주되심이라는 기독교의 원리에서 직접 도출되는 것처럼 보이기 때문이고, 연대기적으로는 초기 그리스도인들이 지녔던 전형적인 태도로 알려져 있기 때문이다. 하지만 이 두 주장은 모두 의문의 여지가 있다. 그럼에도 이 대답이 교회 역사상 아주 초창기에 제시된 것이라는 점과 표면적으로 다른 입장들보다 더 논리적 일관성을 가진 것 같다는 점은 인정해야겠다.

신약 성경을 보면 이런 태도를 보여 주는 책이 여기저기 있지만, 아무 조건 없이 그것을 제시하는 경우는 하나도 없다. 제1복음서는 새로운 법과 옛 법을 서로 대조하면서도, 그리스도인은 모세의 율법뿐 아니라 유대 사회 지도자들의 요구 사항에도 순종할 의무가 있다는 아주 명시적인 주장을 포함한다.[1] 요한계시록의 경우는 "세

---

1) 마 5:21-48; 5:17-20; 23:1-3.

상"을 배척하는 면에서는 아주 과격하지만, 당시 그리스도인들이 핍박을 받는 상황이었기에 문제가 더 복잡하다. 그 밖에는 요한일서가 이런 관점을 가장 분명하게 제시하는 것 같다.

참된 경건과 신학을 논하는 이 조그마한 고전은 사랑의 교리에 관한 심오한 통찰과 아름다운 진술로 인해 많은 사랑을 받아 왔다. 요한일서는 기독교 신학을 "하나님은 사랑이시라"는 한 마디로 요약하며, 기독교 윤리도 "서로 사랑하라"는 말로 간명하게 표현한다. 또 인간에 대한 하나님의 사랑, 하나님에 대한 인간의 사랑, 형제에 대한 형제의 사랑 등 세 가지 사랑을 서로 뗄 수 없는 관계로 묘사하고 주제곡을 부르듯이 제시한다. "사랑은 여기 있으니 우리가 하나님을 사랑한 것이 아니요 하나님이 우리를 사랑하사…우리가 사랑함은 그가 먼저 우리를 사랑하셨음이라.…사랑하는 자들아, 하나님이 이같이 우리를 사랑하셨은즉 우리도 서로 사랑하는 것이 마땅하도다.…누구든지 하나님을 사랑하노라 하고 그 형제를 미워하면 이는 거짓말하는 자니…어느 때나 하나님을 본 사람이 없으되 만일 우리가 서로 사랑하면 하나님이 우리 안에 거하시고 그의 사랑이 우리 안에 온전히 이루어지느니라.…보는 바 그 형제를 사랑하지 아니하는 자는 보지 못하는 바 하나님을 사랑할 수 없느니라."[2] 그런데 저자의 중심 주제는 사랑의 개념에 못지않게 그리스도의 주되심에 관한 것이다. "하나님의 사랑이 우리에게 이렇게 나타난 바 되었으니 하나님이 자기의 독생자를 세상에 보내심은 저로 말미암아 우리를 살리려 하심이라"는 구절로 보건대, 실로 그리

---

2) 요일 4: 10-12. 19-20절과 함께.

스도야말로 사랑의 나라의 핵심임이 분명하다. "그가 우리를 위하여 목숨을 버리셨으니 우리가 이로써 사랑을 알고 우리도 형제들을 위하여 목숨을 버리는 것이 마땅하니라."[3] 인간을 향한 하나님의 위대한 사랑을 직접 보여 줌으로써 인간으로 하나님과 이웃을 사랑할 수 있게 하는 그 그리스도, 인간을 위해 자신의 목숨을 버릴 정도로 그들을 사랑하고 하늘에서도 그들을 대변하는 그 그리스도는 바로 자신이 가능케 한 그것을 행하라고 요구하는 분이다. 요한일서의 저자는 하나님의 사랑에 대해 확신하도록 주지할 뿐더러 그에 못지않게 예수 그리스도의 계명에 순종할 것을 주장한다.[4] 여기서 복음과 새로운 법이 완전히 하나로 결합된다.[5] "그의 계명은 이것이니 곧 그 아들 예수 그리스도의 이름을 믿고, 그가 우리에게 주신 계명대로 서로 사랑할 것이니라."[6] 저자가 익히 아는 하나님 사랑과 이웃 사랑이라는 이중적 계명[7]이 여기서 일종의 변신을 하는 셈인데, 그것은 사랑의 주도권을 인간이 아니라 하나님이 쥐셨다는 사실과 그리스도인의 일차적 의무가 하나님을 믿되 예수 그리스도를 그분의 아들로 영접하는 것이라는 점으로 인한 것이다. 이런 면에서 요한일서는 그리스도인이 영적인 그리스도뿐 아니라 눈에 보이고 손으로 만질 수 있는 역사상의 예수 그리스도를 신뢰하는 것을 지극히 중요시한다. 이 예수는 역사상의 예수일 뿐더러 사랑과 의, 권세와 힘에 있어 보이지 않는 아버지와 완전히 연합된

---

3) 요일 4:9; 3:16.
4) 요일 2:3-11; 3:4-10, 21-24; 4:21; 5:2-3.
5) C. H. Dodd, *The Johannine Epistles*, 1946, p. xxxi.
6) 요일 3:23.
7) 요일 4:21.

하나님의 아들이다.[8] 이 두 가지 사랑 및 예수 그리스도에 대한 믿음과 밀접히 연관된 개념으로는 죄 사함, 성령의 은사, 영생 등이 있다. 그러나 앞의 두 개념이 그리스도인의 삶을 규정짓는 것이어서 예수를 그리스도요 하나님의 아들로 인정하지 않는 자와 주님께 순종하여 형제를 사랑하지 않는 자는 기독교 공동체에 결코 속할 수 없다.

요한일서는 기독교의 긍정적 의미에 대한 간략한 진술과 함께 부정적인 측면도 똑같이 강조한다. 그리스도 및 형제에 대한 충성의 건너편에는 문화 사회에 대한 배척이 놓여 있다. 하나님의 자녀들의 형제관계와 이 세상 사이에는 양자를 구분하는 뚜렷한 선이 그어져 있다. 두 경우[9]만 제외하고 요한일서에 나오는 "세상"은 신자들이 사는, 교회 바깥의 사회를 가리킨다.[10] 그리스도인에게는 "이 세상이나 세상에 있는 것들을 사랑치 말라. 누구든지 세상을 사랑하면 아버지의 사랑이 그 속에 있지 아니하니"[11]라는 권고가 주어진다. 이 세상은 악한 세력 아래에 있기에 빛의 나라에 속한 시민들이 들어가서는 안 되는 어둠의 영역으로 표현된다. 그 곳은 또한 거짓과 미움과 살인이 만연된 장소다. 그것은 한 마디로 가인의 후예다.[12] 그 곳은 "육신의 정욕, 안목의 정욕, 이생의 자랑"이 지배하는 세속 사회다. 도드(C. H. Dodd)가 번역하듯이 "선정성, 얄팍

---

8) 참고. 요일 1:1-3, 2:1-2, 2:22-24, 3:8b, 4:2-3, 9-10, 14-15; 5:1-5; 참고. 또한 Dodd, 앞의 책, pp. xxx-xxxvi; 1-6; 55-58.
9) 요일 2:2; 4:14.
10) 참고. Dodd, 앞의 책, pp. 27, 39-45.
11) 요일 2:15.
12) 요일 5:19; 1:6; 2:8-9, 11; 3:11-15.

함, 허세, 물질주의, 이기주의를 특징으로 삼는 이방 사회"[13]라고도 할 수 있다. 이는 현세적이고 덧없는 가치들에 관심을 갖는 문화인 데 반해 그리스도는 영원한 생명의 말씀을 갖고 있다. "이 세상도, 그 정욕도 지나가는 것"[14]이기 때문에 그것은 살인적이고 죽어가는 질서라 할 수 있다. 그것을 죽어간다고 하는 이유는, 현세적인 이익에만 관심을 갖고 미움과 거짓의 내적 모순을 안고 있을 뿐 아니라, 그리스도가 마귀의 일을 파괴하러 오셨고 또 그분을 믿는 믿음이 곧 세상을 이기는 승리이기 때문이다.[15] 그러므로 신자의 충성심은 이 새로운 질서, 새로운 사회, 이 사회의 주인을 완전히 지향하는 것이다.

요한일서에 나오는 '문화와 대립하는 그리스도' 유형은 최고로 급진적인 형태는 아니다. 여기서 이웃 사랑이 형제—동료 신자—에 대한 사랑으로 해석되기는 하지만, 예수 그리스도가 세상의 죄, 곧 다소 개인적인 의미에서 모든 사람의 죄를 구속하기 위해 오신 것을 당연시한다. 또 그리스도인이 사회 기관에 참여해서 그것을 유지하거나 변화시킬 의무가 있다는 말도 없거니와 국가나 재산 자체를 명시적으로 거부하는 대목도 없다. 저자가 보기에 "이 세상"의 끝이 아주 가까웠기 때문에 이런 문제에 대해 권고할 필요가 없다고 생각했음이 분명하다. 현 상황에서는 한시적인 문화에 신경을 쓰지 말고 예수 그리스도에게 충성하고 형제들에게 헌신하는 것만 필요하다고 여긴 것이다.

---

13) 앞의 책, p. 42.
14) 요일 2:17; 참고. 2:8.
15) 요일 3:8; 5:4-5.

요한일서만큼 심오하진 않지만 이와 비슷한 태도가 주후 2세기에 쓰인 다른 저술들에도 등장한다. 그 가운데 테르툴리아누스의 것이 가장 급진적이라 할 수 있다. 당시에 가장 사랑을 받았던 책 가운데, 「열두 사도의 가르침」(*The Teaching of the Twelve*), 「헤르마스의 목자」(*The Shepherd of Hermas*), 「바나바의 편지」(*The Epistle of Barnabas*), 「클레멘스 일서」(*The First Epistle of Clement*) 등이 기독교를 문화와 동떨어진 생활방식으로 기술한다. 이 가운데 일부는 요한일서보다 더 율법주의적이어서, 그리스도의 주되심을 거의 그분이 주신 법이나 성경에 나오는 법들에 입각해서 해석하고, 신적인 자비 아래 있는 새로운 삶을 값없는 선물과 현재의 실재로 여기기보다 순종함으로 얻는 일종의 보상처럼 여긴다.[16] 그런데 그리스도인의 삶의 본질을 은혜로 보든 율법으로 보든 상관없이, 어디까지나 새로운 공동체, 별개의 공동체에서 사는 삶으로 간주한다. 주후 2세기 저술에 나오는 이런 진술의 밑바닥에는 그리스도인이야말로 유대인도 이방인도 아닌 제3의 '종족', 곧 새로운 백성이라는 신념이 공통적으로 깔려 있다. 그래서 클레멘스는 "모든 것을 감찰하시고 모든 영의 지배자요 모든 육신의 주님이신 하나님은…우리 주 예수 그리스도와 우리를 특이한 백성이 되도록 선택하셨다"라고 쓴다.[17] 또 하르낙은 초기 그리스도인의 신념을 이렇게 요약한다. "(1) 우리 백성은 이 세상보다 나이가 더 많다. (2) 세상은 우리를 위해 창조되었다. (3) 세상은 우리를 위해 움직이고,

---

16) 참고. H. Lietzmann, *The Beginnings of the Christian Church*, 1937, pp. 261-273.

17) *I Clement* lxiv, 1; 참고. *Episle of Barnabas*, xiii-xiv.

우리가 세상의 심판을 늦춘다. (4) 세상의 모든 것이 우리에게 종속되어 있으며 우리를 섬겨야 마땅하다. (5) 세상의 모든 것, 역사의 시작과 흐름과 끝이 우리에게 계시되었고 우리 눈에 훤히 비친다. (6) 우리는 세상의 심판에 동참할 것이고 우리 자신은 영원한 복락을 누릴 것이다."[18] 그 밑에 깔린 근본 신념은 물론 이 새로운 사회, 종족, 백성이 입법자요 왕이신 예수 그리스도에 의해 창설되었다는 믿음이었다. 이로부터 그리스도의 왕국에 속하지 않는 것은 모두 악의 지배 하에 있다는 생각이 추론되었다. 이는 두 가지 길에 대한 교리로 표현되었다. "두 가지 길이 있는데, 하나는 생명의 길이고 다른 하나는 죽음의 길이다. 이 두 가지 길은 서로 굉장히 다른 것이다."[19] 생명의 길은 그리스도인이 걷는 길이었다. 이 길은 하나님 사랑과 이웃 사랑의 계명, 황금률, 원수를 사랑하고 악을 대항하지 말라는 권고와 같은 새로운 법을 되풀이함으로써 설명했다. 아울러 구약 성경에 나오는 일부 명령도 거기에 포함되었다. 다른 한편, 죽음의 길은 단순히 사악한 삶으로 묘사되는 바람에, 누구든 그리스도인이 될지 아니면 악한 인간이 될지를 택해야 했다. 이 윤리는 복음의 규칙을 인정하지 않는 사회라 할지라도 다른 규칙에

---

18) A. Harnack, *Mission and Expansion of Christianity in the First Three Centuries*, 1904, Vol. I, p. 302; 참고. Frank Gavin, *Church and Society in the Second Century*, 1934. 이 책은 초기 그리스도인의 삶에 대해 기술한다. 주로 Hippolytus의 *Apostolic Tradition*에 바탕을 둔 이 그림은 그들의 삶이 '공동체적이고 사회적인 특성'에 대한 의식으로 점철되었음을 보여 준다. "그것은 신자가 가장 자랑스럽게 여긴 점이 자신도 하나의 '지체'라는 사실에 있었다고 말하는 것과 같다. 그의 가장 본질적인 특성은 자신도 '소속되어' 있다는 점이었다", p. 3; 참고. pp. 5, 8.

19) *The Teaching of the Twelve Apostles*, i, 1; 참고. *Barnabas*, xix-xx; *Shepherd of Hermas*, Mand, 6, I.

따라 움직인다는 사실을 간과한 것 같다. 그리고 그리스도의 영역 안에 덕과 악이 공존하는 것처럼, 비기독교 문화의 경우에도 나름대로 덕과 악이 공존한다는 점도 간과한다. 새로운 백성과 옛 사회 사이에, 그리스도의 법에 대한 순종과 무법 상태 사이에 너무 뚜렷한 선을 그었다는 것이다. 그렇다고 문화적 제도 안에 또 그 위에 신적인 통치가 임함을 인정하는 대목이 전혀 없는 건 아니다. 다음과 같은 클레멘스의 기도문이 그 본보기다. "우리가 당신의 전능하시고 영광스런 이름에 그리고 이 땅에서 우리의 통치자와 지배자에게 순종하기 위함입니다. 주인이신 당신이 형언할 수 없는 탁월한 당신의 권능으로 그들에게 통치권을 주신 것은, 우리로 그들에게 주신 그 영광과 영예를 알게 하시고 당신의 뜻에 거슬리지 않는 한 그들에게 순종케 하기 위함입니다."[20]

신약 성경의 저자들 이외에 초대교회 당시 이 유형을 대표하는 가장 위대한 인물은 테르툴리아누스다. 서둘러 덧붙일 점은 그가 우리의 가설적 패턴에 완전히 들어맞는 인물은 아니고 다른 가문의 특징도 어느 정도 보여 준다는 사실이다. 그는 예수 그리스도 안에 계시된 그 하나님이 창조주이기도 하고 성령이기도 하다고 믿는 삼위일체론자다. 하지만 이런 맥락에서 예수 그리스도의 절대 권위도 주장한다. "최고의 머리(Head)요 [하나님이 약속하신] 은혜와 훈육의 대가(Master)요, 인류를 깨우치는 계몽가(Enlightener)요 훈련대장(Trainer)이며, 하나님의 아들이시다."[21] 그리스도에 대한

---

20) *I Clement* lx, 4-lxi, 1.
21) *Apology*, 제21장. 이 인용문과 이어지는 인용들은 *Ante-Nicene Fathers*에 실린 Tertullian의 작품의 번역본에서 가져온 것이다.

테르툴리아누스의 충성심은 다음과 같이 파격적으로 기록되어 있다. "우리 주 그리스도 예수(내가 이런 식으로 표현하는 걸 양해해 주시길 바랍니다), 그분은 다름 아닌 하나님의 아들이요, 그 본체는 인간인 동시에 하나님이시고, 믿음의 선생이시며, 상급을 약속하신 분이며, 이 땅에 계시는 동안 자신이 무엇인지, 자신이 과거에 무엇이었는지, 자신이 행하던 그 아버지의 뜻이 무엇인지, 자신이 가르치던 그 인간의 의무가 무엇인지를 선포하신 분이다."[22] 어떤 경우든 그리스도인이 그리스도를 가리킬 때는 일차적으로 "하나님의 권능이요 하나님의 영으로서, 하나님의 말씀, 이성(Reason), 지혜, 아들로서" 언급하는 것이며, 또한 "우리가 말하는 것은, 모든 사람 앞에서 우리가 말하는 것은, 그리고 고문을 받아 몸이 찢어지고 피를 흘리면서 외치는 소리는 '우리는 그리스도를 통해 하나님을 예배합니다'라는 말이다."[23] 테르툴리아누스는 이처럼 예수 그리스도의 주되심에 초점을 맞추는 가운데 그분의 계명에 철저히 순종해야 한다는 엄격한 도덕률을 주장한다. 여기에는 형제뿐 아니라 원수까지 사랑하는 일, 악에 대한 무저항, 분노와 음탕한 시선의 금지 등이 포함된다. 그는 기독교 신앙이 요구하는 행동 윤리에 관한 한 어느 누구보다도 청교도적인 사람이다.[24] 그는 요한일서에 담긴 긍정적이고 따스한 사랑의 윤리를 대체로 부정적인 윤리로 대치한다. 다가오는 심판의 날을 두려운 마음으로 준비하고 죄를 피하는 것을 하나님이 은혜의 선물로 주신 그 아들을 감사한 마

---

22) *The Prescription Against Heretics*, 제20장.
23) *Apology*, xxiii, xx.
24) 참고. *Apology*, xxxix, xlv; *De Spectaculis*; *De Corona*; *On Repentance*.

음으로 영접하는 일보다 더 중요시하는 것 같다.

문화의 권위를 배척하는 테르툴리아누스의 태도도 상당히 날카롭다. 신자가 갈등을 느끼는 것은 자연과의 관계가 아니라 문화와의 관계에서다. 죄가 주로 거하는 곳이 문화의 영역이기에 그렇다는 것이다. 테르툴리아누스의 견해는 원죄가 사회를 통해 전이된다고 주장하는 입장과 아주 비슷하다. 어린아이가 태어나면서부터 접하는 악한 풍습과 인위적인 양육방식이 없었다면 그 영혼이 선한 상태에 머물렀을 것이라고 본다. 우주와 영혼은 하나님이 창조하셨기에 본래 선한 것이라고 하면서, "우리는 만물을 누가 만들었는지를 생각할 뿐 아니라 누구 때문에 타락했는지도 생각해야 한다"고 주장한 다음 "본래의 순수한 상태와 타락한 상태 사이에는 엄청난 차이가 있다"고 말한다.[25] 테르툴리아누스가 타락과 문명이 서로 어느 정도 중첩된다고 생각했는지는 다음과 같은 대목에 일부 반영되어 있다. "그리스도께서 오신 것은 촌놈과 야만인을…문명화하기 위한 것이 아니었다.…오히려 이미 문명화된 사람들, 자신의 문화가 주는 환상 아래에 있는 자들을 깨우쳐 진리를 아는 지식에 이르게 하기 위함이었다."[26]

테르툴리아누스가 어떤 악을 비난하는지 그리고 그리스도인이 피해야 할 세속성이 무엇이라고 주장하는지를 보면 그의 사상을 더 분명히 알 수 있다. 가장 악한 것은 물론 다신론과 우상 숭배, 잘

---

25) 인용문의 출처는 *De Spectaculis*, ii이다. 영혼의 선천적 선에 관한 교리에 관해서는 *Apology*, xvii; *The Soul's Testimony*를 보라. 그리고 영혼이 관습을 통해 타락하는 것에 관해 논하는 *A Treatise on the Soul*, 제34장을 보라.
26) *Apology*, xxi.

못된 신념과 의식, 호색성과 상업성을 특징으로 하는 사회적·이방적 종교다.[27] 그런데 이런 종교는 사회의 모든 활동과 기관에 스며들어 있기 때문에, 그리스도인은 언제나 주님에 대한 충성을 타협할 수 있는 위험에 처해 있다. 그렇다고 테르툴리아누스가 신자들이 "일상사에 아무 쓸모없는 존재"라고 주장한 것은 결코 아니다. "우리는 여러분과 함께 세상에서 나그네로 사는 것이지, 광장과 푸줏간, 목욕탕과 매점, 여관과 시장, 상업적인 장소 등 어느 것도 포기하지 않았습니다"라고 말한 것을 보면 그것을 알 수 있다. 심지어는 이렇게까지 덧붙인다. "우리는 여러분과 함께 항해도 하고, 싸우기도 하고, 땅도 개간합니다. 이와 마찬가지로 여러분의 뒷거래에도 동참합니다. 심지어는 여러 기술 분야에서도 여러분의 유익을 위해 공공연하게 우리의 기술을 사용합니다."[28] 이는 물론 기독교를 변호하면서 한 말이다. 다른 한편, 신자들을 대상으로 말할 때는 여러 집회와 여러 직업을 멀리하라고 권고한다. 그런 것들이 이방 종교와 연루되어 있을 뿐 아니라 그리스도의 정신과 법에 위반되는 생활양식을 강요하기 때문이다.

따라서 정치 생활을 멀리하라고 권고한다. "우리는 명예와 영광을 추구하던 모든 열정을 죽여 버렸기 때문에 여러분의 공회(公會)에 참여해야겠다는 절실한 욕구가 없습니다. 사실 국가의 사안들만큼 우리에게 낯선 것은 없다고 하겠습니다."[29] 이것도 기독교를

---

27) *On Idolatry; Apology*, x-xv.
28) *Apology*, xlii.
29) Tertullian는 "만일 시저 같은 인물이 세상에 필요하지 않았거나, 그리스도인들이 시저 같은 인물이 될 수 있었다면, 시저도 그리스도를 믿었을 것"이라고 말한다.

변호하는 대목에서 한 말이다. 그러니까 정치권력의 행사와 기독교 신앙 사이에 내적 모순이 있다고 본 것이다. 군대 생활도 피해야 하는데, 그 이유는 이방 종교 의식에 참여하고 시저에게 맹세하는 일이 포함되어 있을 뿐더러 무엇보다 "베드로를 무장 해제시키는 가운데 모든 군인에게 무기를 내려놓게 한" 그리스도의 법에 위배되기 때문이다. "평화의 아들이 소송을 거는 것도 어울리지 않거늘 하물며 전쟁에 참여할 수 있으랴?"[30] 상거래는 약간의 정당성이 있을 수 있으므로 이 정도로 강력하게 금할 수는 없지만, 그래도 "하나님의 종에게 별로 어울리지 않는다"고 하면서, 일종의 우상 숭배인 탐욕 말고는 굳이 돈을 벌 동기가 없기 때문이라고 한다.[31]

철학과 예술의 문제를 다룰 때는 군인이라는 직업을 피하라고 권고할 때보다 더 철저한 어조로 반대한다. 당시에 일부 그리스도인은 기독교 신앙과 그리스 철학 간의 긍정적 관계를 보여 주려고 애썼는데, 그는 그런 입장을 단호하게 거부한다. "스토아적 성분, 플라톤적 성분, 변증법적 성분이 섞인 얼룩진 기독교를 만들려는 시도는 모조리 물러갈지어다. 우리는 이미 예수 그리스도를 소유한 만큼 이상한 논쟁을 원치 않는다.····우리가 가진 신앙으로 충분하지 더 이상의 믿음은 필요 없다"고 외쳤다.[32] 그는 소크라테스의 수호신을 악한 귀신으로 간주한다. 그리스의 제자들은 "천국의 제자들"과 공통점이 전혀 없다고 생각한다. 그들은 진리를 오염시키고, 자신의 영광만 추구하며, 행하지는 않고 말만 많은 자들이라고

---

30) *On Idolatry*, xix; *De Corona*, xi.
31) *On Idolatry*, xi.
32) *Prescription Against Heretics*, vii; *Apology*, xlvi.

본다. 그는 이런 비기독교적 사상 가운데도 약간의 진리가 있다는 점을 시인해야 할 상황에 처하면, 그들이 그런 통찰을 성경에서 얻었다고 믿는다. 타락의 얼룩은 예술에서도 완연하게 드러난다. 문학 공부를 완전히 피하는 건 불가능하므로 "문학을 배우는 일은 신자에게 허용된다"고 양보하지만, 그것을 가르치는 일은 반대한다. 왜냐하면 "그 속에 스며 있는 우상 찬미"를 권유하고 긍정하지 않고는 문학 선생이 될 수 없기 때문이라는 것이다.[33] 야외 극장에 관해서는, 거기서 공연되는 경박하고 잔인한 게임과 비극적 사건, 심지어 음악까지 모두 죄의 종으로 싸잡아 비난했다. 테르툴리아누스는 최후의 심판을 내다보며 기뻐했던 것 같다. 그 때가 되면 인간이 신격화했던 유명한 군주들, 세상의 지혜로운 자들, 철학자들, 시인들, 비극 작가들, 연극 배우들, 씨름꾼들 등이 캄캄한 곳에서 신음하고 불바다에서 뒹구는 동안, 그들이 멸시했던 그 목수의 아들은 영광 가운데 높이 들림을 받을 것이라고.[34]

따라서 이 위대한 북아프리카 신학자가 '문화와 대립하는 그리스도' 유형을 가장 잘 보여 준다고 할 수 있다. 하지만 그의 말을 들어 보면 실제 모습보다 더 급진적이고 더 일관성 있게 들리는 것 같다.[35] 앞으로 우리가 보게 되겠지만, 사실 그는 비록 이방 문화이긴 하지만, 당시의 문화에 의존하고 참여하는 일로부터 자기 자신과

---

33) *On Idolatry*, x.
34) *De Spectaculis*, xxx.
35) 참고. C. N. Cochrane, *Christianity and Classical Culture*, 1940, pp. 222이하, 227이하, 245-246. Tertullian의 윤리학에 대한 더 깊은 논의를 위해서는 Guignebert, Charles, *Tertullien, Étude sur ses Sentiments a l'Égard de l' Empire et de la Societé Civile*, 1901 그리고 Theodor Brandt, *Tertullians Ethik*, 1929를 보라.

교회를 해방시킬 수 없었다. 그럼에도 불구하고, 그는 교회 역사상 반(反)문화적 운동을 대표하는 가장 유명한 인물의 하나로 여전히 자리잡고 있다.

II. 문화를 배척하는 톨스토이

여기서 초기 기독교에 등장했던 이런 노선이 수도원 운동에서 어떻게 발전했는지는 설명할 생각이 없다. 알다시피 수도원 운동은 문명이 낳은 제도와 단체들로부터, 가정과 국가로부터, 학교와 제도화된 교회로부터, 상거래와 산업으로부터 등을 돌린 운동이었다. 물론 그 운동도 다양하게 펼쳐졌으며, 그 가운데는 테르툴리아누스 및 요한일서의 입장과 달리하는 흐름도 일부 있었다. 하지만 「베네딕투스의 규율」(*Rule of St. Benedict*)로 대표되는 그 운동의 주류는 여전히 배타적 기독교의 전통을 견지했다. 기독교가 문화에 기여한 업적—공인된 사회적 종교를 포함하여—은 모두 본래 의도하지 않았던 우연한 부산물이었다. 본래 의도한 것은 그리스도의 법에 순종하여 그리고 완전한 경지에 이르기 위해 참된 그리스도인의 삶을 이룩하는 일이었지 정치, 경제, 학문, 예술 분야에서 추구하는 목적과는 전혀 상관이 없는 것이었다. 개신교의 종파주의—이를 사회학에서 말하는 좁은 의미로 사용하자면—도 그리스도와 문화의 문제에 대해 동일한 대답을 내놓았다. 16세기와 17세기에 세속화된 가톨릭교회와 개신교회에 대항하여 그리스도의 주권 아래서만 살겠다고 일어난 많은 종파 가운데 살아남은 것은 극소수밖에 없다. 그런 입장을 가장 잘 대변하는 것은 메노나이트종파로서, 그들은 정치에 참여하는 것과 군복무를 거부할 뿐더러 경제와 교육 분야에서도 그들 특유의 관습과 규율을 따른다. 프렌드파(The Society of Friends)도 메노나이트만큼 급진적이지는 않지만 이 유형을 어느 정도 대변한다고 할 수 있다. 이들도 형제 사랑을 실천하고 군복무를 거부한다는 면에서 전자와 닮은 점이 있다. 대체로 볼 때, 현대의 퀘이커교도들이 그리스도를 문화의 대변인으로 보는 기독교에 더 크게 반기를 든 종파라 할 수 있다.[36] 이 밖에도 수백 개의 집단과 수천 명의 사람이 그리스도에 대한 충성심으로 인해 문화로부터 물러나고 세상에서의 책임을 모두 포기하는 길을 택했다. 물론 그 가운데는 잠시 생겼다가 사라진 그룹도 적지 않았다. 이런 부류는 모든 시대에 걸쳐 여러 대륙에서 찾을 수 있다. 19세기와 20세기 초에는 이 입장이 그리 많은 관심을 끌지 못했는데, 대다수의 그리스도인이 마침내 다른 해답을 찾았다고 믿었기 때문이다. 그런데 자신이 처한 시공간 아래서 자기 나름대로 테르툴리아누스만큼이나 완강하고 일관성 있게 급진적 입장을 견지한 인물이 하나 있었다. 그 사람은 바로 레오 톨스토이다. 우리가 그에게 특별한 관심을 기울일 필요가 있는 것은 그가 삶과 예술을 통해 자신의 신념을 극적으로 표현했을 뿐 아니라, 그의 영향력이 동양과 서양, 기독교와 그 너머로 널리 퍼졌기 때문이다.

    톨스토이는 중년기에 커다란 위기에 직면했다가 여러 고통스런 몸부림 끝에 복음서의 예수 그리스도를 유일한 권위자로 영접함으로써 그것이 일단락되었다. 그는 귀족 출신인데다가 유산도 많이

---

[36] 중세와 근대의 종파주의 윤리에 관한 최고의 단행본은 E. Troeltsch, *The Social Teachings of the Christian Churches*, 1931, pp. 328이하, 691이하.

물려받았고 「전쟁과 평화」, 「안나 카레니나」로 유명해진 인물이었지만, 사회가 중시하는 모든 가치가 겉만 번지르르하다고 느끼고 인생의 무상함을 절감하는 바람에 큰 위기에 봉착했다. 그는 절망감에서 벗어나 평정을 되찾을 수 없었고 활동 정지 상태에서 벗어나 활동을 재개할 수 없었다가, 다른 모든 권위는 잘못될 수 있으나 그리스도의 가르침만은 실재에 기초한 필연직 진리로 인정할 수 있다고 확신함으로써 문제가 해결되었다.[37] 예수 그리스도는 톨스토이에게 언제나 위대한 입법자여서 그분의 계명들은 인간의 참된 본성과 타락하지 않은 이성의 요구와 일치한다고 생각되었다. 그가 회심하게 된 계기는, 예수가 한 일이 바로 사람들에게 새로운 법을 준 것이고 그 법은 사물의 본성에 기초한다는 깨달음이었다. 그는 자기 인생의 대전환을 이렇게 묘사한다. "나는 그리스도의 계명들에 담긴 그분의 가르침을 깨달았고, 그 계명들의 성취가 나와 모든 인간에게 복을 준다는 것을 안다. 나는 이 계명들의 실천이 내 생명을 비롯한 모든 생명의 근원되신 그분의 뜻임을 깨닫게 되었다.…그 계명의 성취를 통해서만 구원이 가능하다.…그리고 이 점을 깨닫고 나서 예수가 메시아, 곧 그리스도일 뿐 아니라 진정 이 세상의 구원자임을 알고 믿게 되었다. 이제 나는 이생에서 고통당하는 나 자신이나 모든 사람에게 다른 출구가 없다는 것을 안다. 나는 모든 이에게 그리고 그들과 더불어 나 자신에게, 내가 생각할

---

37) 참고. "The Christian Teaching", Vol. XII, pp. 209이하. of *The Tolstoy Centenary Edition*, London, 1928-1937. (이 판은 이제부터 *Works*로 인용될 것이다) 참고. 또한 "A Confession", *Works*, Vol. XI, pp. 3이하; "What I believe", Vol. XI, pp. 307이하.

수 있는 바 온 인류에게 최고의 안녕을 제공하는 그 그리스도의 계명들을 성취하는 것 이외에는 다른 탈출구가 없다는 것을 안다."[38] 톨스토이는 특히 마태복음 5장에 나오는 새로운 법을 문자적으로 해석하고 그것을 곧이곧대로 순종하려 했기 때문에 대단히 급진적인 회심을 체험하게 되었다. 「내가 믿는 것」(*What I Believe*) 혹은 「나의 신앙」(*My Religion*)이라는 작은 책에서 그는 자신이 신약을 이해하려고 노력한 이야기와 자신이 마침내 예수의 말씀을 문자적으로 해석해야 한다—본문에 덧붙인 교회의 주석을 모두 없앤 채—는 것을 발견하고는 그 모든 씨름에서 해방된 이야기를 들려준다. 그 후에야 그리스도의 계명들이 하나님의 영원한 법을 진술한 것이고, 그분이 모세의 율법을 폐기했으며, 교회가 말하듯이 옛 법을 강화하기 위해 혹은 자신이 삼위의 두 번째 위격임을 가르치기 위해 오신 것이 아니라는 것이 분명해졌다고 한다.[39] 톨스토이는 이 새로운 법을 다섯 개의 명령으로 요약하는 작업을 시도할 때 자신이 복음을 충실하게 해석한다고 믿었다. 첫째 명령은 이러했다. "모든 사람과 평화롭게 지내야 하고 누구에게든 화를 내는 것은 절대로 정당화될 수 없다.…당신과 타인 간에 조그마한 반목이라도 있다면 미리 그것을 없애 거기에 불이 붙어 당신을 파괴하지 못하게 하라." 둘째, "성적 관계를 향한 욕망을 오락거리로 만들지 말라. 남자마다 아내를 아내마다 남편을 둘 것이며, 남편은 단 **하나의** 아내만 아내는 단 **하나의** 남편만 갖고, 어떤 구실로도 서로의 성적 결합을 침해하지 말라." 실천 가능하고 명백한 셋째 명령은 이

---

38) "What I believe", *Works*, Vol. XI, pp. 447, 448.
39) 같은 책, pp. 353이하, 370이하.

런 식으로 확실히 표현했다. "누구에게든, 어디서든, 무슨 일에 대해서든 절대로 맹세하지 말라. 모든 맹세는 악한 목적을 위해 강요된 것이다." 넷째 명령은 다음과 같이 단순하고 분명하게, 실제적으로 기술된 만큼 사람들이 몸담은 "형편없고 나쁜" 사회 질서를 파괴하는 것이라 할 수 있다. "악을 행하는 자를 힘으로 대항하지 말고, 폭력을 폭력으로 대응하지 말라. 그들이 당신을 때리거든 참고 견디라. 당신의 소유물을 가져가면 그냥 양보하라. 일하라고 강요하면 그냥 일하라. 그들이 당신의 것이라고 생각하는 것을 갖고 싶어 하면 그저 주어라." 톨스토이는 원수를 사랑하라는 다섯째 명령을 "확실하고 중요하며 실천 가능한 규율…"이라고 생각했다. "자기 민족과 다른 민족을 서로 구별하지 말고, 그런 구분에서 흘러나오는 것이면 일체 하지 말라. 다른 민족에 대해 적대감을 품지 말라. 전쟁을 하지 말고 전쟁에 참여하지도 말라. 전쟁을 하려고 무기를 들지 말고, 상대방이 무슨 민족이든 자기 민족에게 대하듯이 모두에게 행하라."[40] 그리스도께서 이 다섯 가지 법을 널리 전파함으로써 하나님의 나라를 세웠다고 톨스토이는 믿었다. 단 무저항의 법이 그에게는 모든 것을 여는 열쇠와 같았다.

우리가 살펴본 다른 본보기들과 마찬가지로 이 경우에도 예수 그리스도의 계명에 대한 헌신의 반대편에는 문화적 제도들에 대한 철저한 반대가 놓여 있다. 톨스토이가 보기에, 이런 제도들은 모두 복잡한 오류들로 이루어진 토대 위에 세워진 것 같았다. 현세에서 악의 불가피성을 수용하는 태도, 삶은 외적인 법의 지배를 받으므

---

40) 같은 책, pp. 376-377, 386, 390, 392-393, 398, 404. 참고. "The Gospel in Brief", *Works*, Vol. XI, pp. 163-167.

로 사람이 자신의 노력으로 복된 상태에 도달할 수 없다는 신념, 죽음에 대한 두려움, 참된 생명을 개인의 실존과 동일시하는 것, 그리고 무엇보다 폭력을 행하고 그것을 믿는 것 등이 그런 오류들이다. 인간의 타락상이 인간 본성 속에 내재한다는 생각은 테르툴리아누스보다 약하다. 오히려 악이 문화에만 내재한다고 믿는다. 더구나 톨스토이는 문화가 인간 본성에 어느 정도 스며드는지 그리고 얼마나 깊이 영향을 주는지에 대해선 별로 모르는 것 같다. 그래서 그는 주로 의식적인 신념, 구체적인 제도들, 그럴 듯한 사회적 관습을 공격의 대상으로 삼을 뿐이다. 그는 그저 이런 것들에서 물러나 수도사와 비슷한 삶을 사는 걸 달가워하지 않는다. 오히려 그리스도의 법이란 깃발을 흔들며 문화에 대항하여 싸우는 십자군의 길을 택한다.

문화의 모든 국면이 고발의 대상이다. 국가, 교회, 경제 제도가 악의 요새지만, 철학과 과학과 예술도 정죄의 대상이 된다. 톨스토이에게는 선한 정부란 아예 존재하지 않는다. "혁명가들은 이렇게 말한다. '정부 조직이 이런저런 면에서 나빠. 그래서 그것을 쳐부수고 이런 저런 식으로 바꿔야 해.' 반면에 그리스도인은 이렇게 말한다. '나는 정부 조직에 대해 아는 것이 하나도 없어. 그게 어느 정도 좋은지 나쁜지도 몰라. 그것을 지지하고 싶은 마음이 없기 때문이지.'…모든 국가적 의무는 그리스도인의 양심에 반하는 것이다. 충성의 맹세, 세금, 법적인 소송, 군복무 등이 모두 그렇다."[41] 국가와 기독교 신앙은 한 마디로 양립이 불가능하다. 국가는 권력에 대

---

41) "The Kingdom of God Is Within You", *Works*, Vol. XX, pp. 275-276.

한 사랑과 폭력의 행사에 기초하는 반면에, 그리스도인의 삶의 특징인 사랑, 겸손, 용서, 무저항은 그것을 정치적 조치와 기관으로부터 완전히 떼어놓기 때문이다. 기독교는 국가를 불필요하게 만들기보다 그 토대로 파고들어 속에서부터 그것을 무너뜨린다. 국가가 중간기에 악을 억제하는 역할을 한다는 바울의 주장은 톨스토이에게 호소력이 없다. 그는 국가를 삶을 위협하는 주된 범죄자로 보기 때문이다.[42] 국가의 악에 대항하려면 거기서부터 완전히 손을 끊는 길밖에 없고, 모든 사람이 평화적이고 무정부적인 기독교로 전향하도록 비폭력적으로 노력하는 수밖에 없다.

교회가 스스로를 기독교라고 부르긴 하지만 예수의 기독교로부터 너무 동떨어져 있다. 톨스토이는 교회를 스스로 오류가 없다고 주장하는 자기중심적 조직으로 본다. 국가의 종이요, 폭력과 특권을 수호하는 조직이요, 불평등하고 재산을 중시하는 기관이요, 복음을 가리고 왜곡하는 단체라는 것이다. "교회로서의 교회는…기독교의 '겸손, 참회, 온유함, 진취성, 생명'에 완전히 적대적인 '교만, 폭력, 자기주장, 고정성, 죽음'을 특징으로 삼는 반기독교적 기관이다."[43] 국가의 경우와 같이 그런 기관은 전혀 개혁의 대상이 아니다. 그리스도가 교회를 세운 게 아니고, 그분의 교리를 잘 이해하면 교회를 개혁하는 게 아니라 "교회와 그 중요성을 무너뜨리게" 될 것이다.[44] 톨스토이는, 국가에 대해 반복해서 비판하듯이, 교회 비판으로 거듭해서 되돌아간다. 교회는 마귀의 발명품이다. 복음

---

42) 같은 책, pp. 281이하.
43) 같은 책, p. 82.
44) 같은 책, pp. 69, 101.

을 믿는 진실한 사람은 사제나 설교자로 계속 일할 수 없다. 모든 교회가 그리스도의 법을 배신한 면에서는 다 마찬가지다. 교회와 국가 모두 폭력과 사기가 제도화된 전형적인 모형이다.[45]

경제 제도에 대한 톨스토이의 공격도 이에 못지않게 완강하다. 그 자신이 재산을 포기하고자 한 것—재산 운용에 대한 일부 책임은 있었지만—이 개인적 불행을 몰고 왔다. 재산권이 강도행위에 기초하고 폭력에 의해 유지된다고 그는 믿었다. 그가 경제 사회에서의 노동 분업에 반대한 것은 주후 2세기의 급진적 그리스도인들과 대다수의 수도사들보다 더 과격한 태도에 속한다. 그것이 그의 눈에는 예술가와 지식인 같은 특권층이 자신들이 노동자 계층보다 더 우월한 것처럼 스스로를 정당화해서 그들의 노동을 흡수하는 수단으로 비쳤다. 달리 말하면, 특권층은 자신들이 사회에 기여하는 부분이 아주 크기 때문에, 그것이 자신들이 육체 노동자들에게 과도한 짐을 부과하는 등 해를 입히는 것을 보상해 준다고 생각한 것이다. 첫째 가정(假定)은 인간의 평등함을 가르치는 기독교 교리에 의해 파괴되었다. 특권층의 사회적 기여는 명백히 해로운 것은 아닐지라도 무척 의심스러운 것이다. 그래서 톨스토이는 지주와 군인과 지식인들에게 스스로를 그만 속이고, 자기의(義)와 기득권과 차별성을 버리라고, 또 온 힘을 다해 육체 노동을 해서 그들과 타인의 생계를 유지하라고 촉구했다. 이런 원칙을 좇아 그 자신도

---

45) 참고. "The Restoration of Hell." 이는 그리스도의 승리 이후 지상에 악의 통치가 재확립되는 과정을 특히 교회의 발명에 입각해 설명하는 놀라운 동화다. 교회를 발명한 마귀는 바알세불에게 이렇게 설명한다. "내가 그런 장치를 만든 것은 사람들이 그리스도의 가르침을 믿지 않고 내 가르침을 믿게 하되 그리스도의 이름으로 그것을 부르게 하기 위함이었다."

본인이 입을 옷을 만들고 구두를 고치는 등 솔선수범했으며, 기회가 되면 정원사와 요리사 노릇도 하고 싶어 했다.[46]

톨스토이는 테르툴리아누스처럼 자신이 배운 철학, 과학, 예술에 대해서도 반기를 들었다. 앞의 둘은, 먼저 인생의 의미와 경영에 관한 근본적인 의문에 답을 줄 수 없기에 쓸모가 없고, 뿐만 아니라 거짓에 기초하기에 나쁘다고 했다. 실험 과학들은 과학 작업 전체를 거짓으로 만드는 도그마 곧 '물질과 에너지가 존재한다'는 도그마를 확증하기 위해 엄청난 에너지를 투입하는데, 사실 그것은 인간의 삶을 개선하는 데 아무 소용이 없다는 것이다. 그래서 이렇게 쓴다. "우리가 칭찬을 아끼지 않는 최근 유럽의 소위 '과학적' 활동이, 두어 세기가 지난 후, 차세대들에게 멈출 수 없는 웃음과 동정심을 불러일으킬 것이라고 나는 확신한다."[47] 철학은 모든 것이 헛되다는 지식 이상의 것을 우리에게 줄 수 없다. 하지만 "지혜롭고 유력한 자들에게 숨겨진 것이 어린아이들에게는 밝히 드러났다." 산상수훈을 따르는 평범한 농부는 위대하고 지혜로운 자가 깨닫지 못하는 것을 안다. "특별한 재능과 지적인 능력은 진리를 알고 말하기 위한 것이 아니라 거짓을 꾸미고 말하기 위한 것이다."[48] 예술가였던 톨스토이였기에 예술에 대해서만은 완전히 결별할 수 없었다. 적어도 좋은 예술과 나쁜 예술을 구별하는 작업은 했다. 후자의 범주에 두 개의 단편을 제외한 이전에 자신이 쓴 모든 작품, 특권층

---

46) "What Then Must We Do?" *Works*, Vol. XIV, pp. 209이하, 269이하, 311이하.
47) "What I Believe", *Works*, Vol. XI, p. 420; 참고. "A Confession", Vol. XI, pp. 23이하; "On Life", Vol. XII, pp. 12-13.
48) "Reason and Religion", *Works*, Vol XII, p. 202; 참고. "A Confession", Vol, XI, pp. 56이하, 73-74.

을 겨냥한 모든 '고상한' 예술, 심지어 「햄릿」과 「9번 교향곡」까지 포함시켰다. 그러나 정서를 진실하게 표현하고 전달하는 예술이 들어설 자리는 마련해 주었다. 그것은 대중이 이해할 수 있도록 보편적 호소력을 가진 것이자 기독교 도덕과 일치하는 예술이다.[49] 그래서 그는 위대한 문학적 재능을 무저항과 참된 종교에 관한 설교집과 소책자를 쓰는 데 사용하지 않고, "사랑이 있는 거기에 하나님이 계시다"(Where Love Is There God Is)라든가 "주인과 사람"(Master and Man)과 같은 비유 작품과 이야기를 쓰는 데 활용했다.

톨스토이도 물론 다른 위대한 사람과 마찬가지로 이 패턴에 딱 들어맞는 인물은 아니다. 그는, 사랑을 찬미하는 동시에 "육신의 정욕, 안목의 정욕, 이생의 자랑"을 배척하는 요일일서의 저자와 비슷하다. 또 사회 제도를 신랄하게 공격하는 테르툴리아누스와도 비슷하다. 스스로 가난한 삶을 선택한 수도사와 비슷하기도 하다. 그러나 이들과 다른 점이 하나 있는데, 그것은 톨스토이의 경우 개인적인 주님에 대한 개인적 헌신을 찾아볼 수 없다는 점이다. 그에게는 그리스도의 법이 그 법을 준 인물보다 훨씬 더 중요하다. 맥심 고르키(Maxim Gorky)는 톨스토이가 그리스도를 거론할 때 "뜨거운 열정도, 감정도, 타오르는 불꽃도" 없었다고 말했다.[50] 그가 쓴 저술도 대체로 이 점을 반영한다. 더욱이, 예수 그리스도를 통해 나타난 하나님 은혜의 의미, 기독교 계시의 역사적 성격, 타락과 구원

---

49) "What Is Art?" *Works*, Vol. XVIII. pp. 231이하.
50) Maxim Gorky, *Reminiscences of Leo Nikolaevich Tolstoy*, 1920, p. 5.

에 담긴 심리학적·도덕적·영적 깊이 등에 대한 이해도 별로 보이지 않는다. 이런 면에서 테르툴리아누스보다 더 율법주의적이었던 인물이라고 할 수 있다. 그럼에도 근대 역사에서 그리고 그를 낳은 근대 문화의 조건 아래서, 톨스토이는 여전히 반(反)문화적 기독교의 뚜렷한 본보기로 남아있다.[51]

이 유형에 속하는 실례는 얼마든지 더 열거할 수 있다. 그 가운데는 동방 가톨릭과 서방 가톨릭, 정교회와 종파적 개신교들, 천년왕국론자들과 신비주의자들, 고대와 중세와 근대 그리스도인들 등 아주 다양한 부류가 포함될 것이다. 그런 다양성에도 불구하고 모두가 예수 그리스도의 권위를 인정하고 기존 문화를 배척한다는 면에서 공통점을 찾을 수 있을 것이다. 그 문화가 소위 기독교 문화든 아니든 별 상관이 없다. 그들에게는 모두가 이교적이고 타락한 문화로 비치기 때문이다. 또 그들이 묵시론적 견지에서 생각하는지 신비주의적으로 생각하는지도 크게 중요한 문제가 아니다. 묵시론자라면 옛 사회가 조만간에 사라지고 새로운 신적 질서가 도래할 것이라고 예언할 것이다. 신비주의자라면 한시적, 문화적인 현상에 숨겨진 영원한 질서를 경험하고 그것을 전파할 것이다. 이와 관련하여 우리가 물어야 할 중요한 질문은 그리스도인들이 하나님의 나라에 대해 역사적으로 사고하는지 아니면 신비주의적으로 사고하는지의 여부가 아니라, 그 나라가 가까웠다고 확신하고 그런 확신에 걸맞게 사는지 아니면 그것이 시공간적으로 멀리 있다고 생각하여 느슨하게 사는지의 여부다. 또 가톨릭과 개신교의

---

51) Tolstoy의 생애에 관해 충분히 기술된 작품으로는 Aylmer Maude, *Life of Tolstoy* 그리고 Ernest J. Simmon, *Leo Tolstoy*를 보라.

차이도 아주 결정적인 문제가 아니다. 수도원 운동의 특징이 개신교 종파주의자들 가운데 다시 등장하며, 루터파인 키르케고르가 종교개혁 이후 기독교 문화를 공격한 것을 보면 위클리프의 중세 사회적 신앙에 대한 공격만큼 완강했던 것을 알 수 있다. 이처럼 인물과 운동이 아주 다양하지만 그리스도와 문화의 문제에 대해서만은 공통된 대답을 한다.

III. 필요하면서도 부적절한 입장

그리스도와 문화의 문제에 대한 이런 해결책에 대해 우리는 쉽게 반론을 제기할 수 있다. 그러나 양심적으로 이 입장을 취할 수 없는 지성인이라도, 그것을 옹호하는 대다수가 성실한 자들이고, 이 입장이 역사상 중요한 위치를 차지하며, 교회와 세상이 만날 때 실로 이런 입장이 필요하다는 점은 인정할 수밖에 없을 것이다.

반(反)문화 운동을 펼치는 진영에는 다른 입장을 취하는 자들 못지않게 설익은 자들과 멍청한 자들이 많이 있다. 또 위선자들도 적지 않다. 그러나 이 입장의 가장 매력적인 점은 이를 대표하는 위대한 인물들의 일편단심의 자세와 성실성에 있다. 그들이 언어로 표현한 것을 실제 행동으로 구현했다는 면에서 키르케고르가 말한 일종의 "복제현상"(reduplication)이 있다고 하겠다. 그들은 그리스도에 대한 충성을 가볍게 여기지 않았다. 그분을 위해 가정과 재산과 정부의 보호를 포기하는 등 신체적, 정신적 고통을 기꺼이 감수했다. 사회가 반골들에게 가하는 조롱과 악의도 그대로 수용했다. 로마의 도미티아누스 황제(재위 주후 81-96년)가 가했던 그리스도인의 박해로부터 국가사회주의 이념을 가졌던 독일과 민주주의 국가인 미국에서 여호와의 증인이 수감되었던 일에 이르기까지 그런 사람들은 순교의 길을 걸어야 했다. 모두 그런 건 아니지만, 오늘날 이 그룹에 속하는 기독교 평화주의자들도 고난을 종종 받는데, 이들은 그리스도인 군인이 고통을 당하고 죽음에 처하는 경우보다 예수 그리스도에게 더 철저히 순종하기 때문에 그런 고난을 받는 것처럼 그들 자신이나 타인의 눈에 비친다. "문화와 대립하는 그리스도" 유형이 주는 매력은 이처럼 입술의 고백과 행동이 중복되는 현상에서 찾을 수 있다. 이처럼 언행일치를 이룰 수만 있다면, 우리가 예수 그리스도를 주님으로 고백하는 것이 진정한 마음으로 그렇게 하는 것임을 우리 자신과 타인에게 입증하는 게 가능할 것이다.

역사적인 차원에서는, 이처럼 사회 제도들로부터 물러나고 또 그것들을 거부하는 입장이 교회와 문화 모두에게 대단히 중요한 영향을 미쳤다. 그들은 그리스도와 시저, 계시와 이성, 하나님의 뜻과 인간의 뜻을 뚜렷이 구별해 왔다. 그래서 자신들이 의도한 적은 없지만, 교회와 세상이 개혁되는 결과를 낳았다. 따라서 이 진영에 속하는 인물들과 운동들이 자신들이 거부한 그 문화의 역사에서 영웅적인 역할을 한 것으로 종종 칭송되기도 한다. 이를테면, 몽탈랑베르(Montalembert)가 누르시아의 베네딕투스에 관해 언급한 다음 대목은 이 입장을 대표하는 다른 위대한 인물들에게도 적용될 수 있을 것이다. "역사가들은 베네딕투스의 비상한 재능과 뚜렷한 안목을 다투어 칭찬해 왔다. 그들은 그가 유럽을 중생시키고, 사회의 해체를 중단하고, 정치질서의 재편을 준비하고, 공교육을 재건하고, 문학과 예술을 보존하고자 했다고 생각했다.···그러나 내가 확고히 믿는 바는 그가 자기 영혼과 그 형제들, 곧 수도사들의 영혼을 중생시키는 일 말고는 그 어떤 것도 중생시키려고 꿈꾼 적이 없었다는 것이다."[52] 물론 영혼의 중생이라는 개인주의적 이상이 급진적 그리스도인의 태도를 이해하는 열쇠는 아니다. 또 사회 개혁의 소망도 그 열쇠라고 볼 수 없다. 그들은 자신들이 의도하지 않았던 그런 사회 개혁을 이룩한 셈이다. 시저의 통치에 전혀 관심이 없었던 주후 2세기 신자들이, 이방 세계를 기독교 문명으로 전환하는 등 교회가 장차 사회적 승리를 거두도록 그 길을 닦아 주었다. 수도원 운동도 마침내 문화적 전통을 보존하고 전수하는 위대한 역할을 하게 되었다. 그 운동은 위대한 교회 지도자와 정치 지도자를 많이 배출했으며, 그 창시자들이 등을 돌렸던 그 제도들을 오히려 강화하는 결과를 낳았다. 개신교 종파주의자들은 사회의 모든 구성원에게 종교적 자유를 보장하게 하는 등 여러 정치적 관습과 전통을 세우는 데 중요한 공헌을 했다. 퀘이커교도와 톨스토이파는 모든 강제 수단을 철폐하려고만 노력했으나, 결과적으로 감옥을 개혁하고, 군비를 축소하고, 강제력을 동원한 평화유지용 국제 기구를 창설하는 등 여러 면에 기여하기에 이르렀다.

반문화적 그리스도인이 문화 개혁에 기여한 중요한 역할을 우리가 인정한 만큼, 곧이어 그들이 홀로 혹은 직접 이런 업적을 쌓은 것이 아니라 다른 입장을 가진 신자들의 중재를 통해 이룩했다는 사실도 지적해야겠다. 테르툴리아누스가 아니라 오리게네스, 알렉

---

52) De Montalembert, *The Monks of West*, 1896, Vol. I, p. 436.

산드리아의 클레멘스, 암브로시우스, 아우구스티누스 등이 로마 문화의 개혁을 주도했다. 베네딕투스가 아니라 프랜시스, 도미니크, 클레르보의 베르나르 같은 인물들이 흔히 베네딕투스의 공로로 거론되는 중세 사회의 개혁을 이룩했다. 조지 폭스(Geroge Fox)가 아니라 윌리엄 팬(William Penn)과 존 울맨(John Woolman)이 잉글랜드와 미국의 사회 제도를 바꾸었다. 그리고 각 경우마다 주종자들이 급진주의자들의 가르침, 곧 그리스도에 대한 배타적 충성심에서 나오는 그런 사상과 타협했다기보다 오히려 그와 다른 영감을 좇았다고 말하는 편이 나을 것이다.

문화의 문제에 대해 이처럼 급진적인 응답을 내놓는 일은 과거에 필요했던 만큼 현재에도 분명히 필요한 것이다. 이는 그 자체로 의미가 있는 일인데, 만일 그런 게 없다면 다른 기독교 집단들이 균형을 잃게 되기 때문이다. 사실 오늘날의 세계가 다원주의와 현세주의, 여러 이해관계를 둘러싼 미봉책, 생명을 꼭 붙들고 죽음을 두려워하는 강박관념으로 얼룩진 만큼, 예수 그리스도의 권위를 문화의 권위보다 우선시하는 그리스도인들로서는 그런 세상을 배척하지 않을 수 없을 때가 많다. 이처럼 그리스도인에게는 문화로부터 물러나고 또 그것을 포기하는 움직임이 필요하다. 동시에 문화 활동에 책임 있게 참여하는 일도 똑같이 필요하지만 말이다. 그런 움직임이 없을 경우에는 기독교 신앙이 사적인 성공이나 공적인 평화를 이룩하는 데 필요한 실용적 도구 정도로 전락하게 된다. 그래서 예수 그리스도의 이름을 빙자한 어떤 우상이 주님의 자리를 차지하게 된다. 이는 개인의 삶에 필요할 뿐 아니라 교회에도 필요한 입장이다. 로마서 13장이 요한일서에 의해 균형이 잡히지 않을 경우, 교회는 국가의 도구로 전락하여 사람들에게 그들이 초(超)정치적인 운명을 가진 존재요 정치를 초월하여 그리스도께 충성해야 한다는 점을 지적할 수가 없다. 또 정치에 참여할 때도 권력에 굶주리고 안전만 추구하는 또 하나의 집단에 불과한 신세가 된다. 우리가 예수 그리스도의 비할 데 없는 권위를 인정한다면 이런 급진적 응답이 불가피하다고 할 수 있다. 이는 인간이 자신의 문명에 대해 절망할 때뿐 아니라 그 속에서 안일하게 살 때도 필요하다. 또 하나님의 나라를 소망할 때뿐 아니라, 인간 사회가 무너져 내려 그 아래 깔릴 지경에 있는 자들을 구하기 위해 그 벽을 떠받칠 때도 필요하다. 영원을 한시적 시간으로 그리고 시간을 영원으로 옮겨 놓을 수 없는 한, 그리스도와 문화가 완전히 융합될 수 없는 한, 이런 급진적 응답은 반드시 필요하다고 할 수 있다.

이런 면에서 대립 유형은 꼭 필요한 것이나, 동시에 부적절한 입장이기도 하다. 다른 입장을 가진 그리스도인들은 이 점을 쉽게 볼 수 있다. 부적절한 이유는, 첫째, 행동으로 부정하는 것을 말로는 긍정하기 때문이다. 말하자면, 문화를 완전히 배제한 채 예수 그리스도에게만 의존한다는 게 불가능하다는 뜻이다. 그리스도께서 사람에 대한 권리를 주장할 때는 순전히 자연적 존재로서의 사람이 아니라, 언제나 어떤 문화 속에서 사람이 된 자를 대상으로 한다. 즉 사람은 문화에 몸담을 뿐 아니라 문화의 침투를 받는 존재라는 말이다. 사람은 문화적 언어의 도움을 받아 말도 하고 생각도 한다. 사람을 둘러싼 객관적 세계가 사람의 업적으로 인해 변경되기도 하지만, 그 객관적 세계를 이해할 수 있게 해주는 의식 구조와 정신적 태도는 문화로부터 받은 것이다. 그는 자신이 속한 사회의 철학 및 과학을 자기 바깥에 있는 것인 양 치부할 수 없다. 그런 것들이 자기 속에 내재하기 때문이다. 물론 그것이 문화의 지도자들 속에 나타나는 형태와는 달리 나타나지만 말이다. 또 그가 다소 외적인 제도들을 물리친다고 해서 정치적 신념과 경제적 관습에서 해방될 수 있는 것도 아니다. 그런 관습과 신념이 이미 자기 머리 속에 자리삽기 때문이다. 그리스도인은 그리스도께 나아올 때 빈손으로 나오지 않고, 유대 문화의 언어·사고방식·도덕률을 갖고 나오든가 로마의 것들을 갖고 나올 것이다. 로마의 것이 아니라면, 독일, 영국, 러시아, 미국, 인도, 중국 등의 것을 갖고 나올 것이다. 그러므로 급진적인 그리스도인도 언제나 자신이 표면상 배척하는 그 문화를 혹은 그 문화의 일부를 활용하는 셈이다. 요한일서의 저자는 영지주의 철학의 이교적 사용을 반대할 때도 그 철학의 용어들을 사용한다.[53] 로마의 클레멘스는 반(半)스토아학파의 관념을 사용한다. 테르툴리아누스가 하는 말을 들어 보면 거의 모든 문장에서 그가 로마인이라는 점이 밝히 드러난다. 로마의 법적 전통 가운데 성장했고 그 철학에 대한 의존도가 높아서 그런 도움이 없이는 기독교의 입장을 진술하는 게 불가능했기 때문이다.[54] 톨스토이를 제대로 이해하려면, 그를 의식적으로 또 무의식적으로 당시의 문화 운동과 러시아의 신비주의적 공동체 의식에 참여하는 19세기 러시아인으로 보는 게 필요하다. 이는 급진적 기독교 집단에 속한 모든 구성원에게 공히 적용된다. 그들이 그리스도를 만날 때는 어떤 문화

---

53) 참고. C. H. Dodd, 앞의 책, xx, xxix, *et passim*.
54) 참고. C. De Lisle Shortt, *The Influence of Philosophy on the Mind of Tertullian* 그리고 Alexander Beck, *Roemisches Recht bei Tertullian und Cyprian*.

의 상속자로서 그렇게 하는 것이므로, 자신의 일부가 된 그 문화를 배척할 수 없는 노릇이다. 그들이 문화적 산물 가운데 눈에 잘 띠는 일부 제도와 기관으로부터는 몸을 뺄 수 있어도, 사회를 통해 전수받은 대다수에 대해서는 선택의 여지만 약간 있을 뿐이다. 그리고 그리스도의 권위 아래서 어느 정도 변경하는 게 가능할 뿐이다.

문화적 업적의 보존과 선택과 변경은 엄연한 하나의 사실에 그치지 않는다. 그것은 배타적인 그리스도인도 어디까지나 그리스도인이자 사람이기에 반드시 만족시켜야 할 도덕적 요구사항이기도 하다. 그가 사람들 앞에서 예수에 대한 신앙을 고백하려면, 그 문화에서 끌어온 단어와 개념들을 사용하지 않을 수 없다. 단 그 의미를 바꾸는 것도 필요하지만 말이다. 그래서 "그리스도" 혹은 "메시야", "하나님의 아들" 혹은 "로고스" 같은 단어들을 사용해야 한다. 만일 "사랑"의 의미를 얘기해야 한다면, "에로스", "필라델피아", "아가페" 혹은 "박애", "충성", "사랑"과 같은 단어 중에서 선택해야 할 것이다. 그 가운데 예수 그리스도의 의미와 가장 가까운 것을 택하되 문맥에 따라 그것을 수정하는 일도 필요하리라. 이렇게 해야 하는 이유는 어떤 메시지를 전달하기 위해서 뿐 아니라 자기 스스로 누구를 그리고 무엇을 믿는지를 알기 위해서다. 그가 예수 그리스도의 요구사항을 충족시키려고 시도할 때는 다음 두 가지가 필요하다. 하나는, 당시의 문화적 언어로 명령한 사항을 현재 자신이 속한 문화의 언어로 번역하는 일이다. 다른 하나는, 일반 원리들을 잘 파악한 다음 자신의 사회생활에 적실한 방식으로 그 의미를 이해하고 구체적으로 적용하는 일이다. 가령 안식일에 관한 예수의 진술은 안식일을 지키지 않는 사회에 무슨 의미가 있을까? 그것을 그대로 도입할 것인가, 수정할 것인가, 아니면 낯선 비기독교 문화의 일부로 제쳐놓을 것인가? 하늘에 계신 아버지께 기도하는 것은 주후 1세기 팔레스틴 문화와 전혀 다른 우주론을 가진 문화에 무슨 의미가 있을까? 귀신이 존재한다고 믿지 않는 문화에서는 귀신을 어떻게 쫓아낼 수 있을까? 여기서 문화로부터 탈출할 수 있는 길이 없다. 난 두 가지 대안뿐인데, 하나는 예수가 살았던 그 문화를 재현하려고 노력하는 것이고, 다른 하나는 그분의 말을 다른 사회 질서의 언어로 번역하는 것이다. 더 나아가, 이웃을 사랑하라는 명령에 순종하는 일도, 이웃의 성격에 대한 문화적 이해가 수반되지 않고는 불가능하며, 문화적으로 어떤 자리를 차지하는 존재로서 상대방—가족이나 종교적 공동체의 일원으로서, 민족의 친구나 적으로서, 가난하거나 부유한 자로서—을 파악하고 그에 걸맞는 구체적 행위가 없이는 불가능하다. 그러므로 급진적 그리스도인은, 그리스도께 순종하려는 노력의 일환으로 두 가지 측면에서 비기독교 문화의 관념과 규율을 다시 끌어오게 된다. 하나는 (사회에서 동떨어진) 기독교 공동체를 다스리는 측면이고, 다른 하나는 바깥 세상을 향한 그리스도인다운 행위를 규정하는 측면이다.

배타적 기독교는 그리스도에게 충성하라는 명령과 하나님과 이웃을 사랑하라는 명령을 그리스도인의 모임에만 국한하는 경향이 있다. 복음이 요구하는 다른 사항들도 신자의 교제권(圈)에 국한된다. 그런데 마르틴 디벨리우스(Martin Dibelius)는 다른 이들과 함께 이런 문제를 지적했다. "예수의 말은 본래 기독교 문화를 위한 윤리적 규율로 의도된 게 아니었고, 설사 그런 식으로 적용된다 하더라도 일상생활의 모든 의문에 답해 주기에는 부족하다."[55] 그 밖의 다른 도움도 필요하다는 말이다. 그 도움을 초기 그리스도인의 경우는 유대인의 일반 윤리와 헬레니즘-유대의 윤리에서 찾았다. 주후 2세기 기독교의 윤리—가령, 「열두 사도의 가르침」과 「바나바의 편지」에 요약된 것—가 얼마나 신약 성경 이외의 자료에 근거를 두는지를 살펴보면 참으로 놀랍다. 스스로를 유대인도 이방인도 아닌 새로운 '종족'으로 여겼던 이 그리스도인들은 자신들의 공동생활에 필요한 것을, 자신들이 결별했던 자들의 법률과 관습에서 빌려오되 그것들의 권위는 인정하지 않았다. 수도원의 규율들도 이 점에서 상당히 비슷하다. 누르시아의 베네딕투스는 모든 규정과 방침을 성경적 토대 위에 세우고자 애썼다. 하지만 신약 성경으로 충분하지 않았고, 성경을 모두 동원해도 부족하다고 생각했다. 새 공동체를 다스리기 위해 사회생활에 관한 옛 사상에서 그 규율을 찾아야했다. 성경의 규정과 성경 이외의 규정들을 제시한 그 정신만 봐도 문화를 도외시하고 그리스도인이 된다는 것이 불가능하다는 점을 알 수 있다. 테르툴리아누스가 중용과 인내를 권할 때는 언제나 스토아학파의 뉘앙스를 풍기곤 했다. 톨스토이가 무저항을 거론할 때도 루소의 관념이 그 배후에 있었다. 설사 예수 그리스도에게서 나온 유산 이외에 다른 것을 전혀 사용하지 않는다 할지라도, 이 별도의 공동체는 새로운 문화를 개발하지 않을 수 없을 것이다. 공동생활에 필요한 어떤 것의 창안, 인간적 업적 달성, 가치의 한시적 구현, 조직화 작업 등을 모두 진행하게 될 것이다. 일단 사회적 종교의 도그마와 의식을 포기한 후에도 종교적 행습을

---

55) Martin Dibelius, *A Fresh Approach to the New Testament*, p. 219.

계속하려면 새로운 도그마와 의식을 개발하지 않으면 안 된다. 그래서 수도사들은 수도원에서 나름의 의식을 시행하고, 퀘이커교도의 침묵도 미사처럼 공식화되는 것이다. 톨스토이의 도그마도 러시아 교회의 도그마만큼 확신에 찬 어조로 고백하게 된다. 또 국가라는 제도를 거부하더라도, 배타적 기독교 공동체는 나름의 정치적 조직을 개발하지 않을 수 없을 것이다. 사실상, 첫째가 되고자 하는 자는 모든 자의 종이 되어야 하리라는 권고에만 의존하지 않고 그 밖의 다른 관념의 도움을 받아 실제로 그런 조직을 만들었다. 그 지도자들을 예언자나 수도원장이라 불렀고, 지도층의 모임을 계간 집회나 회중이라 불렀으며, 여론과 추방을 도구로 삼아 획일성을 강요했다. 어쨌든 그 공동체는 일반적인 차원에서뿐 아니라 구체적인 생활방식을 통해 내부의 질서를 유지하고자 했다. 당시에 유행하던 재산 보유 제도는 도입하지 않았다. 그러나 모든 소유를 팔아 가난한 자에게 주라는 권고 이상의 것이 필요했다. 아무리 가난하게 살아도 먹을 것과 입을 것과 몸 둘 곳은 필요했기 때문이다. 그 결과 재화를 획득하고 분배하는 방식과 수단이 고안되었으며 새로운 경제문화가 자리 잡기에 이르렀다.

급진적 그리스도인이 이교적인 것으로 간주하는 자신의 사회―거기서 본인도 완전히 벗어날 수 없는 입장에서―를 다룰 때, 그리스도를 주로 고백하는 믿음에서 직접 끌어낼 수 없는 어떤 원칙들의 도움을 받지 않으면 안 되는 상황에 처하기 마련이다. 그래서 그에게는 중간기에 사는 삶이 문제로 떠오른다. 이 배타적 그리스도인이 종말론자든 심령주의자든 상관없이, 그는 새로운 질서가 동터오는 새벽녘과 그것이 완전한 승리를 거두는 시기 사이의 기간

곧 한시적이고 물질적인 것이 아직 영적인 것으로 완전히 변모되지 않은 그 '중간기'에 대해 충분히 고려하지 않으면 안 된다. 그 기간의 성격상 그들은 주변 문화로부터 완전히 분리될 수도 없으며, 그 문화를 필요로 하는 스스로의 욕구에서도 완전히 벗어날 수 없다. 온 세상이 어둠 가운데 있다 할지라도, 그 세상 속에서 상대적으로 옳고 그른 것을 구별해야 하고, 세상에 대한 그리스도인의 바람직한 관계에 대해 분별하지 않으면 안 된다. 그래서 테르툴리아누스는 아내에게 보낸 편지에서 자신이 먼저 죽더라도 과부로 그냥 살라고 충고한다. 그렇다고 어떤 질투심이나 소유욕에서 그런 충고를 하는 건 아니라고 부인한다. 그런 육신적 동기가 부활 때에는 완전히 사라질 테고, "그 날이 되면 우리 사이에 육욕으로 인한 수치스런 관계가 다시 재발하지 않을 것이기 때문"이라고 한다. 아내가 과부로 남아야 할 이유는 기독교의 법이 한 번의 결혼만 허용하고, 혼자 지내는 것이 결혼하는 것보다 낫기 때문이라고 한다. 결혼은 정말로 좋은 것이 아니라 악하지 않을 뿐이다. 사실 예수께서 "'그들이 결혼도 하고 사고 팔기도 했다'는 말을 할 때는 하나님의 훈련을 받기에 가장 방해가 되는, 아주 대표적인 육신의 악과 세상의 악에 낙인을 찍은 셈이다." 그래서 테르툴리아누스는 아내에게 자신의 죽음을 극기의 삶을 살라는 하나님의 부르심으로 수용하라고 권고한다. 그런데 그 후 두 번째 편지에서 '차선의 충고'를 했는데, 내용인즉 만일 재혼할 필요가 있다면 적어도 "주 안에서 결혼하라"고 썼다. 불신자와 하지 말고 그리스도인과 하라는 뜻이었다.[56] 전체적으로 살펴보면 테르툴리아누스의 생각이 어떠했는지, 곧 부활이 있기 전 중간기에 인간의 성생활과 관련하여 상대적인 선과 악을 어떻게 가늠했는지를 알 수 있다. 홀로 사는 것에 비해 결혼은 상대적으로 악하다. 하지만 평생에 한 번 결혼하는 것이 재혼하는 것보다는 상대적으로 선하다. 그런데 상대적으로 악한 그 재혼이 이루어질 경우에는 신자와 결혼하는 것이 상대적으로 선하다. 테르툴리아누스에게 그 다음 단계를 요구한다면, 불신자와 결혼하게 될 경우에는 일부일처제가 일부다처제보다 상대적으로 덜 악하다고 응답했을 것이다. 그리고 이 혼란한 세상에서는 일부다처제가 완전히 무책임한 성관계보다 상대적으로 선하다고 할 수 있겠다.

이와 같이 우리가 중간기에 살기에 그리고 이교적인 사회의 존립을 위해 법률이 필요하다는 점을 보여 주는 다른 실례들도 있다. 프렌드파의 역사를 보면, 악한 노예 제도가 이미 존재하는 상황이므로 노예들이 '공평하게' 대우받는 데 그들의 관심을 쏟은 것을 알 수 있다. 그리고 이미 사고 파는 행습이 자리잡은 상황이므로 정가(定價)제를 실시하는 데 관심을 기울였던 것을 볼 수 있다. 또 기독교 평화주의자의 경우에도, 전쟁과 관련된 기관들 및 전쟁 자체를 완전히 악으로 거부했음에도 군비 축소와 특정한 무기의 금지 조치를 위해 노력한다. 톨스토이 백작의 딸은 아버지의 비극에 대해 얘기해 주었는데, 이는 배타적 그리스도인이라도 '중간기'의 문제들을 비켜갈 수 없음을 보여 주는 불행한 이야기다. 톨스토이 자신은 가난한 삶을 택할 수 있었으나 그와 신념을 달리했던 아내와 자식들을 위해선 그럴 수 없었다. 그 자신은 경찰의 보호를 원치 않

---

56) "To His Wife" (*Ante-Nicene Farthers*, Vol. IV); 참고. 또한 "On Monogamy"; "On Exhortation to chastity."

았고 또 보호받을 필요도 없었으나, 그도 어디까지나 무력의 보호를 필요로 하는 가족의 일원이었다. 그래서 그 가난한 남자는 마지못해, 모호한 책임을 짊어진 채 사유지에 위치한 화려한 저택에서 살았던 것이다. 그리고 그 무저항주의자는 죽는 순간까지 폭도들로부터 보호를 받았다. 알렉산드라 부인이 들려주는 이야기는 이 문제를 더 극적으로 보여 준다. 그리고 톨스토이조차 나쁜 제도 아래서도 양심과 정의가 자기 권한을 주장함을 인정할 수밖에 없게 만든 이야기다. 그가 재산은 포기했으나 가족에게 여전히 묶여 있었기 때문에 사유지에 대한 관리 책임을 아내에게 양도해야 했는데, 그녀는 그 일을 맡기에 부적합한 인물이었다. 그녀의 엉성한 감독 아래서 무능한 혹은 부정직한 청지기들이 모든 걸 엉망진창으로 만들어 놓았다. 그 결과 참으로 끔찍한 사고가 발생했다. 바로 한 농부가 방치된 모래 채취장에서 생매장되는 사건이었다. "아버지가 그토록 충격을 받은 모습은 거의 본 적이 없었어요"라고 그 딸이 회상한다. "'그런 일은 일어날 수 없소, 일어날 수 없단 말이오'라고 엄마에게 말했어요. '당신이 재산을 원한다면 관리를 잘 해야 하오. 그럴 수 없다면 모두 포기하시오.'"[57]

급진적 그리스도인이라도 자신이 거부한 악한 문화, 하지만 피할 수 없는 그 문화에 적응하지 않으면 안 되는 이런 이야기는 얼마든지 더 열거할 수 있다. 이런 예화들은 비판가들을 즐겁게 해준다. 하지만 그런 즐거움은 참으로 근거도 없고 설익은 것이다. 오히려 그와 같은 이야기들은 그리스도인이 직면하는 공통된 딜레마를 뚜

---

57) Countess Alexandra Tolstoy, *The Tragedy of Count Tolstoy*, 1933, p. 65. 참고. pp. 161-165 그리고 Simmons, 앞의 책, pp. 631이하, 682-683, *et passim*.

렷이 부각할 뿐이다. 급진주의자와 다른 그룹의 차이점이 있다면 이런 게 아닐까 생각된다. 급진주의자는 자신이 하는 일을 제대로 인식하지 못한 채 마치 자신이 세상으로부터 분리되어 있는 것처럼 계속해서 말한다는 점이다. 때로는 그런 모순점이 그들의 저술에 아주 노골적으로 나타난다. 가령, 테르툴리아누스가 철학과 정부의 가치에 관해 논하는 것을 보면 자가낭착에 빠진 모습을 발견할 수 있다. 또 어떤 경우에는 그것이 암묵적으로 깔려 있어서 상충된 행동으로 표현되기도 한다. 둘 중 어느 경우든, 급진적 그리스도인들은 자신이 아직 그리스도와 문화의 문제를 풀지 못했으며 단지 어떤 노선을 따라 해답을 찾을 따름이라고 고백하는 셈이다.

IV. 신학적 문제들

"문화와 대립하는 그리스도" 유형을 들여다보면 그들이 그 딜레마를 풀려고 할 때 윤리적 문제뿐 아니라 신학적 문제에도 봉착한다는 것을 알 수 있다. 사실 윤리적 응답과 신학적 이해는 상호의존 관계에 있다. 급진적 그리스도인이 스스로 문화 사회로부터 물러나려 할 때 그리고 다른 기독교 집단과 논쟁을 벌일 때마다 하나님의 본성과 인간 본성, 하나님의 행위와 인간 행위 등에 관한 의문이 제기되곤 한다. 이 네 가지 질문과 그에 대한 급진파의 응답을 여기서 간략히 살펴볼까 한다.

첫째 문제는 이성과 계시의 관계다. 급진주의 운동은 "이성"이란 단어를 문화 사회에서 볼 수 있는 지식의 방법과 내용을 지칭하는 것으로 사용한다. 반면에 "계시"는 예수 그리스도와 기독교 공동체의 일원으로부터 나오는 하나님 및 의무에 관한 지식을 가리키는 말로 사용된다. 따라서 이런 정의는 이성을 깎아내리고 계시를 치켜세우는 셈이다.[58] 우리가 열거한 본보기들 가운데 가장 덜 극단적인 요한일서조차 어둠의 세계와 그리스도인이 속한 빛의 세계를 서로 대조할 정도다. 또 그리스도인은 거룩한 분의 기름부음을 받았기에 모든 것을 안다는 식으로 기술되어 있다. 역사적으로는 물론 테르툴리아누스가 이성을 계시로 대치한 입장을 대표하는 가장 유명한 인물이다. 흔히들 "그것이 불합리하기에 나는 믿는다"는 말을 테르툴리아누스의 것으로 돌리지만, 그가 실제로 쓴 글을 인용하면 이렇다. "당신은 '하나님의 어리석은 것들'을 믿기에 세상이 보기에 '바보'가 되지 않으면 결코 '지혜롭게' 될 수 없을 것이다.…하나님의 아들이 십자가에서 죽었다. 사람들이 그것을 부끄러워할 수밖에 없기에 나는 부끄러워하지 않는다. 하나님의 아들이 죽었다. 이는 불합리하기에 반드시 믿지 않으면 안 된다. 그리고 그는 장사되었다가 다시 살아났다. 이는 불가능하기에 확실한 사실임에 틀림없다."[59] 그런데 그가 계시를 변호하는 반(反)이성적 옹호자로 유명해진 것은 기독교 교리에 대한 강력한 믿음의 고백 때문이기보다는 우리가 앞서 언급한 철학과 문화적 지혜에 대한 공격 때문이다. 문화적 이성에 대한 이런 태도는 수도사들과 초기 퀘이커교도, 그리고 개신교 종파주의자들 가운데서 많이 발견된다.

---

58) 이성과 계시를 이런 식으로 서로 대립시키는 것은 물론 '문화와 대립하는 그리스도' 운동을 좇는 이들에게만 국한되지 않는다. 정치나 경제 문제와 관련하여 급진적 태도가 아닌 다른 입장을 가진 그리스도인들도 지식의 문제를 다룰 때는 배타적 태도를 지닐 수 있다.
59) *On the Flesh of Christ*. 제5장.

물론 톨스토이의 특징이기도 하다. 문화 속에서 꽃을 피우는 인간 이성이란 것은, 한편으로는 하나님을 아는 지식에 이를 수 없고 구원에 필요한 진리를 줄 수 없기 때문에, 다른 한편으로는 오류가 많고 거짓된 것이기 때문에 부적절하다고 생각했다. 그러나 그들 가운데 이성을 배척하고 그 대신 계시만 수용하면 충분하다고 생각하는 사람은 별로 없다. 테르툴리아누스와 톨스토이를 비롯한 이들은 타락되지 않은 인간 영혼이 지닌 단순한 "자연적" 지식과 문화에서 발견되는 타락된 이해를 서로 구별한다. 더 나아가, 영이나 내적인 빛에 의한 계시와 역사적으로 주어져 성경을 통해 전수된 계시를 서로 구별하기도 한다. 그들이 기독교 진영 바깥에서 진행되는 추론 작업 및 거기에 내포된 지식과 관련해서도 그런 구별 작업을 할 필요가 있음을 인정하지 않고는 그리스도와 문화의 문제를 해결할 수 없다.

둘째 문제는 죄의 본질 및 보편성과 관련된 것이다. 급진주의의 논리적 응답은, 죄가 문화에 만연되어 있다는 것, 그리스도인이 어둠에서 나와 빛으로 들어갔다는 것, 세상에서 분리되어야 할 주된 이유는 거룩한 공동체를 타락으로부터 보존하기 위함이라는 것 등이다. 그들 가운데 일부 프렌드파와 톨스토이 같은 이들은 원죄 교리 자체가 타협적인 기독교의 자기정당화의 수단으로 이용된다고 생각한다. 그래서 그들은 죄의 유산을 사회적인 견지에서 설명하려는 경향이 많다. 이 점에서 그들이 신학에 중요한 기여를 했다고 본다. 죄를 오랜 세월 전이해 온 장본인은 어린아이의 성장 배경인 문화의 타락이지, 미처 개발되지도 않은 본성의 타락이 아니라는 것이다. 그런데 죄와 거룩함의 문제에 대한 이런 해결책이 배타적 그리스도인들 자신에 의해 부적절한 것으로 판명되었다. 먼저, 거룩한 삶을 살라는 그리스도의 요구가 그리스도인의 내면에서 저항에 직면한다. 그가 문화를 물려받았기 때문이 아니라, 그에게 어떤 본성이 주어졌기 때문이다. 테르툴리아누스에서 톨스토이에 이르기까지 섹스, 먹는 것과 금식, 분노, 잠 등과 관련하여 급진주의자들이 수행한 금욕 훈련을 보면, 죄에 대한 유혹이 문화에서뿐 아니라 본성에서 나온다는 것을 그들이 얼마나 크게 인식했는지 알 수 있다. 이보다 더 중요한 사실은, 기독교와 세속주의 사이의 차별성이 단지 그리스도인은 자신의 죄성을 있는 그대로 직면한다는 점에 있을 뿐이라고 생각했다는 것이다. "만일 우리가 죄가 없다고 말하면, 우리는 자기를 속이는 것이요, 진리가 우리 속에 없는 것이다"라고 요한은 쓴다. 톨스토이는 지주, 판사, 사제, 군인들을 대상으로 강연하면서 그들에게 무엇보다 한 가지를 하라고 부탁했을 때도 이와 비슷한 생각을 품었다. 그 한 가지란 자신의 범죄의 합법성을 인정하길 거부하라는 요청이었다. 땅과 모든 기득권을 포기하는 일은 영웅적 행동이다. "하지만 여러분에게 그럴 만한 힘이 없을지 모르겠다. 아니, 없을 가능성이 많다.…그러나 진실을 진실로 인정하고 그에 대해 거짓말하지 않는 것은 여러분이 언제나 할 수 있는 일이다." 그들이 마땅히 고백해야 할 진실은 자신이 공동선을 추구하지 않는다는 사실이다.[60] 만일 가장 큰 죄가 본인의 죄성을 인정하길 거부하는 것이라면, 그리스도의 거룩함과 인간의 죄성을 구별하는 선과 그리스도인과 세상을 구별하는 선을 서로

---

60) "The Kingdom of God Is Within You", *Works*, Vol. XX, p. 442

일치시키는 일이 불가능해진다. 죄가 어디까지나 본인 속에 있는 것이지 본인의 영혼과 몸 바깥에 있는 게 아니기 때문이다. 만일 죄가 급진적 기독교가 시사하는 것보다 더 깊이 뿌리박혀 있고 더 널리 퍼져 있는 게 사실이라면, 기독교 신앙으로 세상을 이기기 위한 전략에 문화로부터 멀어지는 전술과 새로 얻은 거룩함을 지키는 전술 이외의 다른 전술도 포함시켜야 할 것이다.

이런 문제들과 밀접한 관계에 있는 또 하나의 문제는 율법과 은혜의 관계다. 배타적 유형을 반대하는 자들은 흔히 그들을 율법주의자로 비난하면서, 그리스도인의 삶과 사상에서의 은혜의 중요성을 무시한다고 지적한다. 혹은 선택받은 공동체를 위한 새로운 법을 기독교의 특징으로 너무 강조하다 보니 그것이 만인을 위한 복음이란 사실을 망각한다고 비판한다. 그들이 모두 기독교 신앙을 일상적 행위로 보여 줘야 한다고 주장하는 면에서는 옳다. 그런데 만일 예수 그리스도의 추종자가 형제 사랑, 자기부인, 겸손, 무저항, 자발적 가난 등의 측면에서 타인들과 차별성이 없을 경우에는, 자신이 그리스도의 제자임을 어떻게 알 수 있을까? 행위에 대한 강조는 자세한 규칙으로 이어지고, 그런 규칙에의 순종에 관심을 갖게 되며, 하나님의 은혜로운 역사(役事)보다 본인의 의지에 더욱 집중하게 된다. 우리가 살펴본 것처럼, 요한일서는 은혜와 율법을 서로 묶어 주며, 인간에게 하나님과 이웃을 모두 사랑하도록 능력을 주는 유일한 원동력인 하나님의 사랑을 우선적으로 강조한다. 그런데 테르툴리아누스의 경우는 모든 면에서 율법 쪽으로 기울어져 있고 수도원 운동가들도 그런 경우가 많다. 물론 이처럼 '행위를 통해 의롭게 되려는' 것에 대해 개신교는 반론을 제기한다. 톨스토이야말로 아주 극단적인 사례다. 그에게 예수 그리스도는 정말 새로운 법을 가르치는 선생일 뿐이고, 그 법은 자세한 계명들로 진술될 수 있으며, 순종의 문제는 본인 속에 있는 선한 의지력을 동원해 해결할 수 있기 때문이다. 이런 율법주의적인 경향과 더불어, 테르툴리아누스, 수도원 운동가, 종파주의자, 톨스토이 등에서 발견할 수 있는 다른 사상은, 그리스도인도 타인과 마찬가지로 오직 그리스도 안에 계신 하나님의 은혜로 죄를 용서받을 필요가 있다는 것, 그리스도는 새로운 법을 가진 새로운 닫힌 사회의 창설자가 아니라 온 세상의 죄를 속죄하는 분이라는 것, 그리스도인과 비그리스도인의 유일한 차이는 똑같은 일을 하되 정신만 달리 한다는 것 등이다. "생존에 필요한 똑같은 조건 아래서 똑같은 음식을 먹고, 똑같은 옷을 입고, 똑같은 습관을 갖고", 다함께 항해를 하고, 다함께 밭을 갈고, 심지어 재산도 공유하고 함께 싸우기도 하지만, 그리스도인은 모든 일을 달리 수행한다. 그가 다른 법을 갖고 있어서가 아니라 은혜를 알고 은혜를 반영하기 때문이다. 자신을 차별성 있게 만들어야 하기 때문이 아니라, 그런 차별성을 만들 필요가 없기 때문이다.[61]

'문화와 대립하는 그리스도' 운동이 제기하는 가장 어려운 신학 문제는 예수 그리스도와 피조계 및 기독교 공동체에 내재하는 성령의 관계와, 그리스도와 자연의 창조주요 역사의 주관자인 하나님과의 관계다. 일부 종파주의자와 톨스토이 같은 자들은 삼위일체 교리에 아무런 윤리적 의미가 담겨 있지 않다고 생각하고 그것

---

61) Tertullian, *Apology*, xlii; 참고. Tolstoy, "Kingdom of God", *Works*, Vol. XX, pp. 452이하.

을 타락한 교회가 창안한 타락한 생산품으로 간주한다. 그러나 그 교리가 다루는 문제는 피할 수 없으므로 그들 나름대로 그것을 해결하고자 애쓴다. 한편, 요한일서의 저자와 테르툴리아누스 같은 이들은 정통 교리의 정립자들과 같은 부류에 속한다. 대단히 윤리적이고 실제적인 이런 그리스도인들이 삼위일체의 문제와 그 해답에 긍정적, 부정적 관심을 보이는 것을 보면, 삼위일체론이 흔히 주장되듯이 행위와 상관없는 하찮은 사변적인 견해에 불과한 게 아니라는 것을 알 수 있다. 급진적 그리스도인이 그리스도의 주되심을 중심으로 그분의 권위를 변호하고, 그분의 계명을 정의하고, 그분의 법이나 통치를 자연 및 세속 사회에 속한 자들의 운명을 좌우하는 그 능력과 연결지으려 할 때, 이 문제가 실제로 떠오르게 된다. 그들이 이런 문제를 다룰 때 직면하는 가장 큰 유혹은 윤리적 이원론을 존재론적 이분법으로 바꾸고 싶은 마음이다. 문화를 배척하는 그들의 입장은 자연 및 자연의 하나님에 대한 의심과 쉽게 결합된다. 그리스도에 대한 의존은 그분과 신자 안에 있는 성령에 대한 의존으로 종종 전환된다. 궁극적으로는 세계를 물질적 영역과 영적인 영역으로 나누어, 전자는 그리스도와 대립되는 원리에 의해 후자는 영적인 하나님에 의해 주관되는 것으로 간주하고픈 유혹을 받는다. 이와 같은 경향은 테르툴리아누스의 몬타누스주의, 영적인 프랜시스파, 퀘이커교도의 내적인 빛 교리, 톨스토이의 심령주의 등에 뚜렷이 나타난다. 그래서 급진주의 운동의 변두리에는 이원론을 주창하는 마니교적 이단이 언제나 자란다. 이런 경향이, 한편으로는 배타적 기독교로 하여금 예수 그리스도와 자연 및 자연의 창조주와의 관계를 모호하게 만들고, 다른 한편으로는 역사적 예수 그리스도를 영적인 원리로 대치해 그분과의 접촉을 상실하게 만든다. 프렌드파의 창설자인 조지 폭스는 기독교가 세상과 타협했다고 생각해서 그것을 개혁하려고 급진적인 운동을 펼쳤는데, 이런 연유로 그 가운데 일부는 사실상 성경과 성경적인 예수 그리스도를 저버린 채 개인의 양심을 최고의 권좌에 앉히는 지경에까지 나아갔다. 톨스토이는 역사상의 예수 그리스도를 부처, 예수, 공자, 자기 자신 속에 내재한 영으로 대치했다. 급진적 그리스도인들이 어떻게 심령주의의 유혹을 받아 자신들이 출발점으로 삼았던 그 원리―그리스도의 권위―에서 멀어지게 되었는지는 참으로 이해하기 어렵다. 글쎄, 이것이 시사하는 바는 그리스도를 홀로 예배할 수 없는 만큼 그분을 홀로 좇을 수도 없다는 것이 아닐까 생각한다. 또 급진적 기독교가 교회의 한 운동으로서 중요한 위치를 차지하지만, 그것 또한 다른 유형의 기독교가 균형을 잡아주지 않으면 홀로 존재할 수 없다는 것을 시사하는 것 같다.

3장 · 문화에 속한 그리스도

I. 영지주의와 아벨라르의 문화적 적응주의

복음이 전파되는 곳이면 어디에나 예수를 자기 사회의 메시아로, 자신의 소망과 열망의 성취자로, 참된 신앙의 완성자로, 가장 거룩한 영의 근원으로 칭송하는 자들이 있다. 기독교 공동체의 차원에서 보면, 그들은 그리스도를 위해 사회 제도를 거부하는 급진주의자와 정반대 위치에 있다고 하겠다. 다른 한편, 자기의 문명을 위해 그리스도를 배척하는 "기독교 신앙을 멸시하는 자들 가운데 문화인들"과도 거리가 멀다. 그들은 주님을 믿는 자라는 면에서나 다른 모든 신자들과 기독교 공동체를 공유하려 한다는 면에서 그리스도인이라 할 수 있다. 하지만 그들은 문화 공동체 안에서도 똑같이 편안함을 느낀다. 교회와 세상, 사회적 법률과 복음, 하나님의 은혜의 역사(役事)와 인간의 노력, 구원의 윤리와 사회적 보존 혹은 진보의 윤리 사이에 커다란 긴장이 있다고 생각하지 않는다. 한편으로는, 그리스도를 통해 문화를 해석한다. 그래서 그 가운데 그리스도의 사역 및 인격과 가장 일치하는 요소들을 가장 중요시한다. 다른 한편, 문화를 통해 그리스도를 이해한다. 그래서 그분의 가르침과 행위, 그분에 관한 기독교 교리 가운데 최상급의 문명과 일치하는 부분을 끌어낸다. 이렇게 그리스도와 문화의 조화를 꾀하다 보면 신약 성경과 사회 관습 가운데 서로 일치되지 않는 부분은 부득불 삭제하는 일도 없지 않다. 그렇다고 그들이 기존 문화 전체를 기독교의 이름으로 재가(裁可)한다는 말은 아니고, 그 가운데 참된 요소로 보이는 것들만 그렇게 한다는 뜻이다. 그리스도와 관련해서는 이성적이고 영구적인 요소와 역사적이고 우발적인 요소를 서로 분리하려고 애쓴다. 일차적인 관심은 이 세상에 있지만 그렇다고 내세를 부정하는 것도 아니다. 오히려 시간이나 성격 면에서 초월적인 영역이 현세와 연속선상에 있는 것으로 이해하고자 한다. 그러므로 그리스도의 위대한 사역은 현세에 속한 인간들을 장래의 더 나은 삶을 위해 훈련시키는 것으로 이해될 수 있다. 그래서 그리스도는 위대한 교육가로, 때로는 위대한 철학자나 개혁가로 간주되곤 한다. 이처럼 이 두 세계 사이에 다리가 놓이는 것처럼, 급진적 그리스도인과 반기독교인의 눈에 깊은 구렁처럼 보였던 그리스도와 문화 사이의 간격도 그들은 쉽게 넘어갈 수 있다. 이런 간격이 무시될 때도 있고, 역사적 발굴 작업에서 나온 편리한 재료나 낡은 사고방식의 타파로 그것을 메울 때도 있다. 이런 그리스도인들을 F. W. 뉴맨과 윌리엄 제임스는 심리학적 차원에서 "한 번 태어난" 자요 "건강한 마음"의 소유자라고 부른다. 사회학적 차원에서는, 굳이 "역사상의 여러 틈"—타락, 성육신, 심판, 부활 등—을 가정할 필요를 못 느끼는 비(非)혁명주의자라고 해석할 수 있다. 근대에 들어오면 이들이 여러 세대에 걸쳐 개신교의 상당 부분을 지배했기 때문에 이미 잘 알려진 상태다. 이들을 일컬어 흔히 "자유주의자", "자유주의"라는 용어를 사용하지만 그보다는 문화적 개신교(Culture-Protestantism)"라는 말이 더 적합한 것 같다. 하지만 이 유형이 근대 세계나 종교개혁 당시에만 나타난 것은 아니다.

이런 움직임은 이미 기독교의 초창기부터 있었다. 기독교는 유대인 사회의 한복판에서 출현한 다음, 바울과 여러 선교사에 의해 그리스-로마 세계로 진입해서 당시 지중해의 용광로에 담긴 여러 문화적 요소와 복잡한 상호작용을 주고받았다. 그 결과 유대인 그리스도인은 그리스도와 문화의 문제를 붙들고 씨름하면서 여러 입장을 취하게 되었는데, 이는 고대와 근대의 이방인 그리스도인이 취했던 견해만큼 다양했다. 바울과 유대주의자의 갈등 그리고 나중에 바울과 나사렛파 및 에비온파의 갈등을 언급한 대목은 기독교적인 색채보다 유대교적 색채를 더 많이 띠었던 집단 혹은 운동들이 있었음을 시사한다. 아니, 예수 그리스도에 대한 충성을 유지하면서도 유대 전통의 중요한 요소를 포기하거나 선민으로서 품던 특별한 메시아적 소망을 버리지 않으려고 애썼다고 표현하는 게 낫겠다.[2] 예수는 그들에게 약속된 메시아였을 뿐 아니라, 그들이 이해하던 약속의 메시아(the Messiah of the promise)였던 것이다.

초기 이방인 기독교의 경우는, 그리스도와 문화의 문제에 대해 다양한 입장을 취하는 가운데, 문화에 대한 다소 적극적인 관심과 예수에 대한 충성을 서로 묶어 놓았다. 후대의 급진적 그리스도인들은 그것들을 구분하지 않고 몽땅 타협적인 기독교 혹은 배교적 기독교라는 딱지를 붙여 버렸다. 그러나 실은 그들 사이에 상당한

---

1) 내가 알기로는, Karl Barth가 이 용어를 창안했다.
2) 유대 기독교에 관해서는 다음을 보라. H. Lietzmann, *The Beginnings of the Christian Church*, pp. 235이하; J. Weiss, *History of Primitive Christianity*, Vol. II, pp. 707이하.

차이점이 존재한다. 그 가운데 극단적 태도에 속하는 기독교 영지주의는 당시 헬레니즘 세계에서 그리스도를 완전히 문화적 견지에서 해석하고, 그분과 사회적 신념이나 관습 간의 긴장을 모두 제거해 버린다. 이런 인물들—바실리데스(Basilides), 발렌티누스(Valentinus)), 「피스티스 소피아」(*Pistis Sophia*)의 저자 등—은 모두 급진적 그리스도인과 주류파의 눈에 이단으로 비친다. 하지만 그들 자신은 스스로를 충성된 신자로 생각했던 것 같다. 그들은 "기독교의 관념들로부터 시작해서 하나님과 인간에 관한 기독교적 이야기를 정립하려 했다. 가톨릭교도와 영지주의자의 싸움은 스스로 그리스도인이라고 생각하던 자들 사이의 투쟁이었지 그리스도인과 이교도 간의 투쟁이 아니었다."[3]

버키트(Burkitt) 교수는 영지주의 사상은 "예수라는 인물이 그 핵심에 있기에 예수가 없으면 산산조각이 날 것"이라고 그리고 그들이 추구한 것은 복음을 당시의 과학 및 철학과 조화시키는 일이었다고 설득력 있게 주장했다. 마치 19세기의 변증가들이 예수 그리스도의 교리를 진화의 견지에서 기술하려 했던 것처럼, 영지주의자들도 당대의 훌륭한 관념에 비추어 그것을 해석하려 했던 것이다. 이를테면, 톨레미의 천문학과 '육체는 영혼의 무덤'(*soma-sema*)이라는 심리학이 그런 관념이었다.[4] 시대마다 계몽주의가 등장하곤 했는데, 그 가운데 최근의 과학적 발견의 눈부신 빛 아래 꽃

---

3) F. C. Burkitt, *Church and Gnosis*, 1932, p. 8; 참고. 또한 *Cambridge Ancient History*, Vol. XII, pp. 467이하; A. C. McGiffert, *History of Christian Thought*, Vol. I, pp. 45이하.
4) Burkitt, 앞의 책, pp. 29-35, 48, 51, 57-58, 87-91.

이 피는 백과사전식의 이론들보다 더 수명이 짧은 것은 없다. 그만큼 후대에 순전히 사변적인 것으로 치부된 것이 없다는 말이다. 그런데 영지주의자가 일종의 공상에 빠진 것은 오늘날 정신의학에서 그리스도를 이해할 열쇠를 찾으려는 시도나 핵분열에서 종말론의 문제의 해답을 찾으려는 노력과 별로 다를 게 없다. 그들은 복음을, 하나님과 역사에 관한 야만적이고 구시대적인 유대적 관념으로부터 단절하려 했다. 기독교를 신념의 수준에서 지식의 수준으로 끌어올려 더욱 매력적이고 강력하게 만들려고 한 것이다.[5] 그들은 유치한 형태의 다신론과 우상 숭배에서 해방되어 존재에 관한 심오한 영적 진리를 인식한 만큼 하나의 교리를 정립했다. 그 교리에 따르면, 예수 그리스도는 타락한 물질 세계에 혼돈된 상태로 갇혀 있는 영혼들을 구하는 우주적 구원자요, 존재의 심연과 인간의 상승 및 하강에 관한 바른 지식을 되찾게 해주는 회복자다.[6] 바로 이 점이 기독교를 당대의 문화에 맞추려 한 영지주의의 특징을 가장 잘 보여 준다. 즉, 인간에 대한 "과학적", "철학적" 해석과 그리스도의 사역을 나란히 놓은 것이다. 이만큼 분명하진 않지만, 그리스도를 문명 전체에 귀화시키려고 시도한 것도 그런 특징에 속한다. 그래서 기독교는 일종의 종교적, 철학적 체계로 변모되었다. 물론 여러 체계 가운데 유일하게 참된 최상의 체계임은 분명하지만 어디까지나 여럿 가운데 하나에 불과하다. 그것은 영혼의 문제를 다루는 하

---

5) Albert Ehrhard, *Die Kirche der Maertyrer*, 1932, p. 130.
6) Burkitt, 앞의 책, pp. 89-90. 영지주의 사상은 스스로를 기독교 영지주의자라 부른 Nicolai Berdyaev의 사상에 친숙한 현대 신학도에게는 크게 낯설고 생소하게 보이지 않을 것이다.

나의 종교이므로 인간의 삶 전체를 주관하는 것은 아니다. 예수 그리스도는 영적인 구원자이지 인생의 주인은 아니다. 예수의 아버지 역시 만물의 근원도 만물의 통치자도 아니다. 새로운 백성에 해당하는 교회는, 문화에 몸담으면서 그것을 초월하는 어떤 운명을 추구하되 문화에 대해 갈등을 느끼지 않는 계몽된 자들의 협회로 대치되었다. 문화에 참여하든 말든 그것은 아무 상관이 없는 문제가 되었다. 영지주의자로서는 시저에게 경의를 표하거나 전쟁에 나가는 걸 거부할 이유가 없었다. 아마 사회적 압력을 제외하면 관습과 법률에 순복해야할 뚜렷한 이유도 없었을 것이다. 그가 너무 계몽되어 대중적이고 공식적인 우상 숭배를 심각히 여길 필요가 없게 되었다면, 그것을 거부하는 것도 그리 문제시할 필요가 없었다고 할 수 있다. 영지주의자는 순교를 우습게 여겼다.[7] 영지주의에 따르면, 예수 그리스도에 대한 지식은 문화와 관련된 인간 업적의 최고봉에 위치한 개인적이고 영적인 사안이었다. 그것은 진일보한 영혼만 도달할 수 있는 그 무엇이었다. 그런 영혼만 이를 수 있는 종교적 경지였다는 말이다. 그 지식은 물론 윤리—때로는 아주 엄격한 행동 방침과, 또 어떤 때는 탐닉과 방종과—와 연결되어 있었다. 하지만 이 윤리는 그리스도의 계명이나, 새로운 공동체에 대한 신자의 충성심에 바탕을 둔 게 아니었다. 오히려 물질 세계와 사회적 세계를 훨씬 뛰어넘는 그런 운명을 추구하는 개인적 열망에 관한 윤리인 동시에, 아무래도 좋은 이 세상에 적응하는 데 필요한 개인적 윤리였다. 문화적 관점에서 보면, 영지주의자가 그리스

---

7) Irenaeus, *Against Heretics*, IV, xxxiii, 9: 참고. Ehrhard, 앞의 책, pp. 162, 170-171.

도와 당대의 과학 및 철학과의 조화를 꾀하려 한 것은 그 자체가 목적이 아니라 하나의 수단이었다고 할 수 있다. 이에 따라 (의식적으로든 무의식적으로든) 그가 이룩한 것은 그 새로운 신앙과 옛 세계 사이의 모든 긴장을 완화하는 일이었다. 그가 복음을 얼마나 보유했는지는 별개의 문제다. 단 영지주의자가 그리스도에 대해 그리고 문화에 대해 선택적 태도를 견지했다는 점만은 지적해야겠다. 그는, 적어도 자신을 위해서라도, 비천하게 보이는 요소는 배격하고, 가장 종교적이고 가장 기독교적인 요소들만 개발했다.[8]

영지주의 운동은 기독교 역사에서 가장 강력한 영향을 미친 운동의 하나였다. 그 극단적인 형태는 교회에 의해 이단으로 정죄를 받았지만 말이다. 그 운동의 중심에는 기독교를 교회가 아니라 하나의 종교로, 교회를 새로운 사회가 아니라 종교적 협회로 해석하는 경향이 있다. 또 예수 그리스도를 종교적 진리의 계시자로뿐 아니라 신(神)으로 본다. 그는 종교적 예배의 대상일 뿐 삶 전체의 주인도 아니고, 만물의 창조주요 통치자인 아버지의 아들도 아니다. 영지주의가 기독교의 종교성은 보유하되 그 윤리는 빠뜨린다는 식으로 말하기는 아주 쉽다. 사실 "종교"와 "윤리" 같은 말을 기독교의 특징으로 받아들이는 것 자체가, 행동에 행동을 더할 수 있는 다원주의적인 인생관—이것이 곧 문화적 관점이다—을 수용하는 것이다. 그런데 문제는, 영지주의의 경우에 뚜렷이 드러나듯이, 소위

---

[8] 초기에 또 다른 종류의 문화적 기독교를 대표하는 인물은, 콘스탄티누스 황제의 정착기에 로마 사상과 새로운 신앙[기독교]을 서로 혼합하려 했던 Lactantius를 비롯한 여러 신학자 및 정치가들이다. 이에 대해서는 다음 책에서 훌륭하게 다룬다. Cochrane, *Christianity and Classical Culture*, 제2부, 특히 제5장.

종교라는 것이 윤리와 분리되면 교회에서 그 본연의 모습과 전혀 다른 것이 되고 만다는 사실에 있다. 그것이 이제는 삶 전체를 주관하는 신앙이 아니라, 하나의 형이상학, "그노시스", 신비적 종파로 변하고 만다.

그리스도와 종교의 관계, 종교와 문화의 관계와 관련하여 영지주의가 제기한 문제들은 소위 기독교 문명의 발달과 더불어 더욱 첨예해졌다. 중세 사회가 아주 종교적이었고 그 종교가 기독교였다는 사실은 의심의 여지가 없다. 그러나 그리스도가 과연 그 문화의 주인이었는가 하는 질문은 종교적 기관이 최고의 자리를 차지했다거나 그 기관에서 그리스도가 최고의 자리에 앉았었다고 말한다고 해서 응답될 수 있는 게 아니다. 그 종교적인 사회에서도, 과거에 이방 도시였던 로마에서도 그리스도인을 괴롭혔던 그 그리스도와 문화에 관한 질문이 똑같이 떠올랐고, 그에 따른 다양한 해결책이 제시되었다. 일부 수도원 운동과 중세의 종파들이 테르툴리아누스의 노선을 따랐다면, 아벨라르(Abelard)는 주후 2세기에 기독교 영지주의자가 제시한 것과 비슷한 대답을 내놓았다고 할 수 있다. 아벨라르의 사상은 내용 면에서는 영지주의와 아주 달랐으나, 정신의 측면에서는 후자와 아주 비슷하다. 그는 다만 교회가 믿음을 진술하는 방식에 대해 이의를 제기했을 뿐이다. 그런 방식이 유대인과 특히 그리스 철학을 좇는 다른 비그리스도인들로 하여금 마음으로 동의하는 어떤 것을 실제로는 받아들이지 못하게 막기 때문이라는 것이다." 그런데 그는 하나님과 그리스도에 관한 믿음과 그에 따른 행위 규범을 진술할 때, 그것을 문화적 최상급의 수준으로 끌어내린다. 즉 실재에 대한 철학적 지식과 삶의 향상을 위한 윤리 정도로 전락시킨다는 말이다. 영 단 번의 구속 사역이란 개념은 그리스도인으로서도 이해하기 어려운 것인데, 그 대신 그는 속죄의 도덕론을 대안으로 제시한다. 예수 그리스도가 아벨라르에게는, "그가 육체 가운데 있을 때 행한 모든 것이…우리에게 교훈을 주기 위한 것이었다"는 말이 시사하듯이, 앞서 소크라테스와 플라톤이 행한 수준을 뛰어넘는 위대한 도덕 선생이었다.[10] 한편, 철학자들에 관해서는 이렇게 말한다. "그들은 국가와 시민을 위하는 면에서…그리고 삶과 교리에 있어서 복음적이고 사도적인 면모를 완벽하게 보여 주며, 기독교와 비교할 때 조금도 아니 전혀 손색이 없다. 그들은 사실상 도덕적 성취를 위한 뜨거운 열정을 지닌 만큼 우리와 한통속이라 할 수 있다."[11] 이런 언사는 비그리스도인을 향한 넓고 관대한 정신을 잘 보여 준다. 하지만 이보다 더 중요한 점은, 복음을 이해하는 면에서 급진적 그리스도인의 그것과 확연히 다르다는 사실이다. 아벨라르의 윤리도 이와 똑같은 태도를 반영한다. 그가 쓴 「너 자신을 알라」(*Scito te Ipsum*)를 아무리 뒤져도, 가령 산상수훈이 그리스도인에게 요구하는 어려운 요구사항 같은 것은 도무지 찾을 수 없다. 거기에 나온 내용은 옳은 일을 하고자 하는 선한 자들과 그들의 영적 지도자를 위한 친절한 지침이다.[12] 그리스도와 문화 사이의 갈등은 모두 사라지고 없다. 교회와 세상 사이에 존재하는 긴장은 사실상 교회가 그리스도를 오해한 데서 생긴

---

9) 참고. J. R. McCallum, *Abélard's Christian Theology*, 1948, p. 90.
10) 같은 책, p. 84.
11) 같은 책, p. 62: 참고. Maurice De Wulf, *History of Medieval Philosophy*, 1925. Vol. I, pp. 161-166.
12) J. R. McCallum, *Abailard's Ethics*, 1935.

것이라는 것이 아벨라르의 생각이다.

II. "문화적 개신교"와 리츨

중세 문화에서 아벨라르는 비교적 외로운 인물이었다. 하지만 18세기 이래 그는 많은 주종자를 갖게 되었고, 과거에 이단적 가르침으로 간주되던 내용이 새로운 정통으로 자리잡았다. '문화에 속한 그리스도' 유형 속에는 서구 세계의 크고 작은 사상가들, 사회 지도자들과 교회 지도자들, 신학자와 철학자들이 정립한 수많은 견해가 존재한다. 그것은 합리주의와 낭만주의, 보수주의와 자유주의 등 여러 사조에 등장하며, 루터교도, 칼뱅주의자, 종파주의자, 로마 가톨릭 등 다양한 교단이 나름의 견해를 개발한다. 우리가 다루는 주제에 비추어볼 때, "합리주의", "자유주의", "근본주의" 등과 같은 이름표는 크게 중요하지 않다. 이런 이름표가 문화 사회 속에 여러 노선이 있다는 것을 보여 주긴 하지만, 다양한 문화에 걸쳐 그리스도를 영웅시하는 자들 사이에 존재하는 근본적인 통일성을 가리는 역할도 하기 때문이다.

이런 여러 인물과 운동 가운데 우선 「기독교의 합리성」(*The Reasonableness of Christianity*)을 쓴 존 로크(John Locke)를 들 수 있겠다. 이 책은, 이성을 사용할 뿐 아니라 그 이성을 "합리적인" 방식—이것이 극단을 피해 중용의 길을 발견한 잉글랜드 문화의 특징이다—으로 사용하는 자들에게 큰 호감을 불러일으켰다. 라이프니츠(Leibniz)도 이 진영에 속한다. 그리고 누구보다도 복음을 「이성의 한계 내에서의 종교」(Religion Within the Limits of Reason)로 해석한 칸트도 여기에 포함되는데, 여기서 "이성"은 당시 최고의 문화가 정의한 대로 '인간의 분석적이고 종합적인 지적 능력의 발휘'라는 뜻으로 사용되기 때문이다. 토마스 제퍼슨도 빠뜨릴 수 없는 인물이다. 그는 "나는 그리스도인이긴 하지만 그분[예수 그리스도]이 누구나 신자가 되길 원하기 때문에 그렇게 되었을 뿐이다"라고 선언했다. 그런데 그가 이런 선언을 한 시점을 보면, 신약 성경에서 자신에게 호감을 주는 예수의 말씀을 조심스레 발췌한 다음이었다. 몬티셀로(Monticello) 판결의 주인공[제퍼슨]에 따르면, 예수의 교리들은 이리저리 절단되고 훼손된 형태로 우리에게 내려왔을 뿐만 아니라 본래 상태에도 결함이 있지만, "이런 문제점에도 불구하고, 우리에게 주어진 그 도덕 체계를 그나마 우리에게 남겨진 많은 조각의 어조와 정신으로 채울 수만 있다면 모든 시대를 통틀어 가장 완벽하고 탁월한 인간의 가르침이 될 것이다." 그리스도는 다음 두 가지 일을 했다. "첫째, 그는 유대인이 가졌던 유일한 하나님에 대한 믿음은 인정하되 그분의 속성과 경륜에 대해 더 올바른 가르침을 주는 등 그들의 이신론(理神論)을 바로잡았다. 둘째, 친척 및 친구 관계에 관한 그의 도덕적 교리는 가장 훌륭한 철학자들의 그것보다 더 순수하고 완벽했으며, 유대인의 가르침보다 훨씬 더 뛰어났다. 아울러 친척과 친구, 이웃과 동족으로 제한하지 않고 모든 인류를 사랑, 평화, 공동의 필요, 공동의 도움이란 유대관계 아래 한 가족으로 묶어 보편적인 박애를 가르쳤다는 면에서는 양자를 모두 뛰어넘었다."[13] 제퍼슨과 함께 그리스도에게 갈채를 보내는 철학자, 정치가, 개혁가, 시인, 소설가 등은 모두 한 목소리로 이렇게 외친다. 예수 그리스도야말로 가장 위대한 계몽가요, 위대한 선생이요, 문화에 몸담은 모든 사람이 지혜와 도덕적 완성과 평화의 경지에 도달하도록 지도하는 분이라고. 또 때에 따라 그분은 위대한 공리주의자, 위대한 이상주의자, 이성의 사람, 다정다감한 인물 등으로 칭송되기도 한다. 이처럼 그리스도를 이해하는 데 어떤 범주를 사용하든지 간에, 한 가지 불변하는 게 있다. 그것은 그분이 지향한 것이 바로 '도덕적 훈련을 통한 평화롭고 협조적인 사회를 이룩하는 일'이었다는 것이다.

19세기의 여러 대표적인 신학자가 이 운동에 합류했다. 「종교에 관한 강연들」(Speeches on Religion)을 쓴 슐라이어마허가 그 중 하나다. 단, 그의 저서 「기독교 신앙」(The Christian Faith)에는 이 점이 아주 뚜렷이 나타나지는 않지만 말이다. 젊은 시절에 쓴 앞의 책은 '종교를 멸시하는 자들 가운데 문화인들'을 겨냥한다. 여기서 "문화"라는 말은 사회에서 가장 지성적이고 심미적이라고 스스로 생각하는 특수 집단을 가리키는 것이지만, 슐라이어마허는 자신이, 영지주의자와 아벨라르가 그랬듯이, 넓은 의미의 문화의 대표자들도 대상으로 삼는다고 주장한다. 그는 또 그들과 마찬가지로 걸림돌이 되는 것은 그리스도가 아니라 교회의 가르침과 의식(儀式)이라고 믿는다. 그리고 그리스도를 종교의 견지에서 다루는 점도 그들과 함께 하는 측면이다. 이렇게 묘사된 그리스도는 신약 성경의 예수 그리스도의 모습보다 유한과 무한 사이의 중재적 원리에 더 가깝다. 그리

---

13) P. S. Foner, *Basic Writing of Thomas Jefferson*, pp. 660-662에 실린 편지로부터, Dr. Benjamin Rush, Apr. 21, 1803; 참고. 또한 Thomas Jefferson, *The Life and Morals of Jesus of Nazareth, extracted textually from the Gospels*.

스도는 문화에 속해 있다. 왜냐하면 문화라는 것은 '무한을 향한 감각과 취향'이 없으면, 문화적 활동에 수반되는 '거룩한 음악'이 없으면, 빈곤해지고 부패하기 때문이다. 이와 같은 종교의 그리스도는 사람들에게 자기를 위해 가족과 친척을 떠나라고 요구하지 않는다. 오히려 그들의 가정을 비롯한 모든 관계 속으로 들어가서 모든 현세적인 일에 무한한 의미를 더해 주는 은혜로운 존재가 된다.[14]

칼 바르트는 슐라이어마허에 대한 긍정적 평가와 비판을 겸한 탁월한 글에서, 그의 두 가지 관심사의 이중성과 통일성을 강조한다. 슐라이어마허는 그리스도 중심적 신학자인 동시에 근대인이 되기로 결심하고, 문화 활동과 과학의 발달, 국가의 보존과 예술의 개발, 가정생활의 향상과 철학의 진보 등에 전적으로 참여했다는 것이다. 그리고 이 두 가지 과업을 수행할 때 자신이 두 주인을 섬긴다는 느낌이나 긴장감이 전혀 없이 그렇게 했다고 한다. 어쩌면 바르트가 좀 과도할 정도로 슐라이어마허를 일관성 있는 인물로 보지 않았나 생각된다. 하지만 그가 쓴 윤리적 저술들과 「종교에 관한 강연들」을 보면, 그야말로 그리스도를 문화에 적응시키는 한편 문화로부터 그리스도에 가장 순응하는 요소들을 끌어내는, 이 유형에 속하는 인물임을 확실히 알 수 있다.[15]

---

14) *On Religion*, John Oman trns., 1893; 참고. pp. 246, 249, 178 *et passim*.
15) K. Barth, *Die Protestantische Theologie im 19. Jahrhundert*, 1947, pp. 387이하; 참고. 또한 K. Barth, "Schleiermacher", in *Die Theologie und die Kirche*, 1928, pp. 136이하; Richard B. Brandt, *The Philosophy of Schleiermacher*, 1941, pp. 166이하. Schleiermacher는 다음 글에서 기독교 윤리와 철학적 윤리의 통일성을 가장 덜 모호하게 주장한다. "On the Philosophical Testament of the Idea of Virtue", in *Saemmtliche Werke*(Reimer), 제3부, Vol. II, pp. 350이하.

19세기가 칸트, 제퍼슨, 슐라이어마허의 시대로부터 헤겔, 에머슨, 리츨의 시대로, '이성의 한계 내에서의 종교'로부터 '인간성의 종교'(religion of humanity)로 움직이는 동안, 문화의 그리스도(Christ-of-culture)라는 주제곡은 여러 모양으로 변형되어 거듭 거듭 울려 퍼졌으며, 그리스도를 반대하는 자와 급진적 그리스도인으로부터 비난도 받았고, 그리스도와 문명의 차별성은 유지하되 둘 다에 충성하려는 다른 입장들과 합병되기도 했다. 오늘 우리는 그 시대 전체를 뭉뚱그려 문화적 개신교의 시대라고 부르곤 한다. 하지만 동시에 그에 대해 비판할 때는 똑같은 19세기에 속한 키르케고르와 모리스(F. D. Maurice) 같은 인물의 도움을 받아 그렇게 한다. 그리스도와 문화를 동일시하는 운동이 19세기 후반에 절정에 도달했다는 점은 틀림없는 사실이다. 그리고 그 시대를 대표하는 동시에 이 유형을 대변하는 가장 유명한 인물이 앨버트 리츨(Albert Ritschl, 1882-1889)이란 점도 의심의 여지가 없다. 리츨은 제퍼슨과 칸트와 달리 신약의 예수 그리스도를 늘 가까이 한다. 사실 복음서들과 초대교회 역사에 관한 집중적인 연구를 불러일으킨 부분적 책임이 리츨에게 있다. 그는 그리스도를 사랑하는 문화인들과 교회를 멸시하는 문화인들보다 교회의 신조를 훨씬 더 따른다. 또 스스로를 기독교 공동체의 일원으로 생각하며, 공동체의 맥락에서만 죄와 구원에 대해 의미 있게 말할 수 있다고 믿는다. 아울러 문화 공동체의 일원으로서 자신의 책임을 진지하게 여기는데, 이는 동시대인이었던 톨스토이가 과학과 국가, 경제생활과 테크놀로지에 대해 품었던 태도와는 전혀 다른 정반대의 극단에 해당한다.

리츨의 신학은 두 가지 토대를 지닌다. 그것은 계시와 이성이 아니라 그리스도와 문화다. 그는, 우리가 만인에게 자명한 궁극적인 이성의 진리를 찾아내 기독교의 자기비판을 시작해야 한다는 입장을 단호히 배격한다. 혹은 어떤 종교 기관이 선언한 교리를 받아들이거나, 우리의 경험 속에서 실재에 대한 강한 느낌이나 감각을 찾아냄으로써 그렇게 해야 한다는 입장도 배격한다. "기독교의 진정한 내용을 긍정적 형태로 설명해야 하는 신학은 그 내용을 오직 신약 성경에서만 끌어와야 한다"[16]라고 썼다. 개신교가 주장하는 성경의 권위가 그래야 할 필요성을 입증해 주긴 하지만 그 근거에 해당하는 것은 아니다. 교회가 그리스도의 토대가 아니라, 그리스도가 교회의 창설자이기 때문이다. "교회를 창설한 그 인물이…기독교적 세계관의 열쇠이고, 그리스도인의 자기 판단과 도덕적 노력의 표준인 동시에 기도와 같은 종교적 행위들을 어떻게 수행해야 할지를 보여 주는 표준이다."[17] 그래서 리츨은 단연코, 신약에 나오는 예수 그리스도만을 출발점으로 삼는 기독교 공동체의 일원으로서 신학 작업을 시작하는 것이다.

그런데 사실상 그는 또 하나의 출발점을 지녔다. 그것은 바로 자연을 정복하려는 인간 의지를 그 원리로 삼는 문화 공동체다. 근대인이자 칸트주의자였던 리츨은 인간이 처한 상황을 기본적으로 사람과 자연의 갈등관계에 입각해서 이해한다. 일반 대중은 자연의 힘을 이긴 응용과학과 테크놀로지의 승리를 인간이 이룩한 최대의 업적으로 칭송한다. 물론 리츨도 자연의 정복에 깊은 인상을

---

16) A. Ritschl, *Rechtfertigung und Versoehnung*, 3rd. ed., 1889, Vol. II, p. 18.
17) A. Ritschl, *The Christian Doctrine of Justification and Reconciliation: The Positive Development of the Doctrine.* 1889, p. 202.

받은 게 사실이다. 그러나 도덕 사상가요 칸트주의자로서 그의 관심을 더 끈 것은 윤리적 이성이 인간 본성에 내면적인 양심의 법을 각인시키려는 노력이었다. 즉, 개인적 차원에서와 사회적 차원에서, 자유로우나 상호의존적인 덕스러운 인간들의 사회에서 덕스러운 존재로 사는 것을 이상적 목표로 세우고 그것을 지향하도록 하는 것이다. 윤리적 영역에서는 인간이 두 가지 문제에 직면한다. 하나는 자신의 본성을 정복하는 문제고, 다른 하나는 외부의 자연 세계가 자신의 고상한 관심사에 무관심하다는 사실로 인해 생기는 절망감을 극복하는 문제다. 리츨이 기정사실로 받아들이는 것은 "인간이 스스로를 자연으로부터 구별하는 것과 자연에 대항하여 혹은 그것을 이기고 스스로를 보존하려는 인간의 노력이다."[18] 인간은, 본인의 경우든 타인의 경우든, 개인적인 삶 자체를 하나의 목적으로 삼아야 한다. 문화적 작업은 모두 자연과의 갈등에 그 뿌리를 두며, 그 목적은 개인적, 도덕적 실존의 승리에 있다. 칸트의 용어를 빌리자면 목적의 왕국(the kingdom of ends)을 이룩하는 일이고, 신약 성경의 표현에 따르면 하나님의 나라를 완성하는 일이다.

이 두 개의 출발점을 가진 리츨은 자칫하면 중간형 그리스도인, 곧 두 가지 별개의 원리 사이에 존재하는 긴장이나 등급의 차이를 그대로 수용해 그 둘을 서로 묶으려 했던 유형에 속할 뻔 했다. 그의 저술 여기저기에 그런 경향을 시사하는 부분들이 있을지 모르겠다. 그러나 전반적으로 보면 그런 문제의식은 없었다. 다른 그리스도인들이 어려움에 직면하는 이유는 하나님, 그리스도, 그리스

---

18) 같은 책, p. 219; 참고. pp. 222이하.

도인의 삶에 관한 잘못된 해석 때문이라고 생각했다. 예컨대, 하나님에 관한 참된 교리와 용서의 진정한 의미를 깨닫게 해주는 비판적 방법 대신에 형이상학적 관념을 사용하기 때문이라고 했다. 그의 견해에 따르면, 문화와 자연 사이에 이원성(二元性)은 있을지언정 갈등은 존재하지 않는다. 기독교 자체를 하나의 중심만 있는 단일원이 아니라 두 개의 초점을 가진 타원으로 생각해야 한다. 한 초점은 칭의 혹은 죄사함이고, 다른 하나는 완전한 사회를 이루기 위한 윤리적 노력이다. 이 둘 사이에 갈등은 없다. 죄사함이란 하나님이 함께하심으로 죄인이 넘어질 때마다 다시 일어나서 윤리적 노력을 재개할 수 있게 해주는 것을 뜻하기 때문이다. 리츨은 교회와 문화 공동체의 경우에도 이원성은 있으나 그 사이에 갈등은 없다고 생각했다. 그래서 교회를 세상으로부터 분리하는 수도원 운동과 경건주의를 맹렬히 공격했다.[19] 만일 교회가 모든 면에서 예수 그리스도를 의뢰하는 그런 공동체라면, 그것은 서로 다른 민족의 구성원들이 서로 사랑함으로 하나가 되고 하나님의 보편적 나라를 이루기 위해 모인 참된 형태의 윤리적 사회이기도 하다.[20] 여기에 그리스도인의 소명이 지닌 이원성이 있다. 반면에 중세의 가톨릭은 여기서 갈등을 발견한다. 그리스도인이 이웃 사랑에 이끌려 가정, 경제, 국가, 정치 등 여러 도덕 공동체에서 자기 과업을 수행하는 경우에만, 하나님의 나라를 구하라는 소명을 다할 수 있다는 것이다. 사실 "가족, 사유재산, (권위에 순종하는) 개인적 독립과 영

---

19) 참고. 그의 *Geschichte des Pietismus*, 3 vols. 1880-1886.
20) *Unterricht in der christlichen Religion*, 1895, p. 5; *Justification and Reconciliation*, pp. 133이하.

예"는 도덕적 건강과 인격 형성에 필수적인 요소들이다. 공동선을 위해 시민의 의무를 다하고 본인의 사회적 소명을 충실히 감당할 때만 그리스도의 모범을 좇는 게 가능하다.[21] 리츨의 사상에는 하나님의 일과 사람의 일을 별개로 보는 이원성이 존재한다. 하지만 그리스도인이 노력은 하지 않고 하나님에게만 의존한다고 비난하는 반기독교 분자들의 주장을 뒷받침해 주는 그런 유의 이원성은 아니다. 그 이유는 하나님과 사람이 모두 그 나라를 실현하는 일에 동참하기 때문이다. 하나님은 외부로부터 인간 공동체를 대상으로 일하는 분이 아니라, 그리스도와 양심을 통하여 공동체 안에서 일하는 분이기 때문이다. 끝으로, 그리스도 자신도 이중성을 지닌다. 그분은 제사장인 동시에 예언자이고, 은혜에 의존하며 기도하는 성례전적 공동체에 속해 있는 동시에 여러 기관에서 윤리적 노력을 기울여 자연을 이기고 승리하려는 문화적 공동체에도 속해 있다. 하지만 여기서도 어떤 갈등이나 긴장을 찾을 수 없다. 왜냐하면 그 제사장은 예언자의 이상이 실현되게 하려고 죄 사함을 중재하는 것이고, 그 기독교 공동체의 창설자는 동시에 문화의 역사에서 하나의 위대한 진보를 장식하는 도덕적 영웅이기도 하기 때문이다.[22]

리츨이 기독교와 문화의 완전한 화해를 이룩한 것은 대체로 하나님 나라의 개념을 통해서였다. 리츨이 이 용어에 어떤 의미를 부여했는지를 살펴보면, 얼마만큼 예수를 문화의 그리스도로 해석했

---

21) *Unterricht in der christlichen Religion*, pp. 53-54; 참고. *Justification and Reconciliation*, pp. 661이하.
22) *Justification and Reconciliation*, 제6장.

는지 알 수 있다. 그분을 두 가지 의미로 해석했는데, 하나는 사람들이 자신의 가치관을 실현하고 보존하려고 진력할 때 그들을 인도하는 안내자로 본 것이고, 다른 하나는 19세기의 문화적 관념에 의해 이해된 그리스도로 본 것이다. "기독교적인 하나님 나라의 개념은 그 구성원들 간에 서로 도덕적 행위 즉 모든 자연적이고 특수한 관계를 초월하는 행위를 주고받는 가운데 이루어지는, 범위와 강도 양 측면에서 가장 포괄적인 협회인 전 인류의 친밀한 교제를 가리킨다."[23] 여기에는 마지막에 하나님이 현현하실 것을 바라보는 예수의 종말론적 소망이 빠져 있을 뿐 아니라, 현재도 그분이 하늘과 땅의 주님으로서 우주를 다스리신다고 믿는 예수의 비(非)종말론적 신앙도 빠져 있다. 그는 온통 사람과 사람의 일만 언급할 뿐이어서 "하나님"이란 단어는 오히려 엉뚱한 침입자처럼 보일 정도다. 후대에 리츨의 추종자들이 이 점을 인식하고 '하나님의 나라'를 '인간의 형제관계'로 바꾸었는지도 모르겠다. 더욱이, 인간의 문화적 활동의 목적에 관한 이런 진술은 19세기 사상과 완전히 맥을 같이 한다. 우리가 살펴본 것처럼, 리츨이 예수 그리스도의 것으로 설명하는 하나님 나라의 개념은 사실상 칸트의 목적의 왕국 개념과 같다. 이는 또한 인류를 "사랑, 평화, 공동의 필요, 공동의 도움을 중심으로" 한 가족으로 모으고자 했던 제퍼슨의 소망과도 밀접한 관계가 있다. 그것은, 정치적 측면에서는 테니슨이 말한 "인간의 의회요 세계의 연맹"이다. 또 민주주의 문화가 존중하는 위대한 가치들—개인의 자유와 개인의 본유적 가치, 사회적 협조, 인류 보편

---

23) 같은 책, p. 284.

적 평화—의 종합이기도 하다.

　이제 리츨에게 공평하려면 또 하나의 측면을 덧붙여야겠다. 즉, 그가 그리스도를 문화의 눈으로 해석했을 뿐 아니라, 문화로부터 그리스도와 가장 잘 양립하는 요소들을 골라냈다는 것이다. 19세기 말에는 리츨이 문화의 열쇠로 삼았던 고도로 윤리적인 칸트의 관념론 외에도 많은 운동이 전개되었다. 어떤 이들은 예수 그리스도와 당시의 자본주의 혹은 민족주의 혹은 유물론적 흐름을 연결하려고 시도했으나, 리츨은 전혀 그러지 않았다. 설사 그가 기독교를 어떤 목표를 위한 수단으로 사용했더라도, 당시 문화가 설정한 여러 목표 가운데 기독교와 가장 잘 양립할 수 있는 목표를 선택한 것이다. 또 예수 그리스도가 지닌 하나님의 속성 가운데 권능과 정의와 같은 속성들은 제외하고 사랑의 속성만 선택했더라도, 그에 따른 신학은—풍자적인 모습이긴 하지만—여전히 기독교적인 색채를 지녔다. 더욱이, 리츨은 인간들이 역사상 훌륭한 인물을 본받는 등 스스로 아무리 노력해도 이룰 수 없는 어떤 업적을 그리스도가 이루었다는 사실을 충분히 인정하려고 애썼다. 그분은 죄 사함을 중재했고 또 중재한다. 그리고 인간의 노력과 지혜로 달성할 수 없는 그 불멸성을 밝히 드러낸다. 세계를 다스리는 인간의 지배력은 한계를 지닌다. 자신의 신체적 제약, 어쩔 수 없는 자연의 위력들, "자신이 의지하는 자들에 대해 참고 견뎌야 할 것" 등이 그것이다. 인간은 "스스로를 문명을 진보시키는 존재로 생각하지만", 자기 노력으로 자신과 맞서는 그 자연계를 정복하리라고는 기대할 수 없다. 이런 상황에서, 종교와 예수 그리스도—고등 종교의 선생으로서—는 사람이 초월적 하나님과 가까이 있다고 그리고 사람이 본래 초월적인 목표를 지향하는 존재라고 확신시킨다.[24] 물론 이런 내용은 마태나 바울이 전한 복음보다 임마누엘(St. Immanuel : 칸트)이 전한 복음에 더 가까운 것처럼 보인다.

그리스도와 문화의 문제와 관련하여 리츨이 내놓은 해답에 대해 더 자세히 다룰 필요는 없을 것 같다. 예수에 대한 충성에 이끌려 어떻게 모든 문화적 활동에 참여하게 되는지 그리고 어떻게 해서 모든 위대한 제도를 보존하게 되는지에 관해 굳이 그의 설명을 들을 필요는 없을 것이다. 특히 개신교도를 비롯한 대다수의 현대 그리스도인이 리츨의 저술을 읽지 않았더라도, 아니 그 이름조차 들어본 적이 없더라도, 그 전반적인 윤곽은 대체로 알기 때문이다. 부분적으로는 리츨의 영향력 때문에, 아니 오히려 리츨이야말로 두 번의 세계대전 이전에 널리 퍼져 깊이 뿌리박혀 있던 관념을 명시적으로 만든 대표적 인물이기 때문에, 그리스도와 문화에 관한 그의 견해는 여러 대표적인 신학자와 성직자들에 의해 재생산되어 왔다. 월터 라우쉔부쉬(Walter Rauschenbusch)의 사회 복음(social gospel)은 리츨에 비해 도덕적 위력은 더 크고 신학적 깊이는 더 얕지만, 그리스도와 복음에 대해 그와 똑같은 방식으로 해석한다. 독일의 하르낙, 잉글랜드의 가비(Garvie), 미국의 쉐일러 매튜즈(Shailer Matthews)와 매킨토시(D. C. Macintosh), 스위스의 라가즈(Ragaz) 등은 각기 나름대로 예수에게서 인간의 종교 문화와 윤리 문화의 위대한 전형(典型)을 발견한다. 대중적인 신학은 기독교 사상 전체를 '하나님의 아버지 되심과 인간의 형제관계'로

---

24) 같은 책, pp. 609이하.

축약한다.

이와 같은 기독론과 구원론의 배후에는 아무런 의심 없이 폭넓게 수용되는 공통 관념이 하나 있다. 인간이 처한 상황의 특징은 사람과 자연의 갈등관계에 있다는 생각이다. 인간은 도덕적 존재로서, 지적인 영으로서, 자기 속에도 일부 있지만 대부분 자기 바깥에 있는 비인격적인 자연의 힘들과 맞선다. 인생의 문제를 일단 이런 식으로 생각하면, 예수 그리스도를 영적·문화적 운동을 이끄는 위대한 지도자로, 자연을 정복하려는 인간의 분투를 지도하는 자로, 자연을 초월하려는 인간적 열망을 주도하는 자 등으로 이해하는 것이 거의 불가피해 보인다. 따라서 문화 신학에서는, 인간이 처한 상황이 근본적으로 자연과의 갈등관계가 아니라 하나님과의 갈등관계이고, 예수 그리스도가 그 갈등의 한복판에 희생자요 중재자로 서 있다는 생각은 결코 찾아볼 수 없다. 사실 이런 생각이 바로 교회의 전반적인 특징임에도 불구하고 말이다. 오히려 문화 신학의 눈에는, 인간의 딜레마와 그 해결책에 대해 이런 식으로 생각하는 그리스도인이 반(反)계몽주의자로 그리고 그 나라의 복음을 왜곡하는 자로 비친다.

III. 문화적 신앙에 대한 변호

우리 시대에 들어와 문화적 개신교에 대한 폭넓은 반발이 일어나는 바람에 이 유형의 중요성을 제대로 인식하지 못하는 것 같다. 이 입장을 우리가 거만한 자세로 대해서는 안 되는 이유는, 첫째 그것을 가장 신랄하게 비판하는 자들 가운데 자신들이 배척하는 그 태도를 오히려 공유하는 경우가 있기 때문이고, 둘째 그리스도를 문화에 이식하는 영구적인 작업은 그분의 통치 영역을 확장하는 데 반드시 필요할 뿐만 아니라 대단히 중요하기 때문이다.

근본주의자들이 소위 자유주의—문화적 개신교—를 자주 공격하는 현상은, 여러 근본주의자의 관심사가 시사하듯이, 그 자체가 일종의 문화적 충성심의 표현이다. 반(反)자유주의자 가운데, 전부는 아니더라도 많은 이가 예수 그리스도의 주되심에 대한 관심보다 옛 문화의 우주관과 생물학적 관념을 보존하는 데 더 관심이 있다. 그분에 대한 충성의 평가 기준은 창조의 방법과 지구의 멸망에 관한 오랜 문화적 관념의 수용 여부다. 이보다 더 중요한 사실은, 그들이 그리스도와 연결짓는 그 관습이 그들의 반대자의 경우만큼 신약 성경과는 거의 관계가 없고 주로 사회적 관습과 관계가 많다는 점이다. 예수 그리스도에 대한 순종을 금주 행습과 동일시하고, 초기 미국의 사회 조직 유지와 동일시하는 운동은 일종의 문화적 기독교다. 이 운동이 보존하려는 문화는 물론 그들의 경쟁자들이 존중하는 문화와 다르지만 말이다. 이 점은 민주적이고 개인주의적인 자유주의 '부르주아 기독교'를 비판하는 마르크스—기독교적 입장에도 그대로 적용된다. 19세기와 20세기의 개신교에 반대하는 로마 가톨릭의 경우도 13세기 문화로 되돌아가고픈 동기가 그 밑에 깔려 있는 것 같다. 즉, 현재 우리 문명과는 다른 종교적, 경제적, 정치적 제도와 철학적 사상으로 돌아가고픈 것이다. 오늘날 문화적 기독교에 대한 공격이 이런 식으로 전개되는 한, 이는 핵심 사항에 대해 입장을 같이 하는 자들 사이에 일어나는 일종의 집안 분쟁이라 할 수 있다. 말하자면, 그리스도는 문화에 속한 그리스도이고,

사람의 최대의 과업은 최상의 문화를 보존하는 일이라고 믿는 입장을 공유한다는 뜻이다. 기독교 세계 내에 문화적 가톨릭만큼 문화적 개신교를 닮은 것이 없고, 미국식 기독교만큼 독일식 기독교와 비슷한 것도 없으며, 노동자의 교회만큼 중산층 교회와 유사한 것이 없다. 이름은 서로 다르지만 논리는 똑같기 때문이다. 그리스도를 사람들이 최고로 훌륭한 이념, 최고로 고상한 제도, 최상의 철학이라고 생각하는 것과 동일시하는 논리다.

급진적 유형이 그렇듯이 이 입장도 그 반대자에게는 안 보이는 장점들을 갖고 있다. 예수 그리스도의 문화적 이식작업이 역사상 그분의 능력을 확장시키는 데 크게 기여했다는 점은 아무도 의심할 수 없다. 순교자의 피가 교회의 씨앗이라는 말은 어쩌면 반쪽 진리일지도 모른다. 오랜 옛날 사람들이 기존 관습에 순응하라는 대중의 요구와 공식적인 명령에 굴복하지 않았던 그리스도인의 한결같은 자세에 감동을 받았다면, 기독교 메시지가 당시 최고 스승들의 도덕 및 종교철학과 조화를 이루고 기독교적 행습이 그들의 훌륭한 영웅들의 그것과 일치하기에 매력을 느꼈던 것도 엄연한 사실이다.[25] 이 점에서는 문화도 교회와 마찬가지로 순교자를 갖고 있다고 할 수 있다. 그들의 무덤이 사회의 중생 운동의 모판과 같은 역할을 했던 것이다. 헬레니즘주의자가 예수와 소크라테스의 닮은 점을 찾을 수 있는 것처럼, 오늘날의 인도인들은 그리스도의 죽음과 간디의 죽음에서 유사성을 발견한다. 그리스도를 어떤 문화의

---

25) 주후 2세기에 이방인에게 매력을 주었던 기독교의 양면성은 다음 책에 잘 묘사되어 있다. Prof. H. Lietzmann, *The Founding of the Church Universal*, 1938, pp. 193이하. 참고. 또한 A. D. Nock, *Conversion*, 1933.

메시아로 해석하는 자들은 흔히 그리스도의 능력의 확장보다 그 문화의 구원이나 개혁을 목표로 삼지만, 사람들로 하여금 그분의 복음을 자신들의 언어로, 그분의 성품을 자신들의 이미지를 통해, 그분의 하나님 계시를 자신들의 철학의 도움을 받아 각각 이해하도록 도움으로써 후자에 크게 기여한다. 하지만 그들이 혼자 힘으로 이를 성취하는 경우는 매우 드물다. 문화를 거부하는 급진주의자를 제외하고, 그리스도와 문화의 문제를 붙들고 씨름하는 다른 그리스도인들이 이 작업에서 가장 큰 역할을 담당하기 때문이다. 하지만 그 방향으로 나가도록 강한 자극을 주는 것이 문화적 그리스도인이라는 사실도 부인할 수 없다. 복음을 '통속적인 언어'로 번역하는 일은, 이 집단의 일탈자들이 분명히 보여 주듯이 상당한 위험을 안고 있는 게 사실이다. 그러나 그런 위험을 피하려고 복음을 번역하지 않은 채 내버려두면 그것을 낯선 사회의 죽은 언어로 묻어 두는 위험을 끌어안는 셈이다. 문화적 기독교를 향해 성경적 사고방식으로 돌아가라고 촉구하는 비판가들은 성경에 여러 문화가 반영되어 있다는 사실을 잊은 것 같다. 성경에는 단 하나의 성경 언어가 없는 것처럼 단일한 성경적 우주론이나 심리학도 없다는 사실 말이다. 하나님이란 단어는 사람들에게 인간의 언어로 전달되며, 인간의 언어는 어떤 개념을 가진 문화적 매체다. 만일 신약의 저자들이 하나님의 아들 예수를 거론할 때 "메시아", "주님", "성령"과 같은 단어들을 사용할 필요가 있었다면, 그것을 해석하는 자들과 예수 그리스도의 해석자들도 "이성", "지혜", "해방자", "분신"과 같은 단어들을 사용할 수 있는 것이다.

    문화적 그리스도인이 예수 그리스도의 통치가 확장되는 데 기여한 점이 또 하나 있는데, 이는 그리스도가 비천한 자를 가까이 한 점을 자랑스럽게 생각하는 자들이 마지못해 인정하는 점이다. 문화적 그리스도인이 보통 사회의 지도층, 특히 종교를 멸시하는 문화인들을 대상으로 메시지를 전한다는 점이다. 그래서 과학, 철학, 정치, 경제 등에 대해 잘 아는 세련된 계층의 언어를 사용한다. 이런 의미에서 그들은 귀족층과 중산층, 혹은 새로 부상하는 권력층에 보내진 선교사라고 할 수 있다. 굳이 그럴 필요는 없지만, 그런 상황에서 그들이 상대방의 계급의식에 동참할 수도 있다. 그래서 상대방에게 '당신들은 예수 그리스도를 좇았던 비천한 무리에 속하지 않는다'는 것을 애써 보여 줄 수도 있다. 이것은 참으로 유감스런 잘못이다. 그러나 이는 자신이 하층 계급에 속한 것을 자랑스럽게 생각하고 그리스도가 자신의 처지에 동참하는 것보다 오히려 권력자를 높은 자리에서 끌어내리는 것에 더 감사하는 그런 자들이 빠지는 죄와 전혀 다를 바 없다. 뿐만 아니라 사회의 지도층이 기독교로 회심하는 일은 많은 대중이 회심하는 것만큼 교회의 선교에 중요한 의미를 지닌다는 점도 고려할 필요가 있다. 역사적으로 과거에는 그리스도를 멸시하는 문화인이었다가 나중에 그분의 종이 된 인물들이 많이 있는데, 그 가운데 바울이 그 회심 사건과 영향력 면에서 가장 상징적인 인물이 아닌가 생각한다.

'문화에 속한 그리스도'를 주장하는 입장은 이런 방식으로 복음의 인류 보편적 의미, 곧 예수가 선택받은 소수의 성도들에 국한되지 않고 온 세상의 구원자라는 진리를 유효하게 만들어 준다. 이와 더불어 급진적 그리스도인이 그냥 넘어가는, 신약의 예수 그리스도의 가르침과 삶에 내포된 특정 요소들을 분명히 포착한다. 그분은 그 시대에 적실한 인물이었고, 그 사회의 법을 긍정했으며, 자신의 제자들을 찾아서 자기 민족인 이스라엘의 잃어버린 양들을 찾도록 내보냈다. 그분은 세상의 종말뿐 아니라 실로암 망대의 붕괴와 예루살렘의 멸망과 같은 현세적 심판도 지적했다. 또 당시 자기 민족의 정당들과 다투기도 했다. 그분은 분명 예언자 이상의 인물이었으나 이사야처럼 자기 도시의 평안에 대해 관심을 보인 예언자이기도 했다. 그분은 세상에 영적 생명만큼 귀중한 것이 없다고 생각했으나, 병든 자의 죄를 용서하면서 그의 몸도 고쳐주었다. 그분은 근본 원리들과 하찮은 전통을 분명히 구별했다. 그분은 당대에 하나님 나라에 더 가까운 지혜로운 자들을 몇 명 찾았다. 그분은 무엇보다 먼저 하나님의 나라를 구하라고 제자들에게 명했으나, 다른 좋은 것들을 우습게 여기라는 충고는 하지 않았다. 또한 가족 제도, 성전의 질서, 세상에서 억압받는 자의 자유, 권력 있는 자의 책임 완수 등에 대해 무관심하지도 않았다. 예수의 내세 지향성은 언제나 현세적 관심과 짝을 이루었다. 그분의 복음 전파와 신적 능력의 발휘는 지금 여기에서 열심히 살라는, 인간에게 준 명령과 불가분의 관계에 있다. 장차 도래할 그분의 왕국이 현재에까지 영향을 미치기 때문이다. 설사 그분을 세속적 지혜를 가르치는 현인이나 사회 제도의 재편에 관심 있는 개혁가로 보는 것이 잘못이라 할지라도, 이런 해석은 적어도 그 정반대의 잘못—그분의 안목이 하늘에서 내려올 새 예루살렘에 고정되어 이 빌어먹을 세상에서의 인생살이에 필요한 그런 원칙들에 전혀 관심이 없었다고 보는 오류—을 바로잡는 역할을 한다.

급진적 그리스도인은 그리스도의 주되심이 명시적으로 인정되지 않는 영역은 모두 똑같이 어두운 곳이라고 생각한다. 반면에 문화적 그리스도인은 사회에서 벌어지는 여러 운동 사이에 커다란 차별성이 있다는 것을 인식하고, 그것을 잘 관찰해서 선교의 접촉점을 찾을 뿐더러 문화 개혁을 위해 일하기도 한다. 급진주의자는 아리스티푸스, 데모크리투스, 에피큐러스파와 나란히 소크라테스, 플라톤, 스토아학파도 배격한다. 그들은 폭정과 제정(帝政)을 거의 동일시하고, 강도와 군인이 모두 폭력을 사용한다는 면에서 비슷하게 보고, 그저 솜씨 좋은 사람이 만든 형상보다 그리스 조각가 피디아스가 깎은 동상이 더 우상 숭배를 유도할 위험이 크다고 본다. 또 현대 문화는 모두 개인주의, 이기주의, 세속주의, 물질주의로 오염된 한통속이라고 생각한다. 반면에 문화적 그리스도인은 어떤 문명이든 그 속에 서로 대립되는 요소들이 공존한다고 생각한다. 어떤 의미에서 예수 그리스도는 세계의 통일성과 질서를 주장하는 철학운동, 자기부인과 공동선을 지향하는 도덕운동, 정의에 대한 정치적 관심, 종교 분야에서 정직을 중요시하는 관행 등을 긍정한다고 생각한다. 그러므로 그들은 문화와 접촉하면서 예수를 현인으로, 예언자로, 진정한 대제사장으로, 타락할 수 없는 재판관으로, 서민을 위한 개혁가로 제시하는 것이다. 동시에 세상의 부정부패와 싸우는 세력을 격려하기도 한다. 영지주의자는 교회가 세상과 동떨어진 종파가 되는 걸 막는 역할을 한다. 가령, 아벨라르는 중세 사회의 철학적, 과학적 계몽과 참회 제도의 개혁을 위해 길을 예비한다. 또 문화적 개신교도는 그 특유의 부패로 위험에 처한 산업 문화를 향해 회개의 메시지를 전하는 자들이다.

　이런 식으로 말하면, 시대와 장소에 따라 아주 다양한 문화가 있으므로 문화의 그리스도는 자칫 카멜레온과 같은 존재가 될 수 있다고 누군가 반론을 제기할 것이다. 즉, "그리스도"라는 단어가 시대마다 자기 이상형에다 신비로운 특질을 갖다 붙이는, 일종의 정서적인 존칭어 정도에 불과하다는 것이다. 때에 따라 현인이나 철학자, 수도사, 개혁가, 민주주의자, 왕 등으로 변한다는 것이다. 물론 이런 반론은 상당히 타당성이 있다. 기독교화된 신비주의 종파가 말하는 기적을 행하는 초자연적 영웅과 '공산당원증을 가진 예수 동무' 사이에 무슨 유사성이 있는가? 혹은 스토아학파의 지혜보다 더 나은 것을 가르치는 선생과 "아무도 모르는 그 사람"(브루스 바튼이 1925년에 예수를 최고의 사업가로 묘사해서 베스트셀러가 된 책—역주) 사이에 무슨 비슷한 점이 있는가? 이에 대해 '문화에 속한 그리스도' 유형을 옹호하는 입장에서 다음 두 가지로 답변할까 한다. 첫째, 예수 그리스도는 사실 여러 얼굴을 갖고 있다는 것과, 이런 식으로 풍자하면 그래도 무시될 뻔한 어떤 특징을 부각할 수 있다는 점을 얘기할 수 있다. 둘째, 그리스도인이 그리스도와 여러 부류의 인물들(히브리 예언자들, 그리스의 도덕철학자들, 로마의 스토아학자, 스피노자, 칸트, 인도주의적 개혁가들, 동양의 신비주의자들) 사이에 유사점을 발견했다는 사실은 기독교의 불안정성을 시사하기보다 오히려 인간 지혜의 안정성을 가리킨다고 할 수 있다. 그리스도를 떠나서는 이른바 위대한 문화 전통에서 어떤 통일성을 찾기가 어렵지만, 그분의 도움을 받으면 그런 통일성을 파악하는 게 가능하다. 혹자는 이를 신학적으로 설명하고픈 생각이 들 것이다. 즉, 성령은 성자로부터만 나오는 게 아니라 성부로부터도 나온다고 그리고 그리스도에 대한 지식에 힘입어 이 시대의 영들과 하나님께로부터 나오는 영을 서로 구별하는 게 가능하다고 말이다.

IV. 신학적 반론

예수를 문화에 속한 그리스도로 제시하면 입장을 달리하는 그리스도인뿐 아니라 비그리스도인까지 반론을 제기한다. 기독교 영지주의자는 정통파뿐 아니라 이교도 저자들에게도 공격을 받는다. 자유주의 기독교는 칼 바르트뿐 아니라 존 듀이에게도 배척을 당한다. 마르크스주의자는 정통 칼뱅주의자와 루터교도만큼 기독교 사회주의를 싫어한다. 이처럼 여기저기서 제기하는 그런 반론들을 분석하는 것이 우리의 할 일은 아니다. 하지만 그리스도의 제자를 얻는 데 문화적 기독교가 급진적 기독교보다 더 효과적이 아니라는 점은 지적할 필요가 있겠다. 이 유형이 불신 사회나 지식층, 정치적 자유주의자, 보수주의자, 노동자 등 특정 그룹에게 복음을 전하는 것을 목표로 삼는 한, 복음전도의 목적을 달성하지 못하는 경우가 많다. 왜냐하면 필요한 만큼 멀리까지 나아가지 못하기 때문이거나, 문화 운동을 약화한다고 의심을 받기 때문이다. 문화적 그리스도인이 문화에의 적응 전략을 도입한다 해도 그리스도와 그 십자가가 사람들에게 걸림돌이 되는 걸 막을 수는 없는 것 같다. 아울러 이들에게도 "세상"과 싸우는 기독교든 동맹을 맺는 기독교든 모든 기독교가 부딪히는 일반적인 한계가 있다.

문화에 속한 그리스도를 전하는 복음전도자는 무엇보다 문명의 가치에 중점을 두는 자들의 요구를 충족할 만큼 멀리까지 나아가지 못하는 한편, 다른 학파에 속한 동료 신자들의 눈에는 너무 멀리 간 것처럼 보인다. 이런 점으로 볼 때, 그리스도와 문화의 문제에 대한 이런 응답은 신약 성경의 예수를 계속 왜곡하는 경향을 갖는다고 할 수 있다. 영지주의자와 문화적 개신교도의 경우 그런 적응 전략을 시도하다보니 외경에 속하는 복음서들과 새로운 예수의 전기(傳記)를 쓰고 싶은 이상한 충동을 느끼는 것이다. 그래서 복잡다단한 신약 이야기와 그 해석에서 어떤 단편적인 요소를 취해 그것을 예수의 핵심적 특징이라 부르고, 그것을 중심으로 그들 나름의 신비적인 인물을 재구성해 낸다. 어떤 이들은 제4복음서의 첫 대목을, 또 어떤 이들은 산상수훈을, 또 일부는 하나님 나라의 선포를 각각 기독론의 핵심 열쇠로 삼는다. 이런 요소는 모두 당대의 관심사나 필요에 적실하기 때문에 취한 것이다. 그러니까 그들이 청중과 호흡을 같이 하려고 찾은 그 접촉점이 사실상 설교 전체를 지배하는 셈이다. 그리고 그런 식으로 그린 그리스도의 초상화는 어떤 추상적 개념을 의인화한 것에 불과한 경우가 많다. 예수가 때에 따라 신령한 지식이나 논리적 이성, 무한에 대한 감각, 내면의 도덕법, 형제 사랑 등의 관념을 대변하는 인물로 그려지는 것이다. 궁극적으로 이런 공상적인 그림들은 성경 이야기의 위력에 완전히 부서지고 만다. 교회 감독들과 공의회의 공식적 조치가 있든 없든, 신약 성경의 증언 그 자체가 그런 그림들에 반대하는 입장을 늘 견지한다. 주후 2세기에 신약의 정경이 만들어진 과정이나 19세기와 20세기에 걸친 성경신학자들의 작업을 보면, 예수 그리스도가 그런 모습이 아니라는 것을 분명히 알 수 있다. 그분은 그런 초상화들이 그리는 모습보다 더 위대하고 더 낯선 인물이다. 이런 복음서들과 전기들은 그에게 무척 낯선 요소들을 내포한다. 성경적 그리스도의 언행을 거기서는 잘 찾아볼 수 없다는 말이다. 그래서 조만간에 분명히 드러나는 바는, 그 초자연적 존재가 곧 혈과 육을 가진 사람이고, 그 신비적 인물이 곧 도덕 선생이고, 그 도덕 선생이 곧 하나님의 권능으로 귀신을 쫓아낸 자이고, 성육신한 그 사랑의 영이 곧 분노의 예언자이며, 선한 목적을 위해 죽은 그 순교자가 곧 부활하신 주님이라는 것이다. 그분의 계명은 리츨의 해석, 곧 그분의 법과 소명에 따른 의무를 서로 조화시킨 그런 해석보다 더 급진적인 게 확실하다. 그리고 그분의 사명감을 단지 억압의 해방자가 지닌 전형적인 의식으로 억지로 해석해서도 안 된다.

이처럼 '문화에 속한 그리스도' 입장에 반대하는 반론은 얼마든지 더 열거할 수 있다. 그런 반론이 많든 적든 모든 고소장의 공통된 내용은, 당대의 문화에 대한 충성이 그리스도에 대한 충성을 너무 제한하는 바람에 그분이 그 이름을 빙자한 우상으로 인해 버림을 받았다는 것이다. 그런데 고소장의 어조가 너무 신랄하고 기소 조항도 너무 많은 경우가 자주 눈에 띈다. 사실 기독교의 법정은 물론이고 어떤 인간의 법정도 제자들의 충성과 배신을 측량할 자격이 없다. 그럼에도 문화적 기독교 입장이 명백한 위험성을 지녔다는 이유로 기독교의 주류는 한결같이 그 입장을 배격해 왔다. 게다가 그와 정반대 편에 있는 급진적 입장을 거부할 때보다 더 확고한 태도로 그렇게 했다.

배타적 신자들의 경우가 그랬듯이, 문화적 기독교가 부딪히는 신학적 문제들을 보면, 얼핏 실제적인 사안처럼 보이는 문제에 죄와 은혜와 삼위일체에 관한 이론들이 대단히 많이 개입되어 있음을 알 수 있다. 극단과 극단은 서로 만나는 법이다. '문화에 속한 그리스도'를 좇는 자들은 교회의 신학에 대한 일반적 태도에 있어서나 그 구체적인 신학적 입장에 있어서 '문화와 대립하는 그리스도'를 따르는 이들과 이상할 정도로 비슷하다. 그들은, 이유는 정반대지만, 급진주의자들처럼 신학을 무척 의심한다. 후자는 신학을 계시의 영역에 세상적 지혜가 침입한 것으로 간주하는 데 반해, 전자는 그것을 비이성적이라고 생각한다. 문화적 기독교는 또 급진주의자처럼 이성과 계시를 서로 분리하지만, 그 두 원리를 평가하는 방식은 다르다. 즉, 이성은 하나님과 구원에 관한 지식에 이르는 길이고, 예수 그리스도는 이성적 진리와 선을 가르치는 위대한 선생 혹은 종교적 이성과 도덕적 이성의 역사에 출현한 천재적 인물이라고 생각하는 것이다. 다른 한편, 계시란 이성적인 진리가 지능이 낮은 자들에게 스스로를 돋보이기 위해 입은 멋진 옷차림이거나, 이성의 역사적 성장 과정에 붙여진 종교적 이름이라고 생각한다. 이것이 문화적 그리스도인이 갖는 일반적인 사고방식이다. 그러나 급진주의자가 이성에 어느 정도 의존하는 것을 피할 수 없는 것처럼, 문화주의자도 순전히 역사적으로 주어진 사실에 의존하지 않고는 논증을 진행할 수 없다. 아울러 이성도 무한한 것과 도덕법에 관해 다룰 때 절대적 존재의 자기 계시에 관해 언급하지 않을 수 없다. 기독교 영지주의자는 말씀(the Word)이 육신이 되었다고 그리고 본디오 빌라도에게 고난을 받은 그 예수를 확고히 믿는다고 고백하는 순간 이교도들과 길을 달리하게 된다. 기독교가 존 로크에게는 아주 합리적인 종교다. 그러나 그것은 이성을 뛰어넘는 한 가지를 요구하는데, 이는 이 합리적인 사람이 합리적으로 거부할 수 없는 사항이다. 그것은 바로 예수를 그리스도로 인정하는 일이다. 리츨주의자들은 예수가 인간의 실천이성의 발달 과정에 속해 있다고 보지만, 그분이 자신들의 죄를 용서해 준다는 것이 초이성적 요소를 안고 있음을 시인한다. 그리고 그분을 하나님의 아들로 부르는 것은 일종의 이성적인 가치판단이지만, 이 어구가 어떤 의미를 지니려면 이성적 차원을 넘어서는 의미에서도 그분을 '하나님의 아들'로 불러야 한다. 여기에 일종의 불합리성이 존재하는 것이다. 그리고 이 불합리성은 흔히 이교도들이 주장하듯이 합리주의자들이 자신의 이익을 챙기기 위해 비겁하게 교회의 권위나 기독교 관습에 굴복했기 때문에 생기는 것이 아니다. 그것은 오히려 그들의 논증이 자신들의 개인적 내력과 사회적 역사 속에 현존하는 예수에 의해 역사적으로 조건지어졌을 뿐 아니라, 그것이 이성이 스스로에게 줄 수 없는 어떤 신념의 수용에 논리적으로 의존해 있기 때문이다.

이 두 점은 서로 밀접한 관계에 있다. 역사적 예수 그리스도는 이런 기독교 합리주의를 시험하는 사례라는 식으로 부정적으로 기술할 수도 있다. 만일 그의 출현이 '말씀이 육신이 된' 사건이 아니라 우연한 사건이라면, 사물 속에 있는 궁극적 패턴과 목적의 현시가 아니라 우발적인 사건에 불과하다면, 기독교 합리주의자의 논증은 모두 잘못된 것이다. 대체로 그들도 이 점을 다소 명시적으로 인정한다. 만일 그분이 그리스도가 아니라면, 그분이 인간 역사의 의미를 가리키는 모든 약속과 표지의 최종 성취가 아니라면, 그분이 인류 이야기에서 참으로 유망하고 중요한 요소들을 좌우하는 판단 기준이 아니라면, 그런 논증은 잘못된 것이다. 왜냐하면 그것이 사물의 본성과 맞지 않기 때문이다. 만일 자신의 도덕법에 완벽하게 순종한 예수 그리스도가 죽은 상태에서 다시 살아나지 않았다면, 만일 사랑이나 온전한 순종이 무능력과 허무함으로 끝난다면, 인간에게 요구되는 것과 인간에게 가능한 것에 관한 이 모든 추론은 사실과 정면으로 배치되는 것이다. 적어도 이런 식으로 문화적 그리스도인은 이성에 완전히 종속될 수 없는 계시가 현존한다는 것을 알고 그것을 부분적으로 인정하는 것이다.

급진주의와 문화주의, 곧 극단과 극단이 만나는 일은 죄, 은혜와 율법, 삼위일체에 대한 견해에서도 일어난다. 이른바 전적인 타락이란 개념—모든 인간이 타락했다는 의미와 인간 본성의 모든 면이 타락했다는 의미에서—은 두 진영 모두에게 생소한 것이다. 양자는 모두 죄의 소재를 한편으론 동물적 정념에서, 다른 한편으론 특정한 사회 제도들에서 찾는 경향이 있다. 급진주의자는 모든 문화가 죄와 연루되었다고 본다. 문화주의자는 악의 현존을, 무지하고 미신적인 종교, 만인을 이기적이 되도록 만드는 경쟁적인 관행들, 라우쉔부쉬가 말하는 이른바 다른 "초인간적인 악의 세력들" 등 일부 나쁜 제도들에 국한한다. 다른 한편, 둘 다 죄로부터 자유로운 영역이 있다고 가정한다. 전자의 경우 거룩한 공동체가 그런 영역이고, 후자의 경우에는 개인의 정신 즉 산꼭대기에 위치한 의로운 성품이라는 성채가 그것이다. 신령한 지식(gnosis)을 깨닫는 순간의 순수한 이성, 행위 이전의 순수한 의도, 깨끗하게 용서받은 개인의 종교생활, 기도 등에 있어서 사람은 죄의 세계를 초월한다. 이를 거점으로 삼아 그는 자신의 본성과 사회에 존재하는 악을 정복하러 나선다. 그러나 바로 여기서도 "우리가 죄가 없다고 말하면,

우리는 스스로를 속이는 것"이라는 경고가 울러 퍼진다. 칸트는 마음의 의도마저 오염시키는 뿌리 깊은 악을 간파했으며, 루돌프 오토(Rudolf Otto)는 이성적인 피조물이 모두 공유하는, 거룩한 하나님 앞에서 느끼는 불결한 느낌을 인식했다. 문화적 그리스도인은 그 신령한 지식에 접근하듯이 동료 신자들에게도 접근한다. 하지만 동료 신자들은 사실상 도덕과 종교에 있어 인간의 업적을 그리 높이 평가하지 않으며, 인간이 자신의 노력으로 세상을 괴로운 상태에서 구출할 수 있다는 자신감이 그리 강하지 않은 상태다.

'문화에 속한 그리스도'를 좇는 신자들은 급진주의자처럼 율법과 은혜의 문제를 다룰 때 율법 편에 서기를 좋아한다. 사람은 하나님의 법과 (사변적인 법과 실천적인 법을 포함한) 이성의 법에 순종함으로써 절대 진리를 아는 높은 지경에 도달하고 하나님 나라의 시민이 될 수 있다고 생각한다. 신이 베푸는 은혜의 행위는 인간의 사업을 보조하는 역할만 할 뿐이다. 때로는 하나님, 죄 용서, 심지어 감사의 기도조차 인간의 목표를 달성하기 위한 수단인 것처럼 보일 때도 있다. 당신이 신과 같은 모습이 되고 싶거나 자연을 주관하고 싶으면 은혜를 믿어도 좋다. 적어도 현대에 들어오면, 문화적 기독교가 자신을 신뢰하는 극단적 인본주의 운동을 낳기 십상이고, 이 운동은 은혜의 교리—및 은혜에 의존하는 태도—를 인간의 품위를 떨어뜨리고 인간의 의욕을 꺾는 것으로 여기게 되었다. 하지만 이와 다른 방향으로 전개된 운동들도 나왔다. 이런 현상은 문화적 기독교 자체가 얼마나 역설적인 성격을 지녔는지를 보여 준다. 즉, 우리 안에 소원을 두고 행하게 하시는 분은 하나님이므로 우리가 두렵고 떨림으로 구원을 이루어가야 할 필요성을 일깨워 주는 것이다. 합리주의가 아무리 큰 소리로 율법과 은혜의 신학이 비합리적이라고 외칠지라도, 결국에는 하나님의 나라가 선물인 동시에 [인간의] 과업이라고 겸손히 고백하게 되는 것 같다. 이는 예부터 내려오는 문제를 다시 한 번 진술하는 셈이다.

끝으로, 예수를 문화의 그리스도로 해석하려는 시도가 삼위일체의 문제와는 어떤 관계에 있는지 살펴봐야겠다. (적어도 현대의) 급진적 그리스도인은 삼위일체 신학의 발달이, 신자가 믿음의 내용을 이해하려고 노력하다가 생긴 결과가 아니라 문화 철학이 기독교 신앙에 도입된 결과라고 생각한다. 그런데 철학을 중시하는 문화주의자들도 이 교리를 좋아하지 않는다. 영지주의자는 삼위일체 이상을 요구하고, 자유주의자는 그 이하를 요구한다. 이 운동의 전반적 성향은 예수를 사람 속에서 작동하는 내재적인 신의 영과 동일시하는 것이다. 그렇다면 이 내재적이고 합리적인, 또 영적이고 도덕적인 원리가 자연 및 자연을 낳고 주관하는 그 권능과는 무슨 관계가 있는가 하는 의문이 제기된다. 이와 관련하여 영지주의자는 복잡한 억측을 통해 문제를 해결하려고 한다. 그리고 현대인은 자연으로부터 하나님을 논증하려는 시도를 모두 배격했으므로, 마침내는 하나님이 과연 존재하는지 그리고 종교인과 도덕적 인간이 내리는 가치판단이 또한 하나님의 존재에 관한 판단인지의 여부에 대해 불안하게 묻게 된다. 자신으로서는 문화생활과 윤리생활의 문제를 도무지 피할 수 없기 때문이다. 즉 지진과 불의 형태로 나타난 그 권능과 부드럽고 조용한 목소리로 말하는 그 존재가 서로 일치하는지, 인간이 자연과 대면할 때 인간을 초월하는 그것이 무자비하고 맹목적인 힘인지 예수 그리스도의 아버지인지 묻지 않을 수 없는 것이다. 예수 그리스도와 전능한 하늘과 땅의 창조주의 관계는 궁극적으로 문화의 보존에 관심 있는 사람에게 하나의 사변적인 질문이 아니라, 본인이 실존적으로 직면하는 근본적인 문제다. 이 문제는, 그가 '자신의 이상에 따라 빚은 세상에 천천히 무자비한 심판이 임하는' 종말론적 현상을 보는 순간 떠오르기도 하고, 과학과 건축 등 자신이 세운 모든 업적이 주어진 자연 질서에 부합하지 않으면 도무지 지탱될 수 없다는 것을 깨닫는 순간에도 떠오른다. 문화적 기독교가 견지하는 심령주의와 관념론은 자연주의로부터도 도전을 받는다. 자연주의와의 만남을 통해 자신이 하나님은 영(Spirit)이라고 말할 때 진리의 3분의 1만 주장한 셈이라는 것을 발견할 때도 있다. 그리고 역사적 사건들이 문명에는 그리스도의 영과 상충되는 다른 내재적인 영들도 존재한다는 것을 보여 줄 때, 다른 의문들도 떠오르게 된다. 결론적으로, 예수는 문화에 속한 그리스도라는 고백 이상의 것을 고백할 수 없다면, 아무도 정직하게 그런 고백을 할 수 없다는 점이 다소 분명해진다.

4장 · 문화 위에 있는 그리스도

I. 중립적 교회

어느 분야를 분석 대상으로 삼든 거기에 속한 인물, 사물, 운동을 단순히 양분하고픈 유혹을 받기 쉽다. 그것을 옳게 나눈다는 것은 곧 둘로 나누는 것이라고 생각하는 것이다. 기존의 사물들은 영적인 것이 아니면 물리적인 것이라고, 영적인 것이라면 합리적인 것이 아니면 비합리적이라고, 물리적인 것이라면 물질이 아니면 운동이라고 생각한다. 그래서 기독교를 이해할 때도 신자들을 "한 번 태어난" 자들과 "두 번 태어난" 자들로 나누고, 그 공동체들도 교회와 종파로 양분한다. 이런 지적인 성향은 모든 것을 내집단과 외집단으로, 자아와 타자의 견지에서 생각하는 어쩔 수 없는 본원적 경향과 맞물려 있는지도 모른다. 그 원인이 무엇이든 이처럼 양분만 하면, 언제나 상당히 많은 수의 혼합형이 따로 남게 된다. 가령 처음부터 흑과 백으로 구별할 경우, 우리가 파악해야 할 그늘은 대부분 회색 지대에 속할 것이다. 또 우리가 처음부터 기독교 공동체들을 교회와 종파로 양분하게 되면, 그 대다수가 잡종인 것처럼 보일 것이다. 현재 우리가 하는 작업도 마찬가지다. 그리스도와 문화라는 두 가지 원칙을 놓고 보면, 대다수의 그리스도인은 (문화를 배격하는) 그리스도에 대한 배타적 헌신과 (그리스도를 포함하는)

문화에 대한 헌신을 비합리적으로 섞어 보려는 타협적인 피조물로 비칠 것이다. 그들은 각각 요한일서와 영지주의자, 베네딕투스와 아벨라르, 톨스토이와 리츨 사이 어딘가에 위치한 것처럼 보일 것이다.

그런데 대다수의 기독교 운동—이를 중립적 교회라 부르자—은 반문화적 급진주의 입장과 문화 석응을 추구하는 입장을 모두 배격해 왔다. 물론 인간의 모든 노력에 죄가 스며들었지만, 그들은 그리스도와 문화의 문제를 풀려는 스스로의 노력을 타협적인 시도라고 생각하지 않았다. 이들은 근본적인 문제가 그리스도와 세상의 관계가 아니라 하나님과 인간의 관계에 있다고 보았다. 그래서 이런 확신을 품고 그리스도와 문화의 문제를 이런 관점에서 접근하게 되었다. 물론 중립적 교회의 테두리 안에 여러 다양한 집단이 포함되어 있지만, 그들에게 사회생활과 관련된 책임에 관해 물으면 몇 가지 공통된 대답을 한다. 이 공통점은 신학적 용어로 공식화되는데, 이런 신조가 그리스도인의 실제 생활과 무슨 상관이 있는지는 급진적 비판가들과 무비판적 추종자 모두에게 무척 모호해 보인다. 그러나 그 상관성은, 마치 상대성 이론과 양자 이론이 그 이론들을 전혀 모르는 수많은 사람이 동참하는 발명 작업, 의료 행위, 정치 행위와 크게 상관성이 있는 것만큼, 아주 큰 편이라 할 수 있다. 중립적 교회가 문화의 문제에 접근할 때 품는 신학적 신념의 하나는, 예수 그리스도는 하나님 곧 천지를 창조하신 전능하신 성부 하나님의 아들이라는 믿음이다. 이 신조와 더불어 중립적 입장은 그리스도와 문화를 둘러싼 토론장에다 모든 문화의 기초에 해당하는 자연의 개념을 도입한다. 그것은 바로 예수 그리스도의 순종의 대상이자 그분과 하나를 이루었던 하나님이 그 질서를 유지하는 선한 자연이란 개념이다. 이런 신념이 지배하는 곳에서는 그리스도와 세상이 단지 대립관계로만 있을 수 없다. 문화로서의 "세상"이 단순히 하나님이 없는 영역으로 간주될 수 없을 뿐 아니라, 적어도 자연으로서의 "세상"에 기초한 이상, 자연의 창조주요 통치자인 분에 의해 지탱되지 않으면 존재 자체가 불가능하다.

모든 중립적 집단이 공통적으로 가진 신념은, 사람은 그 본질상 하나님께 순종해야 할 의무가 있다는 것과 그 순종이 자연인과 문화인으로서 영위하는 구체적인 삶으로 나타나야 한다는 것이다. 전자의 경우, 그 순종의 대상은 전능한 창조주와 분리된 예수라든가 예수 그리스도와 분리된 자연의 창조주가 아니라, 어디까지나 '그리스도 안에 계신 하나님(God-in-Christ)'과 '하나님 안에 있는 그리스도(Christ-in-God)'이다. 사람은 성생활, 먹고 마시는 일, 타인에게 명령하고 순종하는 일 등 삶의 모든 국면에 걸쳐 하나님의 명령 아래 있으며 하나님의 명령에 의해 하나님의 영역 안에 있게 된 것이다. 이런 활동 가운데는 인간의 지성과 의지를 사용하지 않고 순전히 본능만으로 수행할 수 있는 게 없으므로, 또 인간은 일상생활을 영위할 때 자유롭게 움직일 수 있도록 창조된 존재이므로, 문화 그 자체가 하나님이 요구하는 필수사항이라 할 수 있다. 사람은 하나님에 의해 창조되고 그분의 명령을 받은 존재로서 자신에게 주어지지 않은 것을 성취할 의무가 있다. 하나님께 순종하여 많은 가치를 추구해야 한다는 말이다. 이 점에서 중립적 교회들은 모두 의견을 같이 한다. 물론 이런 문화생활과 더불어 금욕적인 삶도 실천해야 한다고 믿으며, 금욕의 정도에 대해서는 의견이 분분하지만 말이다.

이 주류파의 또 다른 특징은 죄의 보편성과 과격성에 대해 비슷한 신념을 지녔다는 점이다. 급진적 그리스도인은 자신의 거룩한 공동체를 죄의 영향권에서 제외하려 한다는 점과, 문화적 그리스도인은 죄가 인격의 깊은 부분까지 영향을 미친다는 것을 부인한다는 점을 앞에서 살펴본 바 있다. 이에 비해 중립적 그리스도인은 사람이, 개인적으로나 공동체적으로, 자기 안에서 거룩함을 발견할 수 없다고 확신한다. 그런데 가톨릭과 개신교, 토마스주의자와 루터교도가 이 점을 둘러싸고 끝없는 논쟁을 벌이고 또 서로 오해하기 때문에, 그들의 합의 사항을 분명히 진술하기는 어렵다. 그럼에도 그들이 공유하는 성례의 집행, 은혜로 구속받을 날을 바라보는 소망, 문화적 제도들에 대한 태도 등은 죄의 보편성과 과격성에 대해 기본적으로 합의함을 보여 준다. 그것을 명시적인 진술의 형태로 옮기기는 어렵지만 말이다.

앞서 설명한 두 극단을 모두 배격하는 이 중립적 신자들은 은혜와 율법의 문제에 있어 모든 종류의 율법주의를 거부한다는 면에 그 공통점이 있다. 하지만 그 안에 차이점도 물론 많이 있다. 개신교도는 가톨릭이 '행위를 통해 의롭게' 되려 한다고 비난하고, 가톨릭은 현대 개신교도를 마치 사회 공학의 도움을 받아 하나님의 나라를 세울 수 있는 것처럼 생각하는 독자적인 자들이라고 비판한다. 그러나 이런 비판은 어디까지나 상대편의 아벨라르와 리츨 같은 인물들을 겨냥한 것이며, 그 본류에 있어서는 서로 상당한 합의점을 갖는다. 은혜에 대한 견해에 있어서 토마스 아퀴나스와 루터의 관계는, 그들 각각이 영지주의자들 혹은 사회운동을 주도하는 근대주의자와 맺는 관계보다 더 가까운 편이다. 중앙에 위치한 그리스도인은 모두 은혜의 우선성과 순종의 필요성을 인정한다. 비록 형제를 사랑하는 행위와 하나님을 사랑하는 행위(이것이 언제나 우선적이다)의 관계에 대해서는 의견이 다양하지만 말이다. 그들은 인간의 문화 활동을 하나님의 은혜로부터 분리할 수 없는데, 그것은 모든 활동이 은혜로만 가능하기 때문이다. 하지만 은혜의 경험을 문화 활동으로부터 떼어놓는 것도 불가능하다. 아니, 사람이 인간 사회에 속한 눈에 보이는 형제를 섬기지 않으면서 (하나님의 사랑에 보답하여) 보이지 않는 하나님을 사랑한다는 것이 어찌 가능하겠는가?

중립적 그리스도인이 이런 공통점들을 지녔음에도 그리스도와 문화의 문제를 공략할 때 한 목소리를 내는 것은 아니다. 그들을 적어도 세 가지 가문으로 구분할 수 있다. 그 각각은 특별한 경우에 혹은 특정한 이슈와 관련하여 중립파에 속한 다른 운동들보다 오히려 극단파의 하나와 더 가까울 수도 있다. 그 가문들에다 종합론자(synthesist), 이원론자(dualist), 전환론자(conversionist)라는 이름을 붙일 수 있겠다. 이제 각 유형을 대표하는 인물들을 살펴봄으로써 이런 이름에다 의미를 부여해 볼까 한다. 이 작업을 시작하면서 다시 한 번 스스로에게 경고하건대, 우리가 설정한 가설적인 유형들과 역사적 인물들이 지닌 다양성 및 다채로운 개성을 서로 혼동해서는 안 된다는 것이다. 테르툴리아누스, 아벨라르, 톨스토이, 리츨 등이 어떤 전형적인 유형에 딱 들어맞지 않는 것처럼, 우리가 다룰 이 사람들도 우리가 만든 유형에 억지로 끼워 맞춰서는 안 되겠다. 그럼에도 우리의 단순화 작업은 그들의 두드러진 특색과 주요 동기를 부각하는 데 유용한 역할을 할 것이다.

II. 그리스도와 문화의 종합

그리스도와 문화의 문제를 다룰 때 자신이 "양자택일"의 관계가 아니라 "양자 모두"의 관계를 다룬다고 생각하는 그리스도인들은 언제나 존재한다. 하지만 이들로서는 문화적 그리스도인이 하는 식으로 그리스도와 문화를 모두 긍정할 수 없다. 왜냐하면 그들은 주님의 본성을 신약 성경의 재가도 없이 단순화하여 예수 그리스도의 정신과 당대의 의견을 서로 조화하려 하기 때문이다. 우리가 알다시피, 영지주의자는 가시적인 세상을 다소 비실재적이거나 기만적인 실체로 보기 때문에 그리스도를 완전히 내세적 존재로 만든다. 이에 비해 근대주의자는 사고와 행동에 있어 눈으로 볼 수 없는 것과 귀로 들을 수 없는 것을 평가절하하는 사회에 적응한 나머지 그리스도를 이 세상의 인물로 묘사한다. 반면에 종합론자는 그리스도와 문화를 모두 긍정하되 주님을 이 세상과 저 세상을 모두 지배하는 주인으로 고백한다. 그리스도를 당대의 견해에 맞추려는 자는 사람을 신격화하거나 하나님을 인간화하여 하나님과 사람의 차별성을 없애고, 신성을 가진 예수 그리스도나 인성을 가진 예수 그리스도 둘 중 하나를 예배한다. 반면에, 종합론자는 그 차별성을 유지하는 것과 더불어, 예수는 자기의 주님으로서 하나님인 동시에 사람이라는 믿음 즉 서로 혼동되거나 분리될 수 없는 두 가지 '본성'을 가진 한 인격이라는 역설적인 신념을 갖는다. 문화적 그리스도인의 경우는, 복음이 존재에 관한 사변적 진리나 가치에 관한 실천적 지식의 형태로 계시되었기 때문에 복음과 시대정신의 조화가 가능하다고 믿는다. 그러나 진정한 종합론자는 가치를 존재에 혹은 존재를 가치에 쉽게 종속시키는 일을 결코 하지 않는다. 그는 예수 그리스도를 로고스(Logos)인 동시에 주님(Lord)이라고 인식한다. 그러므로 그리스도와 문화를 모두 긍정할 때, 자신의 충성을 요구하는 그 그리스도는 조화론자들이 생각하는 것보다 훨씬 더 위대하고 복잡한 인물임을 알면서 그렇게 하는 것이다. 이 점은 문화에 대한 이해에도 그대로 적용된다. 그는 문화를 신적인 기원과 인간적 기원을 모두 가진 것으로, 거룩한 동시에 죄스러운 것으로, 필연성과 자유를 모두 지닌 영역으로, 이성과 계시가 모두 적용되는 분야로 생각한다. 종합론자는 그리스도의 의미에 관한 견해에서 문화적 신자와 뚜렷이 구별되고, 문화를 긍정한다는 면에서 급진주의자와 확실히 의견을 달리한다.

종합론자는 그리스도와 문화 사이에 어떤 간격이 있음을 보게 되는데, 이는 적응론자가 심각하게 취급하지 않고 급진주의자가 극복하려고 애쓰지 않는 그런 것이다. 그리스도가 가리키는 내세에서의 구원이라는 목표는, 근대주의가 불멸성이나 개인 종교와 관련하여 찾기 힘든 몇몇 대목을 거론하듯이, 복음의 이야기에서 소수의 구절을 언급한다고 충분히 시사할 수 있는 게 아니다. 그것은 사실 주요한 주제이기 때문이다. 또 사회생활의 위기 및 인간과 인간의 정의로운 관계와 관련하여 지금 행동하라고 요청하는 하나님의 요구도 박하와 회향의 십일조를 바칠 의무와 나란히 놓는 등 또 하나의 할 일인 것처럼 생각하면 안 된다. 그리스도의 여러 명령—모든 것을 팔고 자기를 좇으라는 것, 동료 인간을 판단하는 일을 그만두라는 것, 폭력을 휘두르는 자에게 다른 뺨도 돌려대라는 것, 스스로를 낮추고 모든 이의 종이 되라는 것, 가족을 버리고 내일을 염려하지 말라는 것 등—은, 종합론자가 보기에 일종의 풍유로 해석하거나, 장차 상황이 바뀌면 가능할 것으로 생각한다거나, 개인의 기질과 좋은 의도를 가리키는 것으로 해석함으로써 문명사회에서의 인간생활에 맞출 수 있는 것이 아니다. 그렇기 하기에는 너무나 명백한 가르침이기 때문이다. 그는 하나님이 창조주임을 알기에, 사람의 본성을 통해 주어진 그 요구사항 즉 이성적으로 자신의 자유의지에 주어진 명령임을 아는 그 요구사항을 만족시켜야 할 책임을 회피할 수 없다. 그는 마땅히 자식을 낳아야 한다. 성적 충동을 이성으로 제어할 수 없어서가 아니라, 자신이 바로 (다른 목적과 더불어) 그 목적을 위해 창조되었으며, 본성과 삶이 모두 긍정하는 그것을 부정하지 않고는 문화보다 앞서 자연적으로 (본성적으로) 주어진 그 요구사항에 불순종할 수 없기 때문이다. 그는 또 마땅히 사회적 관계를 맺어야 한다. 사회적이고 지적이며 자유로운 존재로, 어쩔 수 없이 집단의 일원으로(단, 개미집에 있는 개미나 크리스털 안에 있는 분자와는 다른 방식으로) 창조되었기 때문이다. 예수 그리스도의 법 이외의 다른 법들도 있다. 그리고 그것들도 하나님으로부터 오는 명령이다. 이런 이중성을 문화적 기독교나 급진적 신앙의 방식으로 취급하는 것은 그리스도와 문화 어느 것도 진지하게 여기지 않는 태도다. 그 이유는 그리스도의 진지함이나 창조주의 불변성 중 하나를 제대로 나타내지 못하기 때문이고, 또 이 둘이 서로 연결되기 때문이다. 우리가 "그리스도나 문화 중 양자택일을 하라"고 말할 수 없는 것은 양자 모두에 하나님이 관여하시기 때문이다. 그리고 그 둘 사이에 큰 차별성이 없는 것처럼 "그리스도와 문화 양자 모두"라고 말해서도 안 된다. 그 대신 우리는 우리의 법, 우리의 목표, 우리의 상황이 지닌 이중적 성격을 충분히 인식하는 가운데 "그리스도와 문화 양자 모두"라고 말해야 한다.

지금까지는 종합론자가 중립 지대에 속하는 다른 유형들과 대체로 의견을 같이 했다. 그들과 다른 점은 그리스도인의 삶이 지닌 이중적 성격을 분석하고 서로 다른 요소들을 단일한 구조로 묶으려 할 때 발생한다. 몇 가지 본보기를 통해 그 방법을 살펴보는 게 좋겠다. 그런 실례는 여러 기간에 걸쳐 여러 집단에서 발견할 수 있다. 초대교회, 중세 교회, 근대 교회, 로마 가톨릭과 성공회 가톨릭, 심지어 개신교에서도 찾는 게 가능하다. 신약 성경에서는 이 종합적 견해를 확실히 표명하는 문헌을 찾을 수 없다. 하지만 그런 뉘앙스를 풍기는 대목들 혹은 본문을 해치지 않으면서 이런 해결책을 담는 것으로 해석해도 무방한 대목들은 복음서들과 서신 부분에 많이 있다. 예를 들면 다음과 같다. "내가 율법이나 예언자들의 말을 폐하러 온 줄로 생각하지 말라. 폐하러 온 것이 아니라, 완성하러 왔다. 내가 진정으로 너희에게 말한다. 천지가 없어지기 전에는 율법은 일점일획도 없어지지 않고, 다 이루어질 것이다. 그러므로 누구든지 이 계명 가운데 아주 작은 것 하나라도 어기고 사람들을 그렇게 가르치는 사람은, 하늘나라에서 아주 작은 사람으로 일컬어질 것이요, 또 누구든지 계명을 행하며 가르치는 사람은, 하늘나라에서 큰 사람이라고 일컬어질 것이다."[1] "황제의 것은 황제에게 돌려주고, 하나님의 것은 하나님께 돌려드려라."[2] "사람은 누구나 위에 있는 권세에 복종해야 합니다. 모든 권세는 하나님께로부터 온 것이며, 이미 있는 권세들도 하나님께서 세워주신 것입니다.…그들은 하나님의 일꾼들입니다."³⁾

특히 계시와 철학적 지혜의 문제와 관련하여 종합적 응답을 제시하는 잠정적 시도는 주후 2세기의 변증가들 가운데서, 특히 순교자 저스틴(Justin Martyr)에서 찾을 수 있다. 테르툴리아누스의 동시대인이었던 알렉산드리아의 클레멘스가 이 유형을 대표하는 최초의 위대한 인물이다. 그가 예수의 매서운 명령과 더불어 문화를 통해 알 수 있는 자연(본성)의 요구사항 둘 다를 공평하게 취급하려는 노력은 소책자 「구원을 받을 부자는 누구인가?」에 어느 정도 시사되어 있으며, 「훈련가」(*Instructor*)와 「글 모음집」(*The Miscellanies*)에 더 분명히 나타나 있다. 부의 문제를 다룰 때 그는 교회가 부자에게 한 그리스도의 명령과 가난한 자에게 준 그분의 약속을 사용하여 부자로 절망에 빠지게 하는 걸 막기 위해 노심초사했다. 그래서 그런 말씀의 영적인 의미를 주지시키고, 부자로 하여금 부유한 중에도 소유에 집착하지 않는 스토아풍의 초연한 태도와 관대하게 베푸는 기독교적 덕을 배양하도록 도와야 했다. "부자로 살 능력이 없는 자가 아니라" 바로 그런 자가 "주님의 축복을 받는 자요 심령이 가난한 자며, 하늘나라를 유업으로 받는 자다."⁴⁾ 이 대목까지는 클레멘스가 문화적 그리스도인과 의견을 같이한다.

---

1) 마 5:17-19: 참고. 23:2.
2) 마 22:21.
3) 롬 12:1, 6.
4) *Who is the Rich Man That Shall be Saved*, p. xvi (*Ante-Nicene Fathers*. Vol. II).

그런데 이 금욕주의화한 기독교 혹은 기독교화한 스토아사상에다가 새로운 색채를 가미한다. 이처럼 복음을 부자의 필요에 적당하게 맞춘 다음, 그에 덧붙여 스스로 가난하게 된 주님의 사랑에 보답하라고 확실하게 요구한다. "우리 각자를 위해 그분이 자기 생명을 주셨다. 모두에게 똑같이. 그에 대한 보답으로 우리에게 우리 생명을 서로를 위해 주라고 요구하신다. 만일 우리가 형제들에게 생명을 빚졌고 구원자와 그런 상호 계약을 맺었다면, 어떻게 우리가 얼마 되지도 않고 낯설고 한시적인 이 세상의 재물을 쌓아놓은 채 꼭 붙들 수 있겠는가?"[5] 그렇다면 그리스도인의 경제 행위를 지도할 지침은 두 가지라 할 수 있다. 그리고 경제 사회에도 삶의 두 단계가 있다고 본다. 스토아풍의 초연함과 기독교적 사랑은 상충되지 않는 다른 행동을 각각 낳는다. 많은 것을 소유하되 그 소유물에 집착하지 않는 삶과 소유물이 없는 삶은 상치되지 않으나 동일한 것도 아니다. 하지만 이 두 가지 상태는 구원에 이르는 별도의 단계에 해당한다. 자기수양으로 구원을 추구하는 것과 그리스도의 구원 사역에 반응하는 것은 동일한 행위가 아니며, 그렇다고 서로 이질적인 관계도 아니다.

「훈련가」라는 책에서는 그리스도인의 훈련에 대해 다루며, 주님을 친절하고 지혜로운 가정교사로 묘사했다. 그분은 자신이 맡은 영혼들의 상태를 개선하고 그들을 훈련시켜 덕스러운 삶을 살게 하는 것을 목표로 삼았다고 한다. 그리스도의 목적은 교육이라는 위대한 문화 사업을 펼치는 일이었다. 뿐만 아니라 그분이 그리

---

5) 같은 책, p. xxxvii.

스도인에게 주는 훈련의 종류는, 클레멘스에 따르면, 주후 200년 알렉산드리아의 도덕적으로 진지하고 현명한 스승이 자기 학생들에게 주었던 훈련과 거의 다를 바 없었다.[6] 사실 최초의 기독교 윤리 교수인 클레멘스는 자신의 실제적인 교훈의 진실성을 보증하는 자들로서 플라톤, 아리스토텔레스, 제노로부터 아리스토파네스와 메난더에 이르기까지 다양한 인물을 기쁘게 언급할 수 있을 정도였다. 예수 그리스도는 하나님의 말씀, 곧 하나님의 로고스(이성)다. 클레멘스가 보기에, 실제적인 사안과 관련된 그분의 추론은 모든 건실한 추론과 별로 다를 바 없다. 따라서 「훈련가」에 나오는 기독교 윤리와 예의범절은 당시에 유행하던 스토아학파의 도덕 핸드북의 내용과 아주 비슷하다. 먹는 것, 마시는 것, 화장하는 것, 신발 신는 것, 공중목욕탕에서의 행동, 성행위, 명절 때의 행위 등 다양한 행동지침이 자세히 논의된다. 축복받은 자에게 어울리는 걷는 법, 자는 법, 웃는 법이 대단히 진지하게 다루어진다. 그 가운데 일부를 인용해 보면 이렇다. 우리가 음식을 먹을 때는 "손과 의자와 턱을 더럽혀서는 안 된다." "먹는 동안 말을 하지 말라. 입안에 음식을 가득 물고서 말하면 불쾌하고 불분명한 목소리가 나기 때문이다." "마실 때에는 얼굴을 찌푸리지 말라.…또 마시기 전에 눈을 보기 흉하게 굴리지 말라." "주님이 우리를 위해 사람이 되셨을 때 어떤 모습으로 마셨다고 생각하는가? 예의범절에 따라 마시지 않았을까? 일부러 그렇게 하시지 않았을까? 그분이 친히 포도주를 마신 것이 확실하니 안심해도 좋다."[7] 클레멘스는 예의범절에 관한

---

6) 참고. H. Lietzmann, *The Founding of the Church Universal*, 제8장.
7) 앞의 책, 제2권, 제1, 2장 (*Ante-Nicene Fathers*, Vol. II).

자신의 규율을 예수 그리스도의 모범이나 말씀과 언제나 연결지으려고 애쓰지만, 억지로 갖다 붙이기 일쑤고 구약 전체를 하나님의 로고스인 그리스도의 것으로 돌려야만 가능한 경우도 많다. 그분이 오천 명을 먹일 때 떡과 물고기를 사용한 것은 그분이 간단한 음식을 선호한다는 것을 시사한다. 남자가 면도를 하지 말아야 하는 이유는 그것이 자연에 거슬리는 행위이기 때문일 뿐 아니라 예수의 말씀 때문이라고 한다. "'너희의 머리타락까지도 다 세어 놓고 계신다.' 따라서 턱에 난 수염도 다 세고 계시고, 온 몸에 난 털도 마찬가지다. 그러므로 하나님이 그분의 뜻대로 그것들을 다 세었기에 그 뜻을 거슬러 털을 뽑아서는 안 된다."[8] 「훈련가」는 당시의 독자들에게보다 우리에게 더 유치해 보이는 이런 사소한 주제들을 많이 다루는 것과 더불어, 그리스도인에게 금주, 검약, 절제의 훈련을 강조한다. 제자에게 필요한 많은 사항 중에서 특히 최고의 문화가 제공하는 건전한 훈련과 관습에 반기를 드는 방종의 회피가 그에게 가장 기본적으로 요구되는 것이다. 클레멘스는, 설사 기독교가 어떤 의미로든 반(反)문화적이라 할지라도 그것은 풍습에 대한 개인주의적 경멸에서 비롯된 반문화 운동과는 아무 상관이 없다는 것을 충분히 인식한다. 그는, 자기가 무슨 짓을 하는지도 모른 채 안식일을 범하는 자와 자기 행동에 담긴 의미를 충분히 인식하는 자를 서로 혼동할 위험이 없다. 혹은 십자가에 달린 도둑과 십자가에 달린 그리스도가 모두 국사범으로 처형되었다 해도 그 둘을 혼동할 위험이 없다고 할 수 있다. 그리고 그리스도인도 모든 일상적

---

[8] 같은 책, 제3권, 제3장.

인 시험에 빠질 소지가 있다는 것도 안다. 이런 의미에서, 절제되고 예의 바른 삶을 사는 것을 그리스도의 윤리로 제시하는 그의 입장은 제자도를 쉽게 만들려는 자들의 입장과는 전혀 다른 것이다. 그는 그리스도를 소위 문화인에게 권하는 일에는 관심이 없고 미성숙한 자를 지혜롭게 훈련하는 일에 전념한다. "사람들이 고상하고 선하게 되는 것은 천성이 아니라 배움으로 가능하기 때문이다."[9] 궁극적 모범은 양떼의 위대한 목자 되신 그리스도다. 누구든 이 모든 도덕적 권면이, 주님을 사랑하는 제자로서 양떼를 먹이라는 그 계명을 들었던 사람에게서 나왔다는 사실을 유념하지 않으면 클레멘스를 오해할 수밖에 없다.

클레멘스에 따르면, 그리스도인은 무엇보다 양질의 문화적 표준에 걸맞는 훌륭한 사람이 되어야 한다. 절제된 개인적 행위에는 정직한 경제 행위와 정치적 권위에의 순종이 수반되어야 한다. 하지만 이것이 그리스도인의 삶의 전부는 아니다. 도덕적으로 훌륭한 삶을 넘어서는 또 다른 단계가 있다. 그리스도는 냉정한 현인의 성품보다 더 뛰어난 완전한 경지에 도달하라고 권하며 또 그렇게 되리라고 약속한다. 그것은 보상에 대한 기대나 처벌에 대한 두려움 없이 오직 하나님을 위해 하나님을 사랑하는 삶이다. 신의 사랑에 보답하여 자발적으로 이웃과 원수를 섬기는 선한 삶이다. 또 법률을 초월하여 자유로이 사는 삶이다.[10] 이런 유의 삶은 이 세상에 속한 것이 아니며, 그것이 완성될 날, 그것이 현실로 드러날 그 날

---

9) *The Miscellanies*, 제1권, 제6장.
10) 진정한 영지주의자의 삶에 대한 묘사는 다음 책을 참고하라. *The Miscellanies*, 특히 제4권, 제21-26장; 제5권, 제1-3장; 제7권, 제10-14장.

에 대한 소망이 현재의 삶을 가득 채운다. 클레멘스가 목사와 저자로서 행한 모든 일은, 자신이 믿는 그 하나님에 대한 완전한 지식에 도달하는 것, 그리스도의 사랑을 온전히 깨닫는 것, 다른 이들도 그렇게 되도록 돕는 것을 목표로 삼는다. 그가 믿는 그리스도는 문화와 대립하는 분이 아니라, 그 최고의 산물을, 자신이 사람들에게 그들이 노력으로 이룰 수 없는 것을 그들에게 선사할 때 사용하는 도구로 삼는 그런 분이었다. 그는 사람들에게 자기수양과 지적인 훈련에 진력함으로 장차 더 이상 그런 노력을 기울이지 않아도 될 내세의 삶을 준비하라고 권면한다. 클레멘스의 그리스도는 문화의 그리스도인 동시에 모든 문화 위에 계신 그리스도다.

클레멘스는 윤리적 차원에서 신약 성경과 세상에서 요구되는 삶을 서로 종합했을 뿐 아니라, 철학과 신앙의 차원에서도 그렇게 했다. 그는 예수라는 인물을 당대의 사변적 체계와 완전히 양립시키려고 재해석하지도 않았고 그리스 철학을 세상적인 지혜로 배격하지도 않았다. 그것은 오히려 "진리의 분명한 형상이요, 그리스인에게 주어진 신의 선물"이었다. 그것은 "율법이 히브리인을 '그리스도에게' 데려오듯 '헬레니즘의 정신'을 그분께 데려오는 선생과 같다."[11] 그에게 예술, 정치, 경제 등과 같은 다른 문화적 활동에 대한 관심도 있었다면 상당히 비슷한 태도를 취했을 것임에 틀림없다. "하나님은 우리에게 문화를 이용하되 거기서 머뭇거리며 시간을 보내지 말라고 권면하신다. 각 세대의 유익을 위해 때맞춰 주어진 모든 것은 주님의 말씀을 배우기 위한 예비 훈련 과정

---

11) 같은 책, 제1권, 제2, 5장; 참고. 제6권, 제7-8장.

이기 때문이다."[12]

이처럼 클레멘스가 문화에 대한 긍정적 태도와 그리스도에 대한 충성을 함께 묶으려고 시도한 때는 교회가 법적으로 여전히 금지되던 시기였다. 따라서 그의 사상은 교회 내에 위대한 사회 제도들을 지속하고 향상해야겠다는 의무감보다 건전한 도덕과 학습을 유지해야겠다는 책임감이 더 강했음을 반영한다. 즉 문화를 기독교화하는 문제보다 그리스도인의 문화에 더 관심이 있었다는 말이다. 교회 역사상 가장 위대한 종합론자라고 할 수 있는 토마스 아퀴나스는 모든 위대한 제도에 대한 사회적 책임을 완전히 떠맡았던 그런 기독교를 대변하는 인물이다. 부분적으로는 로마 가톨릭 교회가 자신에게 유리한 방향으로 나아갔고, 또 대체로 그의 사상 체계가 지적으로나 실제적으로 적합했기 때문에, 문화와 그리스도의 문제에 대한 그의 해결방식은 수많은 그리스도인에게 표준형이 되었다. 리츨식의 해답에 등을 돌린 많은 개신교인도 굳이 가톨릭교회로 이적할 필요를 느끼지 않은 채 토마스 사상에 매력을 느끼며, 성공회의 경우 그의 체계가 다수에게 이미 규범의 역할을 한다. 이런 면에서 그리스도와 문화의 문제에 대한 여러 노선은 역사적으로 교회를 구분하는 선과 일치하지 않는다.

토마스는 또한 그리스도와 문화에 대해 "양쪽 모두"의 입장을 견지한다. 하지만 그가 믿는 그리스도는 문화보다 훨씬 높은 위치에 있으며, 토마스는 둘 사이의 큰 간격을 감추려하지 않는다. 그의 생활방식 자체가 이 두 가지 권위, 두 가지 희망, 두 가지 출발점을

---

12) 같은 책, 제1권, 제5장.

어떻게 연합하는지를 잘 보여 준다. 그는 가난과 금욕과 순종을 서원한 수도사다. 급진적 그리스도인들과 함께 속세를 버린 셈이다. 동시에 그는 교회에 속한 수도사다. 당시에 교회는 문화의 수호자, 학문의 육성자, 열방의 재판관, 가정의 보호자, 사회적 종교의 감독자 역할을 했다. 그러니까 토마스라는 인물로 상징되는 이 거대한 중세 조직 그 자체가 이미 실질적인 종합이 성취된 것을 대변했던 것이다. 수도원 운동이 '문화와 대립하는 그리스도'에 순종하여 급진적인 데모를 벌인 대상은 세속적 교회다. 그런데 이런 반대 세력은 이제 그 급진성을 잃지 않은 채 교회 안으로 합병되었다. 이와 같은 종합 상태를 이룩하거나 유지하는 일은 결코 쉽지 않았다. 거기에는 온갖 긴장과 역동적인 움직임이 있었고 무리한 면도 없지 않았다. 세상에 있는 교회와 수도원에 속한 교회 모두 타락의 소지가 많았으나 동시에 서로를 개혁하는 역할도 했다. 교회와 문명, 이 세상과 저 세상, 그리스도와 아리스토텔레스, 개혁과 보존 등 두 요소의 연합은 사실상 후대에 상상력을 동원해 꾸며낸 이상적인 그림과는 너무나 달랐다. 그렇지만 그것이 현대 사회에서는 거의 기대할 수 없는 그런 종합이었음은 분명한 사실이다. 현 사회는 종합에 필요한 두 가지 요건을 결여하기 때문이다. 그 요건들이란, 문화적 종교 제도들이 복음을 희석하는 일에 대항하는, 폭넓게 퍼져 있고 대단히 진지한 급진적 기독교의 존재와, 이런 반대 세력을 수용하면서도 스스로를 지탱할 수 있을 정도로 통이 큰 문화적 교회의 존재가 그것이다.

토마스 아퀴나스는 앨버트 대왕처럼 이런 종합을 가능케 한 인물이 아니라 그것을 대표하는 인물이다. 그보다 앞선 플라톤과 아리스토텔레스와 같이, 그는 사회적 발전 단계의 마지막에 등장하여 그 근본 원리를 설명한 사람이다. 그의 영향력도 이 둘의 경우처럼 후대를 위해 유보되었다. 그의 사상 체계는 철학과 신학, 국가와 교회, 시민의 덕과 그리스도인의 덕, 자연법과 신의 법, 그리스도와 문화 등 양자를 서로 혼합하지 않고 잘 묶었다. 이런 다양한 재료를 갖고 이론적 지혜와 실질적 지혜로 구성된 거대한 구조물을 구축했다. 그것은 마치 성당처럼 길거리와 시장, 집과 궁정, 대학교 등 인간 문화를 대표하는 것들 가운데 튼튼하게 세워졌지만, 누군가 그 문을 통과해 보면 모든 세속적 관심사를 초월한 삶을 상징하는 소리와 색채, 행동과 모양을 갖춘 무언가 낯설고 넓은 새로운 세계를 접하는 느낌을 주는 것이었다. 후대에 등장한 슐라이어마허처럼, 그는 기독교 신앙을 멸시하는 자들 중 문화인을 대상으로 메시지를 전했는데, 이들과 함께 당대의 가장 진보적인 철학, 곧 이슬람교도와 유대인이 재발견해서 발전시킨 아리스토텔레스주의를 공유했다. 하지만 다른 한편으로는, 테르툴리아누스와 같이 지혜로운 자에게 감춰진 것이 어린아이에게 나타났다고 믿었다.

여기서 우리는 토마스가 문화의 윤리와 복음의 윤리를 서로 종합하기 위해 사용했던 방법에 초점을 맞출 생각이다. 그는 실천철학과 실천신학에 속한 인생의 목적, 인간의 덕, 법 등 여러 분야에서, 문화적 이성이 간파한 요구사항과 예수가 말한 것들, 지성인이 파악한 사물의 목적에 기초한 희망과 그리스도의 탄생, 삶, 죽음, 부활에 근거한 희망을 서로 묶어 신의 요구와 약속들로 이루어진 단일 체계를 구축했다. 이 모든 종합 작업의 지침이 되는 것―근거라고까지 말할 순 없지만―은 자연의 창조주와 예수 그리스도와 내재적인 영이 모두 동일한 본질을 갖는다는 신념—이를 일컬어 삼위일체 교리라 부른다—이다. 사람은 진리에 이르는 세 가지 길을 갖는 게 아니라, 세 가지 진리에 이르는 길을 받았다. 그리고 이 세 진리는 단일한 진리 체계를 이룬다. 여기서 우리는 성령의 문제는 제쳐놓고, 문화가 인간본성에 대해 말하는 바와 신앙을 통해 그리스도로부터 받은 바에 관해 살펴볼 생각이다.[13]

그리스도인— 및 모든 인간—은 자신이 마땅히 해야 할 일이 무엇인가 하는 물음에 답하려면, 먼저 그보다 앞선 질문—내 인생의 목적은 무엇인가?—을 물어 보고 답할 필요가 있다. 이는 자신의 본성, 자신의 근본 존재의 궁극적 목적을 발견하려는 노력으로, 이에 대한 합리적 응답은 당장에 하고 싶은 것과 바람을 모두 평가절하하게 될 것이다. 이성(그리스적 이성, 아리스토텔레스적 이성, 이 문화의 이성)이 이해하는 바에 따르면, 모든 본성은 목적 지향적 특징을 갖는다. 본성은 하나님의 창조물로서 인간을 향한 하나님의 목적과 그분의 요구사항을 계시하는 것이다. 우리는 우리 본성에 대해 하나님의 선물이자 인간의 활동인 이성을 통해 숙고할 때 그 목적을 알 수 있다. 토마스는, 우리의 존재 속에 내재된 그 목적이 (우리가 지성적이고 의지적인 존재로 만들어졌으므로) 우리의 잠재력을 완전히 실현하는 일, 곧 보편적인 진리 앞에 있는 지성 그리고 보편적인 선(善) 앞에 있는 의지가 되는 것이라고 확신한다.

---

13) Thomas의 윤리에 관한 이 논의는 다음 자료에 바탕을 두고 있다. *Summa Theologica*, 제2부, 섹션 1, 특히 Qq. 1-4, lv-lxx, xc-cviii; 참고. 또한 *Summa Contra Gentiles*, 제3권. 모든 인용문은 도미니칸 사제들의 번역본에서 따온 것이다. 참고. E. Gilson, *Moral Values and the Moral Life, The System of St. Thomas Aquinas*, 1931.

"보편적인 선 말고는 사람의 의지를 쉽게 할 수 있는 것이 없으며, 그 선은 피조물이 아니라 하나님 안에서만 발견되는 것이다. 그런즉 오직 하나님만 사람의 마음을 채울 수 있다."[14] 그리고 사람의 마음속에 있는 것, 그의 최고의 활동과 최고의 능력은 사변적인 이해에 불과하므로, "사람의 최종적이고 완전한 행복은 오직 신의 본질을 바라보는 비전 이외에 어떤 것도 있을 수 없다." "모든 지성적 존재는 그것을 이해함으로써 최종 목적지에 도달하게 되므로…인간의 지성도 하나님을 그 목적지로 깨달을 때 종착지에 다다르게 된다."[15] 이제까지 토마스는 기독교적 아리스토텔레스주의 입장을 견지했다. 그는 명상적 삶을 실제적 삶보다 우위에 놓는 아리스토텔레스의 주장을 되풀이했을 뿐이고 지성적 비전의 대상에 하나님이란 이름을 붙였을 뿐이다. 그는 또한 수도사의 삶을 높이 칭송하되, 그것을 타락한 세상에 대한 저항으로서가 아니라 감각과 현세성이 지배하는 세상에서 높이 솟아올라 불변하는 실재를 명상하려는 노력으로서 높이 평가했다. 최종 목적을 이렇게 규정한 만큼, 토마스로서는 아리스토텔레스의 경우처럼 그런 목적과 인간이 실제 생활과 일반사회에서 추구하는 일반적인 목표들—건강, 정의, 현세적인 것들에 대한 지식, 경제적 재산 등—을 서로 조화시키는 게 얼마든지 가능했다. 이런 것들은 모두 행복에 필요한 조건이고, "우리가 사물을 옳게 직시하면 모든 인간 직업이 진리의 명상가를 섬기는 일꾼임을 알게 될 것이다."[16] 그런데 토마스는 활동가와 명

---

14) Summa Theologica, II-I, Q. ii, art. viii.
15) 같은 책, Q. iii, art. viii; Summa contra Gentles, 제3권, 제25장.
16) *Summa Theologica*, II-I, Q. iv; Summa contra Gentiles, III, xxxvii.

상가로 구성된 인간 사회에 이중 윤리가 존재한다는 주장에 아리스토텔레스에서보다 신약 성경에서 얻은 바 인생의 최종 목적에 관한 이해를 덧붙인다. "사람이 현세에서 완전한 행복을 얻을 수 없는" 이유는 많은 악과 일시적인 것에 종속되었기 때문이다. 사람이 자기 문화에서 그리고 창조 때 하나님이 주신 선물―문화―에 의해 얻을 수 있는 것은 불완전한 행복일 뿐이다. 그 너머 영원한 세계 속에 또 다른 목표가 놓여 있는데, 그것은 인간이 아무리 노력해도 달성할 수 없는 것이다. 그 궁극적 행복에 도달하는 것은 인간이 이룰 수 있는 일이 아니고, 하나님이 예수 그리스도를 통해 인간들에게 값없이 주시는 것이다. 더욱이 그 대상에는 명상이라는 불완전한 행복에 도달한 자들뿐 아니라, 비철학적이고 비수도원적인 환경에서 바르게 살려고 최선을 다한 자들도 포함된다. 아울러 죄인들도 그런 복을 받는다.[17] 토마스는 한 계단씩 이어지는 연속적인 단계들을 제시하지는 않는다. 마치 실제적인 삶에서의 정직함이 명상의 불완전한 행복으로 이어지고 거기서 영원히 축복받은 완전한 행복으로 연결되는 것처럼 말이다. 거기에 단계들은 존재하지만, 한 단계에서 다음 단계로 넘어가는 데 도약이 필요하고, 어떤 도약은 당사자를 중간 단계를 가로질러 운반하기도 한다. 더 나아가, 천국으로의 수직 상승은, 언제나 인간의 행위를 내포하지만, 위로부터 성례전을 통해 주어지는 능력으로만 가능한 것이다.

사람에게는 이중의 행복이 있는데, 하나는 문화 안에서 영위하는 삶이고 다른 하나는 그리스도 안에서 사는 삶이다. 전자도 이중

---

17) *Summan Theologica*, II-I, Q. iii. art. ii. Q. v.

성을 갖는데, 하나는 실제적 활동을 통해 얻는 행복이고, 다른 하나는 명상을 통해 얻는 행복이다. 따라서 축복된 상태에 이르는 길은 여럿이지만 그 모두가 단일한 도로 시스템을 이룬다. 좋은 습관을 길러 도덕적 삶에 이르는 문화의 길이 있다. 지적인 자기지도의 길도 있다. 예수의 급진적 요구에 순종하는 금욕의 길도 있다. 은혜롭고 자발적인 사랑, 믿음, 소망의 길도 있다. 그런데 이 마지막 길은 사람이 스스로 찾을 수 있는 길이 아니고, 자기 힘으로 걸을 수 있는 길도 아니다. 토마스는 도덕적 선은 노력을 통해 온다는 것, 사회든 개인이든 인간적인 삶에 필요한 그런 습관을 형성하고 유지하려면 굉장한 노력이 필요하다는 것을 너무나 잘 안다. 신중함, 절제, 용기, 정의, 어떤 사고방식, 말버릇, 식습관, 기타 여러 습관이 모두 생활에 필요한 건 사실이지만, 그것들이 마치 동물에게 어쩔 수 없는 본능이 주어졌듯이 인간에게 자연적으로 주어진 것은 아니다. 인간은 본인의 동의나 협조 없이는 지배할 수 없는 존재다. 자신이 고통스럽게 획득한 것은 고통스럽게 전수해야 한다. 이른바 "단순한 도덕적 삶"이란 것이 일부 배타적 그리스도인으로부터 멸시를 받긴 하지만 실은 인간이 이룩한 굉장한 업적이다. 그것은 인간의 자유가 낳은 산물인 동시에 인간이 인간답게 살려면 반드시 필요한 것이기도 하다. 그것이 없이는 사회생활 가운데 불완전하나마 어느 정도의 행복을 성취하는 게 불가능하다. 인간이 시민으로서 필요한 평범하고 '속물적'이고 '부르주아적인' 덕을 갖추지 않고는 명상적인 삶의 덕과 행복을 열망할 수조차 없다. 이런 좋은 습관을 기르는 것은 어디까지나 인간의 책임이긴 해도, 완전히 홀로 그걸 배양하는 건 아니다. 이 영역에서조차 하나님이 가정, 국가, 교회 등 위대한 사회 제도들을 통해 계속해서 인간을 돕고 지도하시기 때문이다. 그런데 인간 앞에는 복음으로 말미암는 또 다른 행복이 있다. 그것은 "인간의 본성을 뛰어넘는 것으로서 오직 신성에 참여하여 신적인 덕으로써만 도달할 수 있는 것이다.…그러므로 인간은 하나님이 선물로 주시는 특정한 원리들을 덤으로 받을 필요가 있는데, 그래야만 자연적인 원리들에 의해 자연적인 목표를 지향하면서도(물론 여기서도 하나님의 도움이 없진 않지만) 초자연적 행복에 이르는 길로 들어설 수 있다."[18] 토마스는 (많은 문화적 그리스도인과는 달리) 최고의 계명들―마음과 뜻과 생명과 힘을 다하여 하나님을 사랑하고, 네 이웃을 네 몸과 같이 사랑하라는 것―이 요구하는 선이 얼마나 탁월하고 초인간적인 것인지를 충분히 이해한다. 그는, 믿음이 없을 경우 그것을 의지적 행위로 만들어 낼 수 없다는 것을 안다. 그리고 영광의 소망도, 그것을 품은 삶이 매력적으로 보인다 할지라도, 마음의 결의에 의해 생기는 게 아님을 안다. 그렇지만 그것들이 불가능한 미덕은 아니다. 또 우연히 생기는 행운의 선물도 아니다. 또 기분에 따라 이상한 도덕적, 영적 천재를 생산하는 변덕스런 자연의 산물도 아니다. 그런 미덕들은 하나님이 예수 그리스도를 통해 주시고 또 약속하시는 것이다. 그 맛보기는 이미 주셨고 장차 완전한 것을 주시겠다고 약속했다. 그 미덕들을 받는 자들은 그리스도의 성품에 참여하게 된다. 그들은 더 이상 자신을 위해 살지 않는, 자신의 테두리에서 벗어난 자들이다. 그들은 자신을 잊은 채 남을 사랑하는 능동적인 선의 소

---

18) 같은 책, II-I, Q. xlii, art. i.

유자들이다. 인간이 이런 신학적 미덕들을 아무리 열망하고 그리스도처럼 살고 싶어도, 단지 마음을 여는 일만 할 수 있을 뿐이다. 그 선물을 달라고 하나님께 강요할 수 없기 때문이다. 그리고 그 선물은 의로운 시민이나 수련 중인 수도사에게 오기 전에 십자가에 달린 도둑에게 먼저 올 수도 있다.

토마스의 법 이론도 이와 똑같은 특징을 지닌다. 인간은 법아래 있지 않고는 자유로이 살 수 없다. 말하자면 문화에 몸담아야 한다는 뜻이다. 그런데 법은 강자의 의지에서 나온 것이 아니라, 사물의 본성에서 발견된 참된 법이어야 한다. 토마스는 복음에서 인간의 사회생활을 위한 규율을 찾으려하지 않는다. 그런 규율들은 이성으로 찾아야 한다. 그것들은 그 전반적인 원칙에 있어서, 인간에게 공통적으로 주어진 조건 아래서 살아가는 모든 이성적 인간들이 분별할 수 있는 일종의 자연법이며, 궁극적으로 만물의 창조자요 통치자인 하나님의 마음속에 있는 영원한 법에 바탕을 둔 것이다. 이런 원칙들이 시민법의 형태로 구현되는 방식은 시대와 장소에 따라 다르겠지만 그 원칙 자체는 언제나 동일하다. 문화는 문화에 필요한 규율을 파악한다. 문화란 하나님이 주신 자연 안에서 하나님이 주신 이성이 이룩한 업적이기 때문이다. 그런데 이성적 인간이 발견해서 적용하는 법 이외에 또 하나의 법이 있다. 하나님이 예언자들과 무엇보다 자신의 아들을 통해 계시한 신법(神法)은 부분적으로 자연법과 일치하지만, 또 부분적으로는 인간의 초자연적 삶의 법으로서 그것을 초월한다. "도둑질하지 말라"는 명령은 이성과 계시 모두에서 발견되는 계명이다. "당신이 가진 모든 것을 팔아서 가난한 자에게 주어라"는 명령은 신법에서만 발견되는 것이다. 이 명령이 적용되는 대상은, 정직의 덕을 뛰어넘는 어떤 덕이 마음에 심겨진 사람, 이생에서 정의를 뛰어넘어 완전한 상태를 소망하며 그것을 지향하는 사람에게 국한된다.[19]

이를 바탕으로 토마스는 위대한 사회 제도들을 옹호할 뿐 아니라, 각각의 특성에 적절한 도덕적 원칙에 부합하는 지침을 제공하기도 한다. 이를테면, 급진주의자가 크게 의문시하는 사유재산이란 것을 정당화한다. 왜냐하면 "그것은 자연법에 저촉되지 않고 인간 이성에 의해 고안된 일종의 추가물이기 때문이다. 하지만 이성은, 외적인 재화의 사적인 운용은 정당한 행위지만 그것을 순전히 사적이고 이기적인 목적을 위해 사용하는 일은 옹호될 수 없다고 판단한다."[20] 이윤이 연루된 상거래는 합법적이나 덕스러운 행위는 아니며, 공정한 가격과 이자 금지의 원칙을 따라야 한다. 성경이 이자를 금할 뿐 아니라, "존재하지 않는 것"을 파는 게 이치에 맞지 않기 때문이다.[21] 정부, 국가, 정치권력 등이 제공된 것도 같은 이치다.[22] 즉 하나님이 인간을 사회적 존재로 창조했으며, 사회는 법적인 지침이 없이는 인간적 차원에서 존속될 수 없기 때문이다. 국가 너머에 교회가 있다. 교회는 사람으로 초자연적 목적을 지향하게 하고 성례전의 도움을 제공할 뿐 아니라, 신법의 관리자로서 현세적 삶이 질서를 유지하도록 돕기도 한다. 이성은 때로 그 기능을 충분히 발휘하지 못하기에 계시의 도움을 필요로 하고, 또 그것은

---

19) 법률에 관한 Thomas의 이론을 위해서는 *Summa Theologica*, II-I, Qq. xc-cviii를 보라.
20) 같은 책, II-II, Q. lxvi, art. 2.
21) 같은 책, II-II, Qq. lxxvii, lxxviii.
22) "On the Governance of Rulers."

행동의 배후에 있는 내면의 근원과 동기에까지 그 손길을 미치지 못하기 때문이다.[23] 하지만 교회는 세상과 수도회 양자에 속한 종교 기관인 만큼 이중적 조직이라 할 수 있다. 토마스의 종합적 체계를 보면, 이 모든 기관이 서로 유기적으로 연관되어서 각기 특정한 목적을 이루는 동시에 다른 목적들도 이루곤 한다. 여기서 이런 구조의 위계적 성격을 강조하여 그것을 마치 군대조직처럼 상상하기가 쉽다. 그러니까 맨 꼭대기에 있는 신적 입법자요 통치자로부터 지상의 대리자(교황을 필두로 한 교회)를 거쳐 군주와 귀족으로 그리고 이런 식으로 맨 아래에 있는 신하까지 내려가고, 그들은 무조건 복종만 하면 된다고 생각하는 것이다. 토마스의 사상에 위계적 원리가 있다는 점은 의심의 여지가 없다. 그가 파리에서 신학원장을 맡을 때 했던 취임 연설을 비롯하여 여러 곳에서 반복했던 강연 내용을 보면 그것을 알 수 있다. "하늘의 왕이요 주님이신 분이 영원 전부터 이 법을 제정하셨다. 즉, 그분의 섭리의 선물들이 중간에 있는 것들을 거쳐 가장 낮은 것에까지 이르러야 한다는 것이다."[24] 그런데 만일 토마스가 이런 노선을 따르면서도 각 기관과 각 개인 (이성적 피조물)에게 어느 정도의 독립성을 부여하지 않았더라면, 그처럼 매력적이고 성공적인 체계를 이룩할 수 없었을 것이다. 각각 고유한 목적을 지니고, 각각 공통된 이성을 통해 자기 행동의 목표와 법에 대해 나름대로 이해하며, 각각 어느 방향으로 나아갈지 그 의지 혹은 원칙을 지닌다. 위계 질서가 있는 건 사실이나 동양적인 독재와 같은 건 아니다. 그것은 어디까지나 자기 임무

---

23) *Summa Theologica*, II-I, Qq. xcix, cviii.
24) Gerald Vann, *St. Thomas Aquinas*, pp. 45-46에 인용됨.

를 수행하는 각 집단과 각 개인의 독립성을 어느 정도 전제하며, 공동의 정신과 피지배자의 동의도 전제로 삼는다.

이 공동의 정신이 13세기 문화에 현존했고 또 당시의 제도들이 서로 큰 긴장 없이 통일성을 이루었던 만큼, 토마스의 종합적 체계는 대단히 지적인 업적이었을 뿐 아니라 그리스도와 문화의 사회적 통합을 상징하는 철학적, 신학적 성취이기도 했다. 그 통일성이 깨진 것은 종교개혁과 르네상스에 의해 새로운 통일성이 생긴 때가 아니라, 14세기에 모든 갈등과 압박 가운데 새로운 통일성이 이룩된 직후였다. 우리가 이와 비슷한 종합의 본보기를 후대 역사에서 찾아보면 적절한 실례를 찾기가 무척 어렵다. 톨스토이와 리츨의 동시대인으로서 큰 영향을 미친 인물이었던 교황 레오 13세 (1810-1903), 곧 요아킴 페치(Joachim Pecci)를 이런 종합학파에 속한 사람으로 해석하고픈 유혹을 느낀다. 그는 그야말로 획기적인 재임 시절에 로마 가톨릭 교회를 고립주의에서, 즉 참된 기독교를 낯선 세상에 존재하는 이상한 공동체로 생각하던 사고방식에서 끌어냈다. 그는 "기독교인의 결혼", "기독교적 헌법", "인간의 자유", "시민으로서 그리스도인의 주요 의무에 관하여", "노동 계급의 조건" 등 여러 사회 회칙을 통해, 그리스도인의 공동생활에의 참여와 위대한 제도들의 유지 혹은 개혁에 대한 책임감에 대해 깊은 관심을 표명했다. 또한 교육의 증진과 철학 공부를 격려하는 면에서도 적극적이었다. "신적 지혜의 은총이 모든 것을 적재적소에 배치하면서 인류에게 제공한 자연적인 도움거리들은 멸시되어서도 무시되어서도 안 되며, 그 가운데 가장 중요한 것은 바로 철학의 올바른 사용이다."[25] 이와 동시에 그는 아무 긴장도 느끼지 않은 채 그리스도의 주되심을 선포했다. 왜냐하면 "그분은 모든 선하고 정의로운 것의 기원이요 근원이며, 인류는 오직 그리스도의 희생으로만 노예상태에서 해방될 수 있었고 그분의 능력으로만 보존될 수 있기 때문이다."[26]

그럼에도 불구하고, 레오 13세를 필두로 삼아 토마스주의를 기반으로 새로운 종합을 추구했던 모든 이는 사실 종합론자가 아니다. 그리스도와 문화의 종합이 물론 그들의 목표이긴 했지만, 토마스처럼 그리스도를 현재의 문화, 현재의 철학, 현재의 제도들과 종합한 것이 아니다. 그들은 '이방인들'에게 메시지를 전할 때, 상대방과 공유하는 공동의 철학을 바탕으로 논증하지 않고 토마스 시대의 철학을 그들에게 권했다. 토마스가 '지배자의 통치구조'에 관한 글을 썼듯이 레오 13세도 '기독교 민주주의'에 대한 담론을 쓰긴 했지만, 그는 토마스가 당시의 중세인들과 함께한 것처럼 근대 정치 운동에 동참하는 입장에서 쓰지 않고 봉건사회의 가부장적 정신으로 쓴다.[27] 그가 추구한 것은 그리스도와 현재 문화의 종합이 아니고, 또 다른 문화의 철학과 제도들을 재확립하는 일이었다. 이런 기독교는 종합적 유형에 속하기보다 오히려 문화주의에 속하는 것이다. 그것이 기본적으로 지향하는 문화는 물론 예수 그리스도와 특히 그의 교회가 중요한 부분을 차지하는 그런 문화다. 그러나 예수의 통치와 주되심이 문화적 종교 기관의 도그마, 조직, 관습

---

25) "The Study of Scholastic Philosophy", in J. D. Wynne, *The Great Encyclicals of Pope Leo XIII*, p. 36.
26) "Christ our Redeemer", in Wynne, p. 463. 참고. 또한 "On the Consecration of Mankind to the Sacred Heart of Jesus", Wynne, p. 454이하.
27) Leo XIII, "Christian Democracy", Wynne, p. 479이하를 보라.

과 너무 동일시되는 바람에 토마스의 종합이 지녔던 역동적인 평형상태가 사라지고 말았다. 단, 반사되고 굴절된 상태로 이론에만 남아 있을 뿐이다. 레오 13세의 말을 들어 보라. "우리가 말하는 그리스도의 법은 자연적인 도덕적 교훈이나 고대 세계가 획득했던 초자연적 지식, 즉 예수 그리스도가 완성해서 설명과 해석과 재가를 통해 가장 높은 차원으로 끌어올렸던 그것을 의미할 뿐 아니라, 그분이 우리에게 남겨 준 모든 교리와 특히 기관을 뜻하는 것이기도 하다. 그 가운데 가장 중요한 것은 교회다. 사실 교회가 완전히 끌어안고 포괄하지 않는 기관이 세상에 존재하는가? 그분은 자신이 영광스럽게 설립한 이 교회의 사역을 통해 아버지로부터 받은 그 직분이 지속되기를 원하셨다. 한편으로는 교회에다 인간 구원에 필요한 모든 도움거리를 부여했고, 다른 한편으로는 인간들에게 삶의 모든 부문에 걸쳐 그분께 하듯 교회에 순종하고 교회의 지도를 열심히 따르라고 지극히 강조하셨다."[28] 이런 입장은 로마 가톨릭의 문화적 기독교라고 볼 수 있으며 개신교의 사회 복음주의에 상응하는 것이다. 후자는 예수 그리스도를 민주주의 사회와 자유로운 종교 그리고 자유 윤리의 창시자요 완성자로 해석한다. 그런 입장을 가진 로마 가톨릭교도와 이런 개신교도 사이에 논쟁이 있다면 그것은 일종의 집안싸움일 뿐이다. 이는 양자의 일차적 관심사는 모두 문화에 있으며, 단지 사회 조직과 인간이 추구할 가치관에 대한 사상만 다르기 때문이다. 따라서 그들의 논쟁은 교회가

---

28) "Christ Our Redeemer", in Wynne, pp. 469-470. 내가 알기로, 레오 13세의 삶과 사역에 관한 가장 객관적인 묘사는 다음 책에 담겨 있다. Josef, *Papstgeschichte der Neuzeit*, Vol. II, 1934.

아니라 문화 사회 속에서 일어난다. 이런 가톨릭교도와 개신교도는 국가의 조직, 교육의 운영 및 내용, 노조의 통제, 참된 철학의 선택을 둘러싸고 서로 싸우는 것이지, 세상적인 일에의 참여 여부와 율법과 은혜의 문제 혹은 죄의 과격성 등을 논쟁거리로 삼지 않는다. 그런데 우리는 레오 13세가 곧 가톨릭이 아니며, 리츨이 곧 개신교가 아니라는 점을 반드시 유념할 필요가 있다.

그리스도와 문화의 종합을 보여 주는 더 나은 본보기는 성공회 주교였던 조셉 버틀러(Joseph Butler, 1692-1752)다. 그는 「종교의 유추」(*Analogy of Religion*)와 윤리적 주제들에 관한 여러 설교에서 과학, 철학, 계시, 이성적 자기사랑의 문화적 윤리―한마디로, 18세기의 잉글랜드 문화―를 기독교적 양심의 윤리, 하나님 사랑 및 이웃 사랑의 윤리와 연결하려고 애썼다. 토마스 아퀴나스의 사상과 견주어 볼 때 그의 사상은 견고한 성당이 아니라 잘 지어진 시골 교회를 닮은, 좀더 단조롭고 얄팍한 구조물인 것 같다. 거기에는 아치형 천장도 벽 날개도 없고, 제단도 그리 높지 않다. 미국에서는 로저 윌리엄스(Roger Williams)가 그리스도와 문화의 문제에 대해, 특히 정치 제도에 관해 나름대로 해답을 제시한 인물이다. 그의 해결책은 사회의 영역에서는 이성에다, 복음[신앙]의 영역에서는 그리스도에다 각기 권위를 부여하는 식이었다. 하지만 이런 식으로 구분은 했으나 서로를 다시 연합하지 못했기 때문에, 본인을 비롯한 여러 추종자가 종합 작업은 못 하고 두 권위가 평행선을 긋도록 내버려두었다. 이 평행선은 영적인 삶과 현세적 삶 혹은 개인적 도덕과 사회적 도덕을 서로 나누는 이분법을 초래하곤 했으며, 이에 대한 해결책은 문화적 기독교의 행습을 수용하든지 루터의 추종자들이 제시한 해결안을 받아들이는 길밖에 없다.

현대 기독교에서는 이런 종합론적 해답을 찾아볼 수 없는데, 그 이유가 우리 문화의 성격 때문인지 그리스도에 대한 이해 때문인지는 여기서 다룰 생각이 없다. 이런 해답을 갈구하는 소리가 여기저기서 들린다. 제발 그런 해결책을 좀 달라고 애걸하는 목소리 말이다. 하지만 아무 것도 눈에 띄지 않는다. 위대한 사상가도 없을뿐더러, 그보다 더 중요한 점은 활발한 사회참여, 그런 분위기를 풍기는 여론, 모든 곳에 침투하는 살아 있는 신앙을 찾아볼 수 없다는 사실이다.

III. 종합에 대한 의문

그리스도와 문화의 문제에 대한 종합론적 응답은, 그것이 토마스의 사상 체계를 수용하든 하지 않든, 모든 그리스도인에게 무척 매력적으로 보이는 게 사실이다. 인간에게는 연합을 향한 억누를 수 없는 욕구가 있으며, 그리스도인의 경우는 하나님을 하나라고 믿기 때문에 더더욱 통합을 추구할 만한 특별한 이유가 있다 하겠다. 경험과 성찰의 결과, 그가 만일 자신이 그리스도께 순종하려다가 자연과 문화를 부정할 경우 자기정체성을 유지할 수 없다는 것을 인식하거나, 그런 부정 자체가 사랑의 계명에 어긋나는 태도—사회 제도라는 것이 결국 사랑의 도구이므로—라는 것을 알게 되면, 그리스도와 문화 가운데 어느 것도 부정하지 않고 양자 사이에 모종의 조화로운 관계를 찾지 않으면 안 된다. 자기 안에서 도덕적 통합을 이루려는 욕구는, 이성적 원리들의 통일성과 이성이 지향하는 여러 실재를 함께 묶어 주는 통일된 원리를 발견하고자 하는 이성의 절박한 탐구욕과 짝을 이룬다. 이성은 이성과 계시가 종합될 때, 철학자의 탐구와 예언자의 선포가 혼동 없이 서로 묶일 때에야 비로소 그 굶주림을 해소하게 되는 것 같다. 도덕적, 지적 통합성을 향한 욕구와 사회적 연합에 대한 사회적 요구는 서로 불가분의 관계에 있다. 사회 자체가 사실 하나됨을 향한 다수의 욕구가 표출된 결과다. 사회적 질병들은 온갖 불화가 겉으로 드러난 것이며, 평화는 사회적 건강을 일컫는 또 다른 이름이다. 교회와 국가의 연합, 국가와 국가의 연합, 계급과 계급의 연합, 이 모든 것과 초자연적인 주님이요 그 동반자(Companion)인 분과의 연합은 신자라면 피할 수 없는 열망의 대상이다. 그런데 종합이란 것은 무엇보다도 하나님이 요구하시는 것이다. 그분은 하나 되게 하는 영의 형태로 인간 본성과 이성과 사회 속에서 활동하실 뿐 아니라, 그분의 말씀(words)과 로고스(Word)를 통해 스스로를 그렇게 계시하시기 때문이다. 구약의 교회와 더불어 신약의 교회에게도 "이스라엘아 들으라, 우리 하나님 여호와는 오직 하나인 여호와시니"라는 위대한 말씀이 선포되었다. 종합론적 응답은 이런 욕구와 요구를 충족하는 것처럼 보이기 때문에 그리스도인에게 언제나 매력적인 유형으로 남을 것이다. 설사 그 응답을 둘러싼 포장은 배격해야 하더라도 그 응답 자체는 궁극적인 정답의 상징으로 보일 것이다.

일부 급진주의자, 곧 배타적 신자들만 제외하면 모든 그리스도인이 시민의 덕과 공의로운 사회 제도를 중요시하는 종합론자의 견해에 동의할 것이다. 아우구스티누스주의자와 루터파 신자는 이런 미덕과 제도를 서로 다른 각도에서 보지만, 그것들이 그리스도의 제자와 하나님 나라의 시민에게 중요하다는 점에는 서로 의견을 같이 한다. 토마스주의의 특징은 정의의 기초를 이미 주어진 인간 본성과 세계의 본질에서 찾으려 한다는 점에 있다. "당위"(ought)란 "존재"(is)에 기초한다―이것이 거꾸로 하나님의 마음속에 있는 "당위"에 기초하지만―는 그의 주장은 그 실재론으로 인해 희망적 사고(wishful thinking)의 위험을 인식하는 모든 자에게 호소력을 지닌다. 이런 희망적 사고는 사회생활뿐 아니라 믿음에도 위험한 것이다. 장차 임할 하나님의 나라에 초점을 맞추게 되면 하나님의 현재적 통치를 쉽게 부인할 수 있기 때문이다. 현존하지 않는 것을 향한 욕구는 현존하는 것이 하나님이 아니라 사탄으로부터 온 것이라고 쉽게 단언할 수 있다는 말이다. 종합론자의 분명한 선언들, 곧 장차 통치하실 그 하나님이 지금도 통치하시고 과거에도 통치하셨다는 것, 그분의 통치는 사물의 본성 속에 있다는 것, 사람은 확고한 토대 위에 무엇이든 세워야 한다는 것 등은 호소력이 큰 게 사실이다. 그는 다른 어떤 기독교 집단도 제대로 표현하지 못하는, 하지만 모든 그리스도인이 공유할 필요가 있는 한 가지 원리를 그런 식으로 잘 표현한다. 그것은 곧 창조주와 구원주가 하나라는 원리 혹은 구원이 무엇을 의미하든 그것은 결코 피조물의 파멸을 뜻하지 않는다는 원리다. 좀더 실제적으로 표현하자면, 그는 구속받은 자들의 삶이 율법 아래 사는 삶보다 훨씬 더 고상하면 고상할지언정 그에 못 미치는 수준일 수는 없다고 아주 분명하게 주장한다. 아울러 율법은 결코 인간의 창안물이 아니고 하나님의 뜻을 담는다고 주장한다. 이런 주장과 함께 종합론자는 신자들에게 불신자와 손잡고 해야 할 일에 대한 지적인 토대를 마련해 준다. 테르툴리아누스와 같은 인물은 비그리스도인들에게 "우리는 여러분과 함께 항해도 하고, 싸우기도 하고, 땅도 개간합니다.…여러분의 뒷거래에도 동참합니다"라고 말하지만, 그리스도인이 그런 연합 전선을 펼 수 있는 근거는 제시하지 않으며, 어떻게 또 어디까지 협조할 수 있는지 그 지침도 제시하지 않는다. 반면에 문화적 그리스도인은 기독교의 원칙에 배치되지 않는 범위 내에서 불신자와 공동의 목적을 설정한다. 그런데 오직 종합론자만이 기독교 신앙과 그리스도인다운 삶의 독특성을 유지하는 동시에, 세상의 일에 신자와 불신자가 서로 협조하도록 든든한 토대를 제공하는 것 같다.

이와 더불어 종합론적 유형이 지닌 또 하나의 장점이 있다. 그것은, 복음이 약속하고 요구하는 바가 피조물을 향한 창조주의 계획에 관한 이성적 지식과 자연법에 대한 기꺼운 순종 이상의 것이라는 사실을 확고히 증언한다는 점이다. 급진적 비판가들은 클레멘스와 토마스가 제시한 율법관과 사랑의 목표가 얼마나 높은 것인지를 곧잘 잊어버린다. 종합론자의 눈에는, 그리스도인의 삶이 예수가 제자들에게 비유로 말한 종들의 삶과 비슷하다. 그들은 들에서 일하고, 식탁을 차리고, 집안을 정리하는 등 아무리 일해도 자기 의무를 완수할 수 없다. 그럼에도 이 자격 없는 종들이 마지막 날에 왕의 잔치에 초대를 받게 되므로 사실상 이중적인 예비 작업을 수행하는 셈이다. 그들의 모든 수고는 내면에서 빛나는 소망의 빛에 의해 그들의 몫으로 변형될 것이다. 월급봉투에 대한 기대감이 아니라, 돈으로 살 수 없고 공로로 얻을 수 없는 그 기쁨에 대한 기대감으로 인해. **그 이상의 것**이 있을 뿐더러 그밖의 **다른 것**도 있다. '이 모든 것과 더불어 천국도' 있는 것이다. 진정한 종합론자에게는 **그 이상의 것**이, 문화적 그리스도인의 경우처럼, 추후에 생각해 낸 것이 아니다.

교회뿐 아니라 문화도 이런저런 면에서 종합론자들에게 빚진 바가 대단히 많다. 서구 문명의 역사에서 클레멘스와 토마스 그리고 그들의 추종자들이나 동료들이 미친 영향은 참으로 헤아릴 수 없을 정도다. 예술, 과학, 철학, 법, 정치, 교육, 경제 제도 등 모든 방면에 걸쳐 엄청난 영향을 주었다. 이 집단에 속한 자들이 그리스의 지혜와 로마법을 현대 문화에 중재하는 역할도 했다. 그들이 또한 현 문명에서 단일한 종교 기관 가운데 최대의 영향력을 발휘하는 로마 가톨릭 교회를 형성하고 지도한 자들이다. 이밖에도 여러 중요한 종교 조직과 운동을 주도해 왔다.

우리가 그리스도와 문화의 문제에 대한 이런 반응이 믿음과 사회에 어떤 가치를 지니는지 곰곰이 생각해 보면, 이는 분명히 필요한 접근이라는 판단이 들고 어떤 진리(들)를 긍정하는 데 꼭 필요한 입장이라고 생각지 않을 수 없다. 하지만 이것만이 진리인가 하는 점은 그리 분명치 않다. 종합론의 구체적인 공식에 대한 구체적인 반대는 제쳐놓더라도, 다른 그룹에 속한 그리스도인들은 그 프로젝트 자체가 저절로 오류에 빠질 것이라고 지적한다. 그리스도와 문화, 하나님의 일과 인간의 일, 현세적인 것과 영원한 것, 율법과 은혜 등을 단일한 시스템으로 묶으려는 것은 결국 상대적인 것을 절대화하고, 무한한 것을 유한한 형태로 축소하며, 역동적인 것을 구체적인 것으로 만들 수밖에 없다고 한다. 다음 두 가지는 서로 별개라는 것이다. 즉, 피조물의 구조 자체에 하나님의 법이 새겨졌기에 본인이 이성을 통해 이 법을 알고 그에 따라 자신을 다스리는 법을 배워야 한다고 주장하는 것과, 그 법을 언제나 문화적 조건 아래 있는 이성의 언어와 개념으로 공식화하는 것은 서로 다르다는 말이다. 피조물의 입장에서 창조주의 법을 공식화할 때 그것이 상대적 성격을 지닐 수밖에 없음을 완전히 인정한다면 어떤 종합이 가능할지 모른다. 그러나 이제까지 기독교 역사에 등장한 종합론자의 응답을 보면, 창조 때 주어진 하나님의 법에 대한 문화적 견해와 그 법 자체를 동일시하지 않은 경우가 한 번도 없었다. 클레멘스가 모든 인간에게 자연스런 것이라고 이해한 것이 실은 병적일 정도로 편협한 것일 경우가 많다. 토마스 아퀴나스의 경우 자연 질서를 위계적으로 이해한 것은 다분히 역사적이고 중세적이라 할 수 있다. 편협한 진리와 역사적 진리가 현실에 부합한다는 의미에서는 참일 수 있지만, 어디까지나 단편적인 진리일 수밖에 없고 너무 강조하다 보면 참에서 멀어지게 된다. 따라서 어떤 종합이든 잠정적이고 상징적인 성격을 피할 수 없다. 그것은 어디까지나 창조의 법에 대한 단편적이고 역사적인, 따라서 상대적인 견해로 이루어졌으며, 구속의 법에 대한 단편적 예견(豫見)을 포함하기 때문이다. 그러나 만일 종합론자가 이 점을 인정하면, 그는 종합론적 응답과 다른 그 무엇을 받아들이는 길로 들어서게 된다. 그것을 시인한다는 것은, 모든 문화에 연속적이고 무한한 방향 전환의 필요성이 있다는 것을 인정하는 셈이기 때문이다. 아울러 자기가 종합론의 요소들을 갖고 만든 견해도, 교회와 사회 구조에 미친 그 사회적 업적과 같이, 잠정적이고 불확실한 것에 불과함을 시인하는 셈이기 때문이다.

흔히들 토마스가 전 생애에 걸쳐 역사적 이해를 결여했다고 지적하곤 한다. 이성이 역사의 연속적 흐름 가운데 문화의 모든 국면과 관계를 맺고 사회 제도들이 상당히 안정된 요소들을 지님에도 불구하고 언제나 변하는 것이라는 근대적 신념은, 모든 인간의 업적을 일시적인 것으로 보는 기독교 사상과 일치한다. 이처럼 일시적인 것을 자신의 이론의 근본 토대로 삼는 종합론자는, 문화의 변화가 그 상부 구조를 위협할 때 그것을 지키기 위해서라도 그 일시적 토대를 옹호하지 않으면 안 될 것이다. 따라서 논리적으로 볼 때, 그리스도와 문화의 문제에 대해 종합론적 해답이 제시될 때 그것을 수용하는 자들은 복음 자체를 변호하는 일보다 그 복음과 합쳐진 문화를 변호하는 데 더 신경을 쓸 수밖에 없다. 이 둘이 너무나 깊이 얽혀 있어서 해마다 문화가 시들 때마다 복음도 영향을 받지 않을 수 없게 된다. 복음을 중세나 근대, 봉건제나 민주제, 농업 문명이나 도시 문명 등 어느 것과 연합하든 간에, 또 그 종합이 로마 가톨릭적이든, 성공회적이든, 개신교적이든 상관없이, 종합론자는 한 문화의 회복이나 보존에 몰두하게 되므로 결국 문화적 그리스도인이 되고 만다. 그래서 문화적 보수주의가 이 학파 특유의 질병이 된 것 같다.

다른 한편, 이런 종합에의 노력은 그리스도와 복음을 제도화하는 결과를 낳는 것 같다. 어쩌면 그리스도의 법과 교회의 법을 동일시하지 않고도 종합이 가능할지 모른다. 즉, 그리스도의 은혜를 사회적 종교 기관(교회)의 사역으로 국한하지 않고, 그분의 주권을 자칭 그분의 후예라는 자들의 지배권과 동일시하지 않으면서도 양자를 종합할 수 있을지 모른다는 뜻이다. 스스로 교회라 부르는 그 사회적 종교 기관도, 국가나 학교 혹은 경제적 기관들과 마찬가지로 현세적 질서에 속한 인간의 성취물이라는 점을 인정하면서도 종합론적 해답을 내놓을 수 있지 않을까 하고 생각할 수 있다. 그러나 과연 그게 가능할지 의심스럽다. 만일 그리스도의 은혜와 법과 통치가 제도화되지 않는다면, 모든 종합은 다시금 잠정적이고 열린 상태가 되어 자유로운 주님 및 종교 기관이 아니라 그분의 명령에 순복하는 사람들에게 과격한 공격을 받고 방향이 전환되며 대치될 소지가 있기 때문이다.

이 모든 반론은 한 가지 점으로 귀결된다. 온전한 통합(integrity)과 평화는 그리스도인이 영원히 추구할 목표라는 것과, 그 통합을 인간이 고안한 일시적 형태로 구현하는 일은 결국 시간이 영원의 능력을 행사하려는 그리고 인간이 하나님의 권능을 행사하려는 일종의 찬탈행위와 같다는 것이다. 사실, 종합 작업이란 것을 순전히 상징적 행위로, 오류가 있을 수 있는 겸손한 시도로, 하나님의 행위가 없이는 완성될 수 없는 인간 편에서의 행위로 이해하는 입장과, 하나님의 나라에서 모든 것이 어떻게 들어맞는지에 대한 권위 있는 진술로 보는 입장은 서로 다른 것이다. 그런데 만일 전자의 경우라면 그것은 진정한 의미의 종합이라 할 수 없다.

이밖에 이원론자, 전환론자, 급진주의자들이 토마스주의자에게 가하는 다른 비판들도 있다. 여기서 잠깐 언급하고 싶은 것 하나는, 문화와 그리스도를 묶으려는 노력은 그리스도인을 등급에 따라 나누는 경향이 있다는 점이다. 그리스도인들을 낮은 법을 따르는 자와 높은 법을 따르는 자로, "심령주의자" 혹은 "영지주의자"로, 세속적 신자와 종교적 신자로 구분할 경우 거기서 온갖 문제가 생기게 된다. 물론 그리스도인의 삶에는 단계들이 있는 게 사실이다. 그러나 그 유한한 단계들을 밟아 올라가더라도 무한에 가까워지는 건 아니며, 어떤 제도화된 등급, 교육 방법, 예배 유형, 판단의 표준이라도 그런 단계들과 상관성이 있다고 볼 수 없다. 목회자가 교인의 성숙도에 따라 요구사항과 기대수준을 조정하는 일과, 명상적 삶이 활동적 삶보다 그리스도의 모습을 더 닮았다거나 수도사가 경제인이나 정치인보다 그리스도의 법을 더 잘 이룬다고 판단하는 일은 완전히 별개의 문제다. 이런 판단은 죄인인 인간의 수준을 뛰어넘는 것이다. 그런데도 종합론자들은 이런 단계의 개념의 도움이 없이는 세상에서의 삶과 그리스도 안에서의 삶을 서로 묶을 수 없는 것 같다.

문화적 그리스도인을 제외한 모든 신자가 종합론에 제기하는 주된 반론은 다음과 같다. 종합론자들이 자신들도 다른 신자와 똑같이 인간의 죄성을 믿고 따라서 그리스도의 구원의 필요성과 위대성을 믿는다고 아무리 큰 소리로 고백한다 해도, 실제로는 모든 인간 작업에 내재된 악의 존재를 정면으로 직시하지 않는다는 것이다. 이런 반론을 가장 효과적으로 제기한 자들이 이원론자이므로 다음 장에서 그들에 관해 다룰까 한다.

5장 · 문화와 역설적 관계에 있는 그리스도

I. 이원론자의 신학

그리스도와 문화를 종합하려는 노력은 기독교 역사 내내 치열한 공격을 받아 왔다. 급진주의자는 그런 시도야말로 복음을 문화에 적응하려는 위장 전술에 불과하고 생명에 이르는 좁은 길을 고속도로로 넓히는 꼴이라고 비판했다. 문화적 그리스도인은 종합론자들이 미성숙한 구식(舊式) 사고방식을 복음적 진리로 보존하고 싶어하는 것이라고 반대했다. 그런데 가장 강력한 반대는 좌파나 우파가 아니라, 종합론자처럼 그리스도와 문화 "양자 모두"를 지향하는 중간파에 속한 다른 집단에서 나왔다. 이 집단을, 더 나은 이름이 없는 고로, 편의상 이원론자(dualist)라고 부르자. 물론 여기서 이원론이란 마니교도들처럼 세상을 빛과 어둠, 하나님의 나라와 사탄의 나라 등 두 영역으로 나누는 것을 의미하는 건 아니다. 이 집단의 구성원들은 종합론자의 견해―그리스도와 문화에 대한 정의(定義)와 양자의 관계―에는 반대하지만, 그리스도에 대한 충성과 문화에 대한 책임을 서로 구별하는 동시에 그 둘을 함께 붙들고자 노력하는 자들이다.

우리가 이원론자를 이해하고 싶으면, 우리가 다루는 문제에 대한 그들의 입장을 파악할 필요가 있다. 급진주의자는 기독교 공동체와 이방 세계 사이에 뚜렷한 선을 그을 때 심각한 문제에 직면하지만, 이원론자는 그것을 삶의 근본 이슈로 생각하지 않는다. 그리고 문화주의자는 인간이 도처에서 자연과 갈등한다고 보고 그리스도를 문화가 지닌 영적인 세력 편에 두기에 또 다른 문제에 직면하지만, 이원론자는 이것도 근본 문제라고 생각하지 않는다. 이원론자는 이 양자와 비슷하게 그리고 더 진보주의적이고 평화주의적 세계관을 가진 종합론자와 달리, 갈등 가운데 살면서 하나의 커다란 이슈를 안고 있다. 그것은 곧 하나님과 인간의 갈등이다, 아니 그보다는 (이원론자는 실존주의 사상가이므로) 하나님과 우리의 갈등이라고 하는 편이 낫겠다. 문제는 하나님의 의(義)와 자기 의 사이에 놓여 있다. 한편에는 우리의 활동, 국가, 교회, 이교도 사업 및 기독교 사업이 있고, 다른 편에는 그리스도 안에 계신 하나님과 하나님 안에 있는 그리스도가 있다. 이런 상황에서 그리스도와 문화에 관한 의문은 인간이 스스로에게 던지는 질문이 아니라, 하나님이 인간에게 던지는 것이다. 그것은 그리스도인과 이교도의 관계에 대한 문제가 아니라, 하나님과 인간의 관계에 대한 의문이다.

이원론자의 심리학적 내력이 어떠하든 간에, 그가 문화적 문제를 다루는 데 있어 논리적 출발점으로 삼는 것은 신과 인간의 싸움에서 발생한 화해와 용서라는 위대한 행위다. 그 행위를 우리는 예수 그리스도라 부른다. 이 출발점, 곧 과거에 갈등이 있었고 현재도 있다는 사실에 입각해야만 하나님의 은혜와 인간의 죄라는 두 사실을 이해할 수 있다. 이원론자로서는 이 출발점에 도달하는 일이 결코 쉽지 않았다. 그들이 한 목소리로 지적하는 것은, 자신이 잘못된 길로 가던 중에 자기 의지가 아닌 다른 의지에 의해 발걸음이 멈춰져 방향을 전환하게 되었다는 것이다. 하나님의 은혜를 아는 지식이 그에게 처음부터 주어진 게 아니었다. 일부 문화적 그리스도인과 이신론자들이 믿듯이 그것이 이성의 자명한 진리로서 인간에게 주어진 것이 아니다. 이들이 생각하는 죄와 은혜는 사실 그리스도의 십자가에 계시된 악의 깊이와 선의 높이와는 너무나 동떨어진 것이다. 십자가를 통해 오는 은혜에 대한 믿음과 죄에 관한 지식은, 진리(Truth)와 선(Goodness)의 형상—하나님이신 그분—을 인간이 모독하고 파괴하는 그런 끔찍한 세상을 직면한 적이 없는 자들이 쉽게 신의 친절함과 인간의 도덕적 잘못을 수긍하는 것과는 아예 차원을 달리한다. 이원론자가 출발점으로 삼는 것은 바로 하나님의 은혜의 기적으로서, 이는 아무 자격도 없는 인간들을 용서해 주고, 그들을 아버지의 자녀로 영접하며, 그들에게 회개, 소망과 그 삶을 지배하는 어둠의 세력들—특히 죽음—로부터의 구원의 확신을 제공하고, 그들로 자신들이 고의적으로 죽였던 그분과 친구가 되게 해준다. 그분이 그들에게 요구하는 수준이 아주 높아서 그들은 날마다 넘어질 수밖에 없지만, 그럼에도 그분은 계속해서 그들의 구원자로 남아 넘어질 때마다 일으켜 생명의 길로 인도해 주신다.

하나님의 은혜가 나타나 새로운 출발을 하게 되었다고 해서 은혜와 죄와 관련된 근본 현실이 바뀌는 것은 아니다. 은혜는 하나님 안에, 죄는 사람 안에 존재한다. 하나님의 은혜는 하나의 실체, 인간의 행위를 통해 사람에게 매개되는 어떤 신비로운 힘이 아니다. 은혜는 언제나 하나님의 행위 안에 있다. 그것은 하나님의 속성이다. 그것은 인간과 하나님의 역사적 전쟁이 일어나는 무인지대를 가로지르는 화해의 행동이다. 설사 그리스도의 은혜가 그분의 은혜로운 행동에 대한 바울이나 루터 같은 인물의 감사의 반응에 어느 정도 반영되었다 해도, 그들 자신은 그것을 인식할 수 없다. 그리고 그것을 목격하는 자들도 거울에 반영된 것만 볼 수 있을 뿐이다. 사람이 그 소재지를 자기 속에 두려는 순간 그것은 사라지고 만다. 마치 내가 선을 베푼 누군가에게 감사할 때, 시선을 상대방으로부터 내 속에 있는 미덕으로 바꾸는 순간 그 감사가 사라지는 것과 같다. 사람이 은혜로운 주님을 인정하고 그분을 신뢰할 때 필요한 믿음이란 것도 스스로 타고난 능력에서 끌어낼 수 없는 것이다. 그것은 하나님의 믿음직스러움이 반영된 것이다. 그분이 믿음직스럽기 때문에 우리가 신뢰하는 것이다. 그러므로 하나님과 인간이 만날 때, 사람이 화해의 말씀을 듣기 전이나 들은 후나, 은혜는 모두 하나님 편에 있다고 할 수 있다. 그리고 예수 그리스도가 곧 하나님의 은혜요 은혜의 하나님이다.

반면에 죄는 사람 안에 있고 사람은 죄 안에 있다. 사람이 십자가에 달린 영광의 주님 앞에 서서 자신이 이룬 모든 업적과 일을 그 선에 비추어 보면, 가엾을 정도로 모자라고 천하고 더럽다는 것을 알게 된다. 이원론자는 인간 타락의 정도와 범위를 깊이 이해한다는 점에서 종합론자와 상당히 다르다. 정도의 측면을 보면, 클레멘스와 토마스 그리고 그들의 추종자들은 사람의 이성이 어두워지긴 했어도 그 본질은 잘못된 방향으로 가지 않았다고 생각한다. 나쁜 논증의 해결책은 더 나은 논증에 그리고 하나님과 같은 선생의 도움을 받는 데 있다고 본다. 더욱이, 그들은 기독교의 모습으로 나타나는 인간의 종교 문화—거룩한 교회의 기관들과 교리들—는 타락의 범위에서 벗어난다고 생각한다. 비록 그 성스러운 영역에서도 개혁되어야 할 여러 사소한 악이 간헐적으로 등장하지만 말이다. 이와 달리 루터 유형에 속한 이원론자는 모든 인간의 일에서 타락과 부패의 증거를 발견한다. 예수 그리스도의 은혜를 통해 나타난 **하나님의 거룩함** 앞에서는, 철학자의 지혜와 바보의 어리석음, 살인자의 범죄와 판사의 처벌, 신성모독자의 성소 훼손과 제사장의 성결의식, 인간의 육신적 죄와 영적 열망 사이에 아무런 차이가 없다. 이런 것들 사이에 차별성이 전혀 없다는 것이 아니라, 거룩한 하나님 앞에서 의미심장한 차이가 없다는 말이다. 마치 저 높은 별 앞에서는 찬란한 최고층 빌딩과 보잘것없는 오두막집을 서로 비교하는 것이 무의미한 것과 같다. 인간의 문화는 타락한 상태다. 그것은 인간의 모든 작업을 포함한다. 교회 밖에서 인간이 이룩한 업적 뿐 아니라 교회 안에서 성취한 것도 포함되고, 철학과 신학도 거기에 포함되며, 유대인의 유대 율법의 변호뿐 아니라 그리스도인의 기독교 교훈의 변호도 포함된다. 여기서 우리가 이원론자를 이해하려면 두 가지 사항을 유념해야 한다. 그는 다른 이들을 판단하는 게 아니라(자기도 죄에 종속되어 있는 만큼 하나님 앞에서 자기 입장을 내버리는 것 말고는) 자기 자신과 인류 전체—본성적으로나 문화적으로 자신과 뗄 수 없이 연합되어 있는—에 내려지는 판단에 대해 증언한다는 점이다. 그가 율법을 준수하는 자의 죄성에 관해 얘기할 때는 율법 준수에 열을 올렸던 바울과 같은 입장에서 그리고 수도원 서약의 문자와 정신을 엄격히 지키려고 애썼던 루터와 같은 입장에서 그렇게 하는 것이다. 이성의 타락에 관해 거론할 때는 진리를 아는 지식에 이르려고 열심히 노력했던 논증가로서 그렇게 하는 것이다. 인간의 타락에 관해 얘기한 내용도 하나님의 거룩한 은혜 앞에 선, 문화를 입은 죄인의 관점에서 그리고 그런 처지에서 한 것이다. 또 하나 유념해야 할 점은, 이런 신자들에 따르면, 하나님 앞에서 인간이 취하는 태도는 인간이 다른 입장들—자연이나 동료 인간들 혹은 이성의 개념들을 접할 때 취하는 것들—을 취한 다음에 그에 덧붙여 취하는 또 하나의 태도가 아니라는 것이다. 그것은 가장 근본적이고 항상 존재하는 실존 상황이다. 비록 인간이 언제나 자신이 하나님을 직면한다는 사실을 무시하려고 애쓸지라도 말이다. 달리 말하면, 자기가 '무언가를 직면한다'고 느낄 때 그것이 바로 하나님이라는 사실을 무시한다 하더라도 말이다.

이원론자가 종합론자와 의견을 달리하는 또 하나의 측면은 문화의 타락에 대한 개념이다. 이 두 학파가 종교적인 죄의 개념은 도덕적인 용어나 지적인 용어로 번역되는 게 불가능하다는 데는 의견을 같이 할지 모르지만, 피조물에 속한 것, 인간과 관련된 것, 지상의 것은 무엇이든 거룩한 존재 앞에서는 누추하기 짝이 없다는 사실을 더 깊이 절감하는 자는 바로 이원론자다.[1] 그는 욥처럼 자신의 선함을 주장한 만큼 다음과 같은 욥의 고백에도 동참한다. "주님이 어떤 분이라는 것을, 지금까지는 제가 귀로만 들었습니다. 그러나 이제는 제가 제 눈으로 주님을 뵙습니다. 그러므로 저는 제 주장을 거두어들이고, 티끌과 잿더미 위에 앉아서 회개합니다"(욥

---

1) 참고. Rudolf Otto, *The Idea of the Holy*, 1924, pp. 9이하; 또한 A. E. Taylor, *The Faith of a Moralist*, 1930, Vol. I, pp. 163이하.

42:5-6, 표준새번역). 그런데 예수 그리스도의 은혜를 통해 드러난 하나님의 거룩함은 너무나 구체적인 성격을 갖기에 그에 상응하는 인간의 죄를 어떤 원초적인 느낌 정도로 모호하게 정의할 수 없다. 누추하다는 느낌, 수치와 불결함을 느끼는 의식은 자기 자신과 자기 사회의 본성에 대한 객관적인 도덕적 판단에 수반되는 정서적 반응이다. 인간은 하나님 앞에 선 존재다. 그의 생명은 하나님으로 말미암고, 그분에 의해 지탱되며, 그분의 용서와 사랑을 받는다. 그리고 이 인간은 자신의 생명이자 존재인 그분을 공격하는 일에 관여한다. 그는 자신이 옹호해야 할 그것을 오히려 부인하는 셈이다. 자신이 반역하는 그분의 성실함이 없으면 반역하는 일조차 불가능한데도 그런 반역 행위를 일삼는 것이다. 모든 인간의 활동, 모든 문화는 죄의 본질에 해당하는 하나님을 부인하는 병에 오염되어 있다. 이 전염병은 하나님 없이 살려는 것, 그분을 무시하는 태도, 스스로 자기 생명의 근원이 되려는 것, 용서의 빛이 없이 살려는 자세, 자신을 믿고 자율적 존재가 되려는 것, 스스로 신과 같은 존재가 되려는 의지 등 여러 모습으로 나타난다. 그것은 온갖 교활한 방식으로 그 모습을 드러낸다. 자기 의(義)를 믿는 도덕적 인간의 모습, 자기 정당성을 신뢰하는 이성적 인간의 모습으로뿐 아니라, 모든 것을 헛되다고 생각하는 절망적 인간의 모습으로도 나타난다. 무(無)종교나 무신론 혹은 반(反)유신론의 형태로 드러날 뿐 아니라, 어디를 가든 하나님을 의식적으로 들고 다니는 경건한 모습으로 나타나기도 한다. 그것은 또한 스스로 신의 재가를 받았다고 주장하면서 사회법에 대항하는 절박한 몸짓으로 드러나기도 한다. 또 율법을 가진 자신들이 그것이 없는 종족들보다 더 우월하다는

확신을 목말라하면서 열심히 율법을 준수하는 모습으로도 나타난다. 제국 시절에는, 하나님의 은혜와 상관없이 살려는 욕망이 좌절을 경험하자, 필요한 모든 진리와 은혜를 교리와 성례에 저장한 신과 같은 교회들을 건립하는 식으로 표출되기도 한다. 신이 되려는 의지가 주인의 도덕으로 남을 지배할 수 없게 되자 종의 도덕을 시도하게 된다. 사람이 스스로 자신의 신체적 운명의 주인이라고 자신을 설득할 수 없게 되면, 자기가 좌우할 수 있는 것들—성실성과 정직성 같은 것—에 몸을 돌려 그 아래 몸을 피하고 싶어 한다. 적어도 거기서는 은혜가 없이도 선한 인간으로 잘 살아갈 수 있으리라고 생각하기 때문이다. 이원론자는, 하나님 없이 신(神)처럼 살려는 의지가 인간의 가장 고상한 노력의 형태로 드러나곤 한다고 즐겨 지적한다. 그러니까 인간적 표준으로 볼 때 가장 고상하게 보이는 그런 모습으로 말이다. 논증하는 일을 직업으로 삼는 자들은 이성을 사람 속에 있는 신적인 요소라고 부르면서 만물의 척도로 추켜올린다. 사회 질서를 유지하는 일을 맡은 자들은 법—및 부분적으로는 자신을—을 신격화한다. 독립적이고 민주적인 시민은 아무 권위에도 종속되지 않는 권위적인 양심의 형태로 자그마한 신을 품고 있다. 우리는 그리스도인으로서 죄를 용서해 주고, 사람을 사랑하고, 그리스도가 다시 성육신한 그런 존재가 되고 싶어하고, 구원받기보다 구원해 주는 존재가 되길 원한다. 우리를 소유하고 선택하고 용서해 주는 주님께 의존하기보다 스스로 참된 종교를 소유한 자가 되고 싶어 하는 것이다. 설사 하나님을 우리의 통제 아래 두려고 하진 않을지 몰라도, 적어도 우리가 그분 편에 서서 세상을 직면한다는 확신은 갖고 싶어한다. 세상이 그분에게 영원히 의존한다는 사실과 오직 그분 안에 있을 때만 안전하다는 사실을 외면하면서.

이와 같이 이원론자의 눈에는 모든 문화의 산물이 금이 가고 심히 비틀린 것처럼 보인다. 마치 자가당착에 빠진 건축가들이 갈라진 땅 위에 하늘을 찌르는 탑을 쌓아 놓은 것과 같다. 종합론자는 법과 사회 제도의 합리적 속성에 대해 기뻐하는 데 반해, 이원론자는 궤변론자와 실증론자와 같이 회의적 태도를 품고서 그 모든 사회 제도에 담긴, 스스로를 합리화하는 권력욕과 강자의 의지에 주목하라고 외친다. 군주제, 귀족정치, 민주제, 중산층의 통치와 프롤레타리아의 지배, 성공회, 장로교, 회중 정치 등 여러 제도에 있어서, 권력의 손을 부드러운 이성의 장갑으로 완전히 가리기란 도무지 불가능하다. 과학적 작업에 있어서도 이성은 여러 요소로 뒤섞여 있다. 한편으로는 사심 없는 가설에 스스로를 굴복하면서도, 다른 한편으로는 권력을 위한 지식을 추구한다. 종합론자가 문화에 담긴 합리적 요소들을 변호할 때마다 이원론자는 이런 치명적 결함을 발견한다. 인간의 활동에서 작동하는 그 이성은 하나님을 부인하는 이기적인 속성에서 결코 자유롭지 못하다는 문제를 지적하는 것이다. 이를테면, 재산 제도는 도둑질을 막는 방패 역할도 하지만, 서부 개척자가 인디언에게서 무력이나 속임수로 빼앗은 소유물에 대한 소유권을 법적으로 재가해 주는 역할도 한다. 합리적 제도가 굉장한 비합리성 위에 세워진 셈이다. 독신제와 결혼 제도는 허다한 죄를 예방도 하지만 덮어 주는 역할도 한다. 그래서 이원론자는 급진적 그리스도인과 의견을 같이 하여, 모든 인간 문화가 하나님을 부인하며 죽음에 이르는 병에 걸려 있다고 선언하는 것이다. 하지만 둘 사이에 이런 차이점도 있다. 이원론자는 자신도 그 문화에 속했기에 거기서 빠져나올 수 없다는 것과, 하나님이 그 안에서 그리고 그것을 통해 자신을 지탱하신다는 것을 안다. 하나님이 죄 가운데 있는 세상을 그 은혜로 지탱하지 않으면 그것이 한순간도 존재할 수 없기 때문이다.

이런 상황에서 이원론자는 역설적인 말로 얘기할 수밖에 없다. 왜냐하면 그는 하나님과의 만남에서 인간 편에 서 있지만, 다른 편에서 오는 하나님의 말씀을 귀로 듣고 그것을 해석하려 하기 때문이다. 그로서는 이런 긴장 가운데서 계시와 이성, 율법과 은혜, 창조주와 구속자에 관해 말하지 않을 수 없다. 그의 언사만 역설적인 게 아니라 행동도 그러하다. 그는 율법 아래 있지만, 사실 율법 아래가 아니라 은혜 아래 있다. 그는 죄인인 동시에 의인이다. 그는 의심을 품은 신자다. 그는 구원의 확신이 있지만, 불안감을 안고 살아간다. 그리스도 안에서 모든 것이 새롭게 되었지만, 만물이 태초부터 있던 그 모습 그대로다. 하나님은 스스로를 그리스도 안에서 계시하셨으나, 그 계시 가운데서 스스로를 감추시기도 했다. 신자는 자기가 믿은 그분을 알지만, 눈에 보이는 것이 아니라 믿음으로 살아간다.

이 가운데서 그리스도와 문화의 문제에 대한 이원론자의 응답과 관련하여 특히 중요한 것은 두 가지다. 율법과 은혜의 역설과 신의 분노와 자비의 역설이 그것이다. 이원론자는 급진주의자의 의견에 동조하여 그리스도의 법이 만인을 지배해야 한다고 믿으며, 문화적 혹은 종합론적 그리스도인이 하듯이 복음의 교훈을 희석하는 것에 반대하고 그것을 문자적 의미로 진술하는 편을 택한다. 그리스도의 법은 인간의 본성의 법에 덧붙여진 게 아니라 그것을 참되게 진술한 것이며, 영적인 슈퍼맨을 위한 특별 규율이 아니라 평범한 인간을 위한 규범이라고 생각한다. 하지만 인간이 그 법 혹은 다른 법을 좇아 아무리 자기수양을 해도 죄의 딜레마에서 벗어날 수 없다고 주장한다. 이 법을 자신의 기초로 삼기에 무신론의 죄와 자기 사랑의 죄에 덜 빠지는 기관들―수도원이든 평화주의 관습이든 공산주의 사회든―이나 그보다 더 투박한 관습이나 공동체라도 이 점에서는 마찬가지다. 사람의 손에 들린 하나님의 법은 일종의 죄의 도구다. 하지만 그것은 하나님으로부터 오고 그분의 입술로부터 듣는 것이기에 은혜의 도구이기도 하다. 그러나 사람으로 하여금 스스로에 대해 절망케 하고 하나님을 향하도록 준비케 한다는 의미에서 일종의 소극적 도구라 할 수 있다. 하지만 죄인이 신적인 자비에 몸을 던지고 오직 그 자비로만 살게 될 때, 그 법이 새로운 형태로 다시 복원된다. 이번에는 외적인 계명이 아니라 자연법으로서 가슴에 새겨지는 것이다. 그럼에도, 그것은 용서받은 자가 자신의 뜻이 아니라 타자(the Other)의 뜻으로서 받아들이는 하나님의 법이다. 이런 식으로 법에 관한 대화가 오간다. 이는 무척 역설적으로 들린다. 하나님과 인간 영혼들의 극적인 만남과 다시 만남을 통해서만 뚜렷해질 수 있는 어떤 의미를 독백의 형태로 진술하려고 노력하기 때문이다. 이원론자의 속기록을 보면 이런 식으로 적혀 있는 것 같다. 생명의 율법은 율법이 아니라 은혜다. 은혜는 은혜가 아니라 인간에게 끝없이 요구하는 율법이다. 사랑은 불가능한 가능성이고, 구원의 소망은 있을 법하지 않은 것에 대한 확신이다. 이를 추상적으로 표현하면 다음과 같다. 실재는 사람과 하나님 사이에 계속되는 대화요 싸움으로, 온갖 의문과 대답, 패배처럼 보이는 신의 승리, 승리로 변하는 인간의 패배 등을 수반한다.

이원론자가 역설적 언어로 묘사하고자 하는 그 상황을 더 복잡하게 만드는 것은 사람이 마주하는 그 하나님이 그저 단일한 존재가 아니라는 사실이다. 이원론자는 삼위일체주의자이거나 적어도 이위일체주의자라서 아들과 아버지의 역동적 관계를 믿는다. 뿐만 아니라 하나님은, 자연과 그리스도와 성경 안에 계시된 바에 따르면, 자비와 분노의 이중성을 가진 분이다. 자연 속에서 인간은 이성, 질서, 생명을 주는 좋은 것뿐 아니라 무서운 위력과 갈등과 파괴의 세력도 만난다. 성경에서는 "도시에 재난이 닥치면 주께서 행하신 일이 아니냐?"는 예언자의 말을 듣는다. 십자가 위에서는 하나님의 아들이 인간의 악에 희생당하는 모습뿐 아니라 만물을 주관하는 그 권능에 의해 죽음에 넘겨지는 장면도 목격한다. 하지만 이 십자가로부터, 인간의 구속(救贖)을 위해 자기 자신과 사랑하는 아들을 값없이 주는 자비(Mercy)의 화신을 알게 된다. 전에는 분노로 보였던 것이 이제는 관계를 바로잡기 위한 사랑이었음을 깨닫는다. 그런데 이 사랑은 또한 하나의 요구며, 사랑을 멸시하는 자와 사랑에 위배되는 자에게 쏟아 내는 분노로 보이기도 한다. 분노와 자비는 시종일관 서로 얽혀 있는 관계다. 이원론자는 이 두 원리를 서로 떼어놓고 싶은 유혹을 느낀다. 그래서 두 명의 신이 있다거나 신성이 둘로 나뉜다고 가정하고 싶어진다. 진정한 이원론자는 이 유혹에 저항하면서 자비와 분노의 긴장 속에서 계속 살아간다. 그가 문화의 문제들을 다룰 때는 인간의 어두운 측면들—악, 범죄, 전쟁, 처벌 등—과 인간의 분노 및 무신론이 자비로운 하나님의 분노의 손에 들린 무기와 같다는 사실을 잊을 수 없다.

II. 바울과 마르키온의 이원론적 특색

이원론의 경우는, 앞서 다룬 여러 유형과 비교해 볼 때, 학파에 입각해서 다루기보다 사상적 **모티브**를 거론하는 편이 더 어울린다. 다른 유형들에 비해 비교적 선명하고 일관성 있는 본보기들을 찾기가 어렵기 때문이다. 아울러 이런 특색이 문화적 문제와 관련된 특정 영역에 국한되어 나타나는 경우가 많기 때문이기도 하다. 어떤 사상가가 정치적 문제를 다룰 때는 이원론을 도입하지 않다가 이성과 계시의 문제를 다룰 때 그것을 사용할 수도 있다. 다른 한편, 어떤 신자들은 계시와 이성의 문제를 해결할 때는 종합론자와 비슷한 입장을 취하다가, 그리스도인의 정치 참여와 전쟁 개입에 관해 논의할 때는 이원론을 채택하기도 한다. 이는 많은 그리스도인의 사상에서 중요한 위치를 차지하며, 루터와 같은 일부 사상가의 저술에서 대단히 두드러지는 특색이므로 어떤 집단이나 학파를 거론하는 일도 무방하지 않을까 생각된다.

바울의 경우 이 집단의 일원으로 간주하든 하지 않든, 후대에 이 집단을 대표하는 자들이 그의 영적인 후손임은 명백한 사실이며, 그의 사상을 보면 문화주의적 특색은 말할 것도 없고 종합론적 혹은 급진주의적 특색보다 이원론적 특색이 더욱 뚜렷이 드러나는 것을 부인할 수 없다. 바울에 따르면, 생명의 문제는 하나님의 의

(義)와 사람의 의 사이에 놓여 있다. 여기서 전자는 하나님의 속성으로서의 선함, 인간을 선하게 만들고자 하는 그분의 선함을 가리키며, 후자는 인간이 스스로 갖추려고 하는 독자적인 선함을 일컫는다. 그리스도가 이 문제를 뚜렷이 규정한 다음 계시와 화해와 영감의 행위를 계속함으로써 이를 해결한다. 그리스도인의 삶과 사상에서 예수 그리스도가 중심을 차지한다는 것은 의심의 여지가 없다. 그에게는 그리스도야말로 "하나님의 능력이요 하나님의 지혜"며, 하나님의 심판의 중재자며, 속죄의 제물이며, 사람을 하나님과 화해시키는 분이요, 평화와 영생을 주는 분이요, 그 영이요, 인간의 중보자요, 교회의 머리이자 새로운 인간의 창시자며, 보이지 않는 하나님의 형상이요, "만물이 그로 말미암아 창조되었고 우리도 그로 말미암아 존재하는 바로 그 주님"이다. 그분의 십자가에서 바울은 세상에 대해 죽고 세상은 그에 대해 죽었다. 그러므로 이제 산다는 것은 그리스도와 함께, 그분을 위해, 그분 아래 존재하면서 그분밖에는 어떤 것도 알지도 원하지도 않으며 사는 것이다. 사도 바울이 신봉하던 그리스도는 바로 예수였다. 바울의 주님과 그 나사렛의 랍비를 동일시하던 입장이 의문시되던 시대는 지나갔다. 그가 목격했던 그분, 그의 몸과 영혼을 사로잡아 그 마음속에 머물러 있던 그분은 바로 죄인들의 친구요, 자기 의에 가득 찬 자들의 심판자요, 산상수훈을 외치던 예언자요 입법자며, 바울의 동료 유대인들에게 정죄를 받았던 치유자요, 동료 로마인의 손에 십자가에 못박힌 자요, 부활한 다음 동료 사도들의 눈에 보였던 분과 동일한 인물이었다.[2]

바울의 경우 그리스도 안에 계신 하나님을 만난 사건이, 이중적 의미에서, 인간이 만든 모든 문화적 제도와 차별성을 상대화해 버렸다. 그런 것은 모두 죄 아래 있는 것들이다. 그 안에서 사람들은 하나님의 은혜에 대해 열려 있다. 그들이 문화적으로 유대인이든 이방인이든, 야만인이든 그리스인이든, 모두가 똑같이 "사람의 온갖 불경건함과 불의함을 겨냥하여 하늘로부터 나타나는" 하나님의 진노 앞에 놓인 죄인이다. 이성을 통해 알려졌든지 과거의 계시를 통해 알려졌든지, 율법은 인간을 똑같이 정죄했고, 그들을 무법의 상태와 이기적 상태에서 똑같이 구원할 수 없을 만큼 무능하고, 하나님의 진노와 자비를 나르는 도구의 역할을 똑같이 했다. 하나님은 예수 그리스도 안에서 자신의 영광과 은혜를 계시하심으로써 모든 종교에 대해 '믿음이 없다'는 유죄 판결을 내리셨다. 그것이 사람, 새, 짐승, 파충류 등을 닮은 형상을 숭배하는 종교든, 토라를 믿는 종교든, 의식의 준수를 강조하는 종교든, 윤리적 법을 준수하라고 촉구하는 종교든 상관없이 말이다. 이성에 기초한 지식과 계시에 바탕을 둔 지식 모두 예수 그리스도의 얼굴 안에 있는 하나님의 영광을 아는 지식으로부터 똑같이 동떨어져 있다. 그리스도는, 방법은 달라도 똑같은 정도로 자신을 배척한, 지혜자의 지혜와 선한 자의 의를 파괴해 버렸다. 그렇다고 지혜롭지 못한 자의 어리석음이나 범법자의 죄악을 재가해 준 것은 아니다. 이것들도 모두 죄의 종으로서 죄 아래 있는 것들이다. 인간의 영적인 성취가 그리스도의 영광스런 업적에 못 미치고 그분의 십자가에 비추어 보면 타락한 모습을 면치 못하는 만큼, 인간이 이룩한 물질적 가치관도 전

---

2) 참고. 특히 F. C. Porter, *The Mind of Christ in Paul*, 1930.

적인 부적합성과 부패성을 피할 수 없다. 만일 바울이 문화적 제도들—가정, 학교, 국가, 종교 공동체—을 다룰 때처럼 이에 대해서도 명시적으로 다루었더라면, 그와 똑같은 방식으로 다루었을 것임이 분명하다. 그리스도는 인간이 이룩한 모든 업적의 불의함을 빛 가운데 노출했던 것이다.

이와 동시에 사람들이 어떤 문화에서 어떤 입장을 갖든, 어떤 문화 활동을 하고 어떤 위치에 있든, 그들은 똑같이 그리스도의 구속 사역에 종속된다. 그분은 십자가와 부활을 통해 그들을 자기중심주의, 죽음의 두려움, 절망감과 불경건함의 감옥으로부터 구속하셨다. 십자가의 메시지는 기혼자와 미혼자, 도덕적 인간과 비도덕적 인간, 종과 자유인, 순종하는 자와 불순종하는 자, 지혜로운 자와 의인, 어리석은 자와 불의한 자 등 모든 사람에게 전해졌다. 구속에 의해 그들은 새롭게 태어났고, 자기 자신이 아니라 하나님 안에서 새로운 출발을 하게 되었으며, 그리스도로부터 나오는 새로운 영을 받고, 하나님 사랑과 이웃 사랑을 통해 과거에 율법이 절대로 이룰 수 없었던 일을 아무 강제력 없이 이룰 수 있게 되었다. 또 죄와 율법으로부터 자유케 되어 사랑에 힘입어 정의를 기뻐하고, 모든 것을 참고 견디며, 모두에게 친절하게 되었다. 그리스도의 영이란 내면의 샘으로부터 사랑, 희락, 화평, 인내, 자비, 양선, 충성, 온유, 절제 등이 흘러넘치게 될 것이다. 그리스도는 새로운 기독교 문화를 주는 입법자로서가 아니라 새로운 삶의 원리—하나님과 평화를 누리는 삶—를 중재하는 중재자로서, 새로운 종류의 인간을 창조하는 위대한 사역을 과거에도 하셨고 현재도 하신다.

이 모든 것을 종말론적 관점에서 해석하는 일은 잘못이다. 마치 바울이 최후의 심판이 있을 때, 새로운 시대가 시작될 때의 관점에서 인간 문화를 바라보았던 것처럼 생각하면 안 된다는 말이다. 그리스도의 십자가에서 인간의 일은 이미 심판을 받았다. 그분의 부활로 새로운 삶이 이미 역사 속으로 들어왔다. 누구든 눈이 열려 하나님의 선하심과 모든 불경건함에 내리는 그분의 진노를 본 사람은 인간의 문화도 이미 심판을 받고 정죄되었다는 사실을 분명히 보았다. 만일 오래 참으심으로 그들의 생명과 일이 조금 더 연장되었다면, 만일 최후의 심판이 조금 연기되었다면, 그것은 바울의 복음을 무효화하는 게 아니라 오히려 더욱 입증하는 것이다. 더욱이, 새로운 삶은 하나의 약속과 소망에 불과한 게 아니라 현재의 실재로서, 사람이 하나님을 자기 아버지라 부르고 성령의 열매가 그들과 그들의 공동체에 맺히는 모습으로 분명히 드러난다. 인간 실존상의 위대한 혁명은 과거에 일어난 일이 아니고 미래에 일어날 일도 아니며, 이미 진행 중이다.

바울은 그리스도의 사역과 인간의 일에 대해 이렇게 이해한 이상, 그 새로운 기독교의 법을 갖고 스스로와 다른 제자들을 문화적 세계에서 고립된 구원받은 자의 공동체로 끌어내는 이른바 급진적 그리스도인의 입장을 취할 수 없었다. 물론 그는 믿음과 사랑과 소망과 하나님이 없는 인간의 극악한 행위와 관습에 참여하지 말라고 경고한다. "육체의 행실은 분명합니다. 곧 음행과 더러움과 방탕과 우상 숭배와 마술과 원수맺음과 다툼과 시기와 분노와 이기심과 분열과 분파와 질투와 술 취함과 흥청거리는 연회와, 또 이와 비슷한 것들입니다.…이런 일을 하는 사람들은 하나님의 나라를 유업으로 받지 못할 것입니다."[3] 하지만 그런 행실을 삼가는 자들은 하나님의 나라를 유업으로 받을 것이라든가, 좋은 도덕적 습관을 기르는 자는 성령의 은사를 받기에 적합한 단계로 한 걸음 나갈 것이라고 시사하는 것은 결코 아니다. 그가 갈라디아인과 고린도인, 유대주의자와 심령주의자를 경험한 결과 배운 바는(몇 년간 그리스도와 복음을 붙들고 씨름한 다음에도 더 배울 것이 있었다면), 적그리스도의 영은 이방 문화로부터 고립된다거나, 옛 율법을 새 율법으로 대치하거나, 기독교의 **그노시스**(영지)를 갖고 헬레니즘 철학의 자만심을 꺾는다고 피할 수 있는 게 아니라는 사실이다. 죄가 왕 노릇하는 모습은 그리스도인의 행위와 관습을 통해, 사랑의 명절에 사랑 없는 모습을 통해, 방언과 영적인 자만심을 통해, 구제 행위를 통해, 순교를 통해 얼마든지 나타날 수 있다. 우리의 싸움은 혈과 육과의 전쟁이 아니라 사람의 정신과 마음속에 있는 영적인 세력과의 전쟁이므로, 새로운 기독교 문화라고 해서 그들의 공격을 피할 수 있는 것이 아니다. 그리스도인의 시민권은 하늘에 있었고, 그들의 피난처는 부활하신 그리스도와 함께 있었다. 이 세상에 관한 한 그들의 임무는 자신의 구원을 이루어가는 것이었고, 주님에 의해 어떤 공동체나 처지에 놓였더라도 그들의 은사는 그리스도의 영 안에서 살아가는 것이었다. 문화적 관습을 고친다고 그리스도의 통치에 더 가까워질 수 있는 것은 결코 아니었다. 먹고 마시는 것, 거룩한 날을 지키는 것, 독신을 선호하여 가정을 포기하는 것, 노예 상태에서 벗어나려고 애쓰는 것, 정치적 지배권에서 벗어나는 것 등을 통해 그렇게 될 수 없었다는 뜻이다.

---

3) 갈 5:19-21.

하지만 바울은 그리스도 안에서의 새로운 삶을 전하는 복음에 문화적 기독교 윤리를 덧붙였다. 믿음, 소망, 사랑에 바탕을 둔 새로운 삶이 사탄, 죄, 죽음과 싸우지 않을 수 없었기 때문이다. 더욱이 새로운 삶을 살아내야 할 현장인 인간 사회는 어둠의 세력에게 종속되어 있었다. 이 윤리는 부분적으로 기독교 문화의 윤리였고, 또 부분적으로는 문화 간의 관계의 윤리였다. 한편, 기독교 문화와 관련해서는 성적 부도덕, 도둑질, 게으름, 술 취함, 그 밖의 흔한 악들을 멀리하라고 명했다. 또 결혼과 이혼, 남편과 아내의 관계, 부모와 자녀의 관계 등을 다루었고, 그리스도인 간의 분쟁을 처리하고, 파당을 짓는 것과 이단을 막으려 했다. 종교 집회의 지침을 제공했으며, 어려운 기독교 공동체에 대한 재정 지원책을 마련하기도 했다. 다른 한편, 그리스도인 및 교회와 비기독교적 사회 제도들과의 관계와 관련해서는 여러 다양한 방안을 내놓았다. 정치적 권세는 신이 제정한 것으로 인정되었고, 법에 대한 순종이 그리스도인의 의무로 요구되었다. 그럼에도 신자들에게는 서로 간의 분쟁이 일어날 때 법정을 이용하지 말라는 권면이 주어졌다. 노예제를 비롯한 경제 제도들은 별로 관심을 끌지 못했거나 당연한 것으로 취급되었다. 단 비기독교 사회의 종교 제도와 관습은 완전히 배격되었다. 이와 같은 기독교 문화의 윤리와 삶의 윤리는 다양한 배경을 지녔다. 여러 경우에 예수의 말씀이 기본적으로 중요시되긴 했으나, 그분의 가르침에서 직접 끌어내려는 노력은 별로 찾아볼 수 없다. 대다수의 경우는 무엇이 옳은지에 대한 일반적인 생각, 십계명, 기독교 전통, 바울의 상식 등에 바탕을 두었다. 전통과 이성의 사용은 제쳐놓더라도, 직접적인 영감이 법과 권면의 근원으로 언급된 경우는 없다.

이런 면에서 바울은 그리스도와 문화의 문제에 대한 종합론적 응답의 방향으로 움직이는 것 같다. 그러나 그가 기독교 문화의 윤리를 그리스도의 영의 윤리와 연결하는 방식은 클레멘스와 토마스 같은 사람들이 접근하는 방식과는 현저히 다르다. 먼저, 순서부터 차이가 난다. 종합론자는 문화로부터 그리스도로 혹은 훈련가 그리스도로부터 구속자 그리스도로 움직이는 데 반해, 바울은 문화의 심판자요 구속자인 그리스도로부터 기독교 문화로 움직인다. 이런 순서상의 차이는 더 중요한 무언가와 관련이 있다. 종합론자는 문화생활 자체가 어떤 긍정적 가치를 지닌 것으로 간주한다. 불완전하나마 진정한 행복을 이룰 수 있는 가능성이 있다고 보는 것이다. 긍정적 가치들이 실현되는 방향으로 움직인다는 것이다. 이에 반해 바울은 그것이 일종의 부정적 기능을 수행한다고 본다. 기독교 사회의 여러 제도 및 그 사회를 위한 법들과 이방 문화의 여러 제도―우리가 그 존재 가치를 인정한다면―는 긍정적인 선을 증진하는 것이라기보다 죄가 파괴적인 방향으로 치닫는 것을 방지하는 역할을 한다. "음행에 빠질 유혹 때문에, 남자는 저마다 자기 아내를 두고 여자도 저마다 자기 남편을 두도록 하십시오." 위에 있는 권세는 "나쁜 일을 하는 자에게 하나님의 진노를 집행하는" 하나님의 종이다.[4] 법의 기능은 사람을 신적인 의(義)에 이르도록 안내하는 것이 아니라 죄를 억제하고 노출하는 것이다. 바울의 두 가지 윤리는 인생의 두 단계 혹은 미성숙한 신자와 성숙한 신자 등

---

4) 고전 7:2; 롬 13:4.

두 종류의 신자를 위한 윤리가 아니고, 삶에 내포된 두 가지 모순된 성향과 관련된 것이다. 하나는 중생과 영생의 윤리고, 다른 하나는 타락을 방지하기 위한 윤리다. 이 윤리가 기독교적 형태를 띨 경우, 정확히 말해 죽음의 윤리가 아니라 죽어가는 자를 위한 윤리라 할 수 있다. 그러므로 여기서는 도덕적인 덕과 신학적인 덕 등 두 종류의 덕을 인정하지 않는다. 그리스도 안에 있는 사랑, 곧 믿음과 소망과 뗄 수 없이 묶여 있는 그 사랑 말고는 다른 덕이 없다. 이로부터 다른 모든 덕이 흘러나오기 때문이다. 기독교 문화와 그리스도인이 몸담은 문화의 윤리는 그 자체로는 아무런 덕이 없는 것이다. 그것은 기껏해야 해롭지 않은 윤리일 뿐이다. 물론 인생의 모든 지점은 언제나 죄 아래 있거나 은혜 아래 있기 때문에 중립지점이란 없지만 말이다.

이런 의미에서 바울은 이원론자라 할 수 있다. 그의 두 윤리는 서로 모순되진 않지만, 그렇다고 하나로 꽉 짜여진 체계를 이루는 것도 아니다. 그럴 수 없는 이유는 두 개의 모순된 결과—생명과 죽음—와 관련이 있고, 두 가지 상이한 전선에 대한 전략들을 대표하기 때문이다. 하나는 신과 인간의 만남이고, 다른 하나는 죄와 어둠의 세력들과 싸우는 전선이다. 전자는 그리스도인이 자기를 압도하는 하나님의 자비에 굴복할 때 필요한 윤리고, 후자는 모든 불의함을 겨냥한 그분의 진노를 염두에 둔 윤리다. 바울의 이원론은 이처럼 그리스도인이 최후의 전쟁의 때와 새로운 탄생의 시기에 살아간다는 견해와 연관된 것일 뿐 아니라, 자연적 토대를 가진 문화생활 전체가 죄와 진노에 종속되어 있어 그리스도의 승리가 현세적 문화와 더불어 피조 세계의 현세적 목표와 관련될 필요가 있다는 그의 신념과 관련된 것이다. 그의 사상에서 "육체"(flesh)는 인간의 영적 삶에 있어 타락한 요소, 곧 하나의 윤리적 원리뿐 아니라 인간이 구속받아야 할 신체적인 그 무엇도 상징한다. 은혜 안에 있는 삶은 하나님으로부터 오는 삶일 뿐 아니라 인간의 몸을 벗어난 삶이기도 하다. "우리는 이 장막에서 살면서 무거운 짐에 눌려서 탄식합니다.····우리가 육체의 몸을 입고 사는 동안에는, 주님에게서 떠나 살고 있음을 압니다."[5] 자기에 대해 죽고 그리스도와 함께 살아나는 일은 영적인 사건이긴 하지만, 지상의 몸이 죽고 천상의 몸으로 새롭게 되지 않으면 불완전한 상태로 남게 된다. 인간이 몸을 입고 사는 동안에는 문화와 문화적 제도들이 필요한데, 그것은 그것들이 그리스도와 함께하는 삶으로 인도해 주기 때문이 아니라 이 죄 많은 세상에서 악을 억제해 주기 때문이다. 하지만 바울의 사상에 담긴 이 두 요소가 서로 똑같은 중요성을 갖는 것은 아니다. 그의 마음과 정신은 온통 하나님의 나라와 영생의 윤리에 몰두한다. 새로운 생명이 감춰진 채로 있고 교회에 혼란이 다시 등장하는 동안, 즉 일시적인 필요가 있을 때에만 그는 기독교적인 문화 윤리에 관한 법과 훈계와 권면을 하고 있을 뿐이다.

주후 2세기에 그리스도와 문화의 문제에 대한 이원론적 응답을 제시한 인물은 바울의 이상한 추종자 마르키온(Marcion)인데, 그의 견해는 많은 혼동과 결함을 안고 있었다. 그는 과격할 정도로 기독교 신앙을 유대 문화에서 완전히 떼어내기 위해 특히 구약 성경과 거기서 나온 모든 요소를 기독교의 성경에서 배제하려 했기 때

---

5) 고후 5:4, 6. 제6장의 주. 2를 보라.

문에 영지주의자로 분류되곤 한다. 동시에 영지주의적 관념을 자신의 신학에 사용하기도 했다. 다른 한편, 우리는 그를 급진적 그리스도인과 연결지을 필요도 있는데, 그것은 그가 교회와 분리된 종파를 창설했으며 엄격한 금욕주의를 따랐기 때문이다. 또 때로는 이 선을 넘어 일종의 마니교도가 되었다고들 생각하는데, 마니교는 세계 자체를 하나님과 악의 세력으로 나눈 것으로 유명하다. 그러나 하르낙을 비롯한 여러 사람은 마르키온이 무엇보다 바울파에 속한 인물임을 분명히 밝혔다. 바울파의 특징은 하나님의 은혜와 자비의 복음을 다른 어떤 것과도 견줄 수 없는, 놀라움과 황홀감을 불러일으키는 것으로 본 것이다.[6] 그는 그리스도의 법과 함께 시작하지 않고 하나님의 선함과 자비의 계시를 출발점으로 삼았다. 그런데 복음과 잘 어울리지 않는 것이 두 가지 있었다. 하나는 하나님을 분노에 찬 정의의 수호자로 그리는 구약의 신관(神觀)이었고, 다른 하나는 이 세상에서 많은 요구사항과 모욕과 공포를 안고 사는 인간의 삶이었다. 구약 성경만 그의 신경에 거슬렸더라면 그것을 제쳐놓고, 자비로운 창조주의 신학을 개발하면서 은혜를 위해 빚어진 이 세상에서 사랑의 윤리가 성공할 수밖에 없다는 식의 논리를 펼칠 수 있었을 것이다. 그런데 마르키온의 눈에 비친 실제 세상은 "형편없이 나쁜 곳이요, 해충이 기어 다니는 곳이며, 비참한 장소요, 조롱의 대상"이었다. 이런데도 어떻게 은혜의 하나님, 자비의 아버지께서 그것을 만들었다고 생각하고, "재생산에 필요한 온갖 지저분한 장치와 출생에서 최후의 부패에 이르는 역겨운 과

---

6) A. V. Harnack, *Marcion, das Evangelium vom Fremden Gott*, 제3, 6장: 참고. H. Lietzmann, *The beginnings of the Christian Church*, pp. 333이하.

정"에 대한 책임이 그분께 있다고 생각할 수 있겠는가?"[7] 이런 세상에서는 물론 가정, 국가, 경제 제도, 엄격한 형벌 제도가 각각 차지할 자리가 있다. 그러나 세상의 전반적인 모습을 보면 엉성한 기술과 시시한 재료로 엮어 낸 졸작에 불과할 뿐이다. 그리스도와 그분의 영 안에 사는 삶, 자비에 보답하여 자비롭게 사는 인생은 완전히 다른 차원에 속하는 것처럼 보였다.

그리스도와 자연에 기초한 문화를 이런 식으로 이해한 마르키온은 나름대로 해결책을 찾았다. 그는 인간들이 두 명의 신을 다룬다는 믿음에서 그 해답을 찾았다. 하나는 악한 재료로 이 세계를 창조한 정의롭지만 무척 서툴고 제한된 신이고, 다른 하나는 그리스도를 통해 정의와 물질이 뒤섞인 세계에 빠진 인간을 그 곤경에서 구출한 아버지 곧 선한 하나님이었다. 그는 또한 정의의 윤리와 사랑의 윤리 등 두 종류의 도덕을 주장했다. 전자는 타락과 뗄 수 없이 묶여 있는 것이고, 그리스도가 몸소 실천하고 전하고 가르쳤던 것은 후자였다.[8] 그래서 마르키온은 그리스도인을 문화적 세계뿐 아니라 신체적 세계에서도 최대한 끌어내려고 노력했으며, 그가 만든 공동체는 성생활을 단호히 억누르고(심지어는 신자에게 결혼까지 금지했다) 금식을 종교적 의식 이상으로 여겼으며 인간 상호간의 자비와 사랑의 관계가 복음에 걸맞게 실현되도록 요구하는 그런 특징을 갖고 있었다.[9] 그렇다 하더라도, 사람이 신체적으로

---

7) Marcion의 견해에 대한 Harnack의 기술; 앞의 책, pp. 144, 145; 참고. pp. 94. 97.
8) Harnack, 앞의 책, p. 150.
9) 같은 책, pp. 186이하.

살아 있는 동안에는 그 선한 하나님의 구원을 소망하며 그것을 준비하는 인생을 살 수 있을 뿐이다.

따라서 마르키온의 해답은 사실상 이원론적이기보다 배타적 기독교의 입장과 비슷해 보인다. 진정한 이원론자는 두 개의 축 사이에서 긴장 가운데 살아가는 데 반해, 마르키온은 그 축들을 부숴버렸기 때문이다. 정의와 사랑, 진노와 자비, 창조와 구속, 문화와 그리스도 등 양축에 해당하는 것들이 모두 깨져 버렸다. 그리고 마르키온파 그리스도인은 죄의 세계를 벗어나서 살려고 할 뿐 아니라, 가능한 한 죄와 정의가 서로 얽혀 있는 자연의 세계 바깥에서 살고자 노력한다. 이런 환경 아래서 자비의 복음은 그에게 새로운 법이 되었고, 구속받은 자의 공동체는 새로운 문화 공동체가 되었다.

아우구스티누스의 경우에도 이원론적 특색이 강하게 묻어 있다. 하지만 이보다는 변혁론적 색채가 더 두드러지기 때문에 그의 견해는 좀 있다가 다룰 예정이다. 중세 기독교에서는 이원론적 해결책이 특정한 영역들에서 등장한다. 가령, 스코트주의자와 오캄주의자들이 계시와 이성의 문제를 다룰 때 종합론적 방법을 포기하고 양자의 타당성을 모두 견지하려고 했을 때가 그런 경우다. 또 위클리프가 교회와 국가의 문제에 대해 응답할 때도 그런 경향을 띤다.

III. 루터와 근대의 이원론

마르틴 루터는 이 유형을 가장 대표하는 인물이다. 단 그가 바울처럼 너무 복잡해서 한 유형에 말끔하게 들어맞는 인물이 아니라는 사실을 전제할 때. 그의 이원론적 특색이 가장 두드러지게 나타나는 경우는 가장 널리 알려진 두 저서(그렇다고 최고의 저서라는 말은 아니다)―「그리스도인의 자유에 관한 소고」(*Treatise on Christian Liberty*)와 저항을 호소하는 「강도와 살인을 일삼는 농민 폭도에 반대하여」(*Against the Robbing and Murdering Hordes of Peasants*)―를 나란히 놓았을 때다. 이 둘의 차이는, 마치 성마름이나 원망의 빛이 전혀 없이 사랑을 노래한 바울의 찬송과, 어린 그리스도인에게 할례를 요구하는 유대주의자는 스스로 성기를 잘라버리는 게 낫겠다고 신랄한 공격을 퍼부은 그의 폭언의 차이와 같다.[10] 그런데 루터의 두 저술 사이의 거리는 바울에게서 볼 수 있는 부류를 훨씬 뛰어넘는다. 여기에 개인의 기질이 작용하는 건 사실이지만, 또 다른 요인도 고려할 필요가 있다. 루터는 혼란한 시기에 민족 사회 전체를 책임졌는데, 바울이 그 정도의 책임을 감당하려면, 키케로나 마르쿠스 아우렐리우스와 바울을 합쳐 놓은 인물이 되었어야 했을 것이다. 그렇다 하더라도, 믿음을 사랑의 노동으로, 모든 것을 참으며 이웃을 섬기는 것으로 칭송하던 루터의 목소리는 통치자들을 향해 "할 수만 있다면 찔러 죽이고, 때려 죽이고, 학살하라"는 그의 명령과 너무나 거리가 멀다. 「그리스도인의 자유」에서 그는 이렇게 쓴다. "믿음으로부터 사랑과 주 안에서의 기쁨이 흘러나오고, 사랑으로부터 기쁘게 이웃을 섬기려는 기껍고 자발적인 정신이 흘러나온다. 상대방이 감사하든 하지 않든, 칭찬하든 비난하든, 자기에게 이익이든 손해든 전혀 계산하지 않는 그런 태도로 섬기는 것이다.…왜냐하면 그의 아버지가 모든 사람에게 모든

---

10) 갈 5:12.

것을 풍성하게 그저 나눠주시고, 해가 의인과 악인에게 모두 비치게 하시는 것처럼, 그 아들도 기쁜 마음으로 모든 것을 주시고 모든 것을 참는 모습을 보는 것이 그의 기쁨이고, 그리스도를 통해 그 커다란 유익을 베푸는 하나님을 목격하는 것이 그의 즐거움이기 때문이다."[11] 이에 반해 농민을 반대하는 소책자에는 이런 글이 쓰여 있다. "제후나 군주는, 이런 경우에, 하나님의 사자(使者)요 그분의 진노의 일꾼으로서 그런 놈들에게 쓰라고 자신에게 칼이 주어졌다는 것을 명심할 필요가 있다.…지금은 잠을 잘 시간이 없다. 인내심이나 자비가 들어설 자리도 없다. 이 때는 칼을 쓸 시간이지 은혜의 때가 아니다."[12] 보통은 이 정도로 명확한 대조를 이루진 않지만, 이처럼 두 진술을 나란히 놓을 경우 이중성이 뚜렷이 드러나는 대목이 루터의 저술에 많이 등장한다. 그는 이성과 철학, 사업과 상거래, 종교 조직과 종교 의식, 국가와 정치 등에 대해 이중적 태도를 지닌 것 같다. 이런 이율배반과 역설로 인해 어떤 이들은 루터가 삶을 여러 구획으로 나눴다든가, 기독교적인 오른손이 세상적인 왼손이 하는 일을 알아서는 안 된다고 가르쳤다는 식으로 주장하기도 한다. 그의 언사가 때로 이런 견해를 지지하는 것처럼 보인다. 그는 현세적 삶과 영적인 삶, 외적인 것과 내적인 것, 몸과 영혼, 그리스도의 통치와 인간의 노동 혹은 문화의 세계를 서로 뚜렷이 구별한다. 양자를 혼동해서는 안 된다는 점이 그에게는 아주 중요하다. 따라서 농민을 반대하는 그 소책자를 이런 식으로 변호한다. "두 개의 나라가 있는데, 하나는 하나님의 나라요, 다른 하나는 세

---

11) *Works of Martin Luther*, Philadelphia, 1915-1932, Vol. II, p. 338.
12) 같은 책, Vol. IV, pp. 251-252.

상의 나라다.…하나님의 나라는 은혜와 자비의 나라인데 반해…세상 나라는 진노와 가혹함의 나라다.…잘못된 광신도가 그렇듯이, 이 두 나라를 혼동하는 자는 진노를 하나님의 나라에, 자비를 세상의 나라에 둘 것이다. 그것은 마귀를 천국에, 하나님을 지옥에 두는 것과 같다."[13]

그러나 루터는 구별은 하되 나누지는 않는다. 그리스도 안에서의 삶과 문화에 몸담은 삶, 하나님의 나라에서의 삶과 세상 나라에서의 삶은 서로 밀접한 관계에 있다. 그리스도인은 자비와 진노의 한 하나님에 대한 단번의 순종의 행위로 둘 다를 긍정해야지, 이중적 충성심과 의무감을 가진 분열된 존재가 되어서는 안 된다. 루터는 종합론적 해결책은 배격했지만, 적어도 하나님의 통일성과 그리스도인의 문화적 삶의 통일성에 대해서는 그만큼 확고한 입장을 견지했다. 그것을 배격한 데는 여러 이유가 있었다. 먼저 그것은 그리스도의 과격한 계명들을 있는 그대로(매순간마다 모든 사람에게 해당되는 무조건적 요구로) 받아들이기보다 소수의 더 성숙한 그리스도인이나 장래의 삶에만 적용하는 경향이 있었다. 또 복음에 어울리지 않는 방식으로 사람의 양심에 병 주고 약 주는 경향도 있었다. 아울러 일상적으로 덕스러운 삶을 살려는 노력과 성인처럼 되려는 분투에 해로운 영향을 미치는 불경건의 죄를 너무 가볍게 여기는 경향도 있었다. 그리스도를 다른 스승과 구속자들과 너무 연결짓는 바람에 입법자인 동시에 구원자가 되신 그리스도의 영광스런 모습을 제대로 제시하지 못했다. 루터의 사상적 기반과 기독

---

13) *Works*, Vol. IV, pp. 265, 266.

교 도덕의 개혁자로서의 기반이 놓인 것은, 복음이 사람에게 요구하는 것이 절대적 주님의 절대 요건이라는 확신을 품게 된 때였다.[14]

따라서 그는 자칫하면 배타적 기독교의 입장을 취해서 문화적 삶을 복음과 양립할 수 없는 것으로 배격할 수도 있었지만, 그렇게 되지 않은 것은 그리스도의 법이 급진적 그리스도인이 생각한 것보다 더 많은 것을 요구한다는 깨달음 때문이었다. 즉, 그것은 본인의 현세적 혹은 영구적 이익을 흘긋 쳐다보지도 않고서 완전히, 자발적으로, 자신을 잊은 채 하나님과 이웃을 사랑하라고 요구한다고 믿었다. 루터의 도덕적, 종교적 발달에 있어 두 번째 단계에 도달한 것은, 법과 약속으로서의 복음이 사람의 공공연한 행위와 직접 관련된 것이 아니라 행위의 원천과 관계된 것임을 철저히 깨달았을 때였다. 하나님이 복음을 수단으로 인간의 영혼을 재창조해서 그로 하여금 정말 선행을 하도록 만들었다는 점을 깨달았다. 그리스도는 입법자로서 모든 사람에게 자신이 죄인이요 사랑과 믿음이 없는 자임을 깨닫게 한다. 그들에게 나쁜 나무는 좋은 열매를 맺을 수 없다는 것, 그들이야말로 나쁜 나무라는 것, 그들이 의롭게 행동한다고 의롭게 될 수 없고 오직 그들이 의롭게 될 때에야 의롭

---

14) 기독교 윤리 사상가와 개혁가로서의 Luther의 발달과정을 훌륭하게 묘사한 글로는 Prof. Karl Holl, "Der Neubau der Sittlichkeit", in *Gesammelte Aufsaetze zur Kirchengeschichte*, Vol. I, 6th ed., pp. 155이하를 보라. 그런데 유감스럽게도 Holl의 입장에는, 반(反)루터파의 적대감을 품고 글을 쓴 Grisar의 경우처럼, 반(反)가톨릭적 편견이 깔려 있으며, 본래 Luther가 Augustine과 비교해서 어떤 모습이었는지를 보여 주려는 의도가 스며 있다. 하지만 이 글은 루터의 윤리를 다룰 때 널리 사용되는 Ernst Troeltsch의 논의(*Social Teachings of the Christian Churches*, Vol. II에 있는)보다 뛰어나다. Luther의 문화관에 대한 Holl의 해석은 그를 좀더 전환론자에 가깝게 만드는데, 내가 보기에는 크게 설득력이 없는 것 같다.

게 행할 수 있다는 것, 그들이 불의하다는 것 등을 보여 주셨다.[15] 다른 한편, 구원자로서의 그분은 그들에게 있는 자신감을 무너뜨린 다음 하나님을 신뢰할 때 거기서 이웃 사랑이 흘러나올 수 있다는 생각을 불러일으킨다. 사람이 자기 창조주를 신뢰하지 못하면, 노심초사 자기 유익만 구하다가 남을 섬길 수 없게 되고 오직 자기만 섬기는 결과를 초래한다. 그는 자기사랑의 악순환에 빠져 이타적 행동을 할 때마다 점수를 따고 싶어하고, 하나님을 섬길 때조차 보상을 기대하는 심성을 갖게 된다. 그리스도는 자신의 법과 구속의 행위로 이 악순환을 끊고, 사람을 의롭게 할 수 있고 실제로 의롭게 만드는 분은 오직 하나님밖에 없음을 깨닫게 하고 그분을 신뢰하고 의존하게 한다. 이 믿음은 그들 속에 창조되는 그 무엇이 아니라, 겸손하고 감사하는 마음으로 그분에게 반응하는 것을 일컫는 말이다. 루터는 인간 스스로 자기사랑을 극복할 수 없고, 오직 자아가 하나님 안에서 구원을 발견하고 모든 불안에서 해방되어 자유로이 자기를 잊은 채 이웃을 섬길 수 있을 때 극복된다는 것을 깨달았다.

이것이 바로 루터의 이원론의 바탕이다. 그리스도는 도덕적 삶의 근본 문제를 다루신다. 그분은 행위의 원천을 깨끗하게 하신다. 또 모든 행동이 일어나는 장(場)인 궁극적 공동체를 창조하고 재창조하신다. 하지만 외적인 행위를 직접 다스리지는 않고, 사람이 자기 업무를 수행하는 현장인 일차적 공동체를 건설하지도 않는다. 그와 반대로, 사람으로 하여금 특별한 직업을 발견할 필요성과, 자존

---

15) 참고. "Treatise on Good Works", Works, Vol. I, "Treatise on Christian Liberty", Works, Vol. II: 참고. Holl, 앞의 책, pp. 217이하, 290-291.

심을 획득하고 인간과 신의 칭찬을 받을 수 있는 특별한 공동체를 건설할 내적 필요성에서 해방되도록 도와준다. 그들을 수도원과 비밀집회에서 해방시켜 모든 평범한 직업을 통해 세상에서 이웃을 섬길 수 있게 해준다.

루터는 앞선 어떤 위대한 기독교 지도자보다 더 강력하게, 우리가 문화 안에 살면서 그리스도를 따를 수 있고 또 따라야한다고 주장했다. 그리고 누구보다도 더 강력하게 문화적 삶에서 따를 규율은 그리스도의 법이나 교회법과 무관하다고 주장했다. 철학이 믿음에 이르는 길을 제공하진 못하지만, 믿음의 사람은 철학의 길을 따라 도달 가능한 목표에 다다르는 것은 가능하다. "말씀(Word)을 통하여 성령으로 거듭나고 새롭게 된" 사람의 경우 그가 가진 선천적 지혜는 "하나님의 훌륭한 도구요 작품이다."[16] 젊은 시절에 경건의 훈련뿐 아니라 언어, 예술, 역사 등의 교육을 받을 수 있다는 것은 본인에게 굉장한 기회에 해당한다. 그런데 이런 문화 교육은 의무적으로 받아야 할 것이기도 하다.[17] "음악은, 신학 다음으로, 하나님이 주신 고상한 선물이다. 나는 나의 적은 음악 지식을 많은 돈과도 바꾸지 않겠다"라고 루터가 말했다.[18] 그리스도인은 상거래에도 열려 있는데, "사고파는 일이 필요하기 때문이다. 그런 행위는 반드시 필요한 것이고 기독교적 방법으로 수행할 수 있는 것이다."[19] 정치 활동과 심지어 군인의 직업도 공동생활에 더욱 필요한

---

16) H. T. Kerr, *A Comprehend of Luther's Theology*, pp. 4-5; 참고. 종교개혁이 철학에 미친 영향에 관한 Holl의 논의, 앞의 책, pp. 529이하.
17) 참고. "To the Councilmen of All Cities in Germany That They Establish and Maintain Christian Schools", *Works*, Vol. IV, pp. 103이하.
18) Kerr, 앞의 책, p. 147.

것이고, 이웃을 섬기고 하나님께 순종하는 통로가 될 수 있다.[20] 그런데 소수의 직업은 하나님에 대한 믿음과 이웃 사랑과 명백히 어울리지 않기 때문에 아예 배제했다. 그 가운데 루터는 마침내 수도원 생활을 포함시켰다. 이웃을 섬기는 이 모든 직업에 있어서, 이 모든 문화 활동에 있어서, 우리는 각 영역의 전문적 규율을 따를 필요가 있다. 그리스도인은 문화 안에서 일할 자유가 있을 뿐만 아니라 거기서 요구하는 방법들을 선택할 자유도 있으며, 그 목적은 그 일을 통해 객관적인 선을 이루기 위함이다. 그리스도인이 발진티푸스의 문제를 다룰 때 복음으로부터 의료 절차에 관한 법을 끌어낼 수 없듯이, 사랑의 계명으로부터 범죄를 억제하는 데 필요한 구체적인 법을 연역할 수 없다. 루터는 이런저런 영역에서 전통적 방법을 따르지 않고 참신한 방법을 고안한 천재적인 인물들에 대해 커다란 존경심을 표했다.

그러므로 그리스도와 문화의 문제에 대한 루터의 해결책이 지닌 이원론은 행동의 '방식'과 행동의 '내용'을 나누는 이원론이라 할 수 있다. 그리스도로부터 우리는 문화가 가르치는 것(혹은 요구하는 것)을 믿음과 사랑의 자세로 수행할 수 있는 지식과 자유를 얻는다. 루터의 윤리에 깔려 있는 심리학적 전제는 인간은 언제나 역동적 존재라는 신념이다. "사람의 존재와 본성은 잠시도 무언가를 하지 않을 수 없고, 무언가를 참고 견디든가 거기서 도망하지 않을 수 없다. 인생은 멈춤이 없는 행로이기 때문이다."[21] 행동의 추

---

19) "On Trading and Usury", *Works*, Vol. IV, p. 13.
20) "Secular Authority: To What Extent It Should be Obeyed", *Works*, Vol. III, pp. 230이하: "Whether Soldiers, Too, can Be Saved", *Works*, Vol. V, pp. 34이하.

동력은 하나님이 주신 본성인 것 같다. 행동의 방향과 정신은 믿음의 기능이다. 행동의 내용은 이성과 문화로부터 온다. 배고픔은 우리로 먹게 만든다. 우리가 선한 이웃으로서 남을 배려하며 하나님의 영광을 위해 먹는가, 아니면 안달하면서 무절제하게 이기적으로 먹는가 하는 것은 믿음의 존재 여부에 의해 좌우된다. 무엇을 먹고 언제 먹어야 할지를 정해 주는 것은 우리 사회의 식이요법―청결한 음식과 불결한 음식에 대한 히브리의 법이나 금식에 관한 교회법이 아니라―과 다이어트에 대한 지식이다. 다른 예를 들어 보자. 우리의 호기심이 우리로 지식을 추구하게 만든다. 우리가 그것을 어떻게 추구할 것인가 하는 것, 즉 유명세를 위해 할 것인가 아니면 남을 섬기기 위해 할 것인가, 권력을 위함인가 하나님의 영광을 위함인가 하는 것은 종교적 태도에 달려 있다. 그리고 어떤 영역에서 어떤 방법으로 지식을 획득할 수 있는지 알려 주는 것은 이성과 문화다. 우리가 의사, 건축가, 목수, 정치가로서 할 일에 대한 지식을 복음으로부터 끌어낼 수 없는 것처럼, 전문 지식이나 문화적 지식을 아무리 많이 쌓더라도 그로부터 올바른 섬김의 정신, 믿음과 소망의 자세, 겸손한 태도와 교정에 열린 태도를 얻어낼 수는 없다. 과학 지식과 전문 지식이 아무리 늘어나도 우리 속에 있는 영을 새롭게 할 수는 없다. 그러나 올바른 정신은 우리로 하여금 세상에서 지식과 우리 분야의 기술을 추구하고 연마하게 만들어 이웃을 섬기게 할 수 있다. 루터의 경우, 이 두 요소가 서로 연관된 것은 인정하나 그것들을 서로 구별하는 것을 중요시하는데, 둘을 혼동

---

21) "Treatise on Good Works", *Works*, Vol. I, pp. 198-199.

하면 양자 모두 손상을 입기 때문이다. 만일 우리가 지질학 지식을 얻으려고 하나님의 계시를 쳐다보면, 그 계시를 놓치고 만다. 거꾸로 하나님에 대한 믿음을 얻으려고 지질학을 쳐다보면, 그분과 암석을 모두 놓치고 만다. 만일 우리가 초기 기독교 공동체의 구조로부터 오늘날의 정부에 필요한 규율을 만들려고 하면, 그리스도와 그분의 좋은 은사들에 의존해 있던 그 공동체의 정신을 자기 의에 기초한 우리의 독립 정신으로 대치하게 된다. 만일 우리의 정치 구조를 하나님의 나라로 간주하고 교황제와 정치 체제를 통해 하나님께 더 가까이 가려하면, 그분의 말씀을 들을 수도 없고 그분의 아들 그리스도를 볼 수도 없게 된다. 뿐만 아니라 올바른 정신으로 정치적 임무를 수행할 수도 없다.

그런데 테크닉과 정신은 서로를 침투하는 관계고, 쉽게 구별되지도 않거니와 하나님에 대한 단번의 순종 행위로 다시 결합하기도 어렵기 때문에, 커다란 긴장이 존재한다. 테크닉은 현세적인 것들을 지향하는 데 반해, 정신은 영원과 관련된 그리스도인의 기능이다. 정신은 지극히 개인적인 그 무엇이고 사람의 가장 깊숙한 곳에 존재하는 것이다. 반면에 테크닉은 하나의 습관이자 기술이며, 사회에서 갖는 직무나 직업의 기능이다. 그리스도인이 품는 믿음의 정신은 신적인 자비를 향하는 데 반해, 테크닉은 신적인 공의를 경멸하는 데서 오는 악을 방지하는 역할을 한다. 그리스도인은 매 순간, 하나님의 영원한 나라의 시민으로서, 육체를 가진 인간들—자기 자신은 물론이고 특히 이웃들—의 한시적 가치관을 다룬다. 정치인이 국가의 장기적 번영을 위해 부득불 곡물 생산을 줄이는 정책을 쓸 경우 굉장한 갈등을 느끼지 않을 수 없다. 한시적으로 우리는 일용한 양식을 얻기 위해 최고의 지식을 동원한다. 다른 한편, 영원한 나라의 시민으로서는 전혀 염려를 느끼지 않는다(아니, 느끼지 말아야 한다). 이 문제가 개인과 사회의 양극화 문제와 결합되면 긴장이 더욱 고조된다. 하나님께 영원히 의존해 있고 그분을 신뢰하는 한 개인의 입장에서는, 이 땅에서의 보상을 기대하지 않고도 자기 일을 수행할 수 있다고 또 그래야 한다고 생각한다. 그러나 동시에 그는 아버지요 생계를 책임지는 자로서 하나님이 자녀들에게 일용할 양식을 공급하는 통로다. 그렇기 때문에 하나님께 순종하려면 임금에 대한 권리를 포기할 수 없다. 그런데 이웃을 분노에 찬 사람으로부터 보호할 목적으로 분노의 도구를 사용해야 할 경우에는 긴장이 더더욱 고조된다. 이 점에 대해서는 루터가 아주 분명한 입장을 표명한다. 어떤 사람이 자신의 몸과 재산을 보호할 책임만 있을 경우에는, 믿음이 그리스도의 법의 요구사항, 곧 도둑이나 채무자, 폭군이나 원수에 대항하지 않는 것을 가능케 해준다는 것이다. 그러나 아버지나 총독처럼 남을 보살필 책임이 있는 경우에는, 이웃을 보호하기 위해 무력에 무력으로 대항하는 것이 하나님께 순종하는 길이라고 한다. 이처럼 자비가 파괴적인 결과를 낳는 곳에서 자비를 발휘하든가 거룩해지려고 하는 것은 더 큰 죄악이다.[22] 하나님이 자연의 재난과 역사적 환란을 통해 뭔가 '이상한' 일—자비로운 사역이 아니라 진노의 사역—을 하시듯이, 그분은 순종적인 그리스도인에게 자비를 감추는 '이상한' 일을 하라고 요구하신다.

---

22) 참고. 특히 "Secular Authority", *Works*, Vol. III, pp. 236이하. 참고. 그 밖의 관련 구절들을 위해서는, Kerr, 앞의 책, pp. 213이하.

진정한 루터교도는 시간과 영원, 분노와 자비, 문화와 그리스도 사이에 살기 때문에 인생은 비극인 동시에 기쁨이라고 생각한다. 죽음 이편에서는 이 딜레마를 해결할 길이 없다. 그리스도인은 장차 이 세상에서 현재의 악한 상태가 끝나고 좋은 시대가 올 것이라는 희망을 비그리스도인과 똑같이 선물로 받았다. 하지만 인생이 지속되는 동안 죄도 계속되므로 이중적인 행복이란 존재하지 않는다. 더 나은 문화에 대한 희망이 "그들의 주요 관심사는 아니고, 오히려 그들만이 가진 특별한 복이 늘어나는 것 곧 그리스도 안에 있는 그 진리가 증대되는 것이다.…하지만 이밖에도 그들은…죽을 때 두 개의 커다란 축복을 받는다. 먼저, 죽음을 통해 이 세상의 질병들이 낳은 전반적인 비극이 막을 내린다.…또 하나의 축복은 죽음이 이생의 고통과 악행을 마감할 뿐 아니라 (이보다 더 훌륭한 점은) 죄와 악을 종결짓는다는 것이다.…이로 인해 우리의 삶은 위험투성이고(뱀처럼 죄가 우리를 사방으로 에워싼다), 우리가 죄를 짓지 않고 사는 것이 불가능하다. 그러나 가장 공평한 그 죽음이 우리를 이런 위험에서 구해 주고 우리 죄를 우리에게서 깨끗이 잘라 버린다."[23]

그리스도와 문화의 문제에 대한 루터의 응답은 역동적이고 변증법적인 사상가의 그것이었다. 하지만 자칭 루터의 제자라는 자들이 재생산한 것을 보면 너무나 정적이고 비변증법적이다. 그들은 루터가 밀접히 묶어 놓은 윤리를 평행선을 달리는 두 가지 도덕으로 대치해 버렸다. 신앙이란 것이 매순간 하나님을 지향하는 인격적인 신뢰가 아니라 무엇을 믿는가 하는 문제가 되어 버린 것처

---

23) "The Fourteen of Consolation", *Works*, Vol. I, pp. 148-149.

럼, 그리스도인의 자유도 모든 문화 영역에서 자율성을 확보하는 문제가 되어 버렸다. 루터의 복음은 그리스도에 대한 믿음을 바탕으로 문화의 세계에서 사랑으로 일하는 것을 특징으로 삼는 상호작용주의(interactionism)인데, 이를 영적인 삶과 현세적 삶이 따로따로 평행선을 긋는 이원론으로 혼동하는 것은 커다란 오류가 아닐 수 없다.

루터 이후의 기독교에서는 이 이원론적 **모티브**가 평행선을 긋지 않는 형태로도 등장했다. 그러나 그 대다수는 루터의 것과 비교해 보면 상당히 얄팍하고 추상적인 편이다. 그 가운데 쇠렌 키르케고르(1813-1855)가 역설적인 말과 양면적인 글로 그리스도인의 삶의 이중적 특징을 잘 표현했다. 그 자신이 에세이 작가요 미학 작가로서 당시 문화의 인물로 이해되길 원하면서도, 미학 작가요 문화의 인물이 아니라 종교적 필자로 기억되길 바랐다.[24] 그는 "나에게 진리"인 것을 철학적으로 진술하는 것이 불가능함을 철학적으로 논증하려고 했다. 그리스도인의 삶은 내적으로는 영원과 긴밀한 관계를 갖는 동시에 외적으로는 타인들과 사물들과 그저 소박한 관계를 맺는, 이른바 이중성을 지닌다. 이런 면에서 그는 루터의 이중 윤리를 논증하는 논증가라기보다 오히려 그것을 잘 대변하는 인물인 것 같다. 신앙의 정신으로 자기 직무를 잘 사용한 사람이기에 그렇다. 당시의 문화로 훈련을 받았던 키르케고르는 깊은 죄의식, 철저한 겸손, 은혜에 의존하는 자세를 품고서 **문학가**로서 작품을 쓰고 기독교 사역자가 되길 꿈꾸었다(이는 그에게서 볼 수 있는

---

[24] 참고. *The Point of View for My Work as an Author*, 제1부.

또 다른 이중성이다). 하지만 이것이 그의 근본 문제는 아니었다. 그리스도인으로서 미학 작가라는 상당히 미심쩍은 일을 해야 한다든가, 교훈적인 담론을 쓰는 것과 같이 그보다 더 미심쩍은 일을 해야 하는 것이 문제로 등장한 게 아니다. 그가 씨름한 이원론은 유한과 무한의 이원론이었다. 이 문제가 그의 모든 저술을 채색하기 때문에, 사실 그는 그리스도와 문화의 문제에 대해 변죽은 울리지만 그것을 꽉 붙들고 씨름하지는 않는다. 그가 관여한 논쟁은 어디까지나 자기 자신과의 외로운 논쟁이다. 때로는 그리스도인이 되기보다 차라리 일종의 그리스도가 되길 원하는 것처럼 보인다. 무한과 유한이 합쳐진 존재가 되길 원했던 것이다. 즉, 무엇보다 그 영원한 희생자가 대신 고난을 당한 그 대상[그리스도인]이 되기보다 세상의 죄를 위해 고난받는 자[그리스도]가 되길 바랐다는 뜻이다. 그는 철저히 고립된 '개인'으로서 참된 기독교의 사랑의 특징을 아름답게 분석하지만, 그 사랑을 받아야 할 대상들보다 사랑이란 덕 자체에 더 관심이 있다. 그가 그리스도와 문화의 문제를 다루는 태도를 보면, 종합론자나 이원론자보다 배타적 기독교의 정신에 훨씬 더 가까운 것 같다. 그 가운데서도 공동생활을 하는 수도사보다는 은둔자의 기독교에 가깝다. 그의 글을 보자. "영적인 사람은 고립된 상태를 견딜 수 있다는 면에서 우리와 다르다. 우리는 계속해서 '타인들', 곧 군중을 필요로 하는 데 반해, 영적인 사람의 등급은 고립을 견딜 수 있는 힘에 비례한다.···그러나 신약 성경의 기독교는 바로 이 영적인 사람의 고립에 기초하고 그것과 연관되어 있다. 신약에 나오는 기독교는 하나님을 사랑하되 사람을 미워하는 것, 스스로를 미워하는 것, 따라서 다른 사람들을 미워하는 것, 아버지와 어머니와 자녀와 아내 등을 미워하는 것을 의미한다. 이는 가장 고뇌에 찬 고립상태를 가장 강한 어조로 표현한 말이다."[25] 신약 성경을 너무 추상적으로 다루는 이런 극단적인 표현은 물론 키르케고르의 다른 금언으로 균형을 잡는 게 가능하다. 그러나 고립된 개체성의 주제가 압도적인 자리를 차지한다. 사람들이 오직 "나-너"의 관계 안에서만 존재한다는 의식과 "우리"라는 느낌은 거의 찾아볼 수 없다. 따라서 문화적 공동체들은 키르케고르의 관심 대상이 아니다. 국가, 가정, 교회는, 그가 보기에 그리스도로부터 이탈한 조직에 불과하다. 그는 덴마크에서 그리스도인이 되려고 열심히 몸부림치는 존재는 자기뿐이라고 생각한다. 사회적 종교, 국가 교회가 자신의 문학 작품들보다 그리스도와 동시대인이 된다는 것이 무엇을 의미하는지를 더 쉽게 표현할 수 있어야 한다고 생각하는 것 같다.[26]

19세기 당시 중부 유럽은 루터의 이원론을 이용해 복음을 고분고분하게 길들임으로 모든 긴장을 완화한 상태였는데, 키르케고르는 사실 당시 문화에 몸담은 그리스도인으로서 그런 문화적 기독교 혹은 기독교화된 문화에 반기를 들었다. 그보다 더 이원론적인 응답들은 다른 이들로부터 나왔다. 그리스도에게 순종하려니 문화의 권위를 피할 수 없고, 동시에 그리스도가 문화와 얼마나 얽혀 있는지를 깨달은 자들 말이다. 에른스트 트뢸치는 그 문제를 이중

---

25) *Attack upon "Christendom"*, p. 163.
26) Kierkegaard에 대한 최고의 입문서는 Robert Bretall (ed), *A Kierkegaard Anthology*; A. Dru (ed), *The Journals of Søren Kierkegaard*; David Swenson, *Something about Kierkegaard*.

적 딜레마로 경험했다. 한편으로는, 서양의 문화적 종교라 볼 수 있는 그런 기독교의 절대성의 문제를 붙들고 씨름했다. 다른 한편으로는, 양심의 도덕과 사회적 도덕(국가와 민족, 과학과 예술, 경제와 테크놀로지 등으로 대변되는 그런 가치관의 실현과 보존을 지향하는)사이의 갈등 문제로 고심했다. 기독교 자체도 역사적이고 한시적인 문명의 다른 부분들보다 더 큰 권위를 주장할 수 없는 하나의 문화적 전통이 아니었는가? 트뢸치는 이 질문에 대해 문화적 그리스도인처럼 응답할 수 없었다. 기독교는 실로 상대적이었으나, 그것을 통해 사람들에게 절대적 주장이 도래했다. 그 주장이 설사 서구인에게만 왔다 하더라도, 그것은 여전히 상대성의 한복판에 있는 절대였다.[27] 예수의 주장은 트뢸치에 의해 양심의 윤리와 동일시되었다. 양심의 성장이 아무리 역사적 성격을 띤다 해도, 역사적 인간들에게, 단순한 운명에서 벗어나 내면적으로 통합되고 명료화된 자유로운 인격을 실현하고 옹호하라고 여전히 도전한다. 그리고 동시에 모든 사람 속에 있는 자유로운 인격을 존중하고 그것들을 인류의 도덕적 유대관계로 묶으라고 도전한다. 양심의 도덕은 언제나 자연과의 싸움에 틀림없이 관여할 것이다. "하나님의 나라는, 그것이 역사를 초월한다는 이유만으로, 역사를 제한하고 형성할 수 없다. 이 땅의 역사는 여전히 최후의 개인적 결단과 성화의 토대요 전제로 남아 있다. 그러나 그 자체는 이성과 자연적 본능의 혼합체로서 그 길을 가며, 오직 상대적인 정도와 일시적인 공간을 제외하면 어떤 끝에도 묶일 수 없다."[28] 그런데 한 인간이 참

---

27) *Glaubenslehre*, pp. 100이하; 또한 *Christian Thought*, 1923, pp. 22이하.

고 견뎌야 하는 것은 자연과의 싸움에 국한되지 않는다. 그의 윤리 의식 속에는 양심의 도덕 이외에 다른 도덕도 있다. 그는 문화적 가치관의 실현, 곧 여러 제도가 대변하는 객관적이고 의무적인 선― 정의, 평화, 진실, 전쟁 등―을 지향한다. 양심과 문화적 가치관의 도덕이 서로 밀접히 연관되어 있지만, "이 두 영역은 서로 만나면 갈라질 뿐이다." 양심은 역사를 초월한다. 그것은 죽음을 조롱한다. "선한 사람에게는 살아있든 죽었든 악이 떨어질 수 없기 때문이다." 반면에 문화적 가치관의 도덕은 역사적 성격을 지니고, 썩어질 것들을 유지하는 데 관심을 갖는다. 오직 가치를 실현하려는 개별적 행위로 종합하는 일만 가능할 뿐이다. 마지막에 이르면 우리는 오직 믿음으로 의롭게 된다.[29] 트뢸치는 바이마르 공화국의 정치적 업무를 수행하는 동안 이런 긴장을 뼈저리게 체험했다. 그리스도의 주장에 대한 그의 해석은 복음서를 더 문자적이고 급진적으로 해석하는 입장보다 당시 유행하던 신약 성경의 문화주의적 해석에 더 가까웠던 것이 분명하다. 그렇지만 그리스도와 문화 사이의 긴장은 여전히 남게 되어 계속해서 그 가운데 몸부림치며 사는 길밖에 없었다.

우리 시대에도 여러 형태의 이원론적 견해가 존재한다.[30] 가령, 신앙과 과학은 전혀 다른 진리들을 각각 대표하므로 서로 갈등을

---

28) 같은 책, 제1부, 섹션 II, "The Morality of the Person and of Conscience", pp. 39이하.
29) 같은 책, 제2부, "The Ethics of Cultural Values", pp. 71이하.
30) 도덕적 삶에 관한 평행론이나 구획화론을 피하는 이원론의 본보기로 다음 두 저서를 참고하라. Reinhold Niebuhr, *Moral Man and Immoral Society*, 1932(「도덕적 인간과 비도덕적 사회」, 문예출판사); A. D. Lindsay, *The Two Moralities: Our Duty to God and to Society*, 1940.

일으킬 수 없고 긍정적인 관계를 맺을 수도 없다고 종종 주장된다. 사람은 두 영역에 몸담은 양성적 존재며, 한쪽에 적합한 관념과 방법을 다른 쪽에서 사용하면 안 된다.[31] 이원론은 실제적인 모습으로 나타나기도 하고 교회와 국가의 분리와 같은 이론적 정당화에 등장하기도 한다. 로저 윌리엄스(Roger Williams)는 미국에서 이런 이원론을 대표하는 상징적 인물이 되었다. 그는 정치와 복음을 합치려 한 성공회와 청교도의 종합론적 입장과 변혁론적 입장을 모두 배격했다. 그 이유는 첫째, 영적인 힘을 물리적 강제와 연결함으로써 복음을 변질시키기 때문이고, 둘째, 정치 영역에 전혀 생소한 요소들을 끌어들임으로써 정치를 오염시키기 때문이다. 아울러 국가를 기독교 영성의 토대 위에 세우려 했던 퀘이커교도의 시도도 제쳐놓았는데, 그것은 기독교적으로 부당한 만큼 정치적으로도 부적절하기 때문이라고 했다.[32] 그리스도에 대한 충성과 사회적 종교의 수용을 합치는 문제는 그리스도와 시저를 묶는 문제보다 더 어려운 난제였다. 그가 성공회, 청교도, 침례교회를 떠난 후 취한 추구자(Seeker)의 태도는 문제의 해결책이라기보다 일시적 타협에 가까웠다. 하지만 정치적 차원과 교회적 차원 모두에서 윌리엄스는 개신교 진영에서 이원론의 대표자로 여전히 남아 있다.

이원론적 해답은 문화를 옹호하는 자들의 이론과 실천에도 등

---

31) 이 입장에 대한 전형적 진술을 위해서는, J. Needham, *The Great Amphibium*, 1931.
32) 참고. *The Bloudy Tenent of Persecution, George Fox Digg'd Out of His Burrowes, Experiments in Spiritual Life and Health*, 그리고 *Letters. Experiments*를 제외한 이 모든 저술은 대개 *Publications of the Narragansett Club*에서 쉽게 구할 수 있다.

장한다. 교회와 국가의 분리를 주장하는 정치인, 경제생활의 자율성을 위해 싸우는 경제학자, 종합론자와 문화적 그리스도인이 제안한 이성과 신앙의 조화를 배격하는 철학자 등은 종종 전혀 반(反)기독교적인 태도를 취하지 않는다. 이를테면, 니콜라이 하르트만(Nikolai Hartmann) 같은 이는 기독교 신앙과 문화 윤리가 서로 대립한다고 보지만, 이 문제가 문화에 유리한 방향으로 해결되어야 한다고 주장하지 않고 이율배반적 관계로 그냥 남아 있도록 내버려둔다. 신앙의 근거를 이성의 영역에서 도무지 찾을 수 없는 실증주의자조차 신앙을 무시하길 꺼린다. 이는 인간 실존의 다른 차원에 속하기 때문이다.[33]

신자와 불신자를 막론하고, 이원론적 입장은 도덕적 진지함과 이성적 깊이를 결여하는 경우가 많다. 이원론은 그리스도를 향해 약간의 경의라도 표하고 싶은 세상적인 사람이나 문화를 어느 정도 존중해야 한다고 느끼는 경건한 영성주의자가 숨는 피난처일 수도 있다. 복음이 '현실 정치'에 영향을 미치지 못하게 하고픈 정치인들과, 가난한 자가 천국을 유산으로 받을 것이라는 소리에 귀를 막은 채 오직 이윤만 추구하는 경제인들이 이원론을 합리화의 수단으로 삼을 수도 있다. 이런 식으로 이원론적 입장이 남용되는 것은 사실 다른 입장들이 남용되는 것과 별로 다를 바가 없다. 급진적 기독교는 방종한 수도사, 비도덕적 은둔자, 도덕적으로 웃음거리가 된 자들을 배출했다. 문화적 기독교와 종합론자는 권력욕과 오랜 우상 숭배를 정당화하도록 허용했다. 이 가운데 어느 입장을

---

33) A. J. Ayer, *Language, Truth and Logic*, 1936을 보라. 종교와 윤리는 엄격한 의미에서 무의미한 것으로 묘사되어 있다. 그것들은 감정만 표현하기 때문이다.

택하든 도덕적 일관성과 성실성이 저절로 따라오는 것은 아니다. 비록 이런 입장들 하나하나가—특히 이원론을 포함해서—사실상 그리스도 아래서 일관성을 유지하기 위해 성실하고 진지하게 노력한 결과이긴 하지만 말이다.

IV. 이원론의 장점과 단점

이원론의 주창자들이 설파하듯이 이 입장은 상당한 강점을 갖고 있다. 이는 [초림과 재림의] "중간기"에 사는 그리스도인, 곧 은혜의 때에 갈등 가운데 살면서 마치 자신이 고대하는 그 영광의 때의 윤리에 의거해서 사는 것처럼 추정할 수 없는 인간의 실질적 몸부림을 반영한다. 이 입장은 조직적인 운동을 펼치기 위한 계획이 아니라 오히려 실존적 체험에 관한 보고(報告)라 할 수 있다. 한편으로는, 그리스도와 성령의 능력을 보고하고, 다른 한편으로는, 인간 실존에 스며 있는 죄의 위력과 보편성을 망설이지 않고 인정한다. 바울이 내면의 갈등을 묘사한 대목과 루터의 "대담하게 죄를 범하라"는 말을 눈여겨 보면, 성인들의 이야기에 흔히 빠져 있는 정직한 면모를 볼 수 있다. 그들이 신자뿐 아니라 공동체에도 뿌리박은 그 죄를 인정한 면은, 급진주의자와 종합론자들이 묘사하는 거룩한 국가와 완전한 사회보다 사실 그리스도인이 자기 자신과 교회에 대해 아는 바에 더 부합되는 것이다. 이원론자가 하는 진술이 본인의 내적 일관성에 비추어 볼 때 과연 설득력이 있는지는 논란의 여지가 있지만, 실제 경험에 비추어 보면 충분히 이해할 수 있고 설득력도 있다.

하지만 이원론자들은 그리스도인의 체험을 보고하는 데 그치지 않는다. 앞서 살펴본 다른 입장들과 비교해 볼 때, 하나님, 인간, 은혜, 죄 등의 역동적 성격을 고려하는 면에서는 단연 선두다. 급진적 그리스도인이 지닌 신앙의 개념은 다소 정적인 면이 있다. 그것을 새로운 법이요 새로운 가르침으로 보기 때문이다. 이 점은 종합론자들에게도 대체로 적용된다. 단 좀더 수준 높은 그리스도인의 삶에는 이런 역동적인 요소가 있다는 것을 인정하지만. 반면에 이원론자들은 하나님의 행위, 인간의 행위, 악한 세력의 행위 등 여러 행위 윤리를 내놓는다. 이런 윤리는 그저 악덕과 산뜻하게 대비되는 법과 미덕들로 구성될 수 없고, 구체적으로 예시될 필요가 있는 것이다. 살아 있는 행위란 구체적으로 무언가를 가리킬 때에만 이해할 수 있다. 이는 자유의 윤리다. 율법으로부터의 자유라는 의미가 아니라 사람에게 가해진 어떤 행위에 반응하여 창조적 행위를 한다는 의미에서 그렇다. 이처럼 이원론자는 실존의 역동적 성격을 이해함으로써 그리스도인의 지식과 행위와 관련하여 독특하고도 위대한 기여를 했다. 그들은 그리스도의 사역이 어떻게 인간의 마음과 정신 깊숙이 침투하여 생명의 원천을 깨끗하게 하는지를 보여 주는 등 그 사역의 깊이와 능력을 주목하게 해주었다. 인간의 악에 대한 피상적인 분석들을 모조리 제쳐놓고, 인간의 타락이 얼마나 깊은 뿌리를 갖는지를 밝히 드러내려고 애썼다. 이런 통찰력을 갖고 그리고 그런 통찰로 인해 그들은 기독교와 문화를 모두 다시 활성화한 자들이다. 기독교에 기여한 부분은, 그리스도 안에 있는 하나님의 위대한 은혜를 새롭게 깨닫게 한 점, 전투적 삶을 살도록 새로운 결의를 다진 점, 살아 계신 주님을 대신했던 여러 관습과 조직으로부터 해방시킨 점 등이다. 문화에 기여한 부분은, 문화적 법이나 복음의 법이 무엇을 직접 요구하는지 혹은 내가 챙길 수 있는 이익이 무엇인지를 묻지 않고, 주어진 조건에서 어떻게 이웃을 섬길 수 있는지와 이 주어진 조건이 무엇인지를 묻게 하는 사심 없는 태도를 불러온 점이다.

이원론은 이와 같은 장점들을 지녔지만 물론 단점들도 있으며, 이는 다른 입장을 가진 이들이 늘 지적해 온 문제들이다. 이 입장이 잘못 남용된 경우들은 앞에서 언급했으므로 여기서 제외하고, 가장 흔히 지적되는 두 가지 점만 살펴보자. 하나는 이원론이 도덕률 폐기론(antinomianism)을 초래한다는 것이고, 다른 하나는 문화적 보수주의로 귀결된다는 것이다. 이 두 비판점에 대해 조금 설명할 필요가 있겠다. 사회의 법과 이성의 법 등 인간의 모든 업적을 상대화한 입장이(그것들이 인간적 표준으로는 아무리 높거나 아무리 낮아도 모두가 죄 아래 있다는 교리로 인해), 문명인의 삶에 필요한 규율들을 쓸데없는 것으로 치부하거나 절망적인 태도로 제쳐 놓게 만드는 계기를 초래한 것은 분명하다. 또 사람이 죄스러운 방식으로 법에 순종하든 죄스러운 방식으로 불순종하든, 죄 많은 법에 순종하든 불순종하든, 죄스럽게 진리를 추구하든 죄 많은 회의주의자로 살든, 자기 의가 가득한 도덕인이든 자기 탐닉에 빠진 망나니든, 아무런 차이가 없다는 주장을 하게 만든 장본인이 루터나 바울이라고 그들은 지적한다. 그런데 이원론자가 의도적으로 법과 문화적 표준에 못 미치는 행위를 하도록 부추긴 것은 결코 아니다. 그는 법을 초월한 삶에 관해 잘 알며, 문화에 죄가 내포된 것도 알기 때문이다. 하지만 그가 방종적인 자와 약자에게 시험에 저항하는 걸 그만두도록 유혹하진 않았더라도, 일종의 합리화 장치를 둔 책임만은 인정해야겠다. 이렇게 인정한다고 해서 죄의 보편성과, 은혜와 공로의 차이점을 설파한 그들의 주장이 타당성을 잃는 것은 아니다. 이는 그가 필요한 모든 말을 할 수 없다는 사실을 가리킬 뿐이다. 또 문화적, 종합론적 그리스도인들이 문화적 법에 순종하라는 명령과 함께 이원론자의 편에 설 필요가 있다는 것을 가리킨다. 물론 그들은 이원론자처럼 순종의 행위에도 죄가 스며 있다고 설파할 수는 없지만 말이다. 교회가 바울의 서신들을 마태복음과 야고보서와 연결짓기로 한 것은 마르키온의 견해보다 더 지혜로운 결정이었다.

바울과 루터는 모두 문화적 보수주의자로 흔히 분류되곤 했다. 하지만 그들의 수고가 궁극적으로 문화적 개혁에 상당한 영향을 미친 것을 여러 면에서 설명할 수 있다. 그럼에도 그들이 당대의 거대한 문화적 제도들과 관습들 가운데 단지 종교 제도를 변화시키는 데만 몰두했던 것은 사실인 것 같다. 국가와 경제생활—가령 노예제와 사회적 계층화 같은 것—을 비롯한 나머지 영역들에 대해서는 대체로 현상유지에 만족했던 것 같다. 그들은 군주, 시민, 소비자, 상인, 노예, 주인 등의 행동 양태가 개선되길 바랐고 또 요구했으나, 그런 변화도 사회적 관습의 틀은 변하지 않은 채 이루어지는 것이었다. 이를테면, 남편, 아내, 부모, 자녀들에게 그리스도 안에서 서로 사랑하라고 권고 했지만, 가정 제도 자체는 가부장적 성격을 그대로 유지했다.

이런 보수주의는 실로 이원론적 입장과 직결된 것 같다. 이 입장이 설사 사회적 변동에 기여했더라도, 그것은 의도하지 않은 결과이거나 다른 집단의 도움을 받아 그렇게 된 것이다. 만일 사회의 여러 제도-법, 국가 등-를 사회 공동체에서 이웃을 섬기고 참된 삶을 증진하는 긍정적 통로로 생각하지 않고 죄를 저지르며 무정부상태를 막는 억제력으로 간주한다면, 논리적으로 볼 때 보수주의로 귀결될 수밖에 없다. 게다가 이원론자의 눈에는 그런 제도들이 죽어가는 한시적인 세계에 속한 것으로 비칠 뿐이다. 이 점과 관련하여 한 가지 문제가 생각난다. 바울과 루터가 대표하는 이원론에는 일시성 혹은 유한성을 죄와 연관지어 창조와 타락을 대단히 가까운 이웃으로 만드는 경향이 있고, 따라서 하나님의 창조 사역을 불공평하게 취급한다는 점이다. 마르키온과 키르케고르의 사상에서 이단적 형태를 띠게 된 그 관념은 적어도 그들의 위대한 선조들로부터 암묵적으로 내려온 것임이 틀림없다. 바울이 창조의 관념을 의미심장하게 사용한 경우는, 죄로 인해 모든 사람이 심판을 받았다는 제1원리를 강화하기 위한 목적에 국한된다는 것을 알 수 있다. 그리고 "육체"(flesh)라는 단어를 모호하게 사용한 것은 창조된 몸의 선한 속성에 대해 불확실한 태도를 가졌음을 시사한다. 루터의 경우, 하나님의 진노는 죄를 겨냥할 뿐 아니라 한시적인 세계 전체를 겨냥하여 나타난다. 그러므로 이들에게는 자아의 죽음을 통한 그리스도 안에서의 새로운 삶을 동경하는 마음이 있을 뿐만 아니라, 육체의 죽음과 현세적 질서의 소멸을 갈망하는 심정도 있다. 자아에 대해 죽고 하나님 안에서 그리스도와 함께 다시 살아나는 것이 물론 더욱 중요하다. 하지만 자아중심성과 유한성이 한 몸을 이루어서 죽음의 이편에서는 영적인 변혁을 기대할 수 없다. 이런 관념을 품으면 현세에서의 모든 문화적 활동은 일시적이고 사라져가는 것들만 다룬다는 생각으로 귀결된다. 따라서 그리스도인에게 문화적 과업이 아무리 중요해도 그들의 생명은 거기에 있지 않다. 그것은 그리스도와 함께 하나님 안에 감춰 있다. 바로 이 지점에서 변혁론적 유형이, 이원론과 아주 비슷하면서도 차별성이 있는 모습으로 등장한다.

6장 · 문화를 변혁하는 그리스도

I. 신학적 신념

그리스도와 문화의 관계에 대한 전환론적 이해는 이원론과 가장 가깝지만 다른 유형들과도 비슷한 점이 있다. 이 입장이 독특한 색채를 지녔다는 점은 마태복음과 야고보서에서 바울 서신들을 거쳐 제4복음서로, 혹은 테르툴리아누스, 영지주의자, 클레멘스로부터 아우구스티누스로, 혹은 톨스토이, 리츨, 키르케고르에서부터 모리스로 움직이면 분명히 드러난다. 우리가 전환론적 응답이라 부르는 이것을 제시한 자들은 확실히 교회의 주류 전통에 속하는 이들이다. 그들은 그리스도 안에 있는 하나님의 사역과 문화 속에 있는 사람의 사역을 서로 뚜렷이 나누지만, 배타적 기독교처럼 문명에서 고립되는 길을 택하거나 톨스토이마냥 가차 없이 문화적 제도들을 배척하지는 않는다. 그들은 주님에 대한 순종의 일환으로 사회적 의무를 받아들이지만, 세상 및 세상의 길에 대한 예수 그리스도의 날카로운 심판을 수정하려 들지 않는다. 기독론에 있어서는 종합론자와 이원론자와 비슷한 견해를 갖는다. 그리스도를 새로운 법을 주는 입법자로서보다 구속자(Redeemer)로 부르며, 하나님을 인류 최고의 영적 자원을 대표하는 존재로서보다 사람들이 실존적으로 만나는 분으로 부른다. 그들은, 그분의 사역이 인간 행위의 외적 측면을 주관심사로 삼지 않고 인간의 마음을 시험하며 그 잠재의식을 판단한다는 것을 안다. 사람의 가장 깊숙한 곳, 가장 밑바닥에 깔려 있는 것을 다룬다는 말이다. 그분은 인간이 가진 가장 고질적인 병, 영적인 결핵, 죽음에 이르는 병을 치료하신다. 하나님과 관련하여 가장 깊이 숨어 있는 전염병과 같은 죄, 불신, 사랑도 없고 소망도 없는 상태를 용서하신다. 그리고 단순히 어떤 관념과 권고와 법을 줌으로써 그렇게 하는 게 아니라, 스스로 아주 낮아져서 사람들과 더불어 살고, 그들을 위해 죽음을 감수하고, 하나님의 은혜를 입증하려고 무덤에서 다시 살아남으로써(이에 대해 논쟁을 벌이는 게 아니라) 그런 사역을 하신다. 죄를 이해하는 면에서는 전환론자들이 종합론자보다 이원론자에 가깝다. 그들은 죄가 사람의 영혼 깊이 뿌리박혀 있으며, 사람이 하는 모든 일에 만연되어 있고, 그 증상은 매우 다양하지만 등급은 매길 수 없다고 생각한다. 그러므로 인간이, 개인적으로든 사회적으로든, 국가의 일원으로서든 인류의 일원으로서든, 자신의 영광을 위해 수행하는 모든 문화적 작업은 하나님의 심판 아래 놓여 있다는 점도 주시한다. 하나님은 자기 유익을 구하지 않는 분이기 때문이다. 그들은 자기모순적인 모습 속에 자기파괴성이 있다는 것을 본다. 그러나 동시에 그런 문화가 하나님의 주권적 통치 아래 있다고 믿으며, 그리스도인은 주님에 대한 순종의 일환으로 문화적 작업을 수행해야 한다고 믿는다.

전환론자가 이원론자와 다른 점은 문화에 대해 더 긍정적이고 희망적인 태도를 지녔다는 사실이다. 이런 긍정적 입장은 세 가지 신학적 신념과 밀접히 연관되어 있는 것 같다. 첫째는 창조와 관련된 것이다. 이원론자는 그리스도의 십자가와 부활을 통한 구속에 너무 집중하기에, 창조를 위대한 속죄 사역으로 이어지는 일종의 서문 정도로 취급한다. 비록 바울과 같이 그리스도 안에서 "하늘에 있는 것들과 땅에 있는 것들, 보이는 것들과 보이지 않는 것들, 왕권이나 주권이나 권력이나 권세나 할 것 없이, 모든 것이 그분으로 말미암아 창조되었고, 그분을 위하여 창조되었다"[1]는 것을 믿지만, 이는 비교적 강조가 되지 않는 사상이요 주로 위대한 주제―화목―를 소개하는 도입부로 사용된다. 이에 비해, 전환론자는 하나님과 '하나님 안에 있는 그리스도'의 창조 행위를 하나의 중심 주제로 여긴다. 이 주제는 속죄의 개념에 압도되지도 또 그것을 압도하지도 않는다. 따라서 피조 세계에서 일하는 인간이라는 피조물은, 그리스도의 다스림 아래서, 하나님의 말씀의 창조적 능력과 섭리에 힘입어 산다고 믿는다. 비록 아직 구속받지 못한 상태에서 자신이 신의 진노 아래 헛된 것들 가운데 산다고 믿을지라도 말이다. 물론 이원론자들도 이와 비슷한 식으로 얘기할 때가 종종 있다. 하지만 그들은 하나님의 진노가 특히 물리적 세계에 명백히 나타난다고 자주 언급함으로써 이 점을 상당히 약화하기 때문에, 자연의 통치자가 주는 은택을 다소 의심스럽게 만드는 문제가 있다. 창조에 대한 긍정적 사고를 가진 전환론자의 문화론은 여러 면에서 상당한 영향을 미친다. 그는 피조물의 입장에서 하나님의 창조 활동과 섭리 행위에 대해 긍정적이고 질서 정연한 반응을 보일 여지를 발견하게 된다. 비록 이 피조물이 땅을 개간하고 지성을 연마하고 사

---

1) 골 1:16

회를 조직하는 등 여러 문화 활동을 달갑지 않은 마음으로 수행하고, 자신에게 주어진 질서를 왜곡되게 사용할지라도 말이다. 전환론자는 이런 창조에 대한 관심과 관련하여 이원론자에 의해 무시되어 온 기독론의 새로운 국면을 개발하기도 한다. 한편으로는, 말씀(Word) 곧 하나님의 아들이 창조 사역에 참여하는 측면을 강조한다. 여기서 말하는 창조 사역은 과거에 일회적으로 발생한 사건이 아니라, 만물의 논리적, 순간적 출발점으로서 하나님의 마음과 능력 안에서 늘 발생하는 것을 의미한다. 다른 한편, 그는 하나님의 구속 사역을 아들의 죽음, 부활, 재림에서뿐 아니라 그의 성육신에서도 발견한다. 이는 전환론자가 역사적 예수로부터 등을 돌려 태초부터 존재했던 그 로고스(Logos)로 향한다거나, 헛간에서의 출생에 놀란 나머지 십자가의 경이로움을 부인한다는 뜻이 아니라, 창조와 구속, 성육신과 속죄 등 여러 주제를 하나의 일관된 흐름으로 묶으려고 노력한다는 뜻이다. 이처럼 그리스도의 사역을 창조 및 성육신과 연결하는 견해는 문화에 대한 관점에도 당연히 영향을 미친다. 육신이 되어 우리 가운데 거했던 그 말씀, 이 창조 세계에서 아버지의 일을 하는 그 아들은 언제나 그분의 섭리로 존재해 왔던 인간 문화 속으로 들어오셨다.

인간의 일과 관습에 대한 전환론자의 견해를 특징짓는 두 번째 신학적 신념은 인간의 타락을 보는 관점이다. 앞서 언급한 것처럼, 이원론은 창조와 타락을 너무 가까운 이웃으로 만든 나머지, 영지주의자들이 주장하듯이 마치 물질로 된 유한한 창조 세계 자체가 타락된 상태인 것처럼 오해를 불러일으킬 위험이 있다. 몸 안에 존재하는 것은 그리스도와 떨어진 것이고, 육체 속에는 선한 것이 전혀 없고, 육신적이 되는 것은 죄 아래 팔리는 것이라는 생각. 이는 바울과 루터를 따르는 이들에게 아주 타당성 있게 들린다. 몸을 입은 인간의 영이 죄스러운 것일 뿐 아니라, 몸을 입은 이상 죄의 시험을 도무지 이겨낼 수 없기 때문이다.[2] 따라서 이런 그리스도인은 문화적 제도들이 한시적이고 타락한 세상에서 소극적 기능을 수행한다고 생각하는 경향이 있다. 부정부패를 위한 질서요, 무정부상태를 막는 방지책이요, 신체적 삶을 위한 지침이요, 일시적 문제들과만 관련된 것이라고 본다. 전환론자는 이원론자와 의견을 같이하여 인간의 근본적인 타락을 믿는다. 그러나 그는 타락과 창조, 타락과 몸을 입은 실존적 상태를 아주 뚜렷이 구별한다. 타락은 창조가 역전된 것이지, 결코 창조의 연속이 아니다. 그것은 완전히 인간의 행위지, 하나님의 행위가 아니다. 그것은 도덕적이고 인격적인 것이지, 신체적이고 형이상학적인 것이 아니다. 단 결과적으로 신체에 영향을 주지만 말이다. 게다가, 사람이 하나님으로부터 일탈한 결과는 모두 사람 편에 임하는 것이지 하나님 편에 도래하는 것이 아니다. 이 타락의 결과들을 가리켜 우리는 '부패'(corruption)

---

2) 많은 논란이 되는 이 문제에 관해서는 다음 책을 참고하라. Hans Lietzmann, *An die Roemer*(*Handbuch zum Neuen Testament*, Vol. VIII), pp. 75이하. Lietzmann은 롬 7:14-25에 대해 이렇게 주석한다. "인간의 죄스런 행위가 본인 속에서 작동하는 '악한 충동'에 그 뿌리가 있다는 견해는 당시 유대교 신학에서도 발견할 수 있다. 그런데 후자에게 전혀 낯선 부분은(이것이 여기서 결정적 중요성을 갖는데) 이 충동이 육체와 연결되어 있다는 관념이다.…Paul을 이 교리의 독자적 창안자로 간주할지, 아니면 그 사도와 동시대인이자 똑같이 헬라파 유대인이었던 사도 (Philo)도 그와 동일한 가르침을 가르쳤다는 사실을 인정할지는 각자가 선택할 문제다. 만일 후자가, 표준적인 역사적 방법론에 입각할 때 더 정확한 것처럼 보인다면, Paul도 Philo처럼 자기를 둘러싼 헬레니즘 문화로부터 그것을 끌어냈다고 말할 수 있을 것이다.

라 불러야 한다. 인간의 선한 본성이 부패되었다. 그것이 존재해서는 안 될 정도로 나빠진 게 아니라, 뒤틀어지고 휘어지고 잘못된 방향으로 나간 것이다. 그는 창조 때 주어진 그 사랑으로 사랑하지만, 그릇된 질서 안에서 여러 존재를 잘못 사랑한다. 그는 조물주에게 받은 그 욕망으로 좋은 것을 사모하지만, 자기에게 좋지 못한 것, 참 유익을 주지 못하는 것을 겨냥한다. 그는 열매를 맺되 일그러지고 쓴 열매를 맺는다. 그는 실천 이성의 도움을 받아 사회를 조직하지만, 이성을 비이성적인 길로 몰아넣고 사물의 본성을 거슬러 일하는 나머지 오히려 혼란만 가중시키게 된다. 따라서 인간의 문화는, 이원론자가 주장하는 것처럼, 타락한 상태를 위한 질서가 아니라 타락된 질서인 셈이다. 그것은 악이 아니라 왜곡된 선이다. 혹은 존재 자체가 악하게 된 것이 아니라 그 방향이 왜곡되었다는 의미에서 악하다고 할 수 있다. 그러므로 문화의 문제는 방향 전환(conversion)의 문제이지, 새로운 창조에 의해 다른 것으로 대치할 사안이 아니다. 아주 근본적인 방향 전환이 필요한 경우라 거의 중생에 가깝지만 말이다.

전환론자는 창조와 타락에 대한 이런 신념과 더불어 독특한 역사관도 갖고 있다. 역사는 본래 인간사의 흐름에 불과한 게 아니라 언제나 하나님과 인간 사이의 극적인 상호작용으로서, 하나님에게는 불가능한 게 없다고 믿는다. 역사를 보는 눈은 기독교의 유형에 따라 각각 다르다. 배타적 그리스도인은 교회나 기독교 문화의 발흥과 이방 문명의 쇠퇴를 담은 이야기로 본다. 문화적 그리스도인은 영(靈)이 자연을 만나는 이야기로 생각한다. 종합론자는 법, 이성, 복음, 교회 아래서 영혼과 하나님의 궁극적 교통을 예비하는 일종의 준비 기간으로 간주한다. 이원론자는 역사를 신앙과 불신이 싸우는 기간, 생명의 약속이 주어진 때와 그것이 실현될 때 사이의 기간으로 여긴다. 전환론자는 역사를 하나님의 위대한 사역들과 그에 대한 인간의 반응을 담은 이야기로 생각한다. 그는, 다른 입장을 가진 그리스도인들과 비교해 볼 때, "중간기"에 산다는 생각은 좀 희박하고 신적인 "현재"(Now)에 산다는 생각은 좀 강한 것 같다. 종말론적 미래가 그에게는 종말론적 현재가 되었다. 영원이란 것도 시간의 존재가 생기기 전의 하나님의 활동과 시간이 끝난 후 하나님과 함께하는 삶을 의미하기보다, 오히려 시간 안에 계시는 하나님의 현존을 가리키는 말이다. 영원한 생명이란 지금 여기에 있는 존재의 질을 지칭한다. 따라서 전환론자는 창조 때 주어진 것을 보존하는 문제와 최후의 구속 때 주어질 것을 준비하는 문제보다, 현재 하나님이 행하시는 갱신 작업에 더 관심이 있다. 그런데 이처럼 서로 다른 역사관을 아주 말끔하게 정리할 수는 없다. 어떤 입장을 취하든 그리스도인의 삶에는 장래를 향한 분투, 아브라함과 이삭과 야곱의 하나님에 대한 의존, 지금이 구원의 날이라는 인식이 있기 때문이다. 그러나 바울의 종말관과 요한의 종말관에 차이가 있는 건 사실이다. 전자는 장차 그리스도에 의해 최후의 적인 죽음이 완전히 파멸될 날을 바라보는 데 반해, 후자는 그리스도께서 십자가 위에서 "다 이루었다"고 하신 최후의 말씀에 주목한다. 전환론자는 그리스도 안에서의 하나님과의 실존적 만남을 역사로 보는 만큼, 창조 세계와 문화가 결국 마감되는 그 날을 기대하며 살기보다 만물을 자기 자신에게 끌어올려 그것들을 변혁하는 주님의 권능을 의식하며 산다. 그의 이미지는 공간적인 것이지 시간적인 것이 아니다. 그리고 예수 그리스도로부터 나오는 삶의 움직임은, 인간들이 그 영혼과 행위와 생각이 더욱 고양되어 자기를 인도하시는 그분을 경배하고 그분께 영광을 돌리는 이른바 상향적 움직임이다. 이것이 바로 인간 문화가 도달할 수 있는 경지다. 하나님의 영광 안에서 그리고 그 영광을 위해 완전히 변혁된 인간의 삶. 이는 인간에게는 불가능한 일이나 하나님에게는 얼마든지 가능한 일이다. 그분이야말로 자신을 위해 인간의 몸과 영혼을 창조하셨고, 자기 아들을 세상에 보내 그로 말미암아 구원을 얻게 하신 분이기 때문이다.

II. 제4복음서의 전환론적 특색

이와 같은 사상들과 전환론적 특색은 신약 성경 여러 곳에서 찾아 볼 수 있다. 요한일서가 그 본보기다. 그런데 거기서는, 한편으론 세상의 어둠, 일시성, 사랑이 없는 상태와, 다른 한편으론 새로운 공동체를 옛 공동체와 구별하는 대목 등이 여러 차례 언급되는 중에 그런 특색이 나타나기 때문에 그 문헌의 전반적인 경향은 배타적 기독교를 지향하는 것처럼 보인다. 바울의 경우는 전환론의 주제가 준비되는 듯이 보이다가 마지막에 이르면 육체와 죽음과 악의 억제에 관한 사상 때문에 그것이 묻히고 만다. 이런 특색이 가장 뚜렷이 나타나는 곳은 요한복음인 것 같다. 이 복음서가 요한일서와 밀접한 관계를 맺는다는 사실이 시사하듯이, 거기에도 분리주의적 색채가 나타난다. 흔히들 제4복음서는 "야누스의 얼굴과 같은 실재", "서로 대립되는 것들의 연합", 외관상의 모순을 특징으로 삼는다고 얘기하는데, 이는 이 복음서의 문화적 세계에 대한 태도에도 적용된다.[3] 그럼에도 전환론적 사상의 기본 개념들이 거기에 내포되어 있는 것도 사실이다. 이 저작 자체가 문화적 방향 전환을 부분적으로 보여 준다. 먼저 예수 그리스도의 복음을 헬레니즘에 젖은 독자들이 가진 개념들로 번역할 뿐만 아니라, 로고스와 지식, 진리와 영원과 같은 개념들의 의미를 그리스도를 통해 재해석함으로써 그것들을 새로운 차원으로 끌어올리기 때문이다.

앞에서 전환론자가 창조주에 대한 신앙을 갖고 있다고 말할 때 이미 제4복음서에 대해 언급한 바 있다. 이 복음서는 만물이 말씀(Word)에 기원을 둔다고, 즉 그분을 통해 시작되었다는 대목으로 말문을 여는데, 이는 바울의 끝 대목을 출발점으로 삼은 모습이다. 그분으로 말미암아 창조되지 않은 것이 하나도 없다. 그분을 통해 창조된 세계는 곧 그분의 집이다. 요한으로서는 이 세계에 존재하는 것이면 무엇이든 선하다는 사실을 이보다 더 강력하게 말할 수 없었을 것이다. 여기서는 물리적인 것 혹은 물질 그 자체가 하나님의 특별한 진노 아래 있다는 사상이나 육체를 입은 인간은 죄 아래 팔린 존재라는 사상은 더 이상 찾아볼 수 없다. 요한은 육체와 영을 조심스레 구별한다. "육체로부터 난 것은 육체요, 영으로부터 난 것은 영이다." 그러나 물리적인 것, 물질적인 것, 한시적인 것이 영적이거나 영원한 것이 아니라고 해서 어떤 방식으로든 악에 물들어 있다는 사상은 전혀 나타나지 않는다. 이와 반대로, 자연적 출

---

[3] 참고. 이 복음서에 내포된 반립명제들에 관한 여러 비평가의 견해들이 요약된, G. H. C. MacGregor, *The Gospel of John*(*The Moffat New Testament Commentary*), 1928, p. ix; 또한 E. F. Scott, *The Fourth Gospel*, 1908, pp. 11이하, 27.

생, 먹는 것, 마시는 것, 바람, 물, 빵과 포도주 등이 영적인 생명의 실재를 가리키는 상징들로 사용되며 그 모두가 영적인 의미로 가득 차 있다. 영적인 사건들과 자연적 사건들은 "서로 맞물려 있고 유비적인 관계"에 있다. "사람은 세상으로부터 멀어져 뭔가 은밀하고 초연한 영성 속으로 들어갈 필요가 없다."[4] 요한은 말씀을 통한 창조와 말씀의 성육신을 믿는 믿음을 바탕으로, 하나님이 물질적 세계와 영적 세계 전체에 대해 긍정적인 관계를 맺으신다는 신념을 표명한다. 창조란 곧 구속이 행하는 그것을 의미한다. "하나님이 세상을 이처럼 사랑하사 독생자를 주셨으니 이는 저를 믿는 자마다 멸망치 않고 영생을 얻게 하려 하심이니라. 하나님이 그 아들을 세상에 보내신 것은 세상을 심판하려 하심이 아니요 저로 말미암아 세상이 구원을 받게 하려 하심이라."[5]

제4복음서가 지닌 분명한 역설의 하나는, 창조 세계 전체와 특히 하나님의 사랑의 대상인 인류를 지칭하는 말인 "세상"이란 단어가 그리스도를 배척하고, 어둠 가운데 살며 악한 짓을 일삼고, 아버지를 알지 못하며 그 아들의 죽음을 기뻐하는 인간들을 가리키는 말로도 사용된다는 점이다.[6] 이 세상의 통치자는 그 로고스가 아니라 마귀다.[7] 세상의 원리는 진리가 아니라 거짓이다. 그것은 생명의 영역이 아니라 살인과 죽음의 영역이다. 여기서 요한은 두 가지 별개의 실재—창조되지 않은 물질의 영역과 창조된 영의 세

---

4) Edwyn Clement Hoskyns, *The Fourth Gospel*, 1940, Vol. I, p. 217; 참고. pp. 231, 317이하.
5) 요 3:16-17.
6) 참고. 요 7:7; 8:23; 14:17; 15:18이하; 17:25, *et passim*.
7) 요 8:44; 12:31; 14:30; 16:11.

계, 혹은 마귀가 만든 우주와 하나님의 말씀으로 창조된 별도의 세계—에 관해 쓰는 것이 아님이 분명하다. 타락의 개념, 곧 선하게 창조된 것이 왜곡되었다는 사상이 복음서 전체에 암시적으로 깔려 있다. 창조 세계가 하나님의 말씀을 통해 그분으로부터 올 때는 본래 선한 상태였으나, 그분에게 반응할 때는 자기 자신과 하나님에 대해 모순적인 태도를 보이게 된다. 하나님은 창조 행위와 구속 행위를 통해 세상을 사랑하신다. 반면에 이에 대해 세상은 그 사랑의 존재를 부인하고 그 말씀을 미워하는 반응을 보인다. 한편으로 보면 아주 단순한 문제인 것 같지만, 아버지와 아들, 하나님과 말씀과 세상의 끝없는 상호작용 가운데 대단히 복잡한 양상이 전개된다. 이에 대해 제4복음서만큼 훌륭하게 묘사한, 아니 적어도 암시라도 한 저술은 없다. 이 세상의 타락상을 가리키기 위해 이 책은 예수 그리스도의 아버지에 대한 반응과 인간 세상의 창조주에 대한 반응을 계속해서 비교하는 방법을 사용한다. 그 아들은 아버지의 뜻에 순종하고 그분의 일을 수행하는 데 반해, 세상은 그 존재의 근원인 창조주의 뜻이 아니라 자기 "아비"인 마귀의 뜻—자기 마음대로 행하려는 의지—에 순종한다. 그 아들은 자기를 영화롭게 했고 또 장차 영화롭게 할 그 아버지께 영광을 돌리는 데 반해, 세상은 하나님에 의해 영광스런 모습으로 창조되었음에도 그분이 아니라 스스로에게 영광을 돌리는 태도로 반응한다. 그 아들은 자기를 사랑했고 또 장차 사랑할 그 아버지를 사랑하는 데 반해, 세상은 하나님의 사랑을 받았음에도 왜곡된 자기사랑으로 반응한다. 아들은 자신을 증언했고 또 장차 증언할 그 아버지를 증언하는 데 반해, 세상은 자기 자신에게 주목하라고 외친다. 예수 그리스도는 아버지로부터 생명을 얻고 자기 생명을 그 생명의 주인에게 바치는 데 반해, 세상은 이기적으로 자기 생명을 사랑한다.[8] 그리스도의 아버지에 대한 관계는 이런 식으로 인간의 죄성을 명백히 드러낸다. 그런데 이 복음서가 타락의 교리를 설파하는 방법은 그리스도와 이 타락한 세상을 비교하는 것에 국한되지 않는다. 세상의 타락상은 (그 아들의) 아버지께 대한 인간의 태도뿐 아니라, (그 아버지의) 아들과의 관계에서도 드러난다. 하나님을 사랑하는 그리스도는 세상도 사랑하지만, 세상은 그 사랑에 대해 배척과 미움으로 반응한다. 그분은 세상을 위해 자기 생명을 내어 주기 위해 오시지만, 세상은 자기 친구를 위해 생명을 내어 놓는 게 아니라 "한 사람이 백성을 위하여 죽어서 온 민족이 망하지 않게 되는 것이 너희에게 유익하다"고 말한다. 그분은 생명을 주러 오시지만, 인간들은 그에게 죽음을 준다. 그분은 인간들에게 그들에 관한 진실을 말해 주러 오시지만, 그들은 그에 대해 거짓말을 일삼는다. 그분은 하나님에 관해 증언하러 오시지만, 세상은 자기 창조주요 구속자에 관한 그 증언을 확증함으로써 반응하는 게 아니라 세상의 입법자들과 거룩한 날들과 문화에 입각하여 응답한다. "그가 자기 땅에 오셨으나, 그의 백성은 그를 맞아들이지 않았다."

요한은 죄와 타락의 교리를 추상적 용어로 만들지 않고 그것을 정의하기보다 예증하지만, 그가 죄를 생명의 원리 자체에 대한 부정으로 본다고 말해도 무방할 것이다. 이는 어떤 용인된 진리에 기

---

8) 이 복음서 전체를 관통하는 이 주제들은 특히 15장에 잘 예증되어 있다. 이 대목은 포도원 농부, 포도나무, 가지와 같은 상징을 사용해서 성부와 성자와 세상의 상호관계와 상대적 관계를 잘 보여 준다.

초하지 않고는 존재할 수 없는 거짓이다. 그것은 생명을 긍정하는 행위의 일환으로 생명을 파괴하는 살인이다. 즉 생명을 파괴하는 행위로 생명을 긍정하는 셈이다. 그것은 사랑의 존재를 전제로 삼는 미움이다. 죄라는 것은 생명, 진리, 영광, 빛, 사랑이 서로 교통하고 공동체 가운데 존재하기 때문에만 존재할 수 있는 것이다. 그리고 그런 공동체 안에서는 타자 덕분에 살아가는 자들이 그 은혜에 보답하길 거부하는 일이 가능하기 때문에 죄가 존재할 수 있다. 그것은 따라서 삶의 모든 차원에 현존하지만, 그 뿌리는 인간이 하나님(아버지) 및 말씀(아들)과 맺는 모순된 관계에 있다. 에드워드 호스킨스 경(Sir Edward Hoskyns)이 이 점을 잘 표현한다. "인간 행위에 대한 요한의 분석은…두 종류의 행위를 신학적으로 구별하는 것으로서, 하나는 하나님의 의를 위한 여지를 남겨 놓지 않는, 그 자체로 완전한 행위들이고, 다른 하나는 그런 여지를 남겨 놓는(눈에는 악한 행위로 비칠 수도 있는) 행위들이다. 후자는 그 자체로 불완전하기에 신앙을 요구하는 데 반해, 전자는 스스로 충분하기 때문에 신앙을 배제한다."[9] 그런데 요한의 분석은 앞으로도 나가지만 뒤로 나가기도 한다. 하나님의 사랑을 마치 자기 때문에 주어지는 것인 양 당연시하여 그 사랑에 대해 자기 사랑으로 반응하는 행위와, 사랑에 대해 사랑으로 응답하는 행위를 서로 구별한다. 후자의 경우는 단순히 서로 주고받는 방식이 아니라, 아버지와 아들의 사랑을 받는 모든 이에게 넘치는 사랑을 부어주는 것으로 나타난다.

---

9) 앞의 책, p. 237.

요한은 이처럼 아버지, 아들, 세상으로 이루어진 공동체 안에 하나님은 선한 존재로, 인간은 타락한 존재로 공존한다는 확신에다 역사에 대한 견해를 통합한다. 그의 역사관에서는 현세적 차원들―과거와 미래―이 대체로 영원과 시간의 관계에 종속된다. 그가 서문에서 언급하는 창조는 과거에 일어난 한 사건이 아니라, 존재하는 모든 것의 기원이자 토대다. 존재의 영원한 출발점이요 원리라는 뜻이다. 타락은 역사적 흐름에 있어 최초의 인간의 삶과 연관된 한 사건이 아니다. 그것은 그 말씀(Word)으로부터 현재 떨어지는 것을 일컫는다. 세상에 대한 심판은 **지금** 일어난다. 그것은 그 말씀의 강림과 성령의 현재적 도래와 함께 주어진 것이다.[10] 제4복음서의 역사관은 "영생"이란 어구를 "하나님의 나라"로 대치한 데 그 특징이 있다. 이 복음서의 연구가들이 한 목소리로 지적했듯이, 이 어구는 삶의 특질, 삶의 관계, 성령을 통해 아버지 및 아들과 관계를 맺는 현존하는 공동체, 현재의 영적인 예배, 사랑, 하나됨을 뜻한다. 물론 미래와 관련하여 약간의 긴장이 존재하는 것은 사실이다. 글쎄, 그리스도인으로서 이런 긴장을 완전히 제거하는 것이 가능한지는 의문이다. 어쨌든 이 복음서의 요지는 새로운 시작, 새로운 탄생, 새로운 삶이 현세적 역사 혹은 육체적 삶에서의 어떤 변화에 달려 있는 게 아니라는 것이다. 그것은 성령 안에서 하나님과 함께, 위로부터, 하늘로부터 시작하는 삶이다. 그것은 '이 세상에 속하지 않는' 나라인 동시에, 그렇다고 미래의 나라도 아닌 한 나라의 시민권을 의미한다. 요한은 대체로 그리스도의 재림의 교

---

10) 요 9:39; 12:31; 16:7-11; 참고. Scott, 앞의 책, 제10장.

리를 보혜사의 도래에 관한 가르침으로 대치했다. 또 그리스도와 함께하려면 현재의 몸을 떠나야 한다는 사상을 성령 안에서 현재 그리스도와 함께하는 삶으로 대치했다. 이는 출생으로든 죽음으로든 '육으로는 할 수 없는' 것이다. 이 새로운 출발은 예수 그리스도를 통해 그리고 성령의 보내심으로 가능케 된 하나님의 역사(役事)다. 역사의 마지막에 일어나는 일이 아니라, 살아 숨쉬는 실존적 순간마다 발생하는 것이다.[11] 하지만 이런 가능성이 현실화되는 것은 신비로운 비역사적인 삶에서가 아니다. 그것은 예수의 생애의 구체적인 사건들을 통해 그리고 교회 안에서 그분에 대한 인간의 구체적인 반응이 있을 때 현실화된다. "제4복음서의 주제는 역사의 의미를 이해하게 해주는 비역사적인 것, 시간의 의미를 이해하게 해주는 무한한 것, 인간의 의미를 이해하게 해줌으로 그들의 구원자가 되시는 하나님이다."[12] 그 결과 이 수수께끼 같고 교훈적인 책에 역사적 기록과 영적인 해석이 서로 복잡하게 얽힌 것이다.

이와 같은 역사관에 내포된 전환론적 주제는 요한이 인간 문화와 그 제도들에 관해 언급하는 대목에 암시적으로 또 때로는 명시적으로 등장한다. 유대주의, 영지주의, 초기 기독교의 성례에 대한 요한의 양면적 태도는 그를 전환론자로 생각해야 어느 정도 설명이 가능하다. 그는, 한편 유대주의를 반(反)기독교적인 것으로 제시하지만, 다른 한편으로는 "구원이 유대인으로부터 온다"고 그리고 그들의 성경이 그리스도를 증언한다고 강조한다. 이런 태도에 담긴 이원론은 주후 2세기 당시의 의견 충돌과 교회가 참 이스라

---

11) 참고. Hoskyns, 앞의 책, pp. 229; Scott, 앞의 책, pp. 247이하, 317이하.
12) Hoskyns, 앞의 책, p. 120.

엘이라고 주장한 점에 비추어 설명될 수 있다.[13] 하지만 동시에 그런 태도는, 시공간을 초월하여, 문화적 제도로서의 기독교회가 아니라 그리스도를 유대주의의 소망이요 참 의미요 새로운 출발점이라는 견해와 맥을 같이 한다고 주장할 수 있다. 단 이 유대주의는 옛 유대주의가 아니라, 그리스도께서 그것을 이방 종교가 아니라 능동적으로 아버지를 경배하는 종교로 변혁하신 것을 수용하는 태도를 가리킨다. 이와 비슷하게 요한과 영지주의의 관계도 모호한 측면이 있다. 한편으로는, 요한이 복음을 그런 대중적 지혜에 적응시키는 태도에 대해 요한일서처럼 배타적 입장을 취하는 것 같다. 하지만 다른 한편으로는, 지식과 영에 대한 관심에서 기독교 영지주의자들과 너무나 닮은 점이 있다.[14] 이런 이중적 태도는 부분적으로 역사적 상황에 비추어 설명하는 게 가능하지만, 당시 문화적 종교 사상을 기독교적으로 변혁하려는 전환론적 견지에서 볼 때에야 더욱 이해하기 쉽다. 요한은 또한 주후 2세기 교회의 교리, 성례, 조직에 대한 태도에 있어서도 전환론자라 할 수 있다. 그는 유대교에 반대하는 이 문화적 종교를 옹호하는 것처럼 보인다. 그러나 기독교의 독특한 특징을 금식과 기도와 성례의 준수 등 외형적 모습에서 찾는 배타적 그리스도인들과는 아주 거리가 멀다.

그는 그리스도를 소수 종파의 영웅으로 받드는 태도와는 전혀 상관이 없지만, 신비 종파들에서 유래한 용어들의 도움을 받아 기독교 신앙과 행습을 이해하고 해석하는 것 같다.[15] 이 복음서는 전

---

13) Scott, 앞의 책, pp. 70-77.
14) 같은 책, pp. 86-103.
15) 참고. R. H. Strachan, *The Fourth Gospel*, 1917, pp. 46-53.

반적으로 그리스도의 영으로 말미암는 변화, 외적인 종교 행위로 스스로를 표현하는 그 영이 변화를 도모하는 일에 관심을 갖는다. 모든 상징적 행위는 각각 참된 근원을 갖고 있어야 하고 참된 대상을 지향해야 한다고 생각한다. 요한이 주님의 기도문을 기록하지 않은 것은 독자들이 이미 안다고 생각했기 때문일지도 모른다. 하지만 당시의 다른 저자들이 그것을 반복한 점으로 미루어 볼 때, 요한은 영과 문자를(설사 그것이 기독교 문자라 할지라도) 서로 구별하고 있음이 분명하다. 그가 주님의 만찬과 세례를 해석하는 것을 보아도, 물리적 빵과 포도주와 물의 중요성을 부인하지도 강조하지도 않은 채 그리스도와 그분의 영에 참여하는 것을 강조하는, 그와 똑같은 특징을 발견할 수 있다.[16] 그러므로 종교적 문화와 인간의 제도들에 관한 한, 제4복음서는 그리스도를 인간 행위의 전환자요 변혁가로 생각하고 있음이 확실한 것 같다. "참되게 예배를 드리는 사람들이, 영과 진리로 아버지께 예배를 드릴 때가 온다. 지금이 바로 그 때다. 아버지께서는 이렇게 예배를 드리는 사람들을 찾으신다"고 쓴 그 사람은 유대인과 사마리아인뿐 아니라 그리스도인도 염두에 두고 있음이 분명하다. 이는 어떤 종교적 형식들을 기독교적 형식으로 대치하면 진정한 예배를 드릴 수 있다고 생각하는 것과는 거리가 멀다.

요한이 문화의 다른 국면들을 간략히 언급한 대목들에서 전환론적 태도를 끌어내려는 것은 견강부회의 성격이 짙다. 빌라도에게 그리스도를 좌우할 권한이 있는 것은 위에서 주었기 때문이라

---

16) Hoskyns, 앞의 책, pp. 335이하; Scott, 앞의 책, pp. 122이하.

는 대목과 빌라도의 정의감이 어려움에 부딪히자 무너졌음을 암시하는 대목 등 빌라도에게 특별한 지면을 할애하는 이유는 여러 가지로 설명될 수 있다. 이는 내 나라가 이 세상에 속한 것이라면 내 부하들이 싸웠을 것이라는 대목도 다양하게 해석할 수 있는 것과 마찬가지다. 따라서 우리는 요한의 관심이 대체로 세상에서의 삶을 영적으로 변혁하는 데 쏠려 있다고 말할 수 있을 뿐이다. 그러니까 현세적인 삶을 완전히 영적인 삶으로 대치한다든가, 현재의 물리적 환경과 인간의 몸을 새로운 물리적, 형이상학적 피조물로 대체한다든가, 현세적인 상태에서 영원한 상태로 점차 올라가는 것 등에는 관심이 없었다는 말이다.

우리는 제4복음서를 완전히 전환론적 문헌으로 해석하면 안 된다. 이 복음서는 많은 주제에 대해 침묵할 뿐 아니라, 그 보편주의적 색채가 특수주의적 성향을 수반하기 때문이다. 그리스도인의 삶은 실로 그리스도에 의해 모든 행위가 변혁되어 하나님과 인간을 사랑하고, 아버지와 아들을 영화롭게 하며, 서로 사랑하라는 계명에 순종하는 데 있다. 그것은 그 아들이 아버지의 일을 행하는 것 같이, 아들이 하는 일을 보고 그대로 행하는 삶이다. 하지만 이런 삶은 오직 소수에게만 가능해 보인다. 그리스도는 진정 세상 죄를 지고 가는 하나님의 어린양이고, 하나님이 자기 아들을 세상에 보내신 것은 세상을 사랑하기 때문이었다. 그리고 그리스도께서 높이 들릴 때에 모든 사람을 자기에게로 끌어올 것이다.[17] 그런데 이처럼 인간의 삶과 일의 완전한 변혁을 바라보는 보편주의적 진

---

17) 요 1:29; 3:16이하; 12:32, 47.

술들은 그리스도에 대한 세상의 반대와 소수에 대한 그분의 관심을 언급하는 대목들에 의해 상쇄된다. 예수는 대제사장적 기도에서 이렇게 말씀하셨다. "나는, 아버지께서 세상에서 택하셔서 내게 주신 사람들에게, 아버지의 이름을 드러냈습니다.…나는 그들을 위해 빕니다. 내가 세상을 위하여 비는 것이 아니고…내가 세상에 속하지 않은 것과 같이, 그들도 세상에 속해 있지 않습니다."[18] 그래서 스코트 교수는 이런 논평을 한다. "기독교의 보편주의를 가장 웅대하게 표현한 제4복음서가…동시에 신약 성경 가운데 가장 배타적인 책이다. 그것은 그리스도의 교회와 저 동떨어진 세상, 곧 그저 낯설거나 적대적인 곳으로 취급되는 세상을 아주 뚜렷이 구분한다."[19] 이 같은 이율배반적 성격은 이런 식으로 생각하면 부분적으로 설명이 가능하다. 즉 요한의 주 관심사는 분리주의적, 율법주의적 성격을 지닌 교회를 살아 계신 그리스도로부터 그 생명을 끌어오는, 자유롭고 영적이며 역동적인 공동체로 전환하는 일인 동시에, 신앙을 당시 세속 문화의 허울 좋은 보편적 심령주의와 혼동하는 것을 막는 일이기도 했다. 그러므로 그에게 그리스도인의 삶은 곧 사람의 영이 중생함으로 문화생활의 방향이 전환되는 것을 의미했다. 그러나 성육한 말씀, 부활한 주님, 마음을 새롭게 하는 보혜사에 의해 모든 인간의 영이 중생하는 일과 모든 문화적 존재가 변혁되는 일은 그의 안목에 들어오지 않는다. 이런 면에서 그는 전환론적 모티브를 '그리스도와 대립하는 문화' 학파의 분리주의와 합친 셈이다.

---

18) 요 17:6, 9, 16.
19) Scott, 앞의 책, p. 115; 참고. pp. 138이하.

이처럼 전환론과 분리주의를 합친 예는 주후 2세기에 쓰인 디오그네투스에게 보낸 편지에서도 볼 수 있다. "그리스도인들을 다른 이들과 구별하는 것은 국가도 언어도 관습도 아니다. 그들이 별도의 도시에 사는 것도 아니고, 특이한 언어를 사용하는 것도 아니며, 아주 기이한 삶을 영위하는 것도 아니기 때문이다.…그들은 자기 운명에 따라 야만인의 도시들과 그리스 도시들에 두루 살면서 옷과 음식과 여타 일상적인 행습에 있어 원주민의 관습을 따라 살지만, 아주 두드러진 놀라운 생활 양식을 우리에게 보여 준다."[20] 그 생활 양식을 아주 두드러지게 만드는 것은 죽음에 대한 조롱과, 하나님에 의해, 그분의 창조적 말씀과 구속의 말씀을 통해 주입된 사랑과 온유와 겸손의 태도다. 하지만 이 문헌의 저자는 다음 양자를 연결하지 않는다. 하나는, 그리스도인의 삶은 변혁된 문화적 존재 양식이라는 주장과 "영혼이 몸 속에 있는 것처럼 그리스도인도 세상 속에 있다"는 진술이고, 다른 하나는, 모든 인류가 문화생활의 모든 면에 걸쳐 완전히 전환될 것을 바라보는 소망이 그것이다.

III. 아우구스티누스와 문화의 방향 전환

그리스도를 통한 인류 보편적인 중생에 대한 기대는 주후 4세기의 위대한 기독교 지도자들에게서 더욱 선명하게 등장한다. 그 때에 이르러서도 아직 방향 전환의 개념만큼 완전한 수준까지는 도달하지 못하는데, 그것은 전환론자들이 제4복음서의 경우처럼

---

20) *Ante-Nicene Fathers*, Vol. I, p. 26.

양대 전선에서 싸울 필요가 있었기 때문이다. 하나는 배타적 기독교의 반문화주의를 상대로 한 싸움이고, 다른 하나는 문화적 그리스도인의 적응주의를 대상으로 싸운 것이다. 이 두 가지 성향은 기독교가 국가 종교로 수용됨에 따라 더욱 강력한 추진력을 얻었다. 찰스 코크레인(Charles Norris Cochrane)은 아우구스투스의 재건 운동에서 콘스탄티누스의 혁신운동을 거쳐 아우구스티누스주의의 부활에 이르는 고전 문화 연구에서 당시의 여러 운동을 훌륭하게 묘사했다.[21] 그의 해석에 따르면, 이교도의 원리를 삼위일체 원리로 대치하여 인간 사회의 중생을 이룩하는 일이, 아타나시우스와 암부로시우스로부터 시작되었다가 아우구스티누스의 「하나님의 도성」에서 절정에 도달한 당시 기독교 운동의 중심 주제였다.[22] 로마의 황제들과 사상가들도 인간 문화의 갱생을 위해 노력했으나 실패로 끝난 것은 그들의 근본 원리가 자기 모순을 안고 있었기 때문인데, 이 그리스도인들은 그런 갱생을 위한 건전한 이론을 정립했다. 이런 식으로 아우구스티누스를 해석하면 그는 우리가 만든 윤리적 유형들의 틀에 너무 깔끔하게 들어맞는다. 바로 전환론적 혹은 변혁론적 특색이 이 신학자의 가장 두드러진 특징으로 드러난다. 그는 요한을 일컬어 "'산들로 그대의 백성을 위한 평안을 얻게 하라'는 말씀에 나오는 그 산들의 하나"[23]라고 했는데, 사실 그 자신이 바로 그런 인물이었다. 그런데 잊지 말아야 할 사실은, 그의

---

21) *Christianity and Classical Culture, A Study of Thought and Action from Augustus to Augustine*, 1940.
22) 같은 책, 특히, pp. 359이하, 510이하.
23) *Tractates on the Gospel According to St. John*, I, 2.

사상 속에 이 특색과 더불어 그리스도와 문화의 관계에 대한 다른 생각들도 들어 있다는 점이다. 수도원 운동에 대한 그의 관심은 급진적 학파와 손을 잡게 한다. 천상의 도시와 지상 도시의 반립관계가 조직화된 기독교와 조직화된 정치 집단의 대립으로 표출된다고 본다면 이 사상도 급진파에 가까운 점이다. 그의 신플라톤주의 철학은 문화적 기독교와 손을 잡게 하며, 이런 면에서 그의 회심은 신약 성경의 그리스도보다 플라톤에게로 방향을 전환한 성격이 더 짙다는 주장도 있을 수 있다(비록 타당성이 크진 않더라도). 다른 한편, 토마스와 토마스주의자들은 그를 자신들 편이라고 주장하면서, 가치의 등급에 대한 그의 관심, 몸과 이성과 영혼의 관계, 사회적 권위 조직, 지상의 평화와 천상의 평화의 관계 등에 대한 그의 계층적 견해를 주목하라고 주문한다.[24] 아우구스티누스가 노예제와 전쟁에 관해 거론할 때는, 죄악에 비례하는 질서 곧 사회가 더 악화되는 것을 방지하는 그런 질서에 순종하라는 식으로 이원론적 견지에서 생각한다.[25] 게다가, 그가 창조 교리를 갖고 있음에도 불구하고, 다른 이원론자들과 같이 타락한 영이 몸을 끌어내리는 정도보다 동물적 몸이 타락에 의해 영을 끌어내리는 정도가 더 심하다고 생각하는 것 같다. 끝으로, 아우구스티누스가 꿈꾼 "신앙의 통일과 의견일치에 기초한 새로운 사회가 과연 소위 세계적인 제국도 꿈꾼 적이 없는…인류 전체를 포괄하는 진정한 의미의 보편주의적 성격을 갖는지" 무척 의심스럽다.[26] 그의 예정론과 영원한

---

24) 참고. 예를 들면, V. J. Bourke, *Augustine's Quest of Wisdom*, 1945, pp. 225-226, 266, 277.
25) *City of God*, XIX, 7, 15.

형벌에 관한 교리는 둘 다 개인주의적 개념인 데 반해, 죄와 구원을 거론할 때는 인류의 공동체성을 주장한 것을 감안하면, 그가 보편주의적 중생의 개념을 지녔다고 보기는 어렵다. 결론적으로, 아우구스티누스는 어느 한 유형만을 대표하는 인물로 볼 수 없다는 것이다.

 이런 결론에도 불구하고, 아우구스티누스를 그리스도에 의한 문화적 변혁을 주창하는 신학자로 해석하는 입장은 그가 정립한 창조, 타락, 중생의 이론, 이교도에서 기독교로 개종한 그의 내력, 그가 기독교에 미친 영향 등과 맥을 같이하는 것이다. 그의 이론에 보편주의가 잠재되어 있다는 점도 부인할 수 없다. 아우구스티누스는 문화의 변혁자로서의 그리스도의 사역을 글로 묘사할 뿐 아니라 몸소 보여 준다. 원래 로마의 웅변가였던 그는 그리스도인 설교자가 되어 그 동안 받았던 언어 및 문학 훈련을 그리스도를 위해 사용할 뿐 아니라, 복음으로부터 받은 자유와 깨달음에 힘입어 그 언어를 훌륭한 필치로 참신하게 사용하여 문학 전통에 새로운 자유를 도입한다. 이 신플라톤주의자는 영적인 실재에 관한 자기 지식에다 어느 철학자로부터도 배운 적이 없는 성육신의 지식을 덧붙일 뿐 아니라, 이 지혜는 말씀이 육신이 되어 영의 죄들을 담당했다는 깨달음에 의해 더욱 인간화되고, 새로운 깊이와 방향을 덧입고, 새로운 통찰들을 낳게 되었다. 이 키케로형의 도덕주의자는 고전적 미덕에다 새로운 복음적 미덕을 더하지 않고 또 자연법과 로마법을 새로운 법으로 대치하지도 않지만, 은혜를 경험하고 나서

---

26) Cochrane, 앞의 책, p. 511.

자신이 배우고 가르친 그 도덕을 재평가하고 그 방향을 재정립한다. 이에 덧붙여, 아우구스티누스는 로마 제국이 시저 중심의 공동체에서 중세 기독교 세계로 전환되는 그 중대한 역사적 움직임을 주도하던 지도자의 하나가 된다. 따라서 그는 문화의 방향 전환이 무엇을 의미하는지를 몸소 보여 주는 실례라 할 수 있다. 이는 문화를 배척하는 급진주의, 문화를 이상화하는 문화주의, 그리스도를 좋은 문명에 덧붙이는 종합주의, 어차피 비도덕적인 사회에서 복음에 따라 살려고 애쓰는 이원론 등과 대조되는 입장이다.[27] 그리고 심지어는 로마의 법률가 테르툴리아누스, 러시아의 문호 톨스토이, 아리스토텔레스주의 수도사 토마스, 유대의 바리새인 바울, 유명론자 루터 등도 이 전환론적 테마를 삶으로 보여 주는 인물들이다. 아우구스티누스의 독특한 점이 있다면 그것은 그의 이론이 대체로 그의 생애를 반영한다는 것이다.

  아우구스티누스의 눈에 그리스도는 문화를 변혁하는 분으로 비친다. 그분은 인간의 삶, 곧 본래는 선한 것이었으나 현재는 타락하고 왜곡된 상태로 변질된 인간의 모든 일을 거듭나게 하고 다시 활성화하며, 삶의 방향을 재정립하는 분이기 때문이다. 더욱이 인간의 삶은 외적인 형벌을 받아서가 아니라 내적인 자기 모순으로 인해 한시성과 죽음의 저주 아래 놓이게 된 것이다. 인간의 실상과 신적인 가능성을 간파한 그의 안목은 선한 창조의 개념을 출발점으로 삼은 것이 아니다. 하지만 그 이론을 묘사할 때는 창조에서 시작해도 무방할 것이다. 아우구스티누스가 여러 차례 사변적인

---

27) 같은 책, p. 510.

추론과 실제적 추론을 중심으로 잘못된 출발을 했다가 어떻게 해서 성부, 성자, 성령을 출발점으로 삼게 되었고, 그로부터 자기 자신과 피조물을 이해하는 데까지 나아갔는가 하는 이야기는 「참회록」에 담겨 있다. 삼위일체를 출발점으로 삼은 다음―그래서 그의 삶이 다시 시작된 후―에야 모든 창조가, 먼저는 모든 존재와 가치의 근원이요 중심이신 하나님께 좋고, 다음으로 좋은 질서를 지녔다는 것을 볼 수 있었다. 따라서 「참회록」은 다음과 같이 황홀경에 빠진 듯 대단한 감탄문으로 끝나는데, 이는 다른 여러 저술에도 더 추상적인 형태로 반복해서 등장하는 대목이다. "오 하나님, 그대는 그대가 만드신 모든 것을 보고 아주 좋다고 말씀하셨나이다. 그렇습니다, 우리도 똑같은 것을 보니 만물이 아주 좋게 보이나이다.… 제가 세어 보니 그대가 만드신 것을 보고 좋다고 하신 것이 일곱 번 기록되어 있더이다. 그리고 여덟 번째, 그대는 그대가 만드신 모든 것을 다 함께 보시고 그저 '좋다'가 아니라 '아주 좋다'고 하셨나이다. 각기 따로 볼 때는 그냥 좋았으나, 다 함께 보니 좋을 뿐 아니라 아주 좋았나이다. 모든 아름다운 몸도 똑같은 것을 표현하나이다. 아름다운 지체들로 구성된 한 몸이 그 동일한 지체들 각각보다 훨씬 더 아름다운 것은 모두가 질서 정연하게 잘 합쳐져 온전한 전체를 만들기 때문이니이다.…사람이 좋은 것을 나쁘게 생각하는 것과…좋은 것을 정말 좋은 것으로 보는 것은 서로 다르나이다(그대의 피조물들이 좋은 것이라 많은 이를 기쁘게 하지만, 그들이 그대보다 그것들을 더 좋아할 때는 그대가 기뻐하지 않나이다). 그리고 사람이 어떤 좋은 것을 볼 때 하나님도 그 사람 안에서 그것이 좋다는 것을 보나이다. 그래서 하나님은 자신이 만든 그것을 통해 사랑을 받아야 할 분이며, 이는 오직 그분이 주신 성령으로만 가능할 뿐이니이다.···성령에 의해 우리는 조금이라도 존재하는 것이면 무엇이든 좋다는 것을 아나이다. 그분으로부터 그분이 아닌 모든 존재가 나오기 때문이니이다.···그대의 작품들이 그대를 찬송함으로 우리가 그대를 사랑하도록 그리고 우리가 그대를 사랑함으로 그대의 작품들이 그대를 찬송하기를 기원하나이다."[28]

존재하는 것이면 무엇이든 좋은 것이긴 하지만, 아우구스티누스는 18세기식으로 존재하는 것이면 무엇이든 옳은 것이라든가, 오직 사회 제도들만 나쁜 것이어서 원시 상태로 돌아가야만 지복(至福)의 상태로 되돌아갈 수 있다는 식으로는 결코 말하지 않았다. 인간의 선한 본성이 타락했고 그의 문화도 타락하게 된 것은, 타락한 본성이 타락한 문화를 낳고 타락한 문화가 본성을 타락시키기 때문이다. 인간의 영적, 심리적, 생물적, 사회적 타락은 인간 자체가 나쁜 존재가 되었음을 뜻하는 것이 아니다. 아우구스티누스는 "선한 것이 전혀 없는 그런 본성은 존재할 수 없으므로, 마귀의 본성조차 악한 것이 아니고 그것이 본성인 한, 타락했기 때문에 악하게 된 것"이라고 주장하기 때문이다.[29] 인간의 도덕적 질병 역시 그 본성에 어느 정도의 건강이 없으면 존재할 수 없는 것으로서 그 본성만큼 복잡한 것이다. 하지만 그것은 오직 인간의 자기 모순적 자기 주장(self-assertion)에 그 뿌리를 둔다. 인간은 그 본성상 자기를 만들되 선하게 만든 그 최고의 선(the Goodness)에 순종하고 의존하며, 그 선을 예배하고 영화롭게 하게 되어 있다. 그 선은

---

28) *Confessions*, XIII, xxvii, 43; xxxi, 46; xxxiii, 48. 「고백록」(범우사).
29) *City of God*, XIX, 13.

물론 하나님을 일컫는 말이다. 그의 근원적인 선은 하나님을 신봉하는 데 있으므로, 그의 원초적인 죄는 바로 하나님께 등을 돌리고 자기 자신이나 더 열등한 가치를 향하는 데 있다. "의지가 위에 있는 것을 저버리고 그보다 낮은 것을 향할 때, 그것이 악하게 된다. 이는 그가 악을 향하기 때문이 아니라, 그렇게 돌아서는 것 자체가 악하기 때문이다."[30] 이 원초적인 죄를 가리켜 최초의 인간이 지은 죄가 아니라 인간의 지은 최초의 죄라고 부르는데, 이는 하나님의 말씀에서 떨어져 나가는 것, 하나님에 대한 불순종, 본성에 어긋나는 악, 인간 본위로 사는 것, 교만한 태도("부당하게 자기 자신을 높이려고 갈망하는 것이 바로 교만이 아닌가?") 등 여러 가지로 묘사될 수 있다. 그것은 언제나 이중적인 면을 갖고 있다. 하나는 인간이 자기 생명의 근원인 그분으로부터 떠나는 것이고, 다른 하나는 어떤 창조된 선을 최고의 가치로 여기고 거기에 매달리는 것이다. 이런 근원적인 죄로부터 다른 무질서들이 생겨난다. 그 가운데 하나는 잘 정돈된 인간의 이성적, 정서적, 정신물리학적 본성에 혼란이 일어나는 것이다. "그 [최초의] 죄에서 불순종에 대한 형벌은 바로 불순종이 아니고 무엇이었는가? 인간의 불행은 곧 스스로에게 불순종하여 자기가 할 수 있는 일은 기꺼이 하려 하지 않고 자기가 할 수 없는 일을 하려고 하는 것이 아니고 무엇인가?…그가 스스로에게 불순종하는 동안, 즉 그의 심신이 자기 의지에 순종하지 않는 동안, 자기가 할 수 없는 일을 얼마나 많이 하려고 하는지 누군들 모두 셀 수 있겠는가?"[31] 인간의 정서적, 이성적 삶에 찾아

---

30) 같은 책, XII, 6.
31) 같은 책, XIV, 15: 참고 이어지는 장(章)들.

오는 혼란을 가장 뼈저리게 느끼는 경우는 성적인 욕정으로 존재 전체가 흔들릴 때다. 물론 그것이 다른 형태로 표출될 때도 그런 혼란을 경험하게 된다. 사실 존재의 모든 영역이 이처럼 타락했는데, 그것은 어느 한 영역만 무질서해졌기 때문이 아니라 인간 영혼과 하나님의 기본 관계가 무질서해졌기 때문이다.

이 근원적인 죄의 또 다른 결과는 인류의 사회적 타락이다. "인류만큼 선천적으로 아주 사회적인 존재이면서도 타락으로 인해 비사회적인 존재가 된 피조물은 없다"고 아우구스티누스는 말한다. "생명이 유한한 인간들의 사회는…우리의 공통된 본성으로 인해 서로 묶여 있으나 대부분의 경우 서로 분열되어 있으며, 가장 강한 자는 남을 억압하는데, 모두가 자신의 이해관계와 정욕을 따르기 때문이다."[32] 우정은 배신으로 오염되어 있다. "삶의 모든 악으로부터 피할 수 있는 자연스런 피난처"인 가정도 안전한 곳이 아니다. 도시와 제국의 정치질서는 전쟁과 압제로 혼란스러울 뿐 아니라 정의의 집행 자체가 타락하여, 악을 억제하려는 무지한 손길이 도리어 새로운 불의를 저지르는 그런 꼴이 되었다.[33] 무질서는 문화의 모든 국면으로 확장된다. 각양각색의 언어와 공통 언어를 강요하는 행위, 불의한 전쟁과 의로운 전쟁, 평화를 이룩하려는 노력과 남을 정복하려는 시도, 노예제의 불의와 그런 불의 가운데서도 주인과 노예로서 의롭게 행하도록 요구하는 규정 등 이 모든 것이 인간의 타락과 불행을 보여 주는 증상들이다. 사람들이 사회에서 배우는 그 미덕들 자체도 타락했다. 용기, 신중함, 절제 등이 이기

---

32) 같은 책, XII, 27: XVIII, 2.
33) 같은 책, XIX, 5.

적 목적이나 우상 숭배에 이용될 때 '찬란한 악덕들'이 된다. 그러나 이 모든 사회적인 악은 기본적으로 선한 창조질서의 존재에 의존해 있다. "타락한 것조차도 반드시 사물의 질서와 조화를 이루고, 그에 의존되어 있으며, 그 일부를 이루는 것일 수밖에 없는데, 그렇지 않으면 아예 존재할 수 없기 때문이다.…전쟁이 없는 평화는 있을 수 있으나, 어떤 종류든 평화가 없이는 전쟁이 있을 수 없다. 전쟁은 싸움을 걸 만한 어떤 질서들을 전제하며, 이런 질서들은 모종의 평화가 없이는 존재할 수 없기 때문이다."[34] 게다가 하나님은 개인적으로나 사회적으로 타락한 인간 존재를 지배하신다. "그는 선한 질서를 만든 지극히 선한 창조주인 동시에 악한 의지까지 다스리는 가장 의로운 지배자이므로, 그런 의지가 선한 질서를 나쁘게 사용할지라도 그분은 악한 의지조차 좋은 용도로 사용하신다." 통치자들의 나쁜 의지를 이용하여 그 신하들의 부정부패를 억제하고 응징하시고, "사물과 시간의 질서에 따라" 지상의 나라들을 선인과 악인에게 주시는 등 "주님으로서 친히 다스리신다."[35]

이처럼 타락한 자연과 문화를 가진 인류에게 예수 그리스도께서 찾아와 죽음에 이르는 병을 치료하고 몸을 다시 소생시키셨다. 그분은 자신의 삶과 죽음을 통해 사람에게 하나님의 위대한 사랑과 인간의 뿌리 깊은 죄를 밝히 드러내셨다. 또 계시와 가르침을 통해 인간 영혼을 그 존재와 선의 근원이신 하나님께 다시 붙이시고, 그에게 올바른 사랑의 질서를 회복시키며, 이기심이나 피조물에 대한 우상 숭배를 멀리하게 하고 오직 하나님만 사랑하게 하신

---

34) 같은 책, XIX, 12, 13.
35) 같은 책, XI, 17; I, 1, 8, 9; IV, 33.

다. "이분이 바로 죄를 범하고 타락한 자에게 뻗는 [구원의] 손길을 중재하는 인물이다." 인간은 불경건한 상태로 악순환을 따라 움직이므로 스스로를 구원할 수 없는 만큼, "진리 그 자체이신 하나님, 신성을 파괴하지 않고 인성을 입으신 하나님의 아들이 이 신앙을 굳게 세우셔서 사람이 신인(神人)을 통해 하나님께 갈 수 있는 길을 마련하셨다. 바로 이 사람, 곧 그리스도 예수가 하나님과 사람 사이의 중보자시다." 그분은 하나님으로서 우리의 목표가 되시고 사람으로서 우리의 길이 되신다.[36] 그리스도는, 한편으로는 인간의 자만심을 낮추시고 인간을 자기중심성에서 탈피시킴으로써, 다른 한편으로는 하나님의 사랑을 계시하시고 인간을 유일한 선에 부착하심으로써, 타락되었던 것을 회복하고 왜곡된 것을 재정립하신다. 그분은 사람의 감정을 이성으로 대치하는 방법을 쓰지 않고, 두려움, 욕망, 슬픔, 기쁨의 감정을 올바른 대상에 부착하는 방법을 통해 감정을 변혁하신다. "하나님의 거룩한 도시의 시민들은 하나님의 뜻에 따라 이생에서 순례의 길을 걸으며 두려움과 욕망, 슬픔과 기쁨을 모두 경험한다. 그리고 그들의 사랑이 바르게 정립되었으므로, 그들이 느끼는 모든 감정도 바른 것이다."[37] 사람들이 타락한 문화에서 함양하는 도덕적 미덕들은 새로운 은혜로 대치되는 것이 아니라, 사랑에 의해 그 성질이 전환된다. "절제는 사랑이 하나님을 위해 스스로를 온전하고 순수하게 지키는 것이고, 인내는 사랑이 하나님을 위해 모든 것을 견디는 것이고, 정의는 사랑이 오직 하나님을 섬기기에 다른 모든 것을 사람에게 종속시켜 잘 다스리

---

36) 같은 책, X, 24 ; XI, 2 ; cf. VII, 31 ; IX, 15.
37) 같은 책, XIV, 9.

는 것이며, 신중함은 사랑이 자기를 하나님 앞으로 인도하는 것과 그것을 방해하는 것을 각각 바르게 분별하는 것이다."[38] 무엇보다 이성의 삶―하나님의 지혜에 의해 순전히 어리석은 것으로 드러나는 사람의 지혜―이 새로운 근본 원리를 부여받아 그 방향이 바뀌고 재정립된다. 구속받은 사람의 추론 작업은 스스로에 대한 믿음과 그 자체의 질서에 대한 사랑과 함께 시작하지 않고, 하나님에 대한 믿음과 그분이 모든 피조물에게 심어 놓은 그 질서에 대한 사랑과 함께 시작한다. 그러므로 자유로이 그분의 설계도를 추적하고 그분의 길을 겸손히 좇을 수 있게 된다.[39] 아우구스티누스의 이론에 따르면, 수학, 논리학, 자연과학, 미술, 테크놀로지 등이 인간의 사랑의 방향 전환에 따른 수혜자인 동시에, 그분의 창조 세계를 즐거워하고 모든 피조물을 섬기는, 하나님에 대한 새로운 사랑의 도구가 될 수도 있다. 그리스도인의 삶은 이런 문화 활동들뿐 아니라 "사람들끼리 만든 편리하고 필요한 장치들"도 이용할 수 있고 또 이용해야 마땅하다. 옷차림과 신분, 무게와 분량, 화폐 등과 같은 관례들이 그런 것이다.[40] 하나님이 사람의 마음을 움직여 자신과 함께 새로운 출발을 하게 할 때 중대한 회심(방향 전환)이 일어나고, 그것은 정치생활을 비롯한 삶의 모든 영역에 영향을 미치게 된다. 만일 우리가 아우구스티누스의 전환론적 관념만 따라가면, 그를 사람들 앞에 전 세계적인 조화와 평화의 비전을 내놓는 인물

---

38) *On the Morals of the Catholic Church*, XV.
39) 철학과 과학에 대한 Augustine의 해석을 폭넓게 다룬 글을 보려면, Cochrane, 앞의 책, 제6장을 참고하라.
40) 참고. *On Christian Doctrine*, II, 25, 26.

로, 곧 하나님이 그 은혜로운 손길로 모든 사람을 자기에게 이끌어 인간의 모든 행위가 재정립된 그런 문화, 모든 이가 열심히 하나님의 사랑과 영광을 지향하면서 그것을 반영하는 그런 문화를 바라보는 인물로 여기게 될 수도 있다.[41]

그러나 아우구스티누스는 이런 방향으로 자신의 사상을 전개하지 않았다. 그는 사실상 성육한 그리스도를 통해 입증되고 약속된 그 거대한 종말론적 사건의 실현을 기대하지 않았다. 창조와 타락을 거친 인간 세상의 구속과 인류의 모든 문화 활동의 변혁이 일어나는 그 날을 바라보지 않았다는 말이다. 현세에서 수행되는 모든 인간 활동이 하나님을 영화롭게 하는 활동으로 방향이 바뀔 가능성, 곧 여러 활동—그분의 창조 세계를 즐거워하고 그 아름다움을 개발하는 일, 자기를 잊은 채 서로를 열심히 사랑하는 일, 죽음을 이긴 하나님의 능력을 믿음으로 죽음을 비웃고 그것을 두려워하지 않는 태도, 사심 없는 추론 작업을 통해 창조의 질서와 설계도를 추적하는 일, 세상의 사물들을 영원한 말씀의 구현물이요 상징으로 여기면서 성례전적 경외심을 품고 사용하는 일 등—을 통해 그런 변혁이 일어날 가능성은 아우구스티누스의 사상에서 찾아볼 수 없다. 그 대신 그가 제시하는 종말론적 비전은 일부 선택받은 인간들이 천사들과 함께 있으면서 저주받은 이들과 영원히 따로 공존하는 영적인 사회의 모습이다. 선택된 자들은 새로운 인류의 출발점인 남은 자들이 아니다. 구원은 받은 자이지만, 남을 구원하는 그

---

41) *City of God*, 제19권, 제13장 초반부에 나오는 몸과 영혼, 사람과 사람, 사람과 하나님 사이의 평화에 관한 대목은 때로 Augustine의 예언으로 취급되는데, 사실은 그렇지 않다.

런 남은 자가 아니라는 뜻이다. 왜 자기 신념에 따라 인간 본성 및 문화에 대한 전환론적 견해의 토대를 놓았던 그 신학자가 그런 신념에 따른 자연스런 결과를 도출하지 않았는가 하는 것은 참으로 풀기 어려운 문제다. 어쩌면 성경에 나오는 최후의 심판에 관한 비유들과 그 속에 담긴 분리주의적 개념에 충실하려 했기 때문이라고 주장할 수도 있다. 하지만 성경에는 보편주의적 특징도 있는 게 사실이다. 글쎄, 이제까지 언제나 문자 자체보다 영적인 의미에 더 관심이 많았던 사람이 이 경우에는 문자를 좇아 문자적 의미를 과장했다고 설명하는 것은 설득력이 없어 보인다. 이 문제에 대한 실마리는 아우구스티누스의 방어적 입장에서 찾아야 할 것 같다. 그는 자신의 죄와 하나님의 은혜를 고백한 다음, 자기의 선을 계시하여 그리스도인은 선택했으나 비그리스도인은 택하지 않은 그런 하나님의 공의를 변호하기 시작한다. 가톨릭교회의 일원으로서 죄와 은혜의 고백에 이어, 이방인들의 비난에 직면하여 교회를 정당화하는 것이다. 문화의 방향 전환에 대한 희망에 등을 돌리고 기독교 문화의 변호, 곧 기독교 사회의 제도와 관습들을 옹호하는 방향으로 나아가는 것이다. 그는 지옥의 위협과 천국의 약속으로 인해 위험에 처한 (거듭나지 않은) 인간의 도덕도 변호한다. 이처럼 자기 정당화 쪽으로 돌아선 결과(혹은 그렇게 만든 원인일 수도 있다), 그의 기독론은 바울이나 루터의 기독론에 비해 비교적 약하고 개발되지 않은 채 남아 있다. 그는 종종 그리스도를 기독교-문화적 산물-로 대치하는 경향이 있으며, 주님을 자신의 왕권을 직접 행사해 세상을 구원하는 분으로보다 교회라는 문화적 권위 기구의 창설자로 보곤 한다. 그래서 아우구스티누스는 신앙도 교회의 가르침에 대한 순종적 동의로 축소하는 경향이 있다. 물론 기독교 문화에서 교회의 가르침이 대단히 중요한 건 사실이지만, 그렇다고 그것이 하나님에 대한 직접적 신뢰를 대치할 수는 없는 노릇이다. 예정론의 형태를 지닌 선택 교리에 있어서도 이런 방어적 입장을 견지하면서, 사람이 하나님을 미처 사랑하기 전에 하나님이 자기를 사랑하도록 사람을 선택한다는 그의 기본적인 입장을, 하나님이 일부는 선택하고 일부는 배척한다는 명제로 바꾸어 버렸다. 그래서 하나님의 도성에 대한 그 영광스런 비전이 서로 영원히 떨어진, 두 부류의 인간들로 구성된 두 도성에 대한 비전으로 바뀐다. 여기서 바울과 루터의 이원론보다 더 과격한 이원론을 볼 수 있다.

칼뱅은 아우구스티누스와 아주 비슷하다. 전환론적 관념은 그의 사상과 활동에서 매우 두드러진 위치를 차지한다. 복음이 삶의 모든 영역에 스며들기를 기대하는 정도는 루터를 능가한다. 직업을 본인의 신앙과 사랑을 표현하고 하나님을 영화롭게 하는 통로로 생각하는 더 역동적인 소명의 개념, 교회와 국가를 서로 밀접히 연결짓는 사상, 국가는 소극적으로 악을 억제할 뿐 아니라 적극적으로 복지를 증진하기 위한 하나님의 일꾼이라는 주장, 타락에도 불구하고 인간 본성의 찬란한 모습이 뚜렷이 남아 있다는 더 인간주의적인 견해, 육체의 부활론에 대한 관심, 무엇보다 하나님의 주권의 사실성에 대한 강조 등 이 모든 것은 다음과 같은 사상으로 귀결된다. 즉 복음이 약속하고 또 가능케 하는 것—(인간이 아니라) 하나님이 이루는 것—은 바로 인간의 본성과 문화 등 인류의 모든 측면이 하나님의 나라로 변혁된다는 사상이다. 그 때 그 나라의 법은 내면에 새겨질 것이다. 그런데 이 경우에도 그리스도가 인류의 망가진 삶을 변혁할 것이라는 종말론적 희망이 육체적 죽음의 종말론과, 일부 인간이 현세의 삶과 영적으로뿐 아니라 신체적으로도 분리된 영광의 삶으로 구속될 것을 바라보는 종말론으로 바뀌고 만다. 그리스도의 재림에 따른 새 하늘과 새 땅을 바라보던 종말론적 희망은, 그리스도가 현재의 하늘과 땅에는 올 수 없고 옛 창조계가 죽고 새 창조계가 생길 때까지 기다려야 한다는 신념으로 수정되었다. 하나님과 사람의 영원한 대립관계에 칼뱅은 한시적 존재와 영원한 존재의 이원론뿐 아니라 영원한 천국과 영원한 지옥의 이원론까지 덧붙인다. 칼뱅주의는 그리스도에 의한 변혁을 바라보는 종말론적 희망과 그 약속 실현을 위한 각고의 노력을 그 특징으로 삼아 왔으나, 거기에는 항상 분리주의적이고 억압적인 색채가 루터주의보다 더 농후하게 깔려 있었다.

IV. 모리스의 견해

'문화를 변혁하는 그리스도'란 관념이, 다른 윤리적 유형들과는 달리, 얼마나 중요한 영향을 미치는가 하는 것은 교회 역사에서 완전성(perfection)의 개념이 얼마나 끈질기게 내려왔는지를 보면 알 수 있다. 웨슬리가 바로 이 완전주의를 대표하는 위대한 개신교 지도자다. 그의 사상이 종종 배타적 그리스도인의 사상과 혼동되기도 하지만, 양자 사이에는 굉장한 차이점이 있다. 배타적 신자들은 그리스도를 새로운 백성에게 새로운 유의 문화를 위한 헌법을 줌으로써 그들을 옛 백성과 분리하는 새로운 입법자로 보는 데 반해, 웨슬리는 바울, 요한, 아우구스티누스, 칼뱅과 함께 그렇게 생각하지 않기 때문이다. 웨슬리에게 그리스도는 삶의 변혁자다. 그분은 사람들에게 믿음을 주셔서 그들을 의롭게 하신다. 그분은 사람의 행위의 근원을 다루신다. 그분은 도덕적 인간이든 비도덕적 인간이든 누구나 자기사랑의 죄를 범한 존재라고 선포하고, 모두가 하나님의 용서에 반응하여 자유의 삶을 누릴 수 있도록 문을 열어 놓는다. 그런데 웨슬리는 그 자유의 약속이 현재 실현될 수 있다고 주장한다. 단 사람의 힘이 아니라 하나님의 능력으로. 그리스도의 권능으로 신자들은 모든 죄에서 깨끗해질 수 있고, 그 주인과 같이 될 수 있으며, "이 세상에서" 구원을 받을 수 있다. 신약 성경은 "그리스도의 피가 장차 죽음의 순간에 혹은 심판의 날에 모든 죄를 씻어 줄 것이라고 말하지 않고, 현 시점에, 살아 있는 '우리'를, '모든 죄로부터' '깨끗게' 한다"고 말한다.[42] 이런 가능성은 인간에게 강렬한 기대감을 주고 목표를 향한 달음박질을 재촉하지만, 이런 노력은 자력으로 하는 자기중심적인 활동으로, 거룩함을 일종의 소유물로 여기고 하나님을 자존감 획득의 도구로 취급하는 잘못된 종교적, 도덕적 문화로 쉽게 변질될 소지가 있다. 하지만 웨슬리의 주 관심사는, 그의 부적절한 죄론(罪論)과[43] 그의 추종자들의 잘못된 자만심에도 불구하고, 현세적 인간이 지금 하나님의 자녀로 변화되어, 자아로부터 벗어나 하나님의 사랑에 기초해 또 그 사랑을 향해 살아갈 가능성이 있다는 요한의 사상이었다.[44] 웨슬리의 개인주의 사상에서, 인간들을 나누기보다 인류 전체에게 주신 그리스

---

42) "On Christian Perfection"이라는 설교로부터.
43) 참고. R. Newton Flew, *The Idea of Perfection*, 1934, pp. 332이하.
44) 참고. 특히, Harald Lindstrom, *Wesley and Sanctification*, 1946.

도의 약속을 특별히 강조하는 면은 찾을 수 없으나, 이런 관념을 암시하는 측면들은 찾아볼 수 있다. 아울러 후대에 그의 추종자들이 비록 감리교 운동의 창시자보다 문화적 기독교 쪽으로 더 기울어지긴 했으나 이 관념을 더욱 발전시키기도 했다.

조나단 에드워즈는 창조, 죄, 칭의에 관한 아주 통찰력 있는 견해, 회심의 길에 대한 이해 그리고 천년왕국에 입각한 소망 등으로 인해, 미국에서 그리스도를 인간을 중생하는 분으로 보는 사조의 창시자가 되었다. 이 운동은 그 추진력을 완전히 잃은 적은 없지만, 죄의 뿌리는 그만두고 증상에만 관심이 있으며 인위적인 통로를 통해 하나님의 은혜와 능력을 공급하는 것이 가능하다고 생각했던 진부한 펠라기아주의로 자주 빠지곤 했다. 그래서 에드워즈의 전환론은 중생한 영혼의 대량 생산을 노리는 진부한 부흥운동의 심리적 역학과, 돼지우리에 공급하는 찌꺼기의 질만 높이면 탕자와 같은 인류를 바꿀 수 있다고 믿었던 일부 사회 복음주의의 사회학을 정당화하는 데 이용되었다.

톨스토이, 리츨, 키르케고르, 레오 13세 등으로 대표되는 19세기는 전환론적 관념을 옹호하는 인물을 많이 배출했다. 그 가운데 모리스(1805-1872)라는 영국 신학자가 특히 눈에 띄는데, 그는 아주 다양한 평가를 받는 인물로서 한편으로는 사상의 깊이와 포괄성으로 높이 평가받는가 하면, 다른 한편으로는 애매하고 혼란스럽고 단편적인 사상가로 낮게 평가되기도 한다.[45] 하지만 모리스는

---

45) 참고. Alec R. Vidler, *The Theology of F. D. Maurice*, 1948, pp. 7이하. 이 책은 미국에서 *Witness to the Light*라는 제목으로 출판된, Maurice의 사상에 관한 훌륭한 입문서다. Maurice를 이해하기 위한 필독서는 그의 아들인 Frederick Maurice가

널리 영향을 미친 인물이다. 그는 무엇보다 요한의 사상을 따르는 신학자로서, 세상에 오신 그리스도는 곧 자기 땅에 오신 분이라는 사실과, 사람들에게 왕권을 행사하는 분은 그 성육한 말씀이 아닌 별개의 대리자―교황이든, 성경이든, 기독교라는 종교든, 교회든, 내적인 빛이든―가 아니라 바로 그리스도 자신이라는 사상을 출발점으로 삼는다. 이미 어린 시절에, 사람들이 믿거나 말거나 그리스도가 인류의 주님이라고 믿도록 강요받았다. 그래서 어머니께 보낸 편지에 이렇게 쓴다. "하나님은 우리에게 '그분 안에서', 즉 그리스도 안에서 '내가 하늘에 있는 것이나 땅에 있는 것 모두를 창조했다. 그리스도가 모든 사람의 머리다'라고 말씀하십니다. 어떤 이들은 이것을 믿지만, 또 어떤 이들은 믿지 않습니다. 그것을 믿지 않는 자들은 '육체를 좇아 행합니다.'…그들은 이것을 믿지 않으므로 이 믿음에 따라 행하지 않습니다.…그러나 수백만이 육체를 좇아 산다 할지라도, 아니 이 세상 모든 사람이 그렇게 산다 하더라도, 기독교 진리와 보편적 교회(Catholic church)는 그것을 사람의 진정한 상태라고 부르는 것을 금합니다.…진실로 모든 사람이 그리스도 안에 있습니다.…그가 그리스도에게 연결되어 있지 않으면 단 한 시간도 생각을 하거나, 숨을 쉬거나, 살 수 없을 것입니다."[46] 인간은 본래 사회적인 존재라고 모리스는 생각했다. 그는 아들로, 형제로, 공동체의 일원으로밖에 존재할 수 없다. 이런 확신은 그를 사회주의자들과 합류하게 했다. 그런데 인간이 창조되어 몸담게

편집한 *The Life of Frederick Denison Maurice Chiefly Told in His Letters*, 2 vols, 1884이다.
46) *Life*, Vol. I, p. 155.

된 그 공동체는 단지 인간의 공동체에 불과한 게 아니라 그 이상의 것이다. 인간들이 성부, 성자, 성령과 함께하는 공동체인 것이다. 인류의 "영적인 구조"에 관한 모리스의 견해를 보면, 거기에는 온갖 복잡한 상호관계―신성 안에서 서로 사랑하는 관계, 성부의 인간에 대한 사랑과 그리스도의 인간에 대한 사랑의 관계, 성자의 인성과 신성의 관계, 창조의 말씀과 구속의 말씀의 관계, 하나님 안에서 이웃을 사랑하는 관계와 이웃 안에서 하나님을 사랑하는 관계, 가족과 민족과 교회의 관계 등―가 각각 제자리를 차지한다.[47] 그 중심은 그리스도다. 그분 안에서 모든 것이 하나님과 또 서로서로 하나가 되어 살도록 창조되었다. 그분은 이 창조된 사회의 구성원들이 짓는 죄와 반역뿐 아니라 삶의 진정한 본질과 이 사회의 법을 계시하신다. 그분은 하나님 안에서 서로 공동체를 이루는 그런 인간 존재를 구속하신다. 성경에 기록된 '역사 전체의 본질과 의미'는 다음과 같은 그리스도의 '놀라운 기도'에 담겨 있다. "그것은 우리가 하나인 것과 같이, 그들도 하나가 되게 하려는 것입니다. 내가 그들 안에 있고, 아버지께서 내 안에 계신 것은, 그들이 완전히 하나가 되게 하려는 것입니다."[48] 따라서 모리스는 '비사회적인 그리스도인들'뿐 아니라 '비기독교적인 사회주의자들'과도 갈등을 경험하게 되었다. 전자는 인간과 그리스도의 관계의 토대를 외적인 의식에서 찾았고, 그리스도를 종교로 대치했으며, 인간의 사회생활에 대해 아무 책임도 지지 않았다. 한편, 후자는 사회의 토대를

---

47) 참고. 특히, *The Kingdom of Christ*, Vol. I, 제2부, 제2, 3장; 참고. Vidler, 앞의 책, 제2장.
48) *The Kingdom of Christ*, Vol. I, p. 292.

인간의 동물적 본성에서 찾았으며, 누구에게나 있는 자기 이익을 사회적 행위의 근거로 삼았다. "사람들은 영혼이 덧붙여진 동물이 아니라, 동물적 본성을 지닌 영(靈)이다.…그들을 하나로 묶는 끈은 상업적인 것도, 공동의 폭군에 대한 복종도, 그에 반항하는 거친 분노도 아니다.…그것은 영적인 근거를 갖고 있고 또 언제나 그랬다.…교회의 죄—교회의 끔찍한 배신—는 자기의 임무를 부정한 것으로서, 사람들에게 그들의 영적인 상태와 그 영원한 토대, 하나님의 아들의 탄생, 죽음, 부활, 승천과 성령의 선물로 분명히 밝혀진 그것을 선포하지 않은 것이다."[49]

사람의 속 깊은 질병, 곧 사람이 개인적으로나 사회의 일원으로서 갖는 자기모순은 바로 자신의 실존적인 법을 부정하는 일이다. 그는, 신체적 유익이든 영적인 유익이든, 서로 주고받는 공동체에서만 가능한 그것을 혼자만 소유하려고 애쓴다. 모리스는 자기사랑의 죄와 서로 분열을 일으키는 죄, 인간에 의한 인간의 착취, 민족과 교회의 자화자찬의 죄 등을 너무나 절감했기 때문에 타락과 부패에 관해 명시적으로 말할 필요를 느끼지 않았다. 그의 모든 사상 밑바닥에 이것이 흐르기 때문이다. "내가 나 자신을 위해 하나님을 찾기 시작했을 때는, 이기심이라는 너무나 무거운 짐으로부터 나를 구해 줄 자가 필요하다는 느낌이 내 마음을 압도했다."[50] 공기처럼 만연되어 있는 이 무거운 이기심이란 짐이 그를 계속해서 눌렀다. 그는 상업 세계에서 이기심을 발견하고는 기독교 사회주의 운동의 지도자로서 그것에 대항해 싸웠지만, 이어서 동료들

---

49) *Life*, Vol. II, p. 272.
50) 같은 책, p. 15; 참고. Vidler, 앞의 책, pp. 42이하.

가운데서도 그 이기심을 발견하게 되었다. 이 밖에도, 자기도 죄인의 부류에 속한다는 것을 고백하지만 자기만 따로 용서받기를 희망하는 종교적인 사람들의 개인주의 속에서, 스스로 소유물처럼 여기는 믿음—자기 의(義)—으로 의롭게 되려고 애쓰는 자의 모습에서, 자신들만 구원에 이르는 길을 보여 준다고 주창하는 교회 내의 파당과 종파들의 외침 속에서, 우리는 이기심을 확연히 볼 수 있다. 인간의 죄는 인간이 스스로에게 하나님이 되려는 것이다. "우리가 스스로를 우주의 중심인 것처럼 생각하고, 타락하고 비참한 우리의 상태가 우리의 정체성을 결정하는 것처럼 간주하는 것은 우리가 지은 죄의 결과다."[51] 죄로 만연된 현실과 죄의 파괴성을 감안하면 "우리를 악에서 구하옵소서"라는 간구는 거의 부정직한 기도처럼 보인다. "악이 위, 아래, 속에 존재할 때, 당신이 세상에서 그리고 골방에서 그것을 직면할 때, 당신의 마음속에서 그리고 다른 모든 사람 안에서 '우리의 이름은 군대다'라고 말하는 악의 목소리를 들을 때…(온 땅이 그 아래서 신음하는) 그 악을 고치려는 모든 조치가 오히려 상황을 더 악화시킬 때, 우리 자신의 내력과 인류의 역사가 생명을 얻으려는 모든 노력을 조롱하면서 우리에게 차라리 자족하는 마음으로 죽음을 맞이하라고 종용하는 듯이 보일 때, 이와 같은 기도가 우리의 존재를 갉아먹는 또 하나의 자기기만이 아니라고 생각하기란 지극히 어려운 일이 아닐 수 없다."[52] 이 같은 타락한 현실과 자기모순이 더욱 뼈저리게 느껴지는 것은 그것이 교회와 기독교 문화에서도 나타나기 때문이다. 그래서 모리

---

51) *The Lord's Prayer*, pp. 63-64.
52) 같은 책, pp. 144-145. 참고. 또한 *The Gospel of John*, pp. 91-92.

스는 이런 글을 썼다. "나는 당신네 종파들 모두를 기독교의 원칙을 위반하고 그것을 부정하는 것으로 생각한다.…당신들은 진심으로 우리를 그리스도의 몸의 지체들로서 하나로 묶을 의향이 없다. 단지 그리스도에 대한 어떤 관념을 품는 면에서 하나 되게 하고자 할 뿐이다."[53] "그렇다! 하나님에 반하는 종교다. 이는 우리 시대의 이단이다.…이는 가장 끔찍한 형태의 최후의 배신을 초래한다."[54]

모리스가 가장 일관성 있는 전환론자가 될 수 있었던 것은, 그리스도는 왕이시므로 인간은 자신의 죄보다 그분에게만 주의를 기울여야 한다는 원칙을 꽉 붙잡았기 때문이었다. 죄를 모든 존재를 지배하는 원칙으로 여길 경우에는 자기모순의 심연에 더 깊이 빠지게 될 것이기 때문이었다. 그래서 그는 독일과 잉글랜드의 복음주의자들에게 문제를 제기했다. "그들은 죄를 모든 신학의 근거로 삼는 것 같은데, 내가 보기에는 살아 계신 거룩한 하나님이 그 근거가 되시고, 죄는 그분이 가능케 한, 그분과의 하나 된 상태에서 이탈하는 것을 지칭하는 것 같다. 나로서는 마귀가 어떤 의미로든 이 우주의 왕이라는 것을 믿을 수 없다. 나는 그리스도야말로 모든 의미에서 우주의 왕이고, 마귀는 매순간 우리를 유혹하여 자기를 왕으로 생각하도록 만든다고 믿는다. 이 두 교리 가운데 어느 것이 옳은가 하는 것은 나에게는 생사의 문제다. 나는 내게 계시된 그것을 견지하기 위해 살기도 하고 죽기도 할 의향이 있다."[55] 이런 이유로 모리스는 모든 이원론적 경향을 배척하고 적극적 활동으로부터 소

---

53) *Life*, Vol. I, p. 259.
54) 같은 책, p. 518.
55) 같은 책, p. 450.

극적 활동으로, 협조로부터 비협조에 대한 공격으로, 그리스도 안에서 통일을 도모하는 노력으로부터 교회를 분열시키는 자들과의 싸움으로, 죄인의 용서로부터 그들을 교회에서 추방하는 쪽으로 방향을 전환했다. 이런 유의 노력에는, 악의 세력을 인정하되 마치 그것이 자기중심적인 정신, 자화자찬의 정신이 아닌 것처럼 또 우리 바깥에 있는 그 무엇인 것처럼 여기는 태도가 내포되어 있다. 그러니까 마치 사탄을 쫓아내기 위해 사탄을 불러들이는 꼴이다. 사회주의가 계급에 의한 계급의 억압을 무너뜨리기 위해 계급의 유대감과 이익에 호소하는 것과 같다. 혹은 교회 내에서 일치운동이 일어날 때 하나가 되려면 자신들의 원칙을 따라야 한다고 주장하는 것과 같다. 그래서 기독교가 그리스도를 대치하게 되고, 기독교 문화의 변호가 주님께 대한 순종을 대신하게 된다. 이는 악과 타협하는 것이 아니라 악을 우리의 선으로 받아들이는 것이다. 한 인격 속에 또 한 행동 속에 선과 악이 아무리 많이 섞여 있더라도 선과 악 사이에 타협은 있을 수 없기 때문이다. 모리스는 자기가 때때로 부정적인 쪽으로 빠졌으며 교회와 세상에서 동료들로부터 스스로를 분리했다는 점을 잘 인식했다. 그러나 그것이 용서받을 수 있다는 것은 알지 못했다. 그는 자기 사상이 새로운 분파의 자기변호에 이용될 수 있다는 것을 알았다. 그런데 인간이 지닌 고질병, 곧 자신의 통찰을 자기주장으로 변질시키고 그 결과 그 긍정적인 면을 오히려 부정하는 잘못된 질병을 치료하려면, 자기의지를 극복할 수 있는 유일한 능력, 삶의 유일한 중심이 되신 그리스도를 새롭게 증언하는 것밖에 다른 처방이 있을 수 없다.[56]

인류가 자기중심에서 그리스도중심으로 전환되는 일은 현재 보편적으로 하나님이 이룰 수 있는 것이라고 모리스는 생각했다. 보편적이란 말은 거기에 모든 인간이 포함된다는 의미다. 모두가 그 말씀(the Word) 안에서 창조되었고 실존하는 영적인 조직 아래서 사는 만큼 그리스도의 나라의 구성원이기 때문이다. 보편적이란 말의 또 다른 의미는, 온 인류가 하나님의 다스림을 기꺼이 받아들일 수 있게 되도록 교회가 전력을 다해야 한다는 뜻이다. 그리스도인의 증언 내용에 이중적 예정론―하나님과 함께하는 삶과 그분과 분리되는 삶으로 각각 선택되었다는 교리―과 영원한 형벌 교리를 포함하는 것은 부정적인 기독교에 기인하는 일종의 탈선이라고 모리스는 생각했다. "나는 하나님의 자비로운 뜻에 한 인간의 뜻이 얼마나 저항할 수 있을지 그 가능성을 모르기 때문에 그에 대해 감히 확실히 선언하지 않겠다. 따라서 모두에게 나와 같이 선언하지 말라고 요청하는 바다. (다른 사람은 차치하고) 나에게는 그 가능성이 무한한 것처럼 보일 때가 있다. 그런데 나는 뭔가 무한한 것이 존재한다는 것을 안다. 나는 죽음의 심연보다 더 깊은 사랑의 심연이 있다고 믿지 않을 수 없다. 나는 그 사랑에 대한 믿음을 잃지 않겠다. 그 믿음을 잃으면 나는 죽음 속으로, 영원한 죽음 속으로 가라앉는다. 이 사랑이 우주를 에워쌈을 느끼지 않을 수 없다. 이 이상은 나도 모르겠다."[57] "나는 그분이 결국에는 단 한 명도 놓치지 않을 것이라고 믿을 수밖에 없다. 이 작업이 다른 손에 달려 있

---

56) 사회주의에 대한 Maurice의 견해를 위해서는, *Life*, Vol. II, 제1-3장을, 고교회파 (High Church party)에 대한 견해를 위해서는 같은 책, Vol. I, pp. 160이하, 205-206를 참고하라.
57) *Theological Essays*, 2nd. ed., p. 360.

다면 실패할 가능성이 있지만, 그분의 뜻은 아무리 오랫동안 저항을 받아도 반드시 이루어질 것이다."[58]

인류 보편적인 구원은 개개인이 진정한 중심으로 돌아서는 것 이상을 의미한다. 말씀을 통해 인간은 본래 사회적 존재로 창조되었다. 아버지와 형제, 아내와 남편, 민족의 일원, 정치, 종교, 경제 사회의 자발적 참여자로 태어난 것이다. 그러므로 그리스도의 나라의 완전한 실현은 각각 별개의 인간 조직들을 하나의 새로운 보편 사회로 대치하는 것이 아니라, 이 모든 조직이 그리스도를 머리로 한 보편적 나라에 참여하는 것을 뜻한다. 그것은 낮아짐과 높아짐의 과정을 거쳐 변혁되는 것을 의미한다. 낮아짐이란 그 몸의 지체들이 자기가 머리가 아님을 기꺼이 받아들일 때 일어나는 것이고, 높아짐이란 그들이 머리와 다른 지체들을 섬기도록 각기 특정한 일을 부여받았음을 알 때 일어나는 것이다. 모리스는 다양한 민족 문화에 담긴 가치들을 충분히 의식했고, 자아의 근절만큼이나 민족성의 근절에 대해 관심이 없었다. 철학의 여러 학파는 다양한 종교 집단과 운동과 같이 각기 특정한 가치를 지녔다. 이런 다양성이 무질서를 몰고 온 것은 각 집단이 자신들이 가진 부분적인 진리를 마치 완전한 진리인 것처럼 착각했기 때문이다. 이런 자기주장과 자화자찬이 겸손과 섬김으로 대치되었을 때 변혁이 일어났다. 이런 면에서 모리스는 사회 관습, 정치 제도, 언어, 경제 조직 등 문화의 모든 국면을 다루었다. 현존하면서도 장차 이루어질 그리스도의 나라에 대한 그의 견해에 따르면, 소명과 기독교 민족주의를

---

58) *Life*, Vol. II, p. 575.

논하는 개신교, 철학과 사회 도덕을 중시하는 토마스주의, 통일성을 강조하는 가톨릭, 특별한 진리들을 부각하는 종파주의 등 이 모두가 합쳐져서 위대한 진리 곧 인간의 문화 가운데 그리스도가 다스리지 않는 영역이 하나도 없고, 자기 의지 위에 군림하는 그분의 변혁의 권세―마치 아무리 거룩해도 왜곡되지 않은 것이 없는 것처럼―에 종속되지 않는 인간의 작업은 전무하다는 진리를 확증해 준다.[59]

모리스는 이 보편성의 원리를 즉각적 종말론과 서로 결합했다. 영원이란 그에게, 요한의 경우처럼, 시간의 부정이 아니라 신이 활동하는 차원을 의미했다. 창조란 것이 시간이 생기기 전의 하나님의 작업이 아니라 영원한 그분의 작업이었던 것처럼, 구속이란 것도 그리스도 안에 계신 하나님이 인간의 한시적 행위에 맞서 펼치시는 영원한 작업을 의미했다. 영원은 인간의 과거, 현재, 미래를 소멸하지 않는다. 또 이 가운데 하나에 의존하는 것도 아니다. 하나님은 전에도 계셨고 지금도 계시고 앞으로 오실 분이다. 그분은 지금도 다스리시고 앞으로도 다스릴 분이다. 인류가 기대하는 더 나은 질서는 새로운 창조가 가져올 물리적 조건의 변화에 달려 있는 게 아니다. "우리 주님은 자기 나라 혹은 아버지의 나라를 거론할 때 현재의 우주 구조를 제쳐놓아야 한다고 말씀하시지 않는다. 사실 인간은 가족 제도와 국가 제도를 통해 그 나라를 단편적으로나마 맛보았으며, 지금보다 더 고차원적이고 총체적인 사귐을 생각하면서 그 나라를 꿈꾸어 왔다.…일부 신학자의 영향을 받아 인간

---

59) 참고. 특히 *The Kingdom of Christ*, 제2부, 제1, 3, 5장: 또한 Vidler, 앞의 책, pp. 183이하, 그리고 C. E. Raven, *Christian Socialism*, 1848-1854. p. 13이하.

정치의 행습과 성쇠를 아주 가볍게 여기고 멸시하는 오만한 태도는 주님의 학교에서 가르치지 않는 것이다." 그는 장래에 대해 소망을 가지라고 격려했으나, "현재 우리 삶의 신성함을 완전히 인정하지 않고 미래만 바라보는 그런 기대감"은 결코 부추기지 않았다. 혹은 "땅이나 육체는 마귀의 피조물이요 재산이라는 마니교의 관념"을 지지하지 않았다.[60] 그럼에도 그리스도의 나라는 이 세상에 속한 것이 아니다. 그것은 외적인 조건이 아니라 사람의 영을 지배하는 것이기 때문이다. "그분은 악한 영들을 쫓아낼 때, 자신이 사람의 영과 담화하고 있음을 입증하셨다. 우리를 속박했던, 높은 곳에 있던 자만, 정욕, 미움, 영적인 악의 세력들과 대단한 논쟁을 벌이셨던 것이다.…바로 인간 존재의 뿌리인 내면 세계에서도 자신의 원수들을 정복하시고, 신비로운 교육을 하셨던 것이다."[61] 이 갈등의 순간은 바로 지금이다. 그리스도의 승리의 때도 지금이다. 우리는 인간의 문화적 진보를 다루는 것이 아니라, 하나님이 모든 문화의 뿌리인 인간의 영을 회심시키는 장면을 다룬다. "하나님의 나라는 내면에서 시작하지만 밖으로 그 모습을 드러내게 되어 있다.…그것은 그 나라 신민의 감정, 습관, 사고, 말, 행동 속으로 침투하기 마련이다. 결국에는 우리의 사회적 존재 전체에 침투하게 된다."[62] 하나님의 나라는 변혁된 문화다. 그것은 무엇보다 인간의 영이 믿음도 없고 자기를 섬기던 상태에서 하나님을 알고 그분을 섬기는 상태로 회심하는 것이기 때문이다. 하나님이 다스리지 않는

---

60) *The Lord's Prayer*, pp. 41-42, 44.
61) 같은 책, pp. 48-49.
62) 같은 책, p. 49

다면 아무 것도 존재할 수 없을 것이므로 이 나라는 실존하는 것이다. 그분이 '그 나라가 임하옵시며'라는 기도를 듣지 않았더라면, 인간 세계는 벌써 오래 전에 강도의 소굴이 되었을 것이다. 매순간 인간들은 하나님과 관계하기 때문에 매순간, 매시간이 종말론적 현재다.

근대 기독교 사상가와 지도자 가운데 전환론적 사상이 가장 두드러지게 나타나는 인물이 모리스다. 그는 말씀(the Word)이 없이는 아무 것도 존재할 수 없음을 철저히 믿기 때문에 문화에 대해 시종일관 긍정적 태도를 취한다. 하지만 그는 문화의 종교적·정치적·경제적 측면 등 문화 전반이 타락했다고 분명히 확신하기 때문에, 문화에 대한 적응주의가 아니라 전환론적 입장을 철저히 견지한다. 그는 몸으로 말미암은 영적 타락의 개념과 인류를 구속받은 자와 정죄받은 자로 구분하는 관념을 모두 배격하기 때문에 결코 이원론에 빠지지 않는다. 더 나아가, 그는 죄에 대한 소극적 행동을 배격하고 교회와 공동체 내에서 믿음에 입각한 적극적이고 하나님 중심적인 행동을 언제나 요구하는 면에서 일관성이 있다. 물론 이런 의문이 생기는 건 사실이다. 만일 그가 기독교 사회주의운동과 교육 및 종교 활동에 참여할 때 종합론자, 이원론자, 급진적 그리스도인들과 제휴하지 않았더라면, 과연 그만한 영향을 줄 수 있었을까 하는 의문이다. 그가 이런 질문을 받았다면, 어떤 그리스도인의 사상도 우리 주님의 사상을 모두 아우를 수 없으며 몸에 많은 지체가 있는 것처럼 교회도 마찬가지라고 응답했을 것이다.

7장 · "결론적인 비과학적 후기"

I. 최종 결론으로서의 결단

이제까지 그리스도인에게 늘 제기되는 질문에 대한 전형적인 응답들을 검토해 보았으나, 미처 결론을 내지 못한 채 어정쩡한 상태로 끝났다. 이 논의는 끝없이 연장될 수 있다. 아울러 이 주제에 관해 신학자, 역사가, 시인, 철학자 등이 최근에 논의한 글을 고려하는 것도 가능하다. 물론 그 가운데는 동료 시민들과 그리스도인들을 깨우치는 것도 있지만 오히려 혼란스럽게 만드는 것도 있는 게 사실이다.[1] 과거로 돌아가서 더 깊고 더 넓게 탐구해 보면, 우리

---

1) 최근의 글들 가운데 이 문제에 대한 관심과 논의의 폭을 보여 주는 것으로 다음과 같은 책을 열거할 수 있다. John Baillie, *What Is Christian Civilization?*; Karl Barth, *Christengemeinde und Buergergemeinde: Church and State*; Nicolas Berdyaev, *The Destiny of Man*; Emil Brunner, *Justice and the Social Order; Christianity and Civilization*; Charles Norris Cochrane, *Christianity and Classical Culture*; Christopher Dawson, *Religion and Culture; Religion and the Rise of Western Culture*; T. S. Eliot, *The Idea of Christian Society; Notes Towards a Definition of Culture*; Jacques Maritain, *True Humanism*; Reinhold Niebuhr, *The Nature and Destiny of Man; Faith and History*; M. B. Reckitt (ed.), *Prospect for Christendom*; Paul Tillich, *The Protestant Era*; Arnold Toynbee, *Civilization on Trial: A Study of History*. 레오 13세 시대 이후의 교황의 회칙들과 최근 몇십 년 동안 열린 에큐메니컬 대회들은 이 문제의 여러 측면에 대해 커다란 관심을 보여 왔다. 참고. Philip Hughes, *The Popes' New Order*; Joseph Husslein, *Social Wellsprings; The Churches Survey Their Task, The Report of the Conference at Oxford, July 1937, On Church, Community and State*; WCC의 첫 대회 내용을

가 언급한 인물들 못지않게 이 문제를 붙들고 씨름해서 나름대로 자기 입장을 정하고 그것을 언어로 표현한 지도자들을 적지 않게 만날 수 있을 것이다. 우리는 더 넓은 그물을 역사의 바다에 던져서, 당대의 문화적 의무와 충돌하면서 그리고 그에 적응하면서 그리스도께 충성을 다했던 신학적 인물들과 정치, 과학, 문학, 군사 등의 영역에서 좋은 본보기들을 건져낼 수 있을 것이다. 콘스탄티누스, 샤를메인, 토마스 모어, 올리버 크롬웰, 글래드스톤, 파스칼, 케플러, 뉴턴, 단테, 밀턴, 블레이크와 도스토예프스키, 구스타프 아돌프(17세기 초 스웨덴의 왕으로서 종교개혁 정신이 투철했던 뛰어난 전술가—역주), 로버트 리(미국의 남북전쟁 때 훌륭한 지도자로 존경받았던 남부군의 장군—역주), 고든 장군(19세기에 태평의 난으로 인해 중국 정벌에 나섰던 유명한 영국 장군—역주) 등이 대표적인 인물이다. 문화의 모든 영역에서 발견되는 이런 인물들은 대단히 흥미로운 연구 대상으로서, 그리스도에 대한 신앙과 이성에 입각한 사회 활동의 긴장관계를 혹은 그리스도께서 인간의 현세적 활동에 미치는 끈질긴 영향력을 볼 수 있는 훌륭한 사례들이다. 우리는 더 많은 유형과 하부유형들 그리고 서로 상반된 특색들을 설정함으로써 이 연구를 계속 밀고 나갈 수도 있다. 물론 그 목적은 이런 개념적인 유형들과 역사적 실재들을 서로 밀접히 묶어 보려는 것이며, 역사적 인물이 지닌 다채로운 모습에서 어떤 패턴을 끌어낼 때 그리고 개개인의 복잡한 사상과 행위 사이에 더욱

담은, *Findings and Decisions*: 또한 이런 대회들을 준비하는 과정에서 발표한 연구물인, *The Oxford Series: Man's Disorder and God's Design*.

선명한 선을 그으려 할 때 언제나 수반되는 그런 불확실성을 줄여 보려는 것이다.

하지만 우리가 이 연구를 아무리 연장하고 정교하게 만들지라도 "이것이 바로 틀림없는 정답이다"라는 결론에는 도달할 수 없음이 분명하다. 저자와 독자를 막론하고 그런 결론에 도달하고픈 유혹이 많을 것이다. 지금쯤에는 양자 모두에게 이 유형들이 서로 완전히 배타적인 관계가 아니라는 점과, 이 다양한 입장의 여러 지점에서 서로 화해하는 게 가능하다는 점이 확실해졌을 것이기 때문이다. 아울러 다른 학문 분야에서처럼 신학에서도 더 포괄적인 이론을 정립하는 일이 대단히 중요하다는 점도 분명해졌을 것이다. 그런 이론이 정립되면 현재 서로 분열된 모습에서 통일성을 간파할 수 있게 되고, 서로 상반된 목적을 가진 듯이 보이는 운동들끼리 더욱 조화롭게 일할 수 있게 될 것이다. 그러나 우리는 이런저런 지점에서 그런 최종적인 정답을 내놓으려는 시도를 포기하지 않을 수 없다. 그 이유가 여럿 있는데, 한편으로는 내가 다른 역사적 인물들에 비해 역사적 지식이 빈곤하고 다른 사상가들에 비해 개념 정립 능력이 부족하기 때문이며, 다른 한편으로는 지극히 적은 믿음만 받은 유한한 인간이 그런 정답을 제시하는 일은 그리스도의 주권을 찬탈하는 행위이기 때문이다. 그것은 또한 그리스도인의 자유와 아직 끝나지 않은 교회의 역사에 해를 끼치는 행위이기도 하다. 만일 그런 시도를 하고 싶으면, 교회와 역사에서 우리가 차지하는 자리가 그야말로 결정적인 위치라서 우리가 하나님의 말씀을 그저 듣는 정도가 아니라 그 말씀 전체를 들을 수 있다고 가정하지 않으면 안 된다. 또 자유로이 이성을 활용하여 그 말씀을 해석하고 그에 순종할 때, 우리가 유한한 이성과 의지의 자유를 행사하는 게 아니라 우리의 이성과 의지가 마치 인류를 대표하는 보편적인 것인 듯 가정하지 않으면 안 된다. 우리가 정말 **유일무이한** 정답을 제시하고자 한다면, 우리가 몸(교회)의 지체들이 아니라 그 머리를 대변하는 자들이고, 손이나 발, 눈이나 귀, 관절염이 걸린 손가락이나 뻣뻣해진 관절과 같이 몸에 종속된 존재가 아니라 몸을 지배하는 이성과 같은 존재라고 가정하지 않으면 안 된다. 물론 그런 정답을 내놓을 만한 능력이 우리에게 없는 건 사실이지만, 그렇다고 모두가 똑같다는 뜻은 아니다. 우리 가운데 어떤 이는 동료 그리스도인들의 다수 의견을 남보다 더 분명하게 진술하는 능력이나, 믿음에 입각한 더 훌륭한 대답을 제시하는 능력이 있는 게 사실이다. 그러나 우리에게 그리스도와 문화의 문제에 대해 비교적 포괄적이고 똑똑한 대답을 줄 수 있는 능력이 아무리 많다 할지라도, 그 대답들은 하나도 예외 없이 도덕적인 정언명령—"그대는 거기까지만 가고 더 이상 나아가지 말지어다"—의 한계에 부딪히게 되어 있다.

그러나 어떤 면에서 우리는 한 단계 더 나아가서 결론에 도달해야 할 것만 같다. 그런데 이 단계는 지식의 차원에서 밟을 수 있는 게 아니다. 이론적인 통찰과 관점의 영역에 속한 게 아니라는 말이다. 그것은 오히려 지적인 숙고에서 행동으로, 통찰에서 결단으로 움직일 때 밟을 수 있고 도달할 수 있는 그런 것이다. 각 신자는 편히 앉아 오랜 전투에 관한 글을 읽던 자리에서 벌떡 일어나 현재 벌어지는 전쟁 한복판으로 뛰어드는 일종의 도약이 있어야 자기 나름의 '최종' 결론에 도달할 수 있다. 다른 이들의 추론과 신념을 아무리 들여다보아도, 그리스도와 문화로부터 나오는 명령들과 가치들을 아무리 열심히 숙고하더라도, 그리스도인이 직면한 책임 곧 개인적인 차원이나 책임 있는 공동체적 차원에서 현재 결단을 내리고 당장 순종함으로 그런 결론에 도달해야 할 책임, 필요성, 그에 따른 죄책감과 영광을 모면할 수는 없다. 다른 시대에 다른 이들이 취했던 사상 및 행위의 유형들을 연구하는 일도 다른 연구와 마찬가지로 이 자유의 책임에서 벗어날 수 있는 출구를 제공해 주지 않는다. 현실을 보는 관점에 있어서 우리는 토마스파라든가 루터파라든가, 톨스토이파라든가 아우구스티누스파라는 식으로 말할 수 있지만, 그것으로 끝나지 않고 구체적으로 현재의 문제를 해결하는 일이 여전히 필요하다. 그리고 그것을 어떻게 해결할지 결심이 설 때에야 우리 자신에게 붙인 그 딱지가 과연 정확한지를 알 수 있을 것이다. 이를 잘 살펴보면 우리는 언제나 어떤 유형의 일원 이상의 존재인 동시에 그 이하의 존재임을 알게 될 것이다.

설사 이것이 우리 연구의 결론—그리스도와 문화의 문제는 모든 연구를 초월하여 신자 개개인과 책임 있는 공동체의 자유로운 결단으로만 결론에 도달할 수 있고 또 그래야 한다는 것—이라 할지라도, 다른 사람들이 이 문제에 어떤 응답을 했고 또 하는지 관심을 기울일 필요가 없다거나, 무슨 추론 과정을 통해 그들 나름의 자유롭고 상대적인 선택을 하게 되었는지 물어 볼 필요가 없다는 말은 결코 아니다. 왜냐하면 믿는다는 것은 우리가 믿는 그 대상 및 그 대상을 믿는 모든 이와 하나가 된다는 것을 뜻하기 때문이다. 믿음으로 말미암아, 즉 우리가 믿기 때문에 우리의 상대성과 우리의 관계성을 인식하게 된다. 믿음이 있기에 우리는 의존관계의 맥락에서 우리의 실존적 자유를 인지할 뿐만 아니라 그것을 실제로 행사할 수 있는 것이다. 믿음으로 결정한다는 것은 이 맥락을 의식하는 가운데 결단하는 것이다. 신자의 경우, 최선을 다해 그 맥락을 이해하는 일은 그 맥락 **안에서** 자기 의무를 다하는 일만큼 중요하다.

이를 좀더 명확히 이해하려면 신앙의 자유 안에서 우리가 내리는 결단의 특성을 살펴보는 것이 필요하겠다. 이런 결단은 상대성을 지닌 통찰과 신앙에 기초한 것 같지만, 상대주의적인 것은 아니다. 그것은 개인적 결정이지만 개인주의적인 것은 아니다. 그것은 자유로운 결정이지만, 독자적인 것은 아니다. 그것은 순식간에 내려지지만, 역사와 상관없는 것이 아니다.

II. 신앙의 상대주의

우리 문화에 대한 기독교적 입장과 관련하여 우리가 개인적으로 도달하는 결론은 적어도 네 가지 면에서 상대적인 성격을 지닌다. 첫째, 그것은 본인의 부분적이고 불완전한 단편적 지식에 의존되어 있다. 둘째, 그것은 본인의 신앙과 불신의 분량에 따라 좌우된다. 셋째, 그것은 본인의 역사적 위치와 사회적 지위에 따라 달라질 수 있다. 넷째, 그것은 사물의 상대적 가치와 관련되어 있다. 첫째 사항은 굳이 설명할 필요가 없을 것이다. 우리 시대에 들어와 무식하면서 착한 자들이 저지른 악이 감사하게도 과학을 도덕의 대체물로 생각하는 이들에 의해 노출되었지만, 그런 잘못은 도덕이 과학의 대체물이 아니라는 것을 아는 자들에 의해서도 계속 노출되고 수정될 필요가 있다. 그리스도께서 선한 사마리아인이 강도 만난 자의 상처에 기름과 포도주를 부은 것을 칭찬했더라도, 현대식

응급처치 법을 배운 어떤 자가 성경의 본보기를 절대시해서 그대로 행한다고 그를 칭찬할 가능성은 거의 없다. 정치, 경제, 의료 등 문화의 모든 영역에서 우리는 우리가 아는 사물의 본질과 자연 현상에 기초하여 최선을 다해 노력한다. 그러나 그 최선이란 것도 언제나 단편적인 사회적 지식과 이보다 더 단편적인 개인적 지식에 의존하는 것이다. 우리의 기술적 지식뿐 아니라 철학적 지식—우리가 이 복잡한 세상에서 방향을 분별하도록 돕는 더 큰 패턴들—도 우리의 결정을 상대적으로 만든다. 누구나 일종의 철학, 전반적인 세계관을 가지며, 그것이 다른 관점을 가진 자들의 눈에는 신화처럼 보일 수도 있다. 그런 철학이나 신화가 우리의 행동에 영향을 주고 그것을 상대적으로 만든다. 그런 행동은 20세기 신화의 영향을 받았다고 해서 주후 1세기 신화의 영향을 받은 경우보다 덜 상대적이 되는 것은 아니다. 물론 우리가 주후 1세기 신화에 기초해서 행동하지는 않을 것이다. 정신병 환자를 다룰 때 귀신을 쫓아내는 방법을 쓰지는 않는다는 뜻이다. 그 대신 정신과 몸의 본질과 관계에 관한 최고의 지식을 이용하려고 애쓰겠지만, 우리에게 상대적으로 옳은 것에도 신화적 요소가 있음을 알게 될 것이다.

우리의 해결책과 결정이 상대성을 갖게 되는 또 다른 이유는 그것이 우리의 부족하고 연약한 신앙과 관련되어 있기 때문이다. 우리는 완벽한 그리스도인, 곧 신앙이 완전히 그 삶을 지배하여 모든 생각을 사로잡고 매순간과 모든 장소를 하나님의 나라인 것처럼 보이게 하는 그런 그리스도인은 이제껏 발견하지 못 했고 앞으로도(그리스도가 다시 오실 때까지는) 발견할 수 없을 것이다. 사람은 누구나 자신이 움직일 수 없는 산과 자신이 쫓아낼 수 없는 귀신을 만난 적이 있기 마련이다. 물론 우리도 마찬가지다. 어떤 경우에는 그야말로 고집불통의 이방 문화에 접하여 "하나님의 자비와 권능을 동원해도 이것은 조금도 움직일 수 없어" 하고 두 손을 들 때가 있다. 또 어떤 경우에는 육체의 가시 같은 문제에 봉착하여, 하나님이라도 창조로부터 시작된 이 역사의 현장에서는 육체를 가진 인간을 도무지 구속할 수 없다고 선언하기도 한다. 또 때로는 하나님의 선한 성품과 능력을 믿는 믿음이 악행을 일삼는 인간들, 동물들, 혹은 다른 자연의 위력들 앞에서 미처 효과를 발휘하지 못하는 경우도 있다. 그리고 믿음이 멈추는 그 지점에서 믿음으로 내리는 결단도 멈추고, 믿음에 근거한 추론도 중단된다. 거기서 불신에 기인한 결단과 불신에 근거한 추론이 시작된다. 만일 내가 인간 사회를 궁극적으로 관장하는 그 권세가 사회에 대해서는 자비롭지 않고 인간 개개인에게만 자비롭다고 믿는다면, 나는 개인을 섬기는 방향으로 몸을 돌리게 되고 나의 사회적 활동은 사회의 구속(救贖)을 믿지 않는 불신에 의해 그 방향이 좌우될 것이다. 만일 내가 자연 현상에 나타나는 그 권능이 바로 하나님이라는 것을 믿지 않는다면, 자연이 주는 풍성한 열매에 감사하지도 않고 자연적 재난이 닥쳐도 회개하지도 않을 것이다. 내가 교회나 사회에서 참으로 은혜로운 인물이나 훌륭한 인격을 만나 하나님을 강하게 의식하게 되었다 할지라도 그렇게 될 것이다. 우리 모두가 똑같은 신앙의 단편을 가진 건 아니지만, 우리 신앙은 모두 단편적이다. 주후 2세기 신앙의 왜소함은 "세상"에 대한 태도에서 밝히 드러났고, 중세 신앙의 왜소함은 이단과의 관계에서 나타났으며, 근대 신앙의 왜소함은 죽음에 대한 우리의 태도에서 분명히 표출된다. 그런데 실제 신앙의 크기는 가장 뚜렷한 신앙의 실패작이 시사하는 것보다 훨씬 더 작고 조각이 나 있다. 우리가 신앙 안에서 추론하고 행하면서 기독교적 응답을 내놓을 때도 부분적이고 조각난 신앙에 기초해서 그렇게 하기 때문에, 우리 응답 속에 왜소한 기독교가 담겨 있을 가능성이 많다.

우리의 추론 작업과 결정이 역사적, 문화적 상대성을 안는다는 사실은, 지식의 역사적 변천을 고려해도 알 수 있고 역사적 과정이나 사회 구조에서 우리가 맡은 책임을 생각해 봐도 알 수 있다. 거대하고 막강한 교회라도 박해 아래 있는 자그마한 종파에게 요구되는 일을 책임 있게 수행할 수 없다. 산업 문화에 속한 그리스도인들은 마치 봉건 사회에서 사는 것처럼 생각하고 행동할 수 없다. 우리가 예수의 탄생으로부터 1950년이 지난 다음에 산다고 해서 오백 년이나 천 년 전에 살았던 제자들보다 그리스도로부터 더 멀리 있는 것은 아니다. 사실 우리와 그 제자들 사이의 거리는 우리와 동시대인이나 우리가 본 적도 없고 볼 가능성도 없는 자들 사이의 거리보다 더 가깝다고 할 수 있다. 하지만 우리는 사회사(史)적으로 특정한 위치에 서 있는 만큼, 우리 선조들이 경험한 배경과 맥락과는 다소 다른 배경 및 맥락에서 그리스도를 보고 그분의 말씀을 들을 수밖에 없다. 우리가 역사적 상황의 제약을 받을 수밖에 없다는 사실과 더불어, 우리의 사회적 역할—남자와 여자로서, 부모와 자녀로서, 지배자와 피지배자로서, 선생과 학생으로서, 육체 노동자와 지식인으로서—이 지닌 상대성으로 인해 문제는 더 복잡해진다. 우리는 특정한 시대에 특정한 책임을 지닌 특정한 사람으로서 결정을 내리고, 추론 작업을 수행하며, 경험을 얻을 수밖에 없는 것이다.

끝으로, 우리가 어떤 선택을 내릴 때마다 고려해야만 하는 가치의 상대성(relativity of values)이란 것이 존재한다. 우리가 다루는 모든 것은 여러 가치 관계를 지닌다. 그것은 우리 자신, 다른 사람들, 인생, 이성, 국가 등에 각각 가치를 지닌다. 우리는 모든 사람이 하나님과 관련이 있기에 신성한 가치를 지닌다고 따라서 모두의 가치가 동일하다는 담대한 신앙고백으로 시작하지만, 아울러 모든 사람이 다른 유한한 존재들과도 관계를 맺고 그런 관계에서는 동일한 가치를 갖는 게 아니라는 점도 고려하지 않으면 안 된다. "소자들 가운데 하나"에게 죄를 범하는 자는 그 소자에게 자기를 돕는 은인과 동일한 가치를 갖는 게 아니다. 제사장, 레위인, 사마리아인 등은 신의 가치평가의 대상으로서는 동일한 가치를 지닌 것으로 여겨야 마땅하다. 그러나 그들은 강도 만난 그 피해자에게는 동일한 가치를 가진 인물들이 아니다(그가 그들에 대해 어떻게 생각하든 상관없이). 그리스도 안에서는 유대인이나 그리스인, 종이나 자유인, 남자나 여자 등이 아무 차이가 없지만, 다른 사람들과의 관계에서는 여러 면에서 상대적인 가치를 고려하는 일이 불가피하다. 진리까지 포함하여 그 무엇도 (고유한 가치라는 개념은 아예 제쳐놓더라도) 한 가지 관계만 맺는 것은 없다. 진리는 하나님께 가치 있는 것인즉 영원한 가치를 지니지만, 인간의 이성, 인생, 사회 질서, 자아 등과 관련해서도 가치를 지닌다. 우리의 문화적 활동은 사람, 관념, 자연의 물체, 자연의 과정 등 이 모든 상대적 가치와 관계된 것이다. 사법의 영역에서는 죄수와 정직한 자가 동료 인간들에게 지니는 상대적 가치를 다룬다. 경제의 영역에서는 서로 복수의 관계를 맺는 수많은 존재와 관련된 사물 및 행위들의 상대적 가치를 따진다. 이처럼 문화의 모든 부문에서, 상대적인 인간에 불과한 우리는 상대적 관점과 상대적 평가기준을 갖고 상대적 가치들을 다룬다. 이런 식으로 우리는 결정을 내리는 것이다.

이와 같이 우리가 우리 자신의 상대성을 인식하고 인정한다고 해서 우리에게 절대가 없다는 말은 아니다. 사람이 자신의 상대성을 직면할 때 세 가지 길 중 하나를 택하는 것 같다. 하나는 아무 것도 믿을 게 없다고 주장하는 허무주의자 혹은 일관된 회의주의자가 되는 것이다. 또 하나는 상대적 입장을 가진 어떤 권위에 몸을 피하여 어떤 교회나 어떤 철학, 자기 본위의 인생과 같은 어떤 가치를 절대시하는 것이다. 혹은 자신의 상대적 견해, 가치, 책임 등이 모두 종속되는 무한한 절대(infinite Absolute)에 대한 신앙과 함께 자신의 상대성을 받아들이는 것이다. 마지막 경우에는 믿음의 확신과 겸손한 태도에 입각해서 신앙도 고백하고 결정도 내릴 수 있다. 여기서 겸손한 태도란 그 절대자와 똑같은 관계를 맺는 타인들과 서로 보완관계에 있음을 인정하고, 그들로부터 교정도 받고, 심지어 그들과의 갈등까지 수용하는 그런 자세를 뜻한다. 그럴 경우 그들은 단편적 지식에도 불구하고 자신들이 보고 들은 것, 자기에게 진리인 것을 확신 있게 진술할 수 있을 것이다. 그러나 그것이 완전한 진리이고 그것만이 진리라는 식으로 주장하진 않을 것이며, 다른 이들이 그 동일한 대상을 어떻게 보고 어떻게 들었는지에 대해 알려고도 하지 않는 그런 독단주의자가 되지도 않을 것이다. 신앙의 눈으로 이 동일한 예수 그리스도를 바라보는 자는 누구나 그리스도가 자기에게 무엇인지를 진술할 테지만, 자신의 상대적 진술과 절대적 그리스도를 혼동하지는 않을 것이다. 모리스가 J. S. 밀(Mill)로부터 배운 원칙이 하나 있는데, 우리도 경청할 만한 것이다. 사람들은 보통 자신이 긍정하는 것은 옳은데 자신이 부인하는 것은 틀릴 때가 많다는 주장이 그것이다. 우리가 부인하는 것은 보통 우리의 경험 바깥에 있는 것이라 그에 관해 할 말이 없는 경우다. 유물론자는 당연히 물질의 중요성을 역설할 것이다. 그러나 그가 정신의 중요성을 부인할 때는 자기가 그것에 대해 아는 게 없다고 말하는 셈이 아니고 무엇인가? 문화가 악하다는 것은 두말 할 필요도 없다. 그러나 톨스토이가 그 속에 선한 것이 하나도 없다고 주장할 때는, 마치 자신이 상대적인 관점을 초월하여 하나님처럼 판단할 수 있는 것 같이 착각하는 셈이다. 신앙은 한 가지 절대적 관점이 존재한다는 것을 알기에, 신자의 상황과 지식의 상대성을 수용할 수 있는 것이다.

만일 우리에게 '그리스도 안에 계신 하나님'의 절대적인 신실함에 대한 신앙이 없다면, 우리로서는 우리 신앙의 상대성을 분별하기가 어려울 수밖에 없다. 그 신앙이 약하기 때문에 우리는 언제나 우리의 개인적 신앙이나 사회적 신앙을 절대시하려고 애쓸 것이다. 그러나 하나님의 신실함을 믿는 적은 믿음이라도 있으면 어느 정도 자신감을 갖고 믿음의 결정을 내릴 수 있고, 그에 따른 죄 용서도 믿을 수 있다. 이와 마찬가지로, 우리가 속한 특정한 시대와 장소와 분야에서 상대적인 과업을 행할 때도 그 절대자의 명령에 순종하여 그것을 수행할 경우에는, 전혀 상대주의적이라거나 자기를 주장하는 것이라고 할 수 없다. 이와 달리, 내게 옳은 것이 완전한 진리이고 그것만이 옳다고 주장할 때는 상대주의적이 되고 그릇된 절대주장을 하는 셈이다. 즉, 내가 상대적인 존재임에도 불구하고, 내가 순종의 일환으로 행하는 그것을, 다른 모든 보완적 행위―나의 행위의 전후, 동료 인간의 행위 그리고 무엇보다 그리스도의 행위―와 상관없이, 나 자신과 타인들과 하나님이 옳은 것으로 간주해야 한다고 요구할 때 잘못된 방향으로 빠진다는 말이다. 그리스도 안에서 또 그분을 통해 알려진 그 절대자에 대한 신앙은, 나처럼 상대적인 무지와 지식, 불신과 신앙, 시간, 장소, 소명을 가진 존재가 행하는 그 어떤 것도, 완전무결한 행위라는 의미에서, 옳다고 할 수 없음을 밝혀 주기 때문이다. 내 행위는 언제나 창조 사역과 구속 사역 가운데 역사하시는 그 은혜의 손길에 의해 보완되고, 교정되고, 용서받을 필요가 있다는 말이다.

우리는 당연히 인격, 사물, 운동 등 상대적 가치를 지닌 것들을 다루지만 그렇다고 자동적으로 상대주의로 빠지게 되는 것은 아니다. 단, 이런 것들이 서로 여러 가치를 지닐 뿐 아니라 하나님과의 관계에서도 가치를 지님을 잊지 말아야 그렇지 않을 수 있다. 만일 내가 이웃에 대해 생각할 때 그가 하나님에 대해 갖는 가치만 생각하고 타인들에 대해 갖는 가치를 무시한다면, 상대적인 정의, 아니 어떤 유의 정의도 들어설 여지가 없어지는 게 사실이다. 이런 경우 나는 믿음으로 행하는 것이 아니라 불신으로 행하는 셈이다. 왜냐하면 나와 내 이웃을 각각 독생자로 창조한 게 아니라 형제관계로 창조하신 그 하나님을 믿는 믿음이 내게 없기 때문이다. 또 그 이웃이 나와의 관계에서 갖는 가치만 생각할 경우에도 정의가 들어설 자리가 없어지고, 오직 눈에는 눈으로 반응하고, 오는 정이 있어야 가는 정이 있는 그런 조건부의 관계만 형성될 뿐이다. 반면에 그를 생각할 때 그가 맺는 모든 이웃과의 관계와 하나님과의 관계에서 갖는 가치를 모두 고려하여 생각한다면, 거기에는 상대적인 정의가 들어설 여지뿐 아니라 그 절대적 관계에 비추어 상대적인 판단을 내리고 또 그것을 수정할 여지도 있게 된다. 이 때 그 절대자와의 관계는 사후(事後)에 고려되는 그런 것이 아니라(마치 성직자가 교수형을 받으러 가는 죄수와 동행하라고 보내지는 경우처럼), 그에게 또 그를 위해 행해지는 모든 것을 판단하는 사전의 고려사항이요 그와 함께 고려되는 사항이다. 공정한 재판, 부분적이고 상대적인 판단에 대한 견제와 균형, 특정한 형벌의 금지, 죄수에 대한 신체적·정신적 배려, 사회로의 복귀 등에 관한 제도적 장치가 갖춰졌는지를 고려한다. 이런 제도적 장치들은 사실 모든 상대적 가치를 뛰어넘어 그 당사자의 가치를 인정하는 것들이다. 상대적인 정의가 상대주의화되는 경우는 어떤 상대적인 가치가 절대적인 것으로 대치될 때다. 한 사람이 자기 국가나 계급이나 인종에 대해 지니는 가치가 그의 궁극적 가치인 것처럼 여겨지는 경우가 그렇다. 심지어 짐승을 다루는 면에서도 상대주의적인 자들의 태도와 그 비천한 동물과 주님과의 관계를 인식하는 자들의 태도가 서로 다르다. 경제와 과학, 예술과 기술 등의 분야에서도 하나님을 믿는 믿음으로 내리는 결정은 엉뚱한 절대자를 믿는 믿음에 입각한 결정과 다르다. 이는 사물의 상대적 가치를 무시하기 때문이 아니라, 절대적 가치 관계를 의식하는 가운데 내려지는 결정이기 때문이다.

이처럼 상대적인 통찰과 의무가 하나님에 대한 신앙과 배합된다고 해서 타협에 빠질 소지는 없다. 서로 공통 분모가 전혀 없는 것들 사이에는 타협이 있을 수 없기 때문이다. 아울러 절대적인 표준은 원래 타협될 수 없고, 오직 어기는 것만 가능하기 때문이다. 우리가 우리 이웃과 동료 피조물들이 하나님께 지니는 가치를 언제나 잊어버리는 것, 우리가 절대적 가치 관계와 상관없이 상대적인 가치들을 선택하는 것, 소위 기독교적인 선택이란 것을 불신에 입각해서 내리는 것 등이 바로 그런 경우다. 이 때 우리는 우리가 최선을 다해 타협했노라고 변명해서는 안 된다. 오히려 우리에게 믿음이 없음을 시인하고, 믿음으로 은혜에 의지하여 그 은혜가 우리의 마음을 바꾸는 한편 스스로 억울한 고난을 겪음으로 우리가 입힌 그 상처들을 치료해 주길 간절히 바라야 할 것이다.

III. 사회적 실존주의

우리가 문화사(史)의 흐름에서 그리스도인으로서 내려야 할 결정은 다른 이름으로도 불릴 수 있다. 그런 결정은 상대적 성격을 지닌 동시에 실존적 성격을 지닌다. 말하자면, 이는 사변적인 탐구로서는 도달할 수 없는 결정이고, 책임 있는 주체가 현 시점에 자기에게 참된 것에 기초하여 자유로이 내려야 할 결정이라는 뜻이다. 이 같은 환원 불가능한 자아의 실존적 성격을 근대의 어떤 사상가보다 더 강조하고 숙고한 인물이 키르케고르로, 그는 우리가 이 문제에 대해 **유일무이한** 정답이 아니라 나름의 해답을 찾아가는 데 일종의 안내자 역할을 할 수 있을 것이다. 하지만 그가 긍정하는 것과 부정하는 것을 모두 받아들일 경우에는 엉뚱한 안내자가 될 소지가 많다는 것도 유념해야 한다.

키르케고르는 「결론적인 비과학적 후기」(*Concluding Unsci-*

entific Postscript)라는 글에서 자기의 분신인 요하네스 클리마쿠스(Johannes Climacus)로 하여금 기독교의 문제를 이런 식으로 표현하게 한다. "나는 기독교를 완전히 이해하진 못했지만…그것이 개개인에게 영원한 행복을 주겠다고 제안한다고, 즉 그의 영원한 행복에 대한 무한한 관심을 **필수조건**으로 생각한다는 정도는 이해했다. 이 관심으로 인해 그는 아버지와 어머니를 미워할 뿐 아니라 인류 역사의 사변적인 체계와 개요에 대해 경멸적인 태도를 보인다."[2] 이를 출발점으로 삼아 이런 주장을 내세운다. 즉 성경이나 18세기에 걸친 기독교 역사와 관련해 무엇이 옳고 무엇이 그른지, 객관성을 위해 자기 이익을 단호히 배제한 철학자에게 무엇이 객관적으로 옳은지 등은 오직 자기에게 옳은 것을 열심히 추구하는 개인에게는 아무 상관이 없다는 주장이다. 그런 주관적인 진리—나에게 옳은 것—는 오직 신앙과 결단을 통해서만 발견될 수 있다. "그 결단은 주체에게 속해 있다.…그리스도인이 되는 것은 기독교의 **내용**이 아니라 그리스도인의 **어떻게**에 달려 있다." 이 **어떻게**가 바로 신앙이다. 그리스도인은 바로 이 신앙 때문에 그리스도인인 것이다. 신앙은 교리와 내적 체험 일체를 모두 수용하는 것과 아주 다른 그 무엇이다. "**믿는다는 것**은 구체적으로 다른 모든 전유 작업과 내면화 작업과 다른 것이다. 신앙이란 내면화의 열정이 붙드는 부조리의 반발로 인해 생기는, 이 경우 그것이 극도로 심화되는 객관적인 불확실성이다.…신앙은 이해 불가능한 것에 대해 그저 만족하고 가만히 있어서는 안 된다. 바로 이해 불가능한 것, 부조리한 것

---

2) 앞의 책, p. 19.

의 친척 혹은 그로부터 나오는 반발작용이 신앙의 열정이기 때문이다."[3]

이는 우리의 당면한 문제, 곧 그리스도와 문화의 문제와 관련해 내려야 할 선택과 관계가 깊은 것 같다. 우리는 결단을 내려야 할 처지에 있다. 역사와 심사숙고를 넘어 이제 행동으로 옮겨야 한다. 우리가 개인적인 책임을 지고 옳은 것에 기초하여 행동해야 할 때다. 우리는 신앙의 열정을 품고 우리에게 옳은 것을 붙잡아야 한다. 이 결단의 과정에서 우리는 이해 가능한 것을 뛰어넘으면서도 그것을 꽉 붙잡을 필요가 있다.

그런데 결단과 신앙에 관한 이 이론 가운데 우리에게 타당치 않은 요소도 많이 있다. 우리의 결단이 개인적인 결정임은 사실이지만, 개인주의적인 것은 아니다. 우리가 우리 자신 안에서, 우리를 위해, 우리 홀로 내리는 결정이 아니라는 뜻이다. 이 결정이 키르케고르적 의미에서 개인주의적인 것이 아닌 이유는, 무엇보다도 여기서 주 관심사가 우리 자신의 영원한 행복에 있는 것이 아니기 때문이다. 물론 그 그림에서 우리 자신을 빼놓을 수는 없다. 그러나 다수의 열심 있는 신자들—설사 그 필자를 포함하진 않더라도 그가 스스로를 위탁하는 그 자아를 포함한—을 대변하는 요하네스 클리마쿠스는 자신의 의문을 이렇게 표현한다. "내가 그리스도를 완전히 이해하진 못했지만, 그분이 사람들과 인류에게 무한한 행복, 영원한 생명을 주시겠다고 제안한다는 것, 따라서 그분이 다가가는 그 사람들 속에 그들의 동료 피조물들의 영원한 행복에 대한

---

3) 같은 책, p. 540.

무한한 관심을 **필수조건**으로 창조하신다는 것 혹은 그런 관심이 있다는 것을 가정한다는 정도는 안다. 이 관심으로 인해 그들은 무엇이든 순전히 사적인 것, 곧 아버지와 어머니와 자신의 생명을 미워할 것이고, 따라서 자신의 주관적인 논리와 사적인 내력들도 경멸할 것임에 틀림없다." 절망이나 신앙의 형식으로 표현되는 이 실존적인 문제는 단순히 "나"의 견지에서만 진술될 수는 없다. 거기에는 **우리**가 개입되어 있으며, "나"라는 존재 각각은 **우리**의 구원이나 심판 안에서 자기 운명을 접하게 된다. **우리**는 어떻게 될 것인가? **우리**는 어디서 와서 어디로 가는가? 나도 그 일부로 참가하는 이 인류 전체의 행진에 (만일 의미가 존재한다면) 무슨 의미가 있을까? 왜 **우리**, 이 인류, 이 유일무이한 역사적 실체가 실존 속으로 던져진 것일까? **우리**의 죄, **우리**의 소망은 무엇인가? **우리**의 출생과 죽음의 순간에 무슨 권세가 **우리**를 대면하는가? 악행과 헛된 짓, 공허함과 허무함에서 구원받으려면 **우리**가 무엇을 해야 하는가? 어떻게 하면 **우리**가 다정한 하나님을 모실 수 있을까? 물론 이런 실존적 질문들을 우리가 개별적으로 제기하는 건 사실이고, 우리가 우리의 개인적·개별적 자아를 잊지 않는 것도 사실이다. 그러나 이런 실존적 의문이 개인주의적인 것은 아니다. 그것은 우리가 독존적인 상태에 있을 때가 아니라 다른 인간과의 동료관계 속에서 가장 뜨겁게 제기되기 때문이다. 즉 다른 인간들과의 관계를 떠나서는 자신이 존재하지 않는 그런 사회적 인간이 던지는 실존적 의문이라는 뜻이다.

 키르케고르식 실존주의는 문화의 문제를 신앙과 상관없는 것으로 제쳐놓는다. 그것이 실존주의적이고 실제적인 문제이기 때문이 아니라 개인주의적이고 추상적인 문제라는 이유에서다. 사변적인 철학자가 한 사람의 이성의 삶을 그 인간 존재에서 떼어놓은 것 못지않게, 그것이 자아를 사회로부터 과격하게 떼어놓았다고 보기 때문이다. 이 실존주의는 사회적 문제도 제쳐놓는데, 이것이 개인의 책임을 고집하기 때문이 아니라 개인의 타인에 대한 또 타인을 위한 책임을 무시하기 때문이라고 한다. 이 사상을 따르는 여호수아 같은 이들은 "나와 내 집은 여호와를 섬기겠노라"는 말을 결코 할 수 없는데, 그들에게는 집이 없기 때문이다. 이를 따르는 '실존하는 개개인'은 다음과 같은 바울의 진술에 나오는 "나"의 의미도 알 수 없다. "나는 그리스도 안에서 참말을 하고, 거짓말을 하지 않습니다. 내 양심이 성령 안에서 이것을 증언하여 줍니다. 내게는 내 동족을 위한 큰 슬픔이 있고, 내 마음에는 끊임없는 고통이 있습니다. 나는, 육신으로 내 동족 내 겨레를 위하는 일이면, 내가 저주를 받아서 그리스도에게서 끊어질지라도 달게 받겠습니다." 이 동족도 물론 독존하는 개인들이 아니라, 동일한 문화에 몸담은 존재들이다. "내 동족은 이스라엘 백성입니다. 그들에게는 하나님의 자녀로서의 신분이 있고, 하나님을 모시는 영광이 있고, 하나님과 맺은 언약들이 있고, 율법이 있고, 예배가 있고, 하나님의 약속들이 있습니다. 족장들은 그들의 조상이요, 그리스도도 육신으로는 그들에게서 태어나셨습니다."[4]

우리의 개별적 결정이 개인주의적이 아닌 둘째 이유는, 그것이 "내게 옳은" 진리에 기초하여 독자적으로 내릴 수 있는 게 아니기

---

4) 롬 9:1-5.

때문이다. 우리가 대면하는 그리스도는 그분을 둘러싼 허다한 증인들과 동떨어진 그런 고립된 그리스도가 아니다. 즉 그분을 가리키고, 그분의 현존을 이런저런 방식으로 해석하고, 그분의 말씀을 우리에게 설명해 주고, 우리에게 그분의 성부 및 성령과의 관계에 주목하라고 일러 주는 그런 증인들과 떼어놓을 수 없는 그리스도라는 말이다. 물론 그분과의 직접적인 대면이 없다면 그런 증언에도 불구하고 나에게 참된 것은 존재하지 않는다. 하지만 그런 동반자, 협조자, 선생, 확실한 증인들이 없으면 나는 내 마음대로 상상하게 될 것이다. 이 점은 가장 하찮은 지식에도 적용된다. 동반자와 선생이 없이는 우리가 고양이와 개, 그들의 이름과 특징조차 알 수 없다. 물론 그것들을 직접 만나지 않을 경우에도 알 수 없는 건 마찬가지다. 더 중요한 지식일수록 직접적인 만남과 다른 인식자의 동반이 더 중요해진다. 양심의 목소리가 사회의 목소리는 아니지만, 그것을 들은 타인의 도움이 없이는 이해할 수 없는 것이다. 그것은 독자적인 내면의 논쟁이 아니라 자아와 다른 자아들의 살아있는 대화이므로, 우리가 스스로 결단을 내리고 "다른 이들의 의무가 무엇이든 간에 이것이 내 의무다" 혹은 "다른 이들이 무엇을 하든 간에 나는 이것을 해야겠다"라고 말할 수 있는 지점에 도달할 수 있다. 만일 첫째 절—"다른 이들이 어떻게 생각하든 무엇을 하든 간에"—이 없다면, 둘째 절이 따라올 수 없을 것이다. 그리스도와의 대면도 이와 마찬가지다. 나는 마가, 마태, 요한, 바울, 하르낙, 슈바이처, 불트만, 도드 등과 오랜 대화를 나눈 다음, 그리스도가 남들에게 어떤 의미가 있고 또 그들에게 무엇을 요구하든지 간에 그분은 나에게 이런 의미가 있고 내게 이것을 요구한다는 결론에 도달하게 된다. 이는 내가 그분을 홀로 대면할 때 처하는 입장—설사 그것이 가능하다 해도—과는 전혀 다른 것이다. 권위 있는 매체와 증인이 없이 내게 말씀하시는 그런 그리스도는 실제 그리스도가 아니다. 그는 역사상의 예수 그리스도가 아니다. 어쩌면 나의 기대나 강박관념이 투영된 존재에 불과할지도 모른다. 다른 한편, 증인을 통해서만 듣고 내가 개인적으로 만난 적이 없는 그리스도는 결코 나에게 그리스도가 될 수 없다. 우리는 우리가 처한 실존적 상황에서 개별적 결정을 내려야 하지만, 독존적인 자아가 독존의 그리스도를 만나는 식으로 개인주의적 결단을 내리는 것은 아니다.

결단의 측면과 그 자유롭고 개별적인 특성을 강조한 실존주의는 우리에게 그 순간의 중대성도 일깨워 주었다. 사변적이고 관념적인 이성은 과거나 미래 혹은 시간을 초월해서 존재할 수 있다. 그것은 인과관계와 논리적 연계성을 추적한다. 역사적 이성으로서는 주후 1세기, 4세기 혹은 13세기 속으로 여행하면서 베드로, 아우구스티누스, 토마스의 세계를 목격한다. 그것은 그 추론자의 절박한 개인적 관심사를 애써 외면하는 비인격적인 이성이다. 그러나 그 당사자는 사람이기에 여행에서 돌아와야 할 입장이다. 한 사람으로서 결정을 내리지 않으면 안 된다. 그 결정의 순간은 과거나 미래가 아니라 현재다. 이제까지 무엇을 했고 왜 그랬냐고 혹은 무엇이 일어날 것이고 왜 그럴 것이냐고 물었던 그 사변적 이성은 "내가 지금 무엇을 해야 하는가?"라고 묻는 실천적 이성에게 자리를 양보해야 한다. 결단을 내리는 현 순간에 자아는 스스로에 대해 인식하게 된다. 또 자아를 의식하는 순간에 우리는 현재를 인식하게 된다. 현재의 순간은 결단을 내릴 때다. 그리고 현재의 의미는 자유와 결단의 시간이라는 데 있다.

이제까지 우리는 현 순간의 결정적 특성을 강조하고, 그것과 우리가 사색할 때 관계하는 과거나 미래 혹은 초시간성 사이에 불연속성이 있다고 주장했는데, 이는 그리스도와 문화의 문제와 관련해서도 중요한 의미를 갖는다. 이제 우리는 토마스와 루터가 이성과 계시의 권위에 관해 어떻게 생각했고 무엇을 결정했는지에 관한 연구를 남겨 두고, 그들의 주장을 인식하는 동시에 인식하지 않으면서 현재 우리의 입장을 취해야 할 지점에 도달한다. 그리고 이 결정은 매순간 되풀이되어야 한다. 우리가 현재의 사안을 다루면서 과거에 내린 결정을 가리킬 수 없는 것은, 마치 새로운 전쟁에 당면한 평화주의자나 강제주의자가 "그대는 살인하지 말지어다"와 "그대는 이웃을 그대의 몸과 같이 사랑할지어다"라는 명령에 어떻게 순종할지에 관해 과거의 결정에 의존할 수 없는 것과 마찬가지다. 뿐만 아니라 우리는 장차 하나님의 나라가 도래할 시대나 우리가 완전한 존재로 변화될 때를 가리키는 등 미래 속에 살려고 애쓸 수도 없다. 왜냐하면 우리는 그 감춰진 나라의 현존 가운데, 우리의 불완전한 모습을 안고 현재 결정을 내려야 하기 때문이다.

이처럼 현 순간에 행동하는 책임 있는 자아가 사변과 사색의 대상인 과거와 미래는 남겨 둬야 하는 것이 사실이지만, 우리의 결정 행위가 과거 및 미래와 연결되지 않은 비역사적인 현재에 이루어지는 것은 아니다. 우리가 결정을 내리는 매 순간은 기억과 기대로 가득 차 있다. 그리고 매 순간마다 우리에게 과거에 만난 적이 있는 타자와 장차 다시 만나길 기대하는 타자가 현존한다. 이 결정의 순간, 중대하고 결정적인 현재를 의미로 충만하게 만드는 것은 자아가 여기에서 홀로 결정해야 한다는 사실이 아니라, 그와 더불어 누군가가 함께한다는 사실이다. 그리고 이 존재는 기억되고 기대되지 않는 존재라면 중요한 존재가 아닐 것이다. 최후의 공격 시점에 도달한 군인은 그 결정적인 현재를 극도로 의식하고, 순종의 자유와 더불어 진격 명령을 기다릴 것이다. 그러나 그에게 현존하는 것은 자유로운 자아와 그 순간만이 아니라, 과거의 약점과 강점을 기억하는 자아, 기억과 기대의 대상인 적, 충성심으로 묶인 동료들 등일 것이다. 매순간 "현재"는 역사적인 "현재"로서 역사적 자아가 한 역사적 타자와 역사적 동반자들과 함께하는 순간이다. 말하자면, 기억과 기대로 충만한 현재라는 뜻이다. 물론 그 초점은 어디까지나 현재의 결정에 있지만 말이다.

그리스도인의 경우, 본인의 문화적 활동 가운데 그리스도에게 충성할지 말지를 정하는 현재의 결단은 언제나 이와 같은 역사적 결정이다. 그는 자신과 함께하는 동시대적 인물인 그리스도를 대면한다. 하지만 이 그리스도는 하나의 역사를 가지며, 기억되는 존재인 동시에 기대되는 존재다. 이 그리스도인은 그리스도와의 역사적 관계를 갖는다. 그는 자기가 부인(否認)한 사실들과 그리스도의 말씀에 대한 그릇된 해석을 기억한다. 그리스도인은 본인 및 그리스도와의 역사적 관계를 가진 공동체의 일원이다. 그리스도와 동시대인이 된다는 것은 과거에 바울과 아우구스티누스와 함께했고 지금 형제들 가운데 가장 작은 자와 함께하는 그분과 동시대인이 되는 것이다. 키르케고르의 추상적·개인주의적 실존주의는 자아의 사회적 성격에 맞지 않을 뿐 아니라, 그리스도의 현재적·역사적 성품이 지닌 역사적 성격에도 맞지 않는다. 그는 이렇게 말한다. "(과거에) 정말 발생한 것은 (시와 대조되는 특별한 의미를 제외하면) 실재가 아니다. 그것은 **그대를 위하여**라는 (내향성으로서의) 진리의 결정적 요소와 모든 종교성의 결정적 요소를 결핍한다. 과거는 적어도 나에게는 실재가 아니다. 동시대적인 것만이 나에게 실재다. 그대가 동시대적으로 함께하는 것이 그대를 위한 실재다. 그래서 각 사람은 자기가 몸담은 시대와만 동시대적일 수 있다. 그리고 또 하나, 그리스도의 지상에서의 삶과 함께할 수 있다. 그 삶은 신성한 역사로서 역사 바깥에 서 있는 유일한 것이기 때문이다.…절대와의 관계는 단 한 가지 시재밖에 없다. 바로 현재가 그것이다. 절대와 동시대인이 아닌 자에게는 절대가 존재하지 않는다. 그리고 그리스도가 곧 절대이므로, 그분에게는 한 가지 정황밖에 없다는 것을 쉽게 알 수 있다. 동시대성이 그것이다. 500년, 700년, 1500년, 1800년은 여기에도 없고 저기에도 없다. 이것들은 그분을 바꾸지도 못하고, 어떤 식으로든 그분이 누구인지를 계시하지도 못 한다. 그분이 누군가는 신앙에게만 계시되기 때문이다."[5] 혹자는 이와 같은 긍정과 부정, 자아의 때와 그 몸의 때의 혼동, 동반자 없는 인간의 가련한 외로움을 보고 탄식을 금할 수 없을 것이다. 우리는 생각과 행동에서 인류를 대변하는 자들과 동시대인이다. 우리는 신체적으로 죽은 자가 생물학적으로 실존하는 자 못지않게 속해 있는 그런 역사를 가진 인류와 동시대인이다. 우리는 삼사 대까지 내려가는 조상의 죄들과 함께하고, 우리에게 보상이 돌아오는 그들의 충실한 계명 준수와도 함께한다. 우리는 [보편적] 교회,

---

5) *Training in Christianity*, pp. 67-68.

곧 모든 그리스도의 동시대인들과 동시대에 사는 자들이다. 우리가 함께하는 존재가 또 하나 있는데, 바로 아브라함과 이삭과 야곱의 하나님, 그 절대자다. 그분은 죽은 자가 아니라 산 자의 하나님이요, 그리스도 안에서 모든 시대를 하나로 묶는 분이요, '그리스도 안에 계신 하나님'이요, 우리가 형제들 가운데 가장 작은 자 안에서 만나는 그리고 형편없는 종들을 통해 심판을 집행하는 그 자리에서 만나는, 우리가 기억도 하고 기대도 하는 '하나님 안에 계신 그리스도'다. 우리는 바로 이 순간에 결단을 내려야 한다. 하지만 그것은 어디까지나 영원 속에 거하는 그분이 행한 역사적 행위들, 우리가 기억하는 그 행위들에 의해 거룩하게 된 역사적 존재들 앞에서 내리는 결단이다.

IV. 의존된 자유

우리는 역사적 현재의 시점에서, 자유를 갖고 신앙 안에서 각각 개별적으로 결정을 내린다. 하지만 그것은 독자적으로 이유 없이 내리는 결정은 아니다.

우리가 자유롭게 결정하는 이유는 선택을 해야 하기 때문이다. 우리에게는 선택을 하지 않을 자유가 없다. 선택이란 우리가 어떤 행동 노선에 뛰어들기 전에 잠시 기다리겠다는 결정 속에 포함되어 있다. 행동에 뛰어들지 않고 방관자가 되겠다는 결정 속에 내포되어 있다. 그것은 우리의 작은 선택들을 모두 규제할 어떤 권위를 수용하겠다는 우리의 동의에 들어 있다. 우리가 비록 자유롭게 선택할지라도 독자적으로 정하는 것은 아니다. 우리가 자유를 행사할 때, (우리가 선택한 것이 아니라) 이미 우리에게 주어진 가치들과 권세들 가운데 그것을 행사하기 때문이다. 우리가 살기로 선택하기 전에 우리는 이미 존재하도록 선택받았으며, 생명을 하나의 가치로 사랑하도록 정해졌다. 우리가 인간 실존을 선택한 게 아니라, 이미 인류의 일원으로 택함을 받은 것이다. 우리가 본능적 존재가 아니라 이성적 존재가 되기로 선택한 게 아니라, 어쩔 수 없이 이성적으로 추론하는 존재가 되었다. 우리가 현재의 시간과 공간을 택한 게 아니라, 이 시점에 혹은 이 전투에 이 자리에 서 있도록 택함을 받았다. 우리가 수많은 면에서 동료 인간들에게 의존된 그런 사회적 존재가 되겠다고 선택한 것도 아니고, 자신이 속한 문화를 택한 것도 아니다. 우리는 이미 어떤 사회, 틀이 잡힌 기존 구조 속으로 태어난 것이다. 이 가운데 생명, 인류, 이성, 사회, 문화 등은 각각 일종의 권위일 뿐 아니라, 우리와 사랑으로 밀착된 가치들이기도 하다. 우리에게 자유가 없다면 그 가운데 어느 것과도 함께 살 수 없는 것이 사실이다. 생명을 부지하는 일조차도 우리의 동의가 필요하다. 우리는 지속적으로 선택을 내려야만 인간으로 계속 존속할 수 있다. 우리가 이성을 신뢰하지 않으면 이성적일 수 없고, 이웃에게 헌신하지 않으면 사회적일 수 없다. 우리가 지금 여기에 있기로 애쓰지 않으면 '여기에' 존재할 수 없다. 그러나 우리의 선택보다 앞선 선택이 언제나 거기에 있었으며, 우리가 생명, 이성, 사회에 유익한 것들 가운데 어떤 선택을 내리며 살 때 이전에 내려진 선택에 의존할 수밖에 없다.

    우리가 자유로운 결정을 할 때, 이처럼 우리의 통제 밖에 있는 기원들에 의존할 뿐 아니라 우리가 좌우할 수 없는 결과들에도 의존한다. 우리 문화의 역사는 우리의 자유가 우리가 선택하지 않는 결과에 의존함을 온갖 모습으로 보여 준다. 서쪽으로 항해하기로 한 콜럼버스의 결정, 면죄부 매매를 공격하기로 한 루터의 결정, 식민지 독립을 선언하기로 한 미국 의회의 결의 등은 모두 장기적 결과를 내다보거나 고대하지 않은 채 내린 것이었다. 우리가 현재 내리는 커다란 사회적 결정과 사소한 개인적 결정들도 마찬가지다. 우리의 행동이 남들에게 어떤 반발과 결정을 불러일으킬지, 우리가 혼인하기로 한 결정이 어떤 자연적 진보와 도덕적 발달을 엮어 낼지, 어떤 침략당한 국가를 지원하기로 한 결정이 어떤 결과를 낳을지 등은 우리가 알 수도 없고 미리 계획할 수도 없는 것이다. 우리가 선택은 하지만, 우리의 선택 범위를 벗어난 다른 많은 선택에 의해 그 운명이 좌우될 것이다.

이처럼 의존된 자유의 실존적 상황에서 우리가 당면한 궁극적 문제는, 우리가 이성이나 신앙 중 어느 것에 맞춰 선택할 것인가 하는 것이 아니고, 이성을 활용하되 신앙을 갖고 선택할 것인가 신앙 없이 할 것인가 하는 것이다. 신앙이 없이 선택한다는 것은 의지할 수 없는 우연에 자기 존재를 궁극적으로 의지하는 그런 인간의 입장에서 선택하는 것이다. 우연에 의해 우리는 '실존 속으로 던져진' 존재고, 우연에 의해 우리는 이 특정한 체질을 갖게 되었고, 이 특정한 자리에, 이 시점에, 특정한 개인으로 존재하게 되었다고 생각할 것이다. 우연에 의해 우리는 짐승이 아니라 사람이 되었다. 우연히 이성적 존재가 된 것이다. 이런 맥락에서 우리의 결정에 대해 추론할 때는 우연의 요소가 그 선택의 내용 속으로 침투하기 시작한다. 그리고 선택의 순간에 작동하는 일종의 자의적인 자유가 우리의 무신론적 실존주의 속에서 스스로 고개를 치켜든다. 무신론적 실존주의자의 자유로운 자아는 선택 사항들—우리 길목에 던져진 그 생명을 내던질 것인가 말 것인가, 결혼을 할 것인가 말 것인가, 저항을 할 것인가 말 것인가 등—을 앞에 두고 마음의 결심에 의해 빈 공간 속에서 결정을 내리게 된다. 그저 자의적으로 결정한다는 말이다.

또 하나의 가능성은 신앙 안에서 선택하고 추론하는 것이다. 여기서는 그것이 마치 우리가 선택할 수 있는 가능성인 것처럼 논하지만, 자세히 주목해 보면 오히려 삶과 이성 이상으로 그것이 하나의 능력이요 가치며 그것을 위해 우리가 선택되었다는 사실이 분명해지는 것 같다. 그것은 우리가 동의를 표하고 영접하고 굳게 붙잡아야 할 일종의 선(善)이다. 그것은 우리가 독자적인 자유를 품고 창조해 내고 선택하는 그 무엇이 아니다. 그러면 우리가 선택을 받아 갖게 된 이 신앙, 우리가 더 작은 선택들을 할 때 그 안에서 하도록 요구받는 이 신앙은 과연 무엇인가?

키르케고르는 신앙의 문제를 다룰 때, 신앙은 내향성(inwardness)의 열정이라는 것, 객관적으로 불확실하다는 것, 불합리성의 친척이라는 것 등을 강조했다. 이에 대해 앞서 사용한 방법대로 긍정의 반응과 부정의 반응을 모두 보이는 게 좋겠다. 즉, 신앙은 타자를 향한 내향적 열정이라는 것, 신앙은 객관적으로 불확실한 만큼 주관적인 확신에서 나온다는 것, 신앙은 불합리성과 친척이되 추론을 가능케 하는 친척이라는 것을 주장할 수 있다. 우리가 신앙 안에서 발견하는 내향성의 열정은 우리 자신에게가 아니라, 그분이 없으면 삶의 의미가 없어지는 그 타자에게 드리는 뜨거운 충성심이다. 충성심이 있는 곳이면 어디나 이 열정이 있으며, 이는 부차적으로 자아에게도 중요한 의미를 지닌다. 민족주의자와 합리주의자 등 대의를 가진 자는 누구나 자신이 추구하는 근본 원리를 추궁받으면 이런 내향성의 열정을 무심코 드러내게 되어 있다. 이런 면에서 신앙은 모든 추론 작업보다 앞서는 것이다. 대의(大義)—진리든, 생명이든, 이성 그 자체든—가 없으면 추론도 하지 않기 때문이다. 우리가 신앙으로 살고 신앙 안에서 결정한다는 말은 적어도 어떤 충성의 대상에 대한 내면의 애착에 의해 살아간다는 의미일 것이다. 그런데 신앙은 충성심에 그치지 않는다. 그것은 확신이기도 하다. 그것은 내면의 열정이 부어지는 그 대상을 신뢰하는 마음이다. 그것은 그 대의가 우리를 실망시키지 않고 좌절시키지 않을 것이라는 믿음이다. 물론 이런 신뢰는 일종의 객관적 불확실성과 짝을 이룬다. 하지만 그 불확실성이 그것을 신앙으로 만드는 것은 아니다. 이런 식으로 주장하는 것은 마치 의무를 마음의 성향과 반대되는 행위로 정의하는 도덕주의자와 같이 되는 것이다. 나는 내 마음이 저항하는 것을 느끼기 전에는 의무를 의무로 인식할 수 없다. 그리고 신뢰의 정도도 객관적 불확실성 앞에서 그것이 발휘되기 전에는 내가 인식할 수 없다는 식이다. 그러나 내가 신뢰한다는 사실의 인식은 거꾸로 신뢰심의 존재에 비례하는 것일 수 있다. 가령 내가 재산의 일부를 어떤 은행에 맡길 때보다 어떤 미지의 인물에게 맡길 때, 내가 믿음에 의거하여 행동한다는 사실을 더 많이 의식하게 될 것이다. 전자의 경우에도 내가 덜 신뢰하는 것이 아닌 이유는 내가 여전히 객관적이지 않은 무엇인가를 의뢰하기 때문이다. 즉 약속을 지키겠다고 스스로 서약한 주체들, 곧 인간들의 충성과 신용에 의존한다는 말이다.

그러므로 여기에 두 갈래의 신앙, 충성, 신뢰가 있다고 할 수 있다. 이 둘은 상응하는 관계에 있다. 나는 충성스런 타자를 신뢰하고, 믿을 만한 타자에게 충성을 다하는 것이다. 그런데 여기에 또 다른 특징이 있다. 신앙 안에서 행한다는 것은, 내가 충성하는 그 대의에 충성을 다하는 모든 자, 그 대의가 신실하게 대하는 자들에게 충성스럽게 행한다는 의미도 있다. 만일 진리가 나의 대의라면, 나는 진리에 충성할 의무가 있고, 그 진리에 충성하는 모든 자와 그 진리가 신실하게 대하는 자들—진리가 결코 좌절시키지 않을 자들—에게도 충성을 다할 의무가 있다. 내가 그 진리에 충실해지는 길은 그 진리에 묶인 모든 사람에게 진실을 말하는 데서 충실해지는 길밖에 없다. 그런데 진리의 힘에 대한 나의 신뢰는 그 대의를 따르는 모든 동반자에 대한 신뢰와 떼어놓을 수 없다. 신앙은 그런 공동체의 구성원들을 둘러싼 충성과 신뢰의 양겹줄이라 할 수 있다. 이는 한 주체에서만 나오는 것이 아니다. 타인들 편에서 충성스런 행위를 할 때 생기는 일종의 신뢰심이다. 또 동일한 대의와 나에게 충성하는 타인들에 의해 불러일으켜지는, 대의에 대한 충성심이다.[6] 신앙은 초월적 대의를 공유하는 공동체 안에서만 존재할 수 있다.

대의와 공동체에 대한 충성과 신뢰가 없으면 실존적 자아는 자유를 행사할 수도 없고 생각하면서 살 수도 없다. 우리는 의롭든 불의하든 신앙으로 사는 자들이다. 문제는 우리의 신앙이 깨어졌고

---

[6] Josiah Royce의 *Philosophy of Loyalty*와 *The Problem of christianity*는 충성과 공동체에 관한 풍부한 성찰을 담고 있다.

모양도 이상하다는 데 있다. 우리의 대의들도 너무 많고 서로 충돌을 일으킨다. 우리는 한 가지 대의에 충성한다는 미명하에 다른 대의를 배신한다. 그리고 모든 대의를 불신한 채 약간의 불만족을 달래느라고 동반자들에게 신용을 잃어버린다.

이 지점에서 커다란 불합리성이 들어온다. 실존적 자아로서 우리가 가진 도덕적 역사 속으로 들어오는 그 불합리한 것은 무엇일까? 바로 이해를 초월한 한 분의 삶, 죽음, 기적에 의해 매개된 확신 즉 만물의 근원과 근거와 경류과 목적이 되는 그 존재―우리가 (불신과 불충함으로 인해) 숙명과 우연이라 부르는 그 권세―는 자신으로부터 나오는 모든 것에 충실하고, 지극히 믿음직스럽고, 지극히 충성을 다한다는 믿음의 확신이 아니고 무엇이겠는가? 충성스런 자에게뿐 아니라 불충한 자에게도 충실하며, 충성스런 자뿐 아니라 불충한 자도 믿음직스럽게 여기는 그것이 아닌가? 형이상학적 사고방식으로 생각하면, 무한자의 성육신, 절대자의 현세 진입이 바로 불합리한 것이다. 그러나 우리의 실존적이고 주관적인 사고방식, 의사 결정을 하는 사고방식에게는 그것이 불합리하게 보이지 않는다. 여기서 불합리한 것은, 하나님께 절대 충성했던 예수 그리스도에 대한 배신과 그분의 죽음을 통해 그 신실한 하나님 안에서 신앙이 창조된다는 점이다. 우리는 다음 두 가지 사항에 주목한다. 첫째, 창조주의 신실함을 믿는 예수 그리스도의 신앙은 우리의 모든 합리적 이해타산―우리가 사기를 당한다는 생각, 약속들이 실현되지 않는다는 생각, 우리는 인간들끼리 맺은 깨어진 조약에 의존해야 한다는 생각, 우리에게 주어진 가장 귀한 것들을 모두 빼앗겼다는 생각, 우리가 의지할 것은 우연뿐이라는 생각, 우리에게 승산이 별로 없다는 생각에 기초한 것—과 정반대라는 점이다. 둘째는 이보다 더 불합리한 것이다. 이와 다르게 생각한 인물, 하나님이 인생에 주신 모든 약속을 다 지키실 것이라고 그분의 신실함을 믿었던 인물, 하나님이 신실하게 대한다고 생각했던 그 모든 자에게 충실했던 그 인물이 우리 모두와 똑같이 부끄러운 종말을 맞이해야 했다는 점이다. 그리고 그 결과, 그분이 믿었던 그 하나님에 대한 신앙이 우리 안에 생겨야 한다는 점이다. 이는 하나님이 3일 만에 그분을 죽은 자 가운데서 살리셨다고 주장하는 어떤 사람들이나 어떤 저술을 믿는 문제가 아니다. 우리는 어떤 저술이 믿을 만하다고 생각하기에 하나님을 신뢰하는 것이 아니다. 우리가 확신하는 바는 다음과 같다. 하나님은 신실하시다는 것, 그분이 자신에게와 형제들에게 충성스러웠던 예수 그리스도에게 믿음을 지켰다는 것, 그리스도가 죽은 자 가운데서 살아났다는 것, 그 권능의 존재가 신실하므로 그리스도의 신실함도 권능을 갖는다는 것, 우리로 이 땅에서 살다가 죽은 후 인생 저 너머에 있는 인생을 유산으로 받도록 선택하신 그분을 "우리 아버지"라고 부를 수 있다는 것 등이다.

이 신앙은 바로 이 사람과 이 사건을 통해 우리 역사 속으로, 우리 문화와 우리 교회와 우리 인간 공동체 속으로 도입되었다. 이제는 우리에게 그 신앙을 품으라는 요청이 왔다. 그분을 통해 우리는 그것이 언제나 거기에 있었다는 것, 그것이 없이는 우리가 존재할 수도 없었다는 것, 신실함이 만물이 존재하는 도덕적 이유라는 것을 알기 때문이다. 만일 그 신앙이 예수 그리스도 안에서 역사적으로 성육하지 않았더라면, 우리는 신앙 없는 상태로 망하고 말았을 것이다. 그분은 인간 역사에 나타난 역사적 실체로서, 우리에게는 건물을 세우는 모퉁이돌이 되었고 또 어떤 이들에게는 걸림돌이 되었다. 그분은 자신의 신앙과 함께 그리고 신앙을 창조하면서 그냥 저기에 계실 뿐이다.

그 신앙에 토대를 두고 우리는 추론 작업을 한다. 신앙이 없을 때 혹은 믿기 어려운 작은 신들에 대한 신앙에 근거할 때 이해할 수 없던 것들이 이제 이해되기 시작한다. 그것은 신앙을 신조의 형태로 명시화하려는 종교 집단의 노력을 훨씬 뛰어넘어, 문화 전반에 걸친 우리의 추론 작업에 토대를 제공한다. 합리적인 정의(正義)를 정의하려는 노력, 합리적인 정치질서를 추구하는 노력, 미(美)와 진(眞)을 해석하려는 시도 등. 하지만 이것이 유일한 토대는 아니다. 우리의 신앙, 우리의 충성, 우리의 신뢰가 아주 작아서 언제나 신앙 없는 상태로 빠지기 때문이다. 심지어는 신앙이 우리의 생각을 누르고 승리를 거둔 그런 영역에서도 그런 일이 발생한다. 이처럼 신앙의 분량이 너무 적어 우리가 늘 그것을 긍정하면서도 부정한다는 것을 아는 가운데서도, 우리는 실존적인 현 시점에 신앙 안에서 의사 결정을 하려고 애쓴다. 그러나 하나님의 신실함을 믿는 신앙 안에서 우리는, 하나님을 배척했음에도 그분이 늘 신실하게 대해 주신 그 많은 신자에 의해 우리가 교정되고 용서받고 보완되기를 기대한다.

우리가 신앙 안에서 결정을 내린다는 것은, 어느 한 인물이나 집단이나 시대도 보편 교회와 동일시될 수 없음을 유념하면서 결정을 내리는 것이다. 동시에 우리에게는 우리가 그 안에 몸담으면서 부분적인 일, 상대적인 일을 감당할 수 있는 교회, 우리가 신뢰할 수 있는 그런 신앙의 교회도 존재한다는 것을 유념하면서 결정하는 것이다. 그것은 그리스도께서 죽은 자 가운데서 살아나셔서 교회의 머리가 되실 뿐 아니라 세상의 구속자가 되셨다는 사실을 유념하면서 결정을 내리는 것이다. 그것은 문화의 세계(인간의 업적)가 은혜의 세계(하나님의 나라)안에 존재한다는 사실을 유념하면서 결정을 내리는 것이다.

해설
니버의 생애와 사상을 통해 보는
「그리스도와 문화」

임성빈
장신대, 기독교와 문화

헬무트 리처드 니버(Helmut Richard Niebuhr)는 독일계 이민 1세대 목사였던 구스타프(Gustav) 니버와 독일계 이민 2세대인 리디아 호스토(Lydia Hosto) 사이에서 1894년 9월 3일 출생했다. 미국의 중서부 지역인 미조리 주의 라이트(Wright) 시에서 5남매 중 막내로 출생한 리처드 니버는 그와 함께 미국 신학의 큰 맥을 이룬 형 라인홀드(Reinhold), 맥코믹 신학교에서 기독교교육학 교수로 일생을 바친 누이 훌다(Hulda) 등과 함께 독일 복음주의 교회의 영향력 아래서 교육을 받았다. 이는 그 교단에서 운영하는 엘름허스트(Elmhurst) 대학에서 4년간 신학교 교육을 받고, 졸업한 후에 역시 그 교단에 속한 세인트루이스에 있는 에덴(Eden) 신학교를 졸업한 데서 알 수 있다.[1]

니버가 속한 복음주의 교단은 독일에서 일어났던 종교개혁 운동에 그 역사적 기원을 두고 있다. 그 창설자들은 경건주의자들의 영성에 깊은 영향을 받은 바 있다. 초기 복음주의자들이 볼 때 "신

---
1) Jon Diefenthaler, *H. Richard Niebuhr: A Lifetime of Reflections on the Church and the World* (Mercer University Press: Macon, Georgia, 1986), p. ix.

앙은 머리보다는 가슴이 더욱 문제가 되는 것이었다." 니버 연구가인 디펜탈러(Diefenthaler)의 관찰에 의하면,

> 이러한 경향성은 그 교단이 신앙고백의 형식화를 반대하고 오히려 실제적인 유형의 신앙(experimental type of faith)을 강조함으로써, 개인뿐만 아니라 사회의 물리적이며 영적인 복지에 대한 깊은 관심으로 나타났다.[2]

니버는 이러한 유형의 신앙을 긍정적으로 받아들였다. 그러나 그는 이러한 신앙이 독일인들로만 구성된 교단 내에서만이 아니라 미국 문화의 중심에서도 그 역할을 감당할 수 있어야 한다고 생각했다. 그는 배타적인 교파주의를 비판하면서 강력한 교회연합운동의 관점이 필요함을 역설했다. 그러나 복음주의 교단 안에 자리하던 강력한 '독일 정신'으로 인해 제1차 세계대전이 일어나기 전까지는 이러한 주장이 호소력을 발휘할 수 없었다.[3]

그의 아버지가 그러했듯이, 니버도 자신의 교단이 미국 문화의 본류에 참여해야 한다고 주장했다. 그는 교회 내의 분열은 신학적 차이나 교단적 구조의 차이 때문만이 아니라 그들이 속한 사회-경제적인 문화 구조의 차이에서 기인한다는 사실에 대한 연구에 관심을 가졌다. 그의 연구는 「교파주의의 사회적 배경」(*Social Sources of Denominationalism*, 1929)과 「그리스도와 문화」(1951)라는 두

---

2) 같은 책, p. 2.
3) 같은 책, p. 4. 당시 대부분의 목사들은 독일어로 교육을 받은 이른바 '독일인 목사'였다.

권의 저서로 구체화되었다.

예일 대학교에서의 학위 취득 후 모교인 엘름허스트 대학의 학장으로 부름 받아 3년을 봉직했던 니버는, 1931년 예일 대학교로부터 기독교윤리학 교수로 초빙 받았으며 1938년에는 신학과 기독교윤리학 분야를 담당하는 스털링(Sterling) 석좌교수가 되었다. 예일에서의 처음 몇 년 동안 니버는, 새롭게 각광을 받던 개혁신학에 큰 관심과 동조를 나타냈다. 이러한 맥락에서 니버는, 자율과 진보와 문화에의 적응 등을 강조했던 19세기 자유주의와 대조적으로, 하나님의 신비와 주권, 인간의 죄의 편만함, 회개와 은혜의 근본적 필요성과 서양 문화에 대한 철저한 비평을 추구하는 신정통주의 신학에 상당 부분 동의했다. 이러한 니버의 신정통주의적 입장에 대한 관심과 동조는 '타락한 문명의 굴레로부터의 교회의 해방'을 주창한 「세상에 대립하는 교회」(The Church Against the World)의 출간으로 구체화되었다. 1930년대의 니버는 신학적으로는 세상의 문화로부터 거리를 두고 정치적으로도 1932년의 만주사변에 미국이 개입하지 않을 것을 촉구하는 등의 고립주의적 정책을 지지하는 듯한 인상을 주었다. 그러나 이러한 니버의 신학적·정치적 입장은 진정한 교회의 사회 참여를 위한 전략적 후퇴였음을 우리는 기억해야 한다. 니버는 이러한 자신의 입장을 1930년대에는 '급진적 신앙'(radical faith)으로, 1950년대 이르러서는 '급진적 유일신론'(radical monotheism)으로 대변했다. 이러한 신앙은 우리가 경험하는 모든 사건에 하나님과의 만남이 전제되어 있으며, 따라서 모든 사건은 하나님의 목적에 따라 해석되고 변혁되어야 한다는 것을 의미한다.

1937년 니버는 「미국에서의 하나님의 나라」(*The Kingdom of God in America*)라는 저서를 출간했다. 이 책은 약 300년에 걸친 미국의 기독교 역사를 조망하면서 하나님의 역동적 통치에 대한 철저한 신앙에 기초한 이른바 '건설적인 프로테스탄티즘'(Constructive Protestantism)을 미국적 신앙의 주류로 소개했다. 그러나 니버는 19세기 자유주의 신학의 영향으로 인해 미국 교회는 그 역동성을 상실했다고 비판했다. "진노와는 거리가 먼 하나님이 십자가 없는 그리스도와 그러한 그리스도의 사역을 통한 심판 없는 왕국으로 죄를 의식하지 않는 사람들을 인도했다"라고 당시의 신앙적 상황을 풍자했다.[4]

1941년에 니버는 그의 또 다른 역작인 「계시의 의미」(*The Meaning of Revelation*)를 출간했다. 그는 이 책에서 칼 바르트의 통찰과 트뢸치의 비판적 관점을 종합하려는 시도를 했다. 트뢸치는 역사적 연구가 상대적 성격을 피할 수 없다고 주장했다. 니버는 그렇다면 이러한 상대적 역사 안에서 절대적인 하나님의 계시는 어떻게 일어날 수 있겠는가라는 질문에 대한 답을 모색했다. 니버는 상대성의 영역에 속한 역사적 사건들의 의미를 밝히는 역할로서의 계시를 주장했다.[5]

제2차 세계대전이 끝난 후 니버는 모든 문화는 하나님의 주권에 기초한 신중심적인 관점에서 변혁되어야 한다는 입장을 더욱 발전시켰다. 이러한 그의 입장을 잘 대변한 것이 「그리스도와 문화」였

---

[4] H. R. Niebuhr, *The Kingdom of God in America* (New York: Harper & Row, 1937), p. 193.
[5] H. R. Niebuhr, *The Meaning of Revelation* (New York: MaCmillan, 1941), p. x.

다. 자신의 저서 중 일반인에게 가장 잘 알려진 이 책을 통해 니버는 트뢸치가 주창한 교회 유형과 분파 유형을 확장하여 다섯 가지 유형을 제시했다. 그 유형은 문화와 대립하는 그리스도, 문화에 속한 그리스도, 문화 위에 있는 그리스도, 문화와 역설적 관계에 있는 그리스도, 문화를 변혁하는 그리스도였다. 후기 해석자들 가운데 다소의 이견이 존재하는 것은 사실이지만, 대체적으로 니버가 변혁자로서의 그리스도를 선호했다는 점에 동의한다고 볼 수 있다. 물론 변혁적 입장 이외의 유형들에 대해 부정적인 입장만을 취하지 않았다는 것도 분명하다. 이러한 해석은 「그리스도와 문화」가 출간되기까지의 그의 신학적 여정을 살펴보고, 또한 그의 '급진적인 유일신론적 신앙'(Radical Monotheistic Faith)에 대해 이해한다면 더욱 신빙성을 얻게 된다.

젊은 신학도 시절부터 이미 복음주의 교단의 차세대 지도자로 부각되었던 니버의 우선적인 과제는 자신이 속한 교단의 폐쇄성을 극복하면서 미국 문화의 본류에 합류하는 것이었다. 문화에 대한 그의 개방적 성향은 1930년대에 이르러서는 더욱 적극적이고 구체적인 사고와 제안으로 열매 맺기 시작했다. 그의 주요 관심은 기독교 신앙을 어떻게 하면 이 세상과 관련지을 수 있는가였다. 니버는 이러한 관점에서 자신의 신학을 관통하는 중심 주제로서 '교회의 갱신'을 주창한 바 있다.[6]

물론 니버가 주창한 교회의 개혁은 개혁 자체를 위한 개혁이 아

---

6) Harole E. Fey ed., *How My Mind Has Changed*(Cleveland and New York: The Word Publishing Company, 1960), pp. 74-75. 참고. Niebuhr, "Reformation: Continuing Imperative", *Christian Century* 77 (1960), pp. 248-251.

닌, 기독교 신앙이 이 세상에서 그 본분에 해당하는 기능을 담당하기 위해 신앙의 통전성을 회복해야 한다는 의미에서의 개혁이었다. 기독교 신앙이 함의하는 이 세상성을 니버가 신학적으로 중요시하게 된 데는 독일의 학자인 에른스트 트뢸치의 영향력이 지대했다. 니버는 트뢸치를 통해 "교회사에 나타나는 인간의 개체성(individuality)과 복합성(multiformity)과 운동들(movements)"을 파악할 수 있었다. 니버 자신도 자신의 신학에 미친 트뢸치의 영향에 대해 다음과 같이 고백한 바 있다. "그는 나로 하여금 역사적 개체들뿐만 아니라 관찰자와 해석자로서의 역사적 주체들의 상대성(relativity)을 인식하고 받아들일 수밖에 없게 했다."[7] 나아가 니버는 트뢸치가 주장한, 칸트 류의 형식주의를 넘어서서 종교와 국가, 경제생활과 과학 등을 망라한 문화에 의해 파생된 실제 가치들을 더욱 신중하게 다루어야 한다는 견해에 동의했다.[8]

니버는 어린 시절부터 자유주의적인 신학적 사고를 접할 수 있었다. 대학에 들어가기 전에도 아버지를 통해 하르낙에 대한 이야기를 들을 기회가 있었을 정도였다. 특별히 그가 자신의 복음주의 교단을 미국 문화의 본류에 합류시키려는 생각을 했을 때, 자유주의적 사고는 그에게 많은 도움을 주었다. "니버는 성경의 지혜가 현대적 사고와 문화에 적용되어야 한다는 '자유주의적' 개신교도들의 확신을 공유했다"고 볼 수 있다.[9] 니버는 "과학 교육과 종교

---

7) Niebuhr, *Christ and Culture*, p. xii.
8) James Fowler, *To See The Kingdom: The Theological Vision of H. Richard Niebuhr*(Lanham, MD: University Press of America, 1974), p. 101.
9) Diefenthaler, 앞의 책, p. 33.

교육의 관심은 상충되지 않는다"라고 주장한 바 있다.[10] 니버는 전 생애에 걸쳐 과학에 대한 매우 긍정적인 견해를 유지했다. 혁명적인 과학적 진보를 깊이 인식했던 니버는 기독교의 메시지도 "재상징화"의 과정을 밟아 나가야 한다고 주장했다. 이러한 변화는 결코 단순한 '재번역'(retranslation)이 아니라 현대적인 사고와 경험의 도움을 바탕으로 하는 '재해석'(reinterpretation)을 의미했다.[11]

이 세상에 대한 신앙의 참여라는 측면에서 자유주의에 동조한 니버였지만, 자유주의를 전적으로 받아들인 것은 아니었다. 그는 모든 것을 인간적인 가치 척도에 따라서 판단하는 자유주의의 치명적인 약점을 간과할 수 없었다. 이러한 맥락에서 그는 사회복음운동에도 이의를 제기했다. 교회가 세상의 전 영역에 관심을 가져야 한다는 사회복음운동의 주장에는 기본적으로 동의했지만, "점차로 이 운동 안에서는 하나님이 목적을 위한 수단이 되어 간다"는 점을 니버는 지적했다.[12] 니버는 사회복음운동은 인간중심적인 관점에서의 하나님에 대한 신앙이 아닌 하나님의 파괴적인 면도 배제하지 않을 정도로 하나님의 주권을 강조하는 신앙[13]의 토대 위에서 전개되어야 한다고 주장했다. 비록 과학 일반에 대해 긍정적인 견해를 가진 니버였지만, 이러한 강력한 신학적 확신은 그가 과학적인 방법론을 실제로 채택하는 것에 매우 조심스러운 과정을 밟

---

10) 같은 책, p. 34.
11) Niebuhr, "Reformation: Continuing Imperative", p. 251.
12) Niebuhr, "The Social Gospel and Liberal Theology", p. 13.
13) Niebuhr, "The Social Gospel and the Mind of Jesus", unpublished essay read before the American Theological Society, New York, 21 April 1933, HRN papers, Harvard Divinity School, pp. 21-21a.

도록 견제하는 역할을 했다.

다른 학문과의 관계에서 신학적인 규제를 가능케 하는 대표적인 신학적 확신을 니버는 '하나님의 주권'으로 보았으며 이것은 바르트의 확신과 일맥상통하는 것이다. 바르트의 실재론(realism)을 통해,[14] 니버는 자칫 트뢸치의 관념론으로 빠져 버릴 수도 있었을 자신의 신학적 균형을 유지하려 했다.[15] 그러나 니버는 이른바 바르트의 "계시 실증주의"에도 만족할 수 없었다. 사실상 니버는 슐라이어마허와 트뢸치 등이 강조하는 경험의 중요성을 한시도 간과한 적이 없었다. 특별히 니버가 신앙의 문제를 경험론적인 관점에서 접근했을 때, 그는 자신이 "위대한 객관론자"인 바르트보다는 "위대한 주관론자"인 슐라이어마허에 가깝다고 고백한 적이 있을 정도다.[16]

니버는 실재론과 관념론, 객관적 관점과 주관적 관점, 객관주의와 상대주의라는 이분법을 극복하려 노력했다. 이러한 이분법을 극복할 돌파구를 마련하기 위해 니버는 한편으로는 슐라이어마허와 트뢸치를, 다른 한편으로는 바르트를 자신의 대화 상대자로 채택했다. 그가 볼 때 가장 중요한 문제는 하나님의 주권과 부정할 수 없는 이 세상의 상대성을 어떻게 관련짓거나 조화시킬 수 있느냐는 것이었다. 결론적으로 니버는 "철저한 유일신론"을 통해 그 돌파구를 마련했다. 그것은 "나는 너희 하나님이니 내 앞에 다른 신

---

14) 참고. Fowler, 앞의 책, pp. 62-64. 그러나 Fowler에 따르면 더욱 결정적인 실재론의 영향은 Tillich에게서 발견될 것이다.
15) Niebuhr, *The Meaning of Revelation*(New York : Macmillan Publishing Co., 1941), p. x.
16) Fowler, 앞의 책, p. 203.

을 두지 말라"와 "존재하는 것은 무엇이든 선한 것이다"(Whatever is, is good)[17]라는 두개의 명제로서 대표되는 사상이다.

이러한 주장은 니버의 신중심주의를 이해하지 않으면 오해를 불러일으키기 쉽다. 그러나 하나님의 주권 아래서 하나님이 관계하시지 않는 부분은 없으며, 그러한 하나님과의 관계 아래서 모든 것이 '보시기에 좋았다'는 말씀을 기억한다면 우리는 그의 주장을 이해하게 된다. 그러므로 하나님이 중심이 된다면 문화의 어떤 유형에서도 선함의 가능성을 발견할 수 있는 것이다. 그러나 동시에 아무리 신앙적으로 보이는 문화의 유형이라도 그 자체가 하나님과의 관계성을 떠나서 선한 것이 될 수는 없다는 것도 분명하다. 이것은 개혁신학의 핵심을 꿰뚫는 통찰이다. 어떠한 신학이나 교회도 항상 절대적인 하나님 앞에서는 지속적으로 개혁되어야 한다는 것이다(*ecclesia reformata semper reformanda*). 니버의 이러한 통찰과 주장으로부터 우리는 조나단 에드워즈의 영향력을 여실히 엿볼 수 있다. 물론 니버 자신도 에드워즈로부터의 지대한 영향을 고백한 바 있다.[18]

1952-1957년에 걸쳐 니버는 문화와 신앙의 관계에 대한 연구를 더욱 실존적으로 진행했다. 공산주의에 대한 과도한 공포감이 표현된 매카시즘과 냉전, 또한 한국전쟁을 겪으면서 니버는 신앙의 적극적 측면인 충성(Loyalty)은 수동적 측면인 신뢰(Confidence)가

---

17) Niebuhr, *Radical Monotheism and Western Culture*, p. 34.
18) 참고. W. Beach and Niebuhr, *Christian Ethics*(New York: The Ronald Press Company, 1955, 「기독교윤리학」, 대한기독교서회), p. 380. Niebuhr는 그의 사상 안에서 기독교 윤리 사상의 역사적 다양성과 본질적인 일상성을 동시에 발견할 수 있다는 의미에서 미국 역사상 가장 위대한 신학자로서 Edwards를 꼽은 바 있다.

양육, 형성되는 틀 속에서 더욱 보장될 수 있음을 강조했다. 이러한 점에서 니버의 신학적 확신은 정치적 관점과 연계된다. 사실 제2차 세계대전 이후에 계속된 냉전은 애국주의와 신앙의 의미 사이의 관계를 숙고해야 한다는 과제를 부과했다. 니버는 "교회가 미국으로 하여금 평화로울 때뿐만 아니라 전쟁을 할 때도 하나님의 구속의 손길을 볼 수 있도록 도와야 한다. 그러나 동시에 그 믿음은 한 나라만의 국가적 이익을 초월해야 한다는 점을 강조해야 한다"[19]라고 주장했다. 그는 형인 라인홀드 니버의 기독교 현실주의적 접근을 비판적으로 보았다. 리처드 니버에 의하면 라인홀드 니버의 하나님은 나타나신 분이 아니라 여전히 '숨겨진' 분으로 남아 있었기 때문이다.[20] 이와 대조적으로 리처드 니버의 하나님은 역사 안에 현존하시는 분이었다.

1962년 6월 5일 갑작스런 심장마비로 인해 67세를 일기로 하나님의 부르심을 받을 때까지, 니버는 1950년대 내내 이 땅의 다양한 문화 안에서 사회적 책임과 기독교적 신앙을 동시에 담보하기 위해 신학에 필요한 변화가 무엇인지를 계속 성찰했다. 이에 관한 짧은 글을 많이 기록했으며, 그러한 글들을 사후에 엮은 것이 1989년에 출간된 「이 땅에서의 신앙」(*Faith on Earth: An Inquiry into the Structure of Human Faith*)이었다. 또한 1963년에 「책임적 자아」(*Responsible Self*)가 유고작으로 출간되었다.

리처드 니버는 일생을 통해 어떻게 하면 우리가 역사 안에서의 사회적 책무를 포기하지 않으면서도 기독교 신앙의 통전성을 유지

---

19) 같은 책, p. 56.
20) 같은 책, p. 56.

할 수 있겠는가라는 문제와 씨름했다.「그리스도와 문화」는 바로 이러한 맥락에서 그리스도에 대한 신앙고백의 통일성과 문화적 응답의 다양성을 절대적인 하나님에 대한 신뢰와 충성, 즉 신앙 안에서 이해하며 조화시키려 했던 역사적 모색이었다고 평가할 수 있을 것이다. 그런 의미에서 다원주의 시대를 살아가며 예수 그리스도에 대한 배타적 신앙을 포괄적 삶으로 표현하고자 애쓰는 21세기 한국 그리스도인들에게도 귀중한 가치가 있는 책이다.

색인

인명

Abelard 184이하
Aquinas. Thomas 123, 232이하
Augustine 125, 330이하
Ayer, A. J. 301 주

Barth, Karl 189
Basilides 180
Benedict of Nursia 142, 154-156, 161
Berdyaev, N. 181 주
Bergson, H. 118 주
Bultmann, R. 99이하
Burkhardt, J. 111
Burkitt, F. C. 180

Butler, J. 246

Calvin, J. 125, 344-345
Celsus 79
Clement of Alexandria 226이하
Clement of Rome 134, 136, 158
Cochrane, C, N. 331

Dibelius , M. 160
Dodd, C. H. 132

Edwards, J. 347
Engels, F. 119 주

Fox, G. 173

Gibbon, E. 78, 80
Gorky, M. 151

Harnack, A. 89 주, 134, 281
Hartmann, N. 80, 115 주, 301
Holl, K. 287 주
Hoskyns, Sin E. 323

James, Wm. 178
Jefferson, T. 187, 195
Jung, C. J. 125 주

Kant, I. 187, 212
Kierkegaard, S. 153, 295이하, 375이하
Klausner, J. 75이하, 121

Lactantius 183 주
Lietzmann, H. 200 주, 315 주
Locke, J. 186
Luther M. 124, 283이하, 305-307

Malinowski, B. 112-114
Marcion 271이하
Marx, K. 79
Maurice, F. D. 345이하, 372
Mill, J. S. 372
Montalembert 154-155

Newman, F. W. 178
Niebuhr, Reinhold 89

Otto, R. 212

Paul 271이하, 283, 305-307, 315 주, 318
Pope Leo XIII 244-246

Rauschenbusch, W. 197
Ritschl, A. 190이하
Royce, J. 390 주

Schleiermacher, F. 188-189
Schweizer, A. 96이하

Tertullian 136이하, 147, 151, 158, 161이하, 166-167, 250
Tolstoy, Leo 142이하, 158, 161, 168이하, 372
Toynbee, A. 110
Troeltsch, E. 110, 287 주, 298-299

Valentinus 180
Vidler, A. R. 347 주

Wesley, J. 345-346
Wiclif, J. 153
Williams, R. 246-247, 300-301

주제

가치, 가치관(Values) 93, 114이하, 299, 370-371, 374-375
  가치의 보존(conservation of) 118-119
  가치의 실현(realization of) 117-118
가치-관계(Value-relation) 114-115, 370-371, 374-375
개인적인(Individual) 296, 376-378

개인주의(Individualism)　182, 296-297, 379이하
거듭남(Rebirth)　구속(Redemption)을 보라
거룩한 존재(Holiness)　264이하, 273
결단, 결정(Decision)　101-102, 365이하, 375이하
결혼(Marriage)　145, 163
겸손(Humility)　103이하
계시(Revelation)　이성과 계시(Reason and Revelation)를 보라
교회(Church)　132이하, 148-149, 157, 161-162, 191, 193, 233, 242, 245, 393-394
구속, 구원(Redemption)　274, 288, 325, 340
국가(State)　142, 147-148, 241
권능, 에 대한 갈망(Power, desire for)　268
그리스도의 주되심(Lordship of Christ)　129, 137, 244, 348-349, 352
그리스도인, 에 대한 정의(Christian, definition of)　85
근본주의(Fundamentalism)　199
기대(Expectancy)　소망(Hope)을 보라
기독교 행위, 그리스도인의 행위(Conduct, Christian)　228이하, 277
기억과 기대(Memory and anticipation)　382-383
기회(Chance)　388
긴장(Tension)　292-293

나라, 왕국(Kingdom)
　그리스도의(of Christ)　355-356
　목적의(of ends)　192, 195
　세상의(of the world)　285-286
　하나님의(of God)　78-79, 119, 152, 192, 194-195, 285-286, 355이하
내향성(Inwardness)　388

다원주의(Pluralism)　118-119
덕(Virtues)　237이하, 279, 340
　그리스도의 덕(of Christ)　88이하
도덕률 폐기론(Antinomianism)　304
동시대성(Contemporaneousness)　383-385
두 길, 두 길의 교리(Two Ways, Doctrine of the)　135
디오그네투스에게 보내는 편지(Letter to Diognetus)　330

로고스(Logos)　말씀(Word)을 보라

말씀(Word)　313-314
메노나이트(Mennonites)　143
무저항주의(Nonresistance)　146-147
문명과 문화(Civilization and culture)　112
문화(Culture)
　의 다양성(variety in)　204, 355-356
　의 정의(definition of)　112이하
문화-개신교(Culture-protestantism)　178, 198이하
문화에 대한 그리스도의 배격(Cultural rejection of Christ)　77이하

부(Wealth)　재산(Property)을 보라
보수주의(Conservatism)　304-305
보편적 부활(Universal regeneration)　328-329, 333-334, 354이하

복음의 제도화(Institutionalization of
the gospel) 253-254
부패(Corruption) 316, 322
　인간과 사회의(of man and society)
　336-338
불신자와의 협력(Cooperation with
nonbelievers) 250

사회(Society) 112-113, 348-350
산상수훈(Sermon on the Mount) 83,
　150
삼위일체(Trinity) 136, 172, 213, 235,
　349
상대적 가치의 절대화(Absolutizing of
a relative value) 251-252, 371이하.
상대주의(Relativism) 366이하
선택(Choice) 385이하
선택(Election) 343-344, 354
성육신(Incarnation) 314
세상(World) 112, 129, 132이하, 219,
　320-322, 328-329
세상을 향한 경멸(Contempt for the
world) 78-79
소망(Hope) 96이하, 251, 294
소명, 직업(Vocation) 193, 289-290
속죄, 속죄의 도덕 신학(Atonement,
moral theory of) 185
수도원운동(Monasticism) 142, 155,
　161
순종(Obedience) 99이하, 124, 221
스토아철학(Stoicism) 227
시간(Time) 영원과 시간(Eternity
and time)을 보라
신앙(Faith) 103-104, 131, 367-369,
　376, 388이하

신약 성경(New Testament) 129,
　161, 191
신화(Mythology) 367
실존주의(Existentialism) 99이하,
　375이하
　무신론적(atheistic) 388

아가페(Agape) 95, 108
양심(Conscience) 173, 298-299
에로스(Eros) 95, 108
역사(History) 98, 298-299, 324-325
역설(Paradox) 268이하
연합(Unity, drive toward) 247-248
영생(Eternal life) 78, 317, 324
영성주의(Spiritualism) 177
영원(Immortality) 영생(Eternal life)
　을 보라
영원과 시간(Eternity and time) 317,
　324-325, 356
영지주의(Gnosticism) 180이하, 230
　주, 326
예수 그리스도(Jesus Christ) 85이하,
　205
　신약의(of the New Testament) 90,
　98, 101, 189이하, 202, 207, 222
　역사의(of history) 172-173
예수 신학(Theology of Jesus) 90-91
예수의 아들됨(Sonship of Jesus) 99,
　103이하, 108, 320-322
예술(Arts) 142, 150
예정(Predestination) 선택(Election)
　을 보라
옛 죄(Old Testament) 280-281
완고함(Intolerance) 82-83
완전성(Perfection) 345-347

의 정도(grades of)　236-237, 254-255
요한계시록(Revelation, Book of)　129
요한복음(John, Gospel of)　318이하
요한일서(John, First Letter of)　130이하, 158, 318
용서(Forgiveness)　193-194
원죄(Original sin)　138, 168, 336
위계적 원리(Hierarchical principle)　242
유대주의(Judaism)　76-77, 81, 326
유대주의자(Judaizers)　179
유일신론(Monotheism)　81
유한성(Finiteness)　죄와 유한성(Sin and finiteness)을 보라
유형론적 방법(Typological method)　125
육체(Flesh)　280, 죄와 유한성(Sin and finiteness)을 보라
율법, 법(Law)
　과 은혜(and grace)　170-171, 212-213, 221, 268-269
　그리스도의(of Christ)　249, 268, 287
　새로운(new)　129, 131, 134-135, 145이하
　　에 대한 토마스학파의 이론(Thomistic theory of)　241-242
　의 이중성(duality of)　223이하
율법주의(Legalism)　134, 170, 220
은혜(Grace)　170-171, 260-262
의존(Dependence)　385-387
이성(Reason)　166-167, 186, 209이하, 268, 340-341, 381
　과 계시(and revelation)　85, 166이하, 209-210
인간의 성취(Human achievement)　113-114, 254

자기모순(Self-contradiction)　338, 350-351
자기사랑(Self-love)　288, 323, 350-351
자비와 하나님의 분노(Mercy and wrath of God)　268이하, 281, 293
자연(Nature)　113, 218-219
자연주의(Naturalism)　213-214
　과의 갈등(conflict with)　191-192, 197-198
자유주의(Liberalism)　89, 199
잠정 협약(Interim)　161이하
재림(Paraclete)　325
재산(Property)　149, 227, 241, 268
전문 지식(Technical Knowledge)　290이하, 366-367
절대(Absolute)　371이하
정의(Justice)　373
정치학(Politics)　국가(State)를 보라
제4복음서(Fourth Gospel)　요한복음(John, Gospel of)을 보라
종교(Religion)　82, 183-184, 352
종말론(Eschatology)　95이하, 317
　아우구스티누스의(of Augustine)　342-343
　칼뱅의(of Calvin)　344-345
종파주의(Sectarianism)　142-143, 143주, 155, 351-352
죄(Sin)　168-169, 270-271, 323, 350이하
　와 계급의식(and class-

consciousness) 202
와 제한성(and finiteness) 279-280, 306-307, 314-316, 319-320
주관적인 진리(Subjective truth) 376
죽음(Death) 294, 306
중복(Reduplication) 154
중재(Mediation)
  그리스도의(of Christ) 110, 189
  사회에서의(in society) 380-381
지옥의 회복(Restoration of Hell) 149 주

창조(Creation) 312이하, 319, 323
  의 선(goodness of) 334-336
철학(Philosophy) 140, 185, 231, 244
충성심(Loyalty) 389이하
칭의(Justification) 용서(Forgiveness)를 보라

퀘이커교도Quakers) 143, 155

타락(Depravity) 211-212, 263-264, 273-274, 275, 312, 334
  또한 죄(Sin)를 보라
타락(Fall) 314-316, 320이하

평화주의(Pacifism) 154, 164
프렌드파(Friends, Society of) 퀘이커교도(Quakers)를 보라

하나님 사랑과 이웃 사랑(Love of God and Neighbor)
  배타적 기독교에서(in Exclusive Christianity) 160
  아우구스티누스에게서(in Augustine) 341
  알렉산드리아의 클레멘스에서(in Clement of Alexandria) 231
  예수 에게서(in Jesus) 89이하
  요한일서에서(in I John) 130이하
  제4복음서에서(in Fourth gospel) 320-322
하나님을 부인하는 병(Godlessness) 265이하
하나님의 분노(Wrath of God) 자비와 하나님의 분노(Mercy and wrath of God)를 보라
하나님의 신실하심(Faithfulness of God) 391-392
하나님의 아버지 되심(Fatherhood of God) 91-93
행복(Happiness) 236이하, 376-378
현재(Present, the) 381이하
화해(Reconciliation) 260-261
회개(Repentance) 96
회칙(Encyclicals, papal) 243

저자 연보

1894년	9월 3일에 미국 미주리 주 라이트 시에서 태어나다.
1912년	엘름허스트 대학을 졸업하다
1915년	에덴 신학교를 졸업하다.
1915-1916년	일리노이 주 링컨 시에서 보도 기자로 사회생활을 시작하다.
1916년	복음주의 노회에서 목사 안수를 받다.
1916-1918년	미주리 주 세인트루이스에 있는 교회를 섬기다.
1918년	세인트루이스에 있는 워싱턴 대학교에서 석사 학위를 받다.
1924년	예일 대학교에서 박사 학위를 받다.
1919-1931년	에덴 신학교에서 가르치다.
1924-1927년	엘름허스트 대학의 학장으로 재직하다.
1929년	*The Social Sources of Denominationalism*을 출간하다.
1931-1962년	예일 대학교에서 신학과 기독교윤리학을 가르치다.
1937년	*The Kingdom of God in America*를 출간하다.
1938년	스털링 석좌교수가 되다.

1941년	*The Meaning of Revelation*을 출간하다.
1951년	*Christ and Culture*를 출간하다.
1956년	*The Purpose of the Church and Its Ministry*를 출간하다.
1960년	*Radical Monotheism and Western Culture*를 출간하다.
1962년	6월 5일에 갑작스런 심장마비로 세상을 떠나다.
1962년	유고작 *The Responsible Self*가 출간되다.
1989년	글 모음집 *Faith on Earth: An Inquiry into the Structure of Human Faith*가 출간되다.

옮긴이 홍병룡은 연세대학교 정치외교학과와 동 대학원을 졸업했으며, IVP 대표 간사를 지냈다. 캐나다 리젠트 칼리지와 기독교학문연구소에서 수학했으며, 현재 프리랜서로 기획 및 번역 일을 하고 있다. 기독교 세계관, 평신도 신학, 일상생활의 영성, 신앙과 직업 등이 주된 관심사이며, 옮긴 책으로는 「여성, 그대의 사명은」, 「소명」, 「정의와 평화가 입맞출 때까지」, 「다원주의 사회에서의 복음」, 「헬라인에게는 미련한 것이요」, 「코끼리 이름 짓기」, 「기독교 교리를 다시 생각한다」(이상 IVP), 「완전한 진리」(복있는사람) 등 다수가 있다.

모던 클래식스
0 0 6

그리스도와 문화

초판 발행_ 2007년 12월 10일
초판 14쇄_ 2024년 9월 25일

지은이_ 리처드 니버
옮긴이_ 홍병룡
펴낸이_ 정모세

펴낸곳_ 한국기독학생회출판부
등록번호_ 제313-2001-198호(1978.6.1)
주소_ 04031 서울시 마포구 동교로 156-10
대표 전화_ (02)337-2257 팩스_ (02)337-2258
영업 전화_ (02)338-2282 팩스_ 080-915-1515
홈페이지_ http://www.ivp.co.kr 이메일_ ivp@ivp.co.kr
ISBN 978-89-328-4043-7
ISBN 978-89-328-4044-4(세트)

ⓒ 한국기독학생회출판부 2007

책값은 뒤표지에 있습니다.
무단 전재와 복제를 금합니다.